AF586134

EXERCICES ÉLÉMENTAIRES

DE

LECTURE MUSICALE

A L'USAGE DES ÉCOLES PRIMAIRES.

Quelques changements ont été faits dans ce second tirage :

1° Page 13, résumé de la 1re série, n° 1, on a supprimé la première colonne, et on a ajouté, dans les quatre autres, toutes les petites notes intermédiaires ;

2° Page 14, 3e série, on a ajouté des petites notes aux trois nos 1, 2 et 3 du premier groupe, et au n° 1 du deuxième.

3° Page 15, 4e série, n° 1, on a ajouté des petites notes ;

4° On a fait quelques autres corrections de détail qu'il est inutile de spécifier ici.

Paris, imprimerie de L. TINTERLIN, rue Neuve-des-Bons-Enfants, 3.

EXERCICES ÉLÉMENTAIRES

DE

LECTURE MUSICALE

A L'USAGE DES ÉCOLES PRIMAIRES

PAR

M. ET Mme ÉMILE CHEVÉ

> *Au moyen des formules générales*, mises en pratique dans ce recueil, *on arrive à mesurer les intervalles musicaux, aussi exactement qu'on mesure, avec un mètre, une surface plane;* ce fait a maintenant pour nous l'autorité d'expériences souvent répétées sur des organisations musicales très-mauvaises.
>
> NANINE CHEVÉ (née PARIS).

> La lecture musicale mise à la portée de toutes les intelligences.
>
> Les livres de musique mis à la portée de toutes les bourses.
>
> ÉMILE CHEVÉ.

NOUVELLE ÉDITION

Entièrement refondue

(2e TIRAGE)

PRIX, CARTONNÉ : 2 FR. 25 C.

PARIS

CHEZ LES AUTEURS, 18, RUE DES MARAIS-SAINT-GERMAIN

AOUT 1861

A NOTRE SOEUR

MADAME ALEXIS LATOURTE (AGLAÉ PARIS)

Chère et bonne sœur,

Toi, dont le dévouement affectueux, de tous les instants, et les sacrifices sans nombre, ont rendu notre tâche moins lourde, reçois ici l'expression de notre gratitude et de notre inaltérable affection.

EMILE CHEVÉ, — NANINE CHEVÉ (née PARIS).

TABLE DES MATIÈRES

DEUXIÈME PARTIE. — MESURE.

TROISIÈME PARTIE. — AIRS A LIRE.

FIN DE LA TABLE.

UN MOT AU LECTEUR

Depuis que les idées de Galin se sont généralement répandues, on nous demandait de tous côtés un livre élémentaire, dépouillé de tout accessoire inutile, qui pût, par sa forme et son prix, entrer dans toutes les écoles.

Il y a longtemps que nous aurions voulu satisfaire à cette demande si juste ; mais les difficultés de toute nature et sans cesse renaissantes qu'il nous a d'abord fallu surmonter, avaient, jusqu'à ce jour, retardé la publication du livre que nous donnons aujourd'hui au public.

Notre ouvrage se divise comme il suit :

1° Les exercices élémentaires proprement dits: deux parties;

2° Trois cent vingt airs à lire ; une partie.

Les Exercices élémentaires proprement dits, contiennent tout ce qui est nécessaire — *intonation et durée* — pour conduire l'élève, petit ou grand, à lire *correctement* et *couramment* toute espèce de musique accessible à la voix et à l'aptitude musicale des masses.

Les airs à lire ont pour but de permettre à l'élève de réunir les deux choses — *intonation* et *durée* — qu'il a, jusque-là, étudiées séparément ; et de le conduire à lire *correctement* et facilement toute musique écrite dans les conditions exigées pour les masses.

Notre but est de rendre la population tout entière maîtresse de la lecture et de l'écriture musicales, comme elle l'est de la lecture et de l'écriture de sa propre langue et des éléments pratiques du calcul. Arrivé à ce point, chacun fera pour la musique, ce qu'il fait pour la littérature et les mathématiques: si le temps, l'argent et surtout la vocation musicale lui manquent, il se contentera de savoir *lire* et *écrire la musique*, comme la majorité se contente de savoir lire et écrire sa langue maternelle; si, au contraire, l'enfant, devenu lecteur, se sent attiré vers la musique ; s'il a l'organisation musicale, il étendra ses connaissances musicales, comme on étend ses connaissances littéraires ou scientifiques, lorsque l'on est en position de le faire. Mais — et je le répète à dessein — la base de toute éducation, *quelle qu'elle soit*, étant la lecture et l'écriture, la lecture et l'écriture sont *le seul but, le but unique*, vers lequel nous avons toujours tendu. Ce but, l'École Galin-Paris-Chevé prétend l'avoir atteint.

Plus que jamais, nous pensons que le seul moyen d'arriver à la vulgarisation de la lecture musicale est de prendre une écriture appropriée aux idées à rendre et accessible à l'intelligence de tous.

Pour l'intonation, rien ne nous paraissant aussi bon que le chiffre, que nous n'avons point inventé, nous adoptons définitivement le chiffre, tel que l'a modifié Galin.

Pour les durées, nous avons le chef-d'œuvre des chefs-d'œuvre : le *Chronomériste* de Galin.

Pour l'acquisition des durées, nous nous servons de la *langue des durées*, de cette langue véritablement *métrique*, si heureusement créée par M. Aimé Paris.

Tous les exercices pratiques d'intonation et de durée appartiennent en propre à Mme Émile Chevé, ainsi que les explications qui les précèdent.

Tous les airs qui suivent les exercices de Mme Émile Chevé, excepté les canons et les quarante-sept derniers airs à modulations, ont été faits par moi, pour être dictés dans mes cours. J'ai pensé qu'ils convenaient comme exercices de lecture ; voilà pourquoi je les ai mis dans cet ouvrage, n'y attachant, d'ailleurs, aucune autre idée que celle de fournir à l'élève des exercices de lecture courante.

Paris, 15 décembre 1860.

ÉMILE CHEVÉ.

EXPLICATIONS INDISPENSABLES

I

Sur la division des *Exercices pratiques* contenus dans ce recueil.

Nos EXERCICES PRATIQUES *sont divisés en* DEUX PARTIES :

La PREMIÈRE PARTIE contient les exercices d'*intonation* (page 1 et suivantes);
La DEUXIÈME PARTIE contient les exercices de *mesure* (page 34 et suivantes).

La première partie, L'INTONATION, *est divisée en* TROIS LIVRES :

Le LIVRE I contient les exercices sur le *mode majeur* (page 1) ;
Le LIVRE II contient les exercices sur le *mode mineur* (page 12) ;
Le LIVRE III contient les exercices sur les *dièses* et les *bémols* (page 21).

II

Sur l'ordre qu'on doit suivre pour l'étude des deux parties de ce recueil.

1° Il faut étudier, *conjointement*, le *mode majeur* et la *mesure*.

Toutefois, il ne faut *commencer à chanter les exercices de mesure* que *lorsqu'on s'est rendu parfaitement maître des exercices du* GROUPE I, de la PREMIÈRE SÉRIE du *mode majeur* (page 1).

2° Il faut ensuite étudier, *conjointement :*

Le *mode majeur*, le *mode mineur* et la *mesure*.

Quand on s'est rendu parfaitement maître des exercices du *mode majeur*, jusqu'à la NEUVIÈME SÉRIE, *inclusivement*, on doit *commencer l'étude du mode mineur*, et la continuer alors *conjointement* avec celle du *mode majeur* et celle de la *mesure*.

3° Il faut enfin étudier, *conjointement :*

Le *mode majeur*, le *mode mineur*, les *dièses*, les *bémols* et la *mesure*.

Quand on s'est rendu parfaitement maître des exercices du *mode mineur*, jusqu'à la SIXIÈME SÉRIE, *inclusivement*, on peut commencer l'étude des *dièses* et des *bémols* et la continuer alors *conjointement* avec celle du *mode mineur*, celle du *mode majeur* et celle de la *mesure*.

III

Sur les signes d'intonation.

« Nous représentons les sept mots : UT RÉ MI FA SOL LA SI, par les sept « premiers chiffres, de cette manière : 1 2 3 4 5 6 7.

« L'étendue des voix humaines, de la plus grave à la plus aiguë, com-

« prenant environ trois séries de sept notes, un point nous servira, dans « l'écriture en chiffres, à distinguer entre des caractères de même forme, « ceux qui appartiennent à chacune des séries. » (GALIN.)

EXEMPLE :

Première série.	Deuxième série.	Troisième série.
UT RÉ MI FA SOL LA SI	UT RÉ MI FA SOL LA SI	UT RÉ MI FA SOL LA SI
1̣ 2̣ 3̣ 4̣ 5̣ 6̣ 7̣	1 2 3 4 5 6 7	1̇ 2̇ 3̇ 4̇ 5̇ 6̇ 7̇
Sons *graves*, ou *bas*, *un point au-dessous.*	Sons du *milieu*, *sans point.*	Sons *aigus*, ou *élevés*, *un point au-dessus.*

IV

Sur la disposition des flèches, qui surmontent les exercices.

Tous nos *exercices d'intonation* sont *disposés en colonnes*, ces colonnes sont *surmontées de flèches*, qui se présentent dans *trois dispositions* différentes.

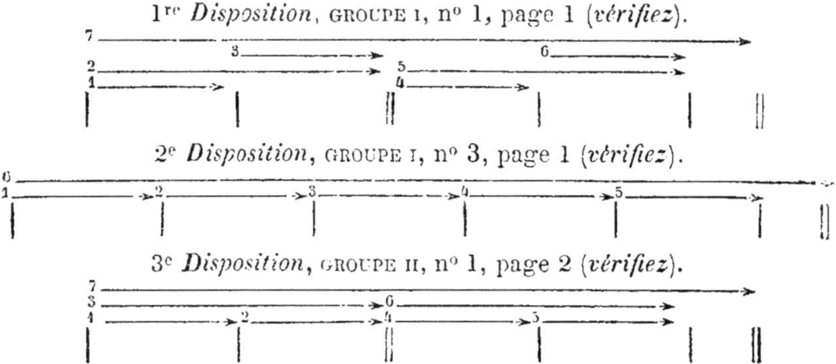
1re *Disposition*, GROUPE I, n° 1, page 1 (*vérifiez*).

2e *Disposition*, GROUPE I, n° 3, page 1 (*vérifiez*).

3e *Disposition*, GROUPE II, n° 1, page 2 (*vérifiez*).

Les numéros d'ordres, que nous donnons aux flèches, dans ces trois dispositions, indiquent l'ordre dans lequel il faut suivre les flèches pour étudier les colonnes qu'elles surmontent : ainsi, on lit successivement le n° 1, le n° 2, le n° 3, etc.

En RÉSUMÉ : *On doit*, dans toutes les dispositions, ***commencer par suivre*** *d'abord les flèches qui sont le plus près des notes* (vérifiez).

Nous regardons comme *deux exercices différents*, quoique ***sous la même*** *grande flèche*, ceux qui sont séparés par deux barres verticales (vérifiez, ci-dessus, la 1re *disposition* et la 3e).

V

Sur la *flèche verticale*, qui se trouve en avant de quelques accolades.

La *flèche verticale*, qui se trouve *en avant de quelques accolades*, indique qu'*il faut, après avoir chanté de haut en bas la* 1re *colonne de l'accolade, reprendre immédiatement cette* 1re *colonne de bas en haut.* Chacune des colonnes de l'accolade doit être étudiée de la même manière que la première.

VI

Sur notre manière d'enseigner l'intonation, au moyen de points d'appui.

Le seul moyen *fructueux* d'étudier l'intonation des *modes types* — *ut majeur* et *la mineur* — est de donner à chacune des notes de l'accord de septième de sous-tonique un point d'appui, sur l'une des notes de l'accord parfait de tonique. Faisons à ces deux modes l'application de ce principe.

Voici les *formules* qui, mises en pratique dans ce recueil d'exercices, permettent d'arriver à mesurer les intervalles musicaux avec autant de sûreté qu'on mesure, à l'aide d'un mètre, une surface plane ; ce fait a maintenant, pour nous, l'autorité d'expériences souvent répétées sur des organisations musicales très-mauvaises.

MODE MAJEUR,

Première formule pour les intervalles de tierces. (1)

1 5̣ 1 7̣ 1 2 3 4 5 6 5 i̇ 5 6 5 4 3 2 1 7̣ 1 5̣ 1

Deuxième formule pour les intervalles plus grands que la tierce. (2)

{ 1 7̣ 1 1 2 1 13 3 4 3 35 5 6 5 5 i̇ i̇ 7 i̇ i̇ 5 5 6 5 5 4 3 31 1 2 1 1 7̣ 1 }
{ 1 7̣ 1 1 2 1 3 4 3 5 6 5 i̇ 7 i̇ 5 6 5 5 4 3 1 2 1 1 7̣ 1 }

MODE MINEUR.

Troisième formule pour les intervalles de tierces

6̣ 3̣ 6̣ 5̣ 6̣ 7̣ 1 2 3 4 3 6 3 4 3 2 1 7̣ 6̣ 5̣ 6̣ 3̣ 6̣

Quatrième formule pour les intervalles plus grands que la tierce. (2)

{ 6̣ 5̣ 6̣ 6̣ 1 1 7̣ 1 1 2 1 13 3 4 3 36 6 5 6 63 3 4 3 3 2 1 1 7̣ 1 16̣ 6̣ 5̣ 6̣ }
{ 6̣ 5̣ 6̣ 1 7̣ 1 1 2 1 3 4 3 6 5 6 3 4 3 3 2 1 1 7̣ 1 6̣ 5̣ 6̣ }

DIÈSES ET BÉMOLS.

Le seul moyen *fructueux* d'étudier l'intonation des *dièses* et des *bémols*, est aussi de donner à chacun d'eux un *point d'appui.*

Le *point d'appui des dièses* est, pour chacun d'eux, *la note* qui lui est immédiatement *supérieure*, dans la gamme chromatique par dièses. Le dièse n'ayant pas d'autre raison d'être que de produire avec la note supérieure le même air que le *si* avec l'*ut*, l'air i̇ 7 i̇, nous sert de modèle pour mesurer chacun des dièses contre la note supérieure que nous venons d'indiquer.

Cinquième formule pour les dièses ; modèle : i̇ 7 i̇

i̇ 7 i̇ i̇ 7 7 6̸ 7 7 6 6 5̸ 6 6 5 5 4̸ 5 5 4 4 3̸ 4 4 3 3 2̸ 3 3 2 2 1̸ 2 2 1

Le *point d'appui des bémols*, est, pour chacun d'eux, *la note* qui lui est immédiatement *inférieure*, dans la gamme chromatique par bémols. Le bémol

---

(1) Dans cette formule et dans les cinq formules suivantes, nous indiquons par des caractères plus petits, le point d'appui de chacune des notes. Les formules ne doivent être chantées qu'avec les petites notes et les grosses.

(2) Nous répétons, dans la première de ces deux lignes, les points d'appui consécutifs, afin qu'on passe plus facilement de l'un à l'autre de ces points d'appui ; nous employons ce moyen pour conduire à chanter plus facilement la 2me LIGNE, qui est la VÉRITABLE FORMULE

n'ayant pas d'autre raison d'être que de produire avec la note inférieure le même air que le *fa* avec le *mi*, l'air 343 nous sert de modèle pour mesurer chacun des bémols contre la note inférieure que nous venons d'indiquer.

Sixième formule pour les bémols ; modèle : $_3 4_3$

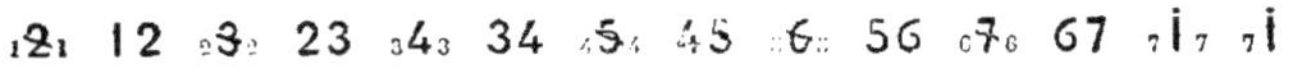

$_1 2_1$ 12 $_2 3_2$ 23 $_3 4_3$ 34 $_4 5_4$ 45 $_5 6_5$ 56 $_6 7_6$ 67 $_7 \dot{1}_7$ $_7 \dot{1}$

Les moyens si simples qui nous servent à étudier l'intonation des *modes types*, *ut majeur et la mineur*, ont l'immense avantage de développer au plus haut degré, chez la personne qui chante, le *sentiment de la tonalité sur l'ut en mode majeur* et sur le *la* en *mode mineur* : le développement de ce sentiment est la *conséquence de l'obligation où l'on se trouve*, pour mesurer les notes de l'accord de septième de sous-tonique, *de penser toujours aux notes de l'accord parfait de tonique, dont la propriété caractéristique est de donner au plus haut point possible le sentiment de la tonalité.*

De plus, *la pratique de nos moyens d'étude*, pour les dièses et pour les bémols, *permet au lecteur d'exprimer*, pour l'auditeur, *presque toutes les modulations, en conservant toujours*, pour lui lecteur, *le sentiment de la tonalité sur l'ut.*

Telles sont les causes des succès que nous obtenons dans l'enseignement pratique de l'intonation :

1° *Développement du sentiment de la tonalité, dans l'étude des modes types, ut majeur et la mineur.*

2° *Conservation du sentiment de la tonalité sur l'ut, dans l'étude des dièses et des bémols.*

VII

Comment on doit étudier les exercices qui contiennent des petites notes.

RÈGLE GÉNÉRALE.

Lorsque les exercices d'un numéro contiennent des *petites notes*, il faut étudier *deux fois, immédiatement*, le numéro entier de la manière suivante :

La PREMIÈRE FOIS, il faut *chanter*, *selon l'ordre des flèches*, le numéro tout entier avec les *grosses notes* (gros chiffres) et les *petites notes* (petits chiffres).

La DEUXIÈME FOIS, il faut *chanter* encore, *selon l'ordre des flèches*, le numéro entier; mais il faut, cette fois, *chanter les grosses notes seulement*, en pensant aux *petites notes* comme si on voulait les chanter aussi, et n'avoir recours à ces dernières que si l'on éprouve une difficulté insurmontable pour passer d'une *grosse note* à celle qui la suit.

EXCEPTION A LA RÈGLE GÉNÉRALE.

A partir de la NEUVIÈME SÉRIE, inclusivement, jusqu'à la fin des exercices du *mode majeur*, les *colonnes paires* de chacune des accolades, c'est-à-dire la 2e, la 4e et la 6e, *ne doivent pas être chantées* ISOLÉMENT, *sans les petites notes*. Il en sera de même pour les exercices analogues du *mode mineur*, depuis la SIXIÈME SÉRIE, inclusivement, jusqu'à la dernière.

VIII

Sur la hauteur de l'ut point de départ.

Dans tous nos exercices, on n'a nul besoin de se préoccuper de la hauteur à laquelle il faut prendre l'UT point de départ.

La seule précaution à prendre, est de ne pas débuter par un UT qui ne permette pas d'atteindre sans fatigue la *limite grave* ou la *limite aiguë* de l'exercice qu'on veut chanter.

Si donc, on avait pris un UT qui ne permît pas d'atteindre, *sans fatigue*, la limite aiguë de l'exercice, on le remplacerait par un UT PLUS GRAVE, *et vice versâ.*

C'est la faculté que nous avons de prendre l'UT de départ (*la tonique*), au point le plus commode pour nous, qui nous permet d'écrire, indifféremment, avec $\dot{1}\,765$ ou $1\,\underset{.}{7}\underset{.}{6}\underset{.}{5}$, les exercices de la DEUXIÈME SÉRIE.

Nous avons préféré la première manière $\dot{1}\,765$, comme la plus simple; parce que, au lieu d'avoir, comme dans $1\,\underset{.}{7}\underset{.}{6}\underset{.}{5}$, *trois points au-dessous*, nous n'avons, dans $\dot{1}\,765$, qu'*un point au-dessus*. Nous conseillons cette économie de points à toutes les personnes qui veulent écrire de la musique en chiffres.

IX

Conseils à suivre, *très-rigoureusement*, par les personnes qui veulent étudier l'intonation, sans maître, et par celles qui veulent l'enseigner à une personne en particulier.

1° Il faut *détacher les sons*, afin d'avoir le temps de chercher chacun de ceux qu'on veut émettre. Cette habitude est facile à prendre.

2° Il faut *n'émettre un son qu'avec conscience*; c'est-à-dire, ne l'émettre qu'au moment où, après l'avoir cherché, on sent qu'on le dira juste.

3° Il faut *écouter, individuellement, chacun des sons qu'on émet*, afin de s'assurer de la justesse de chacun d'eux.

4° Il faut *supposer toujours que l'on n'a qu'un seul son à trouver*, afin de s'isoler de tous ceux qui le précèdent, et de pouvoir *concentrer toute son attention sur la recherche de ce son unique*.

5° Il faut *conserver, le plus possible, le sentiment de la tonalité*; pour cela, il faut se rappeler toujours qu'il n'y a d'important en musique, pour l'étude de l'intonation, que les sons

1 3 5 en *mode majeur* d'ut.
TONIQUE, MÉDIANTE, DOMINANTE.
$\underset{.}{6}$ 1 3 en *mode mineur* de la.

Chacun des autres sons devant être appuyé sur l'un de ceux-là.

L'opération qui consiste à penser toujours aux sons de l'accord parfait de tonique 135, pour chercher les autres sons 7,2,4,6, devient, par l'habitude, d'une facilité extrême, et l'on arrive en très-peu de temps à la faire presque instinctivement; mais pour arriver là, il est indispensable de se rendre d'abord parfaitement maître des exercices suivants :

1° De la SEPTIÈME SÉRIE (page 6);

2° De la 2e des FORMULES ci-dessus (page XIII);

3° De la HUITIÈME SÉRIE (page 7).

Dans la pratique individuelle, on trouve, au premier abord, très-difficile de penser aux petites notes sans les chanter; cette difficulté vient de ce que, en même temps qu'on cherche son point d'appui, on se préoccupe de l'intonation de la grosse note qui vient après, ce dont il faut se garder avec soin.

Il est facile de surmonter cette difficulté; il suffit pour cela d'employer le moyen mis en pratique dans la *première ligne* de la *deuxième formule* ci-dessus, c'est-à-dire de *répéter deux fois chacun des points d'appui.*

EXEMPLE. { *Ce qui est écrit :* 1 3 ₃ 6 ₃ 3 1 }
{ *Ce qu'il faut penser :* 1 3 ₃ ₃ 6 ₅ ₅ 3 1 }

L'emploi de ce moyen, utile pour tous dans le principe, *est indispensable pour toutes les personnes qui ne sont pas douées d'une bonne organisation musicale.* Il est bien entendu que chacun est juge du moment où il peut l'abandonner.

Dans le mode mineur de *la*, *l'intonation de l'ut est difficile ;* voici le *moyen de surmonter cette difficulté :*

Il faut, pour prendre l'ut, { *en montant*, penser ₆ ₇ 1
{ *en descendant*, penser ₃ ₂ 1

En RÉSUMÉ, tous les préceptes que nous donnons, tendent à faire atteindre le but suivant . { *ne pas chanter avant d'avoir pensé ;*
{ *penser avant de chanter.*

Voici, pour *l'étude de la première série*, le *moyen de penser facilement aux sons qu'on veut émettre.*

Il faut :

1° Ne pas commencer cette étude avant d'être parfaitement maître des deux airs types 12345 et 54321.

2° *Penser toujours* { *en montant,* comme si on voulait chanter l'air entier 12345.
{ *en descendant*, comme si on voulait chanter l'air entier 54321.

En un mot, le moyen de trouver facilement chacun des sons qu'on veut émettre, c'est de *penser toujours en avant et jamais en arrière.* Il faut *laisser complètement de côté le son qu'on vient de chanter, avant de penser à celui qu'on veut émettre.*

NOTA. Il faut *éviter, comme une chose* TRÈS-NUISIBLE, *de prendre l'intonation à l'aide d'un instrument ou d'une voix étrangère.*

Toutefois, il est bien entendu que cette proscription ne s'étend pas aux airs types, 12345, 54321. i765, 567i, que l'on doit, au contraire, apprendre par cœur, au moyen d'une voix étrangère ou d'un instrument, avant de commencer l'étude des exercices de la PREMIÈRE SÉRIE, 12345, page 1.

A partir du moment où l'élève sait chanter juste les airs types, 12345, 54321, i765, 567i, *le maître ne doit jamais chanter que pour donner la tonique ou pour remettre l'élève sur la voie, en lui répétant*, lorsqu'il se trompe, *le dernier son qu'il a bien dit* ; hors de là, le maître ne doit jamais chanter ni faire entendre à son élève le son d'un instrument.

NANINE CHEVÉ (née PARIS).

EXERCICES ÉLÉMENTAIRES

DE LECTURE MUSICALE

A L'USAGE DES ÉCOLES PRIMAIRES.

LIVRE I. — MODE MAJEUR.

PREMIÈRE SÉRIE. — 12345

GROUPE I.

No 1

12345	12 2345	54321	54 4321	51
12345	123 345	54321	543 321	51
12345	1234 45	54321	5432 21	51
12345	123 345	54321	543 321	51
12345	12 2345	54321	54 4321	51
12345	123 345	54321	543 321	51
12345	1234 45	54321	5432 21	51
12345	123 345	54321	543 321	51
12345	12 2345	54321	54 4321	51
12345	15 15 1	54321	51 51 51	51

No 2

12345	54321
12345 1	54321 5
1234 5 1	5432 1 5
123 4 5 1	543 2 1 5
12 3 4 5 1	54 3 2 1 5
123 4 5 1	543 2 1 5
1234 5 1	5432 1 5
12345 1	54321 5
12345 1	54321 5
51 51 51	1 51 51

No 3

12345	1 2 3 4 5	1 2 3 4 5	1 2 3 4 5	1 2 3 4 5	1
12345 1	1 1 22 33 44 55 1	1 2 2 3 3 4 4 5 5 1	12 2345 1	123 345 1	51
1234 5 1	1 1 22 33 44 5 5 1	1 2 2 3 3 4 4 5 5 1	12 234 5 1	123 34 5 1	51
123 4 5 1	1 1 22 33 4 4 5 5 1	1 2 2 3 3 4 4 5 5 1	12 23 4 5 1	123 3 4 5 1	51
12 3 4 5 1	1 1 22 3 3 4 4 5 5 1	1 2 2 3 3 4 4 5 5 1	12 2 3 4 5 1	123 3 4 5 1	51

No 4

54321	5 4 3 2 1	5 4 3 2 1	5 4 3 2 1	5 4 3 2 1	1
54321 5	55 44 33 22 1 1 5	5 4 4 3 3 2 2 1 1 5	54 4321 5	543 321 5	51
5432 1 5	55 44 33 22 1 1 5	5 4 4 3 3 2 2 1 1 5	54 432 1 5	543 32 1 5	51
543 2 1 5	55 44 33 2 2 1 1 5	5 4 4 3 3 2 2 1 1 5	54 43 2 1 5	543 3 2 1 5	51
54 3 2 1 5	55 44 3 3 2 2 1 1 5	5 4 4 3 3 2 2 1 1 5	54 4 3 2 1 5	543 3 2 1 5	51

N° 5

12345 54321	12345 54321	51	54321 12345	54321 12345	1
12345 54321	12345 54321	51	54321 12345	54321 12345	1
12345 54321	12345 54321	51	54321 12345	54321 12345	1
12345 54321	12345 54321	51	54321 12345	54321 12345	1

GROUPE II. — 135

N° 1

123 345	543 321	543 321	123 345	1
123 345	543 321	543 321	123 345	1
123 345	543 321	543 321	123 345	1
123 345	543 321	543 321	123 345	1

N° 2

135 531	531 135	1
135 531	531 135	1
135 531	531 135	1
135 531	531 135	1

N° 3

13 31 35	53 35 31	53 35 31	13 31 35	1
13 3135	53 3531	53 3531	13 3135	1
13 3135	53 3531	53 3531	13 3135	1
13 315	53 351	53 351	13 315	1

N° 4

13531	53135	1
1353	5313	1
13531	53135	1
13135	53531	1

GROUPE III.

N° 1

25	52	
121 12345	54321 121	51
121 12345	54321 121	51
121 12345	54321 121	51
121 12345	54321 121	51

N° 2

24 14	42 41	
123 343	343 321	51
123 343	343 321	51
123 343	343 321	51
123 343	343 321	51

N° 3

121 13 343 35	53 343 31 121	51	53 343 31 121	121 13 343 35	1
121 13 343 35	53 343 31 121	51	53 343 31 121	121 13 343 35	1
121 13 343 35	53 343 31 121	51	53 343 31 121	121 13 343 35	1

N° 4

1 2 3 4 5 4 3 2 1	5 4 3 2 1 2 3 4 5	5 4 3 2 1 2 3 4 5	1 2 3 4 5 4 3 2 1	1
1 2 3 4 5 4 3	5 4 3 2 1 2 3	5 4 3 2 1 2 3	1 2 3 4 5 4 3	1
1 2 3 4 54321	5 4 3 2 12345	5 4 3 2 12345	1 2 3 4 54321	1
1 2 3 2 12345	5 4 3 4 54321	5 4 3 4 54321	1 2 3 2 12345	1
12345 4 3 2 1	54321 2 3 4 5	54321 2 3 4 5	12345 4 3 2 1	1
12345 4 3 4 5	54321 2 3 2 1	54321 2 3 2 1	12345 4 3 4 5	1
123454321 2 3	543212345 4 3	543212345 4 3	123454321 2 3	1

Résumé des études de la première série.

N° 1

1 3 5 3 1	1 2 3 4 5	1 3 4 5$_{1}$2$_{1}$	1$_{3}$4 3 2$_{1}$5	1 5 4 3 2$_{1}$	1
1 3 5 3	1 2 3 5 4$_{3}$	1 3 4$_{3}$2$_{1}$5	1$_{3}$4 3 5$_{1}$2$_{1}$	1 5 4$_{3}$2$_{1}$3	1
1 3 5$_{3}$1	1 2$_{3}$4 5 3	1 3 5 4$_{3}$2$_{1}$	1$_{3}$4$_{3}$2$_{1}$3 5	1 5 3 2$_{13}$4$_{5}$	1
1 3 1$_{3}$5	1 2$_{3}$4 3 5	1 3 5$_{1}$2$_{3}$4$_{5}$	1$_{3}$4$_{3}$2$_{1}$5 3	1 5 3 4$_{3}$2$_{1}$	1
1$_{3}$5 3 1	1 2$_{1}$5 4 3	1 3 2$_{13}$4 5	1$_{3}$4 5 3 2$_{1}$	1 5$_{1}$2 3 4$_{5}$	1
1$_{3}$5 3 5	1 2$_{1}$5 3 4$_{5}$	1 3 2$_{1}$5 4$_{3}$	1$_{3}$4 5$_{1}$2 3	1 5$_{1}$2$_{3}$4 3	1

N° 2

5 3 1 3 5	5 4 3 2 1	5 3 2 1$_{3}$4$_{5}$	5$_{1}$2 1 3 4$_{5}$	5 1 2 3 4$_{5}$	1
5 3 1 3	5 4 3 1 2$_{1}$	5 3 2$_{13}$4$_{3}$1	5$_{1}$2 1$_{3}$4 3	5 1 2$_{3}$4 3	1
5 3 1$_{3}$5	5 4$_{3}$2 1 3	5 3 1 2$_{3}$4$_{5}$	5$_{1}$2 3 4$_{3}$1	5 1 3 4$_{3}$2$_{1}$	1
5 3 5$_{3}$1	5 4$_{3}$2$_{1}$3 1	5 3 1$_{3}$4$_{3}$2$_{1}$	5$_{1}$2 3 1$_{3}$4$_{5}$	5 1 3 2$_{13}$4$_{5}$	1
5$_{3}$1 3 5	5 4$_{3}$1 2 3	5 3 4$_{3}$2 1	5$_{1}$2$_{3}$4 3 1	5 1$_{3}$4 3 2$_{1}$	1
5$_{3}$1 3 1	5 4$_{3}$1 3 2$_{1}$	5 3 4$_{3}$1 2$_{1}$	5$_{1}$2$_{3}$4$_{3}$1 3	5 1$_{3}$4$_{3}$2$_{1}$3	1

DEUXIÈME SÉRIE. — 1̇765

GROUPE I.

N° 1

1̇765	1̇7 765	5671̇	56 671̇	5 1̇
1̇765	1̇76 65	5671̇	567 71̇	5 1̇
1̇765	1̇7 765	5671̇	56 671̇	5 1̇
1̇765	1̇76 65	5671̇	567 71̇	5 1̇
1̇765	1̇7 765	5671̇	56 671̇	5 1̇
1̇765	1̇76 65	5671̇	567 71̇	5 1̇
1̇765	1̇5 1̇5 1̇	5671̇	51̇ 51̇ 51̇	5 1̇

N° 2

1̇765	5671̇	5 1̇
1̇765 1̇	5671̇ 5	1̇
1̇76$_{5}$ 1̇	567$_{\dot{1}}$ 5	1̇
1̇7$_{65}$ 1̇	56$_{7\dot{1}}$ 5	1̇
1̇76$_{5}$ 1̇	567$_{\dot{1}}$ 5	1̇
1̇765 1̇	5671̇ 5	1̇
51̇ 51̇ 51̇	1̇5 1̇5 1̇	5 1̇

N° 3

1̇765	1̇ 7 6 5	1̇ 7 6 5	1̇ 7 6 5	1̇
1̇765 1̇	1̇1̇ 77 66 55 1̇	1̇7 76 65 51̇	1̇7 765 1̇	51̇
1̇76$_{5}$ 1̇	1̇1̇ 77 66 $_{55}$ 1̇	1̇7 76 6$_{5}$ $_{5}$1̇	1̇7 76$_{5}$ 1̇	51̇
1̇7$_{65}$ 1̇	1̇1̇ 77 $_{66}$ $_{55}$ 1̇	1̇7 7$_{6}$ $_{65}$ $_{5}$1̇	1̇7 7$_{65}$ 1̇	51̇

N° 4

5671̇	5 6 7 1̇	5 6 7 1̇	5 6 7 1̇	1̇
5671̇ 5	55 66 77 1̇1̇ 5	56 67 71̇ 1̇5	56 671̇ 5	1̇
567$_{\dot{1}}$ 5	55 66 77 $_{\dot{1}\dot{1}}$ 5	56 67 7$_{\dot{1}}$ $_{\dot{1}}$5	56 67$_{\dot{1}}$ 5	1̇
56$_{7\dot{1}}$ 5	55 66 $_{77}$ $_{\dot{1}\dot{1}}$ 5	56 6$_{7}$ $_{7\dot{1}}$ $_{\dot{1}}$5	56 6$_{7\dot{1}}$ 5	1̇

N° 5

1̇765 5671̇	1̇765 $_{5}$671̇	51̇	5671̇ 1̇765	5671̇ $_{\dot{1}}$765	1̇
1̇76$_{5}$ $_{5}$671̇	1̇76$_{5}$ $_{56}$71̇	51̇	567$_{\dot{1}}$ $_{\dot{1}}$765	567$_{\dot{1}}$ $_{\dot{1}7}$65	1̇
1̇7$_{65}$ $_{56}$71̇	1̇7$_{65}$ $_{567}$1̇	51̇	56$_{7\dot{1}}$ $_{\dot{1}7}$65	56$_{7\dot{1}}$ $_{\dot{1}76}$5	1̇

GROUPE II.

N° 1 — İ6 6İ

İ765 565 | 565 567İ | 5İ
İ765 565 | 565 567İ | 5İ
İ765 565 | 565 567İ | 5İ
İ765 565 | 565 567İ | 5İ

N° 2 — 75 57

İ7İ İ765 | 567İ İ7İ | 5İ
İ7İ İ765 | 567İ İ7İ | 5İ
İ7İ İ765 | 567İ İ7İ | 5İ
İ7İ İ765 | 567İ İ7İ | 5İ

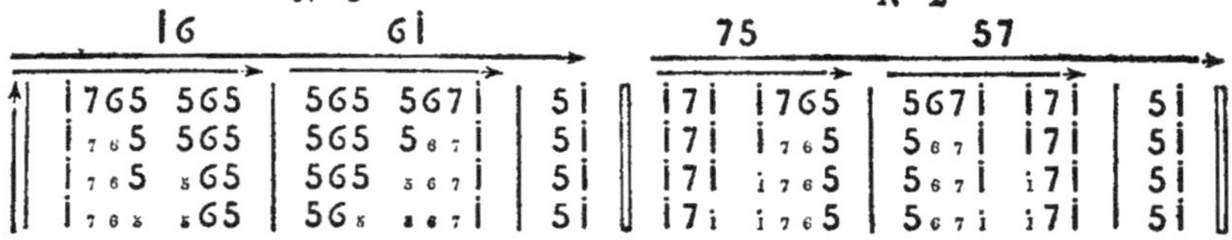

N° 3

İ7İ İ5 565 | 565 5İ İ7İ | 5İ || 565 5İ İ7İ | İ7İ İ5 565 | İ
İ7İ İ5 565 | 565 5İ İ7İ | 5İ || 565 5İ İ7İ | İ7İ İ5 565 | İ

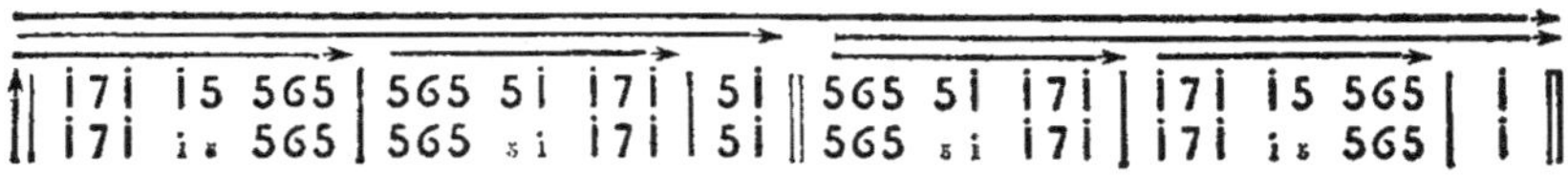

Résumé de la deuxième série.

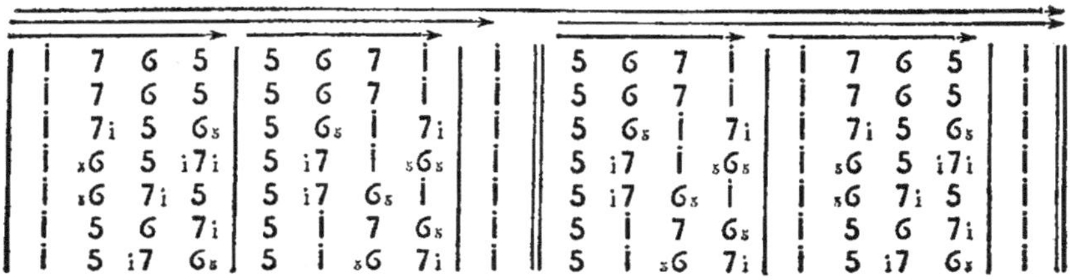

İ 7 6 5 | 5 6 7 İ | İ || 5 6 7 İ | İ 7 6 5 | İ
İ 7 6 5 | 5 6 7 İ | İ || 5 6 7 İ | İ 7 6 5 | İ
İ 7İ 5 65 | 5 65 İ 7İ | İ || 5 65 İ 7İ | İ 7İ 5 65 | İ
İ 56 5 İ7İ | 5 İ7 İ 56 | İ || 5 İ7 İ 56 | İ 56 5 İ7İ | İ
İ 56 7İ 5 | 5 İ7 65 İ | İ || 5 İ7 65 İ | İ 56 7İ 5 | İ
İ 5 6 7İ | 5 İ 7 65 | İ || 5 İ 7 65 | İ 5 6 7İ | İ
İ 5 İ7 65 | 5 İ 56 7İ | İ || 5 İ 56 7İ | İ 5 İ7 65 | İ

TROISIÈME SÉRIE. — 1234567İ

GROUPE I.

N° 1

12345 567İ | İ765 54321 | İ
12345 567İ İ | İ765 54321 İ | İ
12345 567İ İ | İ765 54321 İ | İ
12345 567İ İ | İ765 54321 İ | İ
12345 567İ İ | İ765 54321 İ | İ
12345 567İ İ | İ765 54321 İ | İ

N° 2

İ765 54321 | 12345 567İ | İ
İ765 54321 İ | 12345 567İ İ | İ
İ765 54321 İ | 12345 567İ İ | İ
İ765 54321 İ | 12345 567İ İ | İ
İ765 54321 İ | 12345 567İ İ | İ
İ765 54321 İ | 12345 567İ İ | İ

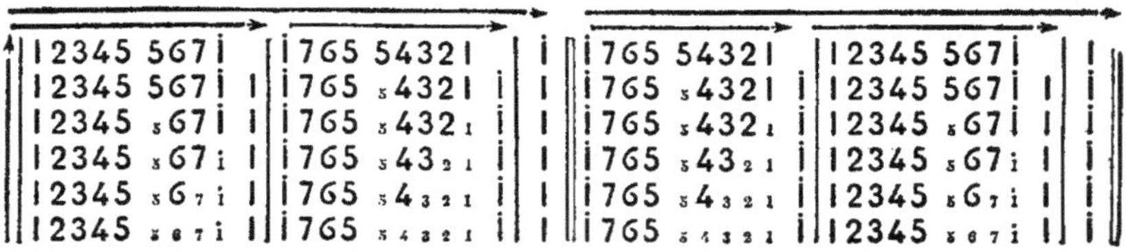

N° 3

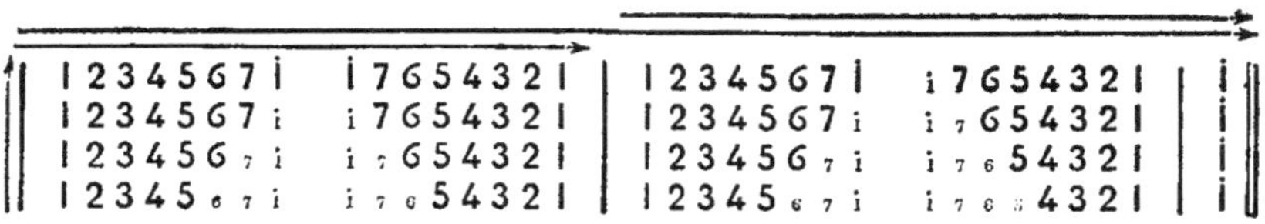

1 2 3 4 5 6 7 İ İ 7 6 5 4 3 2 1 | 1 2 3 4 5 6 7 İ İ 7 6 5 4 3 2 1 | İ
1 2 3 4 5 6 7 İ İ 7 6 5 4 3 2 1 | 1 2 3 4 5 6 7 İ İ 7 6 5 4 3 2 1 | İ
1 2 3 4 5 6 7 İ İ 7 6 5 4 3 2 1 | 1 2 3 4 5 6 7 İ İ 7 6 5 4 3 2 1 | İ
1 2 3 4 5 6 7 İ İ 7 6 5 4 3 2 1 | 1 2 3 4 5 6 7 İ İ 7 6 5 4 3 2 1 | İ

N° 4

İ 7 6 5 4 3 2 1 1 2 3 4 5 6 7 İ | İ 7 6 5 4 3 2 1 1 2 3 4 5 6 7 İ | İ
İ 7 6 5 4 3 2 1 1 2 3 4 5 6 7 İ | İ 7 6 5 4 3 2 1 1 2 3 4 5 6 7 İ | İ
İ 7 6 5 4 3 2 1 1 2 3 4 5 6 7 İ | İ 7 6 5 4 3 2 1 1 2 3 4 5 6 7 İ | İ
İ 7 6 5 4 3 2 1 1 2 3 4 5 6 7 İ | İ 7 6 5 4 3 2 1 1 2 3 4 5 6 7 İ | İ
İ 7 6 5 4 3 2 1 1 2 3 4 5 6 7 İ | İ 7 6 5 4 3 2 1 1 2 3 4 5 6 7 İ | İ

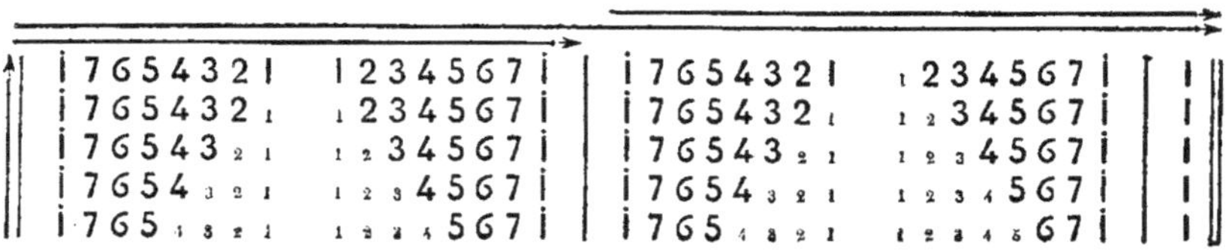

GROUPE II. — 1351̇

N° 1

123 345 5671̇	1̇765 543 321	1̇ 1		1̇765 543 321	123 345 5671̇	1	
1 2 3 3 4 5 5 6 7 1̇	1̇ 7 6 5 5 4 3 3 2 1	1̇ 1		1̇ 7 6 5 5 4 3 3 2 1	1 2 3 3 4 5 5 6 7 1̇	1	
1 2 3 3 4 5 5 6 7 1̇	1̇ 7 6 5 5 4 3 3 2 1	1̇ 1		1̇ 7 6 5 5 4 3 3 2 1	1 2 3 3 4 5 5 6 7 1̇	1	

N° 2

1351̇ 1̇531	1351̇ 1̇531	1̇ 1		1̇531 1351̇	1̇531 1351̇	1	
1351̇ 1̇531	1351̇ 1̇ 3 1	1̇ 1		1̇531 1351̇	1̇531 1 3 5 1̇	1	
1 3 5 1̇ 1̇ 5 3 1	1 3 5 1̇ 1̇ 5 3 1	1̇ 1		1̇ 5 3 1 1 3 5 1̇	1̇ 5 3 1 1 3 5 1̇	1	

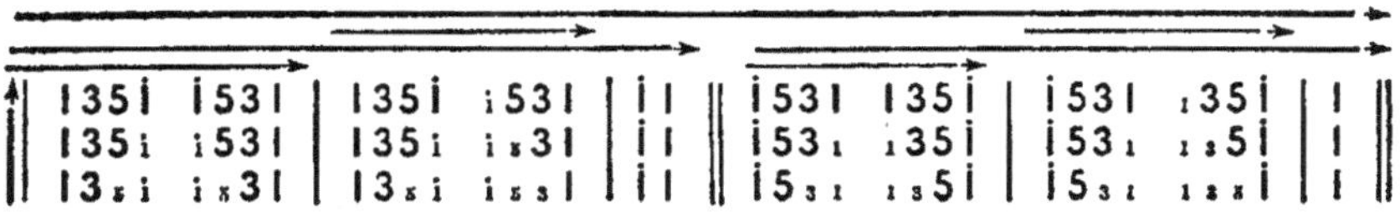

Résumé de la troisième série.

1331 35535 1̇	1̇551̇ 53353 1	1̇ 1		1̇551̇ 53353 1	1331 35535 1̇	1	
13 3135 5351̇	1̇5 51̇53 3531	1̇ 1		1̇5 51̇53 3531	13 3135 5351̇	1	
13 31 5 53 1̇	1̇5 51̇ 3 35 1	1̇ 1		1̇5 51̇ 3 35 1	13 31 5 53 1̇	1	
13 1 5 3 1̇	1̇5 1̇ 3 5 1	1̇ 1		1̇5 1̇ 3 5 1	13 1 5 3 1̇	1	

QUATRIÈME SÉRIE. — 5̣135

N° 1

543 321 176̣5̣	5̣6̣7̣1 123 345	5̣1		5̣6̣7̣1 123 345	543 321 176̣5̣	51	
5 4 3 3 2 1 1 7 6 5̣	5̣ 6 7 1 1 2 3 3 4 5	5̣1		5̣ 6 7 1 1 2 3 3 4 5	5 4 3 3 2 1 1 7 6 5̣	51	
5 4 3 3 2 1 1 7 6 5̣	5̣ 6 7 1 1 2 3 3 4 5	5̣1		5̣ 6 7 1 1 2 3 3 4 5	5 4 3 3 2 1 1 7 6 5̣	51	

N° 2

5315̣ 5̣135	5315̣ 5̣135	5̣1		5̣135 5315̣	5̣135 5̣315̣	51	
531 5̣ 5̣135	531 5̣ 5̣ 1 35	5̣1		5̣13 5̣ 5̣315̣	5̣13 5̣ 5̣ 3 15̣	51	
53 1 5̣ 5̣ 1 35	53 1 5̣ 5̣ 1 3 5	5̣1		5̣1 3 5̣ 5̣ 3 15̣	5̣1 3 5̣ 5̣ 3 1 5̣	51	

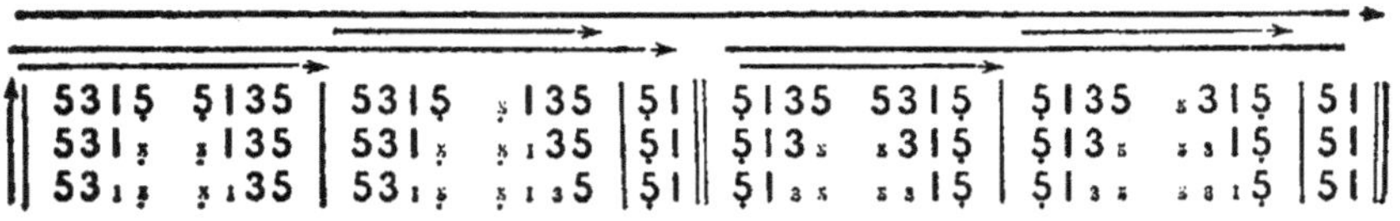

Résumé de la quatrième série.

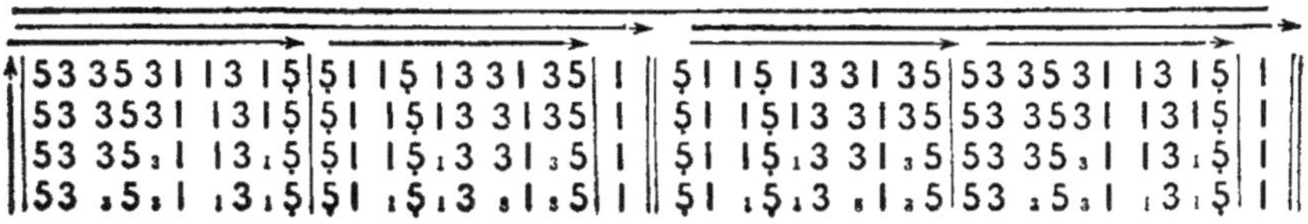

53353 1 13 15̣	5̣1 15̣ 1331 35	1		5̣1 15̣ 1331 35	53353 1 13 15̣	1	
53 3531 1315̣	5̣1 15̣13 3135	1		5̣1 15̣13 3135	53 3531 1315̣	1	
53 35 1 13 5̣	5̣1 15̣ 3 31 5	1		5̣1 15̣ 3 31 5	53 35 1 13 5̣	1	
53 5 1 3 5̣	5̣1 5̣ 3 1 5	1		5̣1 5̣ 3 1 5	53 5 1 3 5̣	1	

CINQUIÈME SÉRIE. — 5724

N° 1

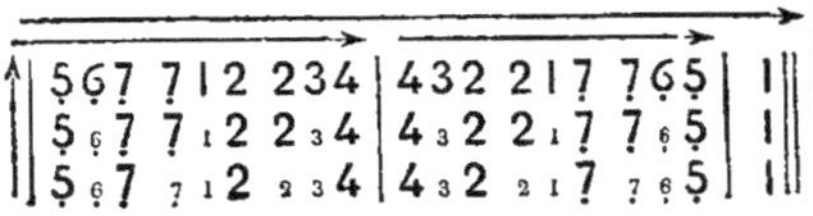

5 6 7 7 1 2 2 3 4 | 4 3 2 2 1 7 7 6 5 | 1
5 6 7 7 1 2 2 3 4 | 4 3 2 2 1 7 7 6 5 | 1
5 6 7 7 1 2 2 3 4 | 4 3 2 2 1 7 7 6 5 | 1

N° 2

5724 4275 | 5724 4275 | 1
5724 4275 | 5724 4275 | 1
5724 4275 | 5724 4275 | 1

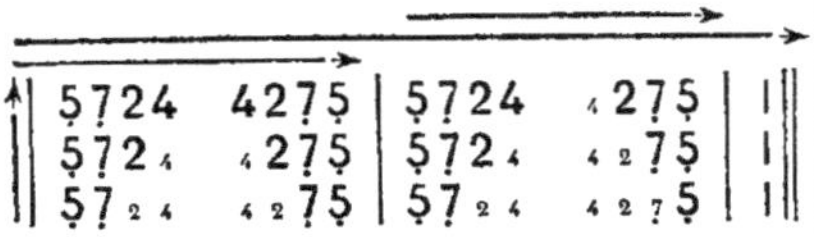

Résumé de la cinquième série.

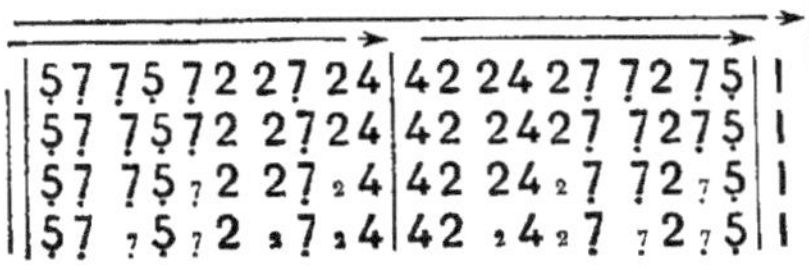

57 75 72 27 24 | 42 24 27 72 75 | 1
57 75 72 27 24 | 42 24 27 72 75 | 1
57 75 72 27 24 | 42 24 27 72 75 | 1
57 75 72 27 24 | 42 24 27 72 75 | 1

SIXIÈME SÉRIE. — 246İ

N° 1

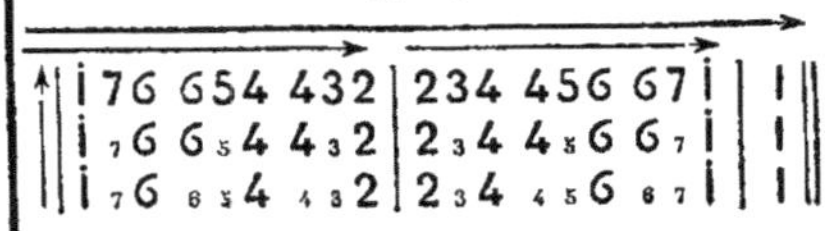

İ 7 6 6 5 4 4 3 2 | 2 3 4 4 5 6 6 7 İ | İ
İ 7 6 6 5 4 4 3 2 | 2 3 4 4 5 6 6 7 İ | İ
İ 7 6 6 5 4 4 3 2 | 2 3 4 4 5 6 6 7 İ | İ

N° 2

İ642 246İ | İ642 246İ | İ
İ642 246İ | İ642 246İ | İ
İ642 246İ | İ642 246İ | İ

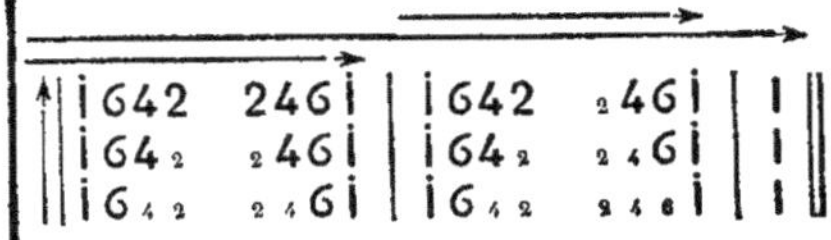

Résumé de la sixième série.

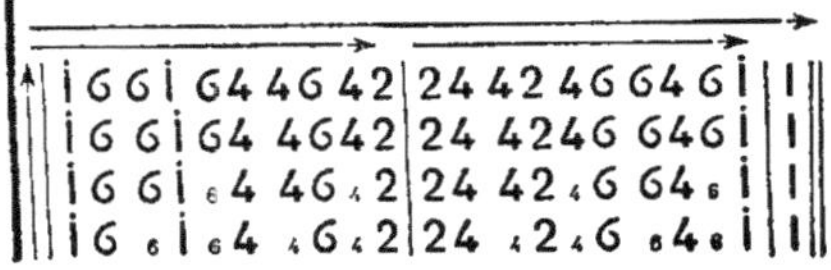

İ6 6İ 64 46 42 | 24 42 46 64 6İ | İ
İ6 6İ 64 46 42 | 24 42 46 64 6İ | İ
İ6 6İ 64 46 42 | 24 42 46 64 6İ | İ
İ6 6İ 64 46 42 | 24 42 46 64 6İ | İ

SEPTIÈME SÉRIE. — A RÉPÉTER SOUVENT.

N° 1

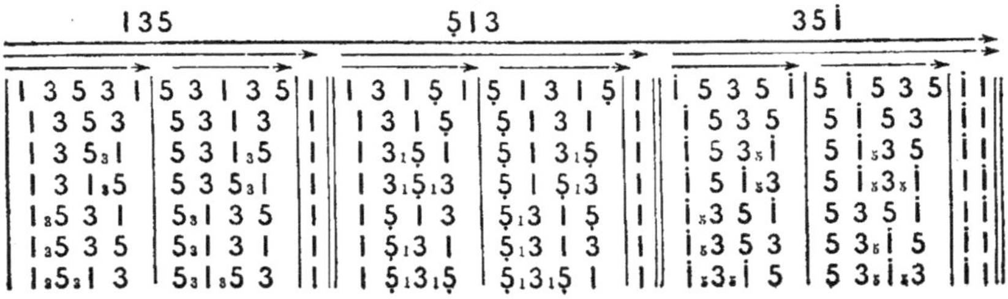

135 — 513 — 35İ

1 3 5 3 1 | 5 3 1 3 5 | 1 || 1 3 1 5 1 | 5 1 3 1 5 | 1 || İ 5 3 5 İ | 5 İ 5 3 5 | İ
1 3 5 3 | 5 3 1 3 | 1 || 1 3 1 5 | 5 1 3 1 | 1 || İ 5 3 5 | 5 İ 5 3 | İ
1 3 5 3 1 | 5 3 1 3 5 | 1 || 1 3 1 5 1 | 5 1 3 1 5 | 1 || İ 5 3 5 İ | 5 İ 5 3 5 | İ
1 3 1 5 | 5 3 5 3 1 | 1 || 1 3 1 5 1 3 | 5 1 5 1 3 | 1 || İ 5 İ 5 3 | 5 İ 5 3 5 İ | İ
1 5 3 1 | 5 3 1 3 5 | 1 || 1 5 1 3 | 5 1 3 1 5 | 1 || İ 5 3 5 İ | 5 3 5 İ | İ
1 3 5 3 5 | 5 3 1 3 1 | 1 || 1 5 1 3 1 | 5 1 3 1 3 | 1 || İ 5 3 5 3 | 5 3 5 İ 5 | İ
1 2 5 3 1 3 | 5 3 1 3 5 3 | 1 || 1 5 1 3 1 5 | 5 1 3 1 5 1 | 1 || İ 3 3 5 İ 5 | 5 3 5 İ 3 3 | İ

N° 2

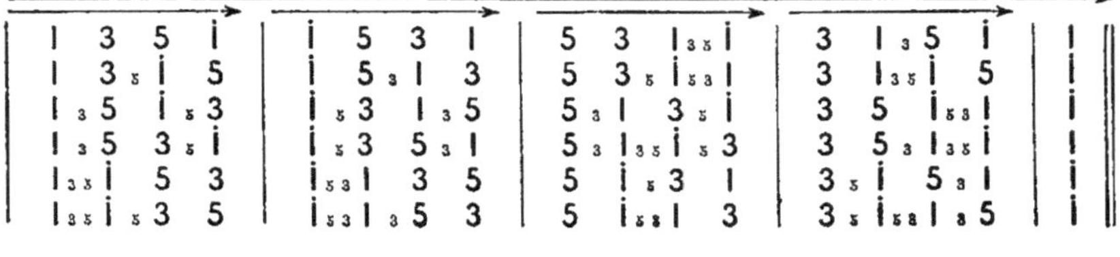

1 3 5 İ | İ 5 3 1 | 5 3 1 3 5 İ | 3 1 3 5 İ | İ
1 3 5 İ 5 | İ 5 3 1 3 | 5 3 5 İ 5 3 1 | 3 1 3 5 İ 5 | İ
1 3 5 İ 5 3 | İ 5 3 1 3 5 | 5 3 1 3 5 İ | 3 5 İ 5 3 1 | İ
1 3 5 3 5 İ | İ 5 3 5 3 1 | 5 3 1 3 5 İ 5 3 | 3 5 3 1 3 5 İ | İ
1 3 5 İ 5 3 | İ 5 3 1 3 5 | 5 İ 5 3 1 | 3 5 İ 5 3 1 | İ
1 3 5 İ 5 3 5 | İ 5 3 1 3 5 3 | 5 İ 5 3 1 3 | 3 5 İ 5 3 1 3 5 | İ

N° 3

1 3 5 3 1 5 | 5 1 3 5 | 5 3 1 5 | 3 1 5 1 3 5 | 1
1 3 1 5 1 3 5 | 5 1 3 5 3 | 5 3 1 5 1 | 3 1 3 5 3 1 5 | 1
1 3 5 3 1 5 | 5 1 3 5 3 1 | 5 3 1 5 1 3 | 3 1 5 1 3 5 | 1
1 3 5 3 1 5 1 3 | 5 1 3 1 3 5 | 5 3 1 3 1 5 | 3 1 5 1 3 5 3 1 | 1
1 5 1 3 5 | 5 1 3 5 3 1 | 5 3 1 5 1 3 | 3 5 3 1 5 | 1
1 5 1 3 5 3 | 5 1 3 5 3 1 3 | 5 3 1 5 1 3 1 | 3 5 3 1 5 1 | 1

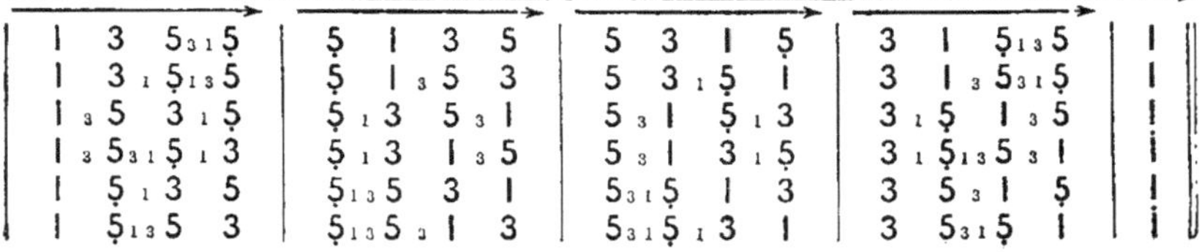

Revoir et chanter, dans les *Explications indispensables*, la formule générale).

HUITIÈME SÉRIE. — A RÉPÉTER SOUVENT.

(*Toujours avec les petites notes.*)

N° 1

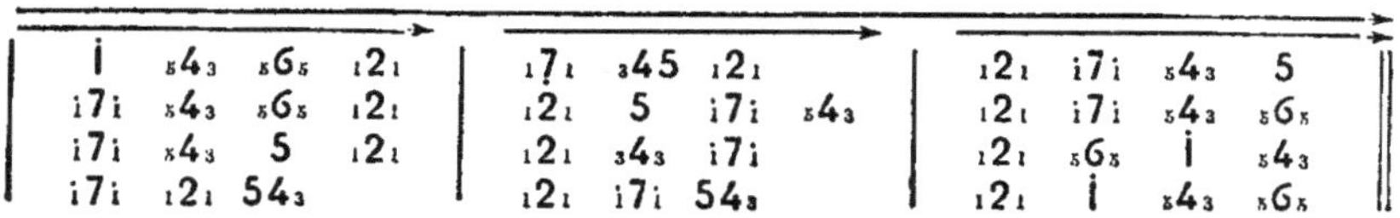

$\dot{1}$ ${}_{5}4_{3}$ ${}_{5}6_{5}$ ${}_{1}2_{1}$	${}_{1}\underset{.}{7}_{1}$ ${}_{3}45$ ${}_{1}2_{1}$	${}_{1}2_{1}$ ${}_{\dot{1}}7_{\dot{1}}$ ${}_{5}4_{3}$ 5
${}_{\dot{1}}7_{\dot{1}}$ ${}_{5}4_{3}$ ${}_{5}6_{5}$ ${}_{1}2_{1}$	${}_{1}2_{1}$ 5 ${}_{\dot{1}}7_{\dot{1}}$ ${}_{5}4_{3}$	${}_{1}2_{1}$ ${}_{\dot{1}}7_{\dot{1}}$ ${}_{5}4_{3}$ ${}_{5}6_{5}$
${}_{\dot{1}}7_{\dot{1}}$ ${}_{5}4_{3}$ 5 ${}_{1}2_{1}$	${}_{1}2_{1}$ ${}_{3}4_{3}$ ${}_{\dot{1}}7_{\dot{1}}$	${}_{1}2_{1}$ ${}_{5}6_{5}$ $\dot{1}$ ${}_{5}4_{3}$
${}_{\dot{1}}7_{\dot{1}}$ ${}_{1}2_{1}$ 54_{3}	${}_{1}2_{1}$ ${}_{\dot{1}}7_{\dot{1}}$ 54_{3}	${}_{1}2_{1}$ $\dot{1}$ ${}_{5}4_{3}$ ${}_{5}6_{5}$

N° 2

${}_{5}4_{3}$ ${}_{1}\underset{.}{7}_{1}$ $\underset{.}{5}$ ${}_{1}2_{1}$	${}_{5}6_{5}$ ${}_{1}2_{1}$ $\underset{.}{5}$ ${}_{1}\underset{.}{7}_{1}$	${}_{5}\underset{.}{6}_{5}$ ${}_{1}21$ ${}_{3}4_{3}$
${}_{5}4_{3}$ 1 ${}_{5}\underset{.}{6}_{5}$ ${}_{1}2_{1}$	${}_{5}6_{5}$ ${}_{1}\underset{.}{7}_{1}$ $\underset{.}{5}$ ${}_{1}2_{1}$	${}_{5}\underset{.}{6}_{5}$ ${}_{3}4_{3}$ 12_{1}
${}_{5}4_{3}$ 12_{1} ${}_{5}\underset{.}{6}_{5}$	${}_{5}6_{5}$ ${}_{1}\underset{.}{7}_{1}$ $\underset{.}{5}_{1}$ ${}_{3}4_{3}$	$\underset{.}{5}$ ${}_{1}\underset{.}{7}_{1}$ ${}_{5}6_{5}$ ${}_{1}2_{1}$
${}_{5}4_{3}$ ${}_{5}\underset{.}{6}_{5}$ 12_{1}	${}_{5}6_{5}$ ${}_{1}\underset{.}{7}_{1}$ ${}_{3}4_{3}$ $\underset{.}{5}$	$\underset{.}{5}$ ${}_{1}2_{1}$ ${}_{5}6_{5}$ ${}_{1}\underset{.}{7}_{1}$
${}_{5}4_{3}$ ${}_{5}\underset{.}{6}_{5}$ ${}_{1}21$	${}_{5}6_{5}$ $\underset{.}{5}$ ${}_{1}\underset{.}{7}_{1}$ ${}_{5}4_{3}$	$\underset{.}{5}$ ${}_{5}6_{5}$ ${}_{1}\underset{.}{7}_{1}$ ${}_{3}4_{3}$
${}_{5}6_{5}$ ${}_{1}2_{1}$ $\underset{.}{5}_{1}$ ${}_{3}4_{3}$	${}_{5}6_{5}$ $\underset{.}{5}_{1}$ ${}_{3}4_{3}$ ${}_{1}\underset{.}{7}_{1}$	$\underset{.}{5}_{1}$ ${}_{3}4_{3}$ ${}_{1}\underset{.}{7}_{1}$ ${}_{5}6_{5}$

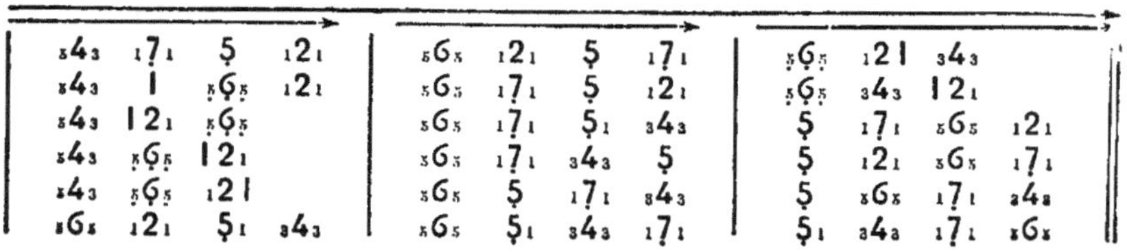

NEUVIÈME SÉRIE. — 135 $\underset{.}{6}$13 357 $\underset{.}{5}$24

GROUPE I. — 135 136 $\underset{.}{7}$35 245

N° 1

13531	1 3${}_{5}6_{5}$3 1	13531	${}_{1}\underset{.}{7}_{1}$3 5 3${}_{1}\underset{.}{7}_{1}$	13531	${}_{1}2_{3}4$ 5 $4_{3}2_{1}$	13531	$\dot{1}$
1 3 5 3	1 3 ${}_{5}6_{5}$ 3	1 3 5 3	${}_{1}\underset{.}{7}_{1}$ 3 5 3	1 3 5 3	${}_{1}2$ ${}_{3}4$ 5 4_{3}	1 3 5 3	.
1 3 5 1	1 3 ${}_{5}6_{5}$ 1	1 3 5 1	${}_{1}\underset{.}{7}_{1}$ 3 5 ${}_{1}\underset{.}{7}_{1}$	1 3 5 1	${}_{1}2$ ${}_{3}4$ 5 ${}_{1}2_{1}$	1 3 5 1	1
1 3 1 5	1 3 1 ${}_{5}6_{5}$	1 3 1 5	${}_{1}\underset{.}{7}_{1}$ 3 ${}_{1}\underset{.}{7}_{1}$ 5	1 3 1 5	${}_{1}2$ ${}_{3}4_{3}$ 2_{1} 5	1 3 1 5	1
1 5 3 1	1 ${}_{5}6_{5}$ 3 1	1 5 3 1	${}_{1}\underset{.}{7}_{1}$ 5 3 ${}_{1}\underset{.}{7}_{1}$	1 5 3 1	${}_{1}2_{1}$ 5 4_{3} 2_{1}	1 5 3 1	$\dot{1}$
1 5 3 5	1 ${}_{5}6_{5}$ 3 ${}_{5}6_{5}$	1 5 3 5	${}_{1}\underset{.}{7}_{1}$ 5 3 5	1 5 3 5	${}_{1}2_{1}$ 5 4_{3} 5	1 5 3 5	1
1 5 1 3	1 ${}_{5}6_{5}$ 1 3	1 5 1 3	${}_{1}\underset{.}{7}_{1}$ 5 ${}_{1}\underset{.}{7}_{1}$ 3	1 5 1 3	${}_{1}2_{1}$ 5 ${}_{1}2$ ${}_{3}4_{3}$	1 5 1 3	1

N° 2

53135	${}_{5}6_{5}$3 1 3${}_{5}6_{5}$	53135	5 $3_{1}\underset{.}{7}_{1}3$ 5	53135	5 $4_{3}2_{1}$${}_{3}4$ 5	53135	;
5 3 1 3	${}_{5}6_{5}$ 3 1 3	5 3 1 3	5 3 ${}_{1}\underset{.}{7}_{1}$ 3	5 3 1 3	5 4_{3} $2_{1}$${}_{3}4_{3}$	5 3 1 3	1
5 3 1 5	${}_{5}6_{5}$ 3 1 ${}_{5}6_{5}$	5 3 1 5	5 3 ${}_{1}\underset{.}{7}_{1}$ 5	5 3 1 5	5 4_{3} 2_{1} 5	5 3 1 5	1
5 3 5 1	${}_{5}6_{5}$ 3 ${}_{5}6_{5}$ 1	5 3 5 1	5 3 5 ${}_{1}\underset{.}{7}_{1}$	5 3 5 1	5 4_{3} 5 ${}_{1}2_{1}$	5 3 5 1	$\dot{1}$
5 1 3 5	${}_{5}6_{5}$ 1 3 ${}_{5}6_{5}$	5 1 3 5	5 ${}_{1}\underset{.}{7}_{1}$ 3 5	5 1 3 5	5 ${}_{1}2$ ${}_{3}4$ 5	5 1 3 5	1
5 1 3 1	${}_{5}6_{5}$ 1 3 1	5 1 3 1	5 ${}_{1}\underset{.}{7}_{1}$ 3 ${}_{1}\underset{.}{7}_{1}$	5 1 3 1	5 ${}_{1}2$ ${}_{3}4_{3}$ 2_{1}	5 1 3 1	;
5 1 5 3	${}_{5}6_{5}$ 1 ${}_{5}6_{5}$ 3	5 1 5 3	5 ${}_{1}\underset{.}{7}_{1}$ 5 3	5 1 5 3	5 ${}_{1}2_{1}$ 5 4_{3}	5 1 5 3	1

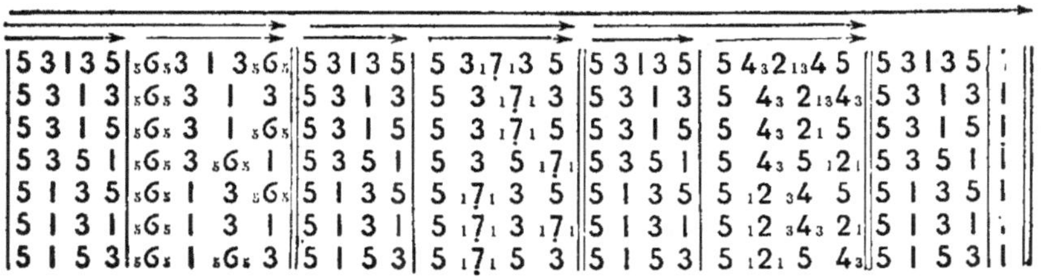

GROUPE II. — $\underset{.}{5}$13 $\underset{.}{6}$13 $\underset{.}{5}\underset{.}{7}$3 $\underset{.}{5}$24

N° 1

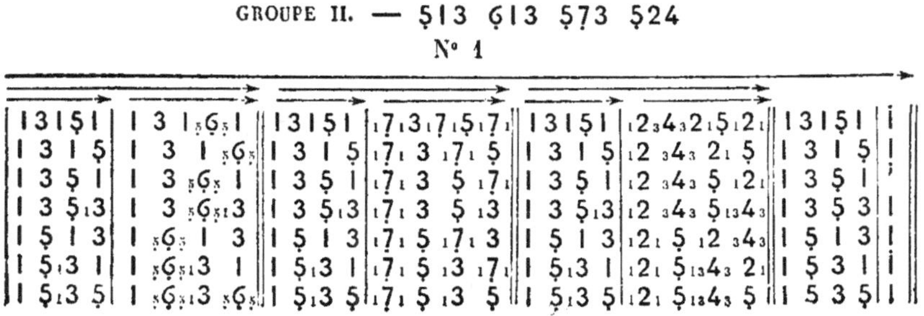

131$\underset{.}{5}$1	1 3 1${}_{5}\underset{.}{6}_{5}$1	131$\underset{.}{5}$1	${}_{1}\underset{.}{7}_{1}3{}_{1}\underset{.}{7}_{1}\underset{.}{5}{}_{1}\underset{.}{7}_{1}$	131$\underset{.}{5}$1	${}_{1}2_{3}4_{3}2_{1}\underset{.}{5}_{1}2_{1}$	131$\underset{.}{5}$1	$\dot{1}$
1 3 1 $\underset{.}{5}$	1 3 1 ${}_{5}\underset{.}{6}_{5}$	1 3 1 $\underset{.}{5}$	${}_{1}\underset{.}{7}_{1}$ 3 ${}_{1}\underset{.}{7}_{1}$ $\underset{.}{5}$	1 3 1 $\underset{.}{5}$	${}_{1}2$ ${}_{3}4_{3}$ 2_{1} $\underset{.}{5}$	1 3 1 $\underset{.}{5}$	1
1 3 $\underset{.}{5}$ 1	1 3 ${}_{5}\underset{.}{6}_{5}$ 1	1 3 $\underset{.}{5}$ 1	${}_{1}\underset{.}{7}_{1}$ 3 $\underset{.}{5}$ ${}_{1}\underset{.}{7}_{1}$	1 3 $\underset{.}{5}$ 1	${}_{1}2$ ${}_{3}4_{3}$ $\underset{.}{5}$ ${}_{1}2_{1}$	1 3 $\underset{.}{5}$ 1	;
1 3 $\underset{.}{5}_{1}3$	1 3 ${}_{5}\underset{.}{6}_{5}{}_{1}3$	1 3 $\underset{.}{5}_{1}3$	${}_{1}\underset{.}{7}_{1}$ 3 $\underset{.}{5}$ ${}_{1}3$	1 3 $\underset{.}{5}_{1}3$	${}_{1}2$ ${}_{3}4_{3}$ $\underset{.}{5}_{13}4_{3}$	1 3 $\underset{.}{5}$ 3	1
1 $\underset{.}{5}$ 1 3	1 ${}_{5}\underset{.}{6}_{5}$ 1 3	1 $\underset{.}{5}$ 1 3	${}_{1}\underset{.}{7}_{1}$ $\underset{.}{5}$ ${}_{1}\underset{.}{7}_{1}$ 3	1 $\underset{.}{5}$ 1 3	${}_{1}2_{1}$ $\underset{.}{5}$ ${}_{1}2$ ${}_{3}4_{3}$	1 $\underset{.}{5}$ 1 3	1
1 $\underset{.}{5}_{1}3$ 1	1 ${}_{5}\underset{.}{6}_{5}{}_{1}3$ 1	1 $\underset{.}{5}_{1}3$ 1	${}_{1}\underset{.}{7}_{1}$ $\underset{.}{5}$ ${}_{1}3$ ${}_{1}\underset{.}{7}_{1}$	1 $\underset{.}{5}_{1}3$ 1	${}_{1}2_{1}$ $\underset{.}{5}_{13}4_{3}$ 2_{1}	1 $\underset{.}{5}$ 3 1	$\dot{1}$
1 $\underset{.}{5}_{1}3$ $\underset{.}{5}$	1 ${}_{5}\underset{.}{6}_{5}{}_{1}3$ ${}_{5}\underset{.}{6}_{5}$	1 $\underset{.}{5}_{1}3$ $\underset{.}{5}$	${}_{1}\underset{.}{7}_{1}$ $\underset{.}{5}$ ${}_{1}3$ $\underset{.}{5}$	1 $\underset{.}{5}_{1}3$ $\underset{.}{5}$	${}_{1}2_{1}$ $\underset{.}{5}_{13}4_{3}$ $\underset{.}{5}$	1 5 3 $\underset{.}{5}$	1

N° 2

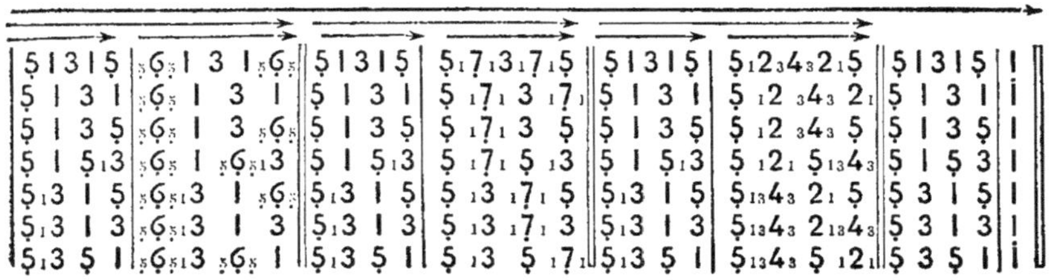

5̣ 1 3 1 5̣	56̣5 1 3 1 56̣5	5̣ 1 3 1 5̣	5̣17̣13 17̣15̣	5̣ 1 3 1 5̣	5̣12343215̣	5̣ 1 3 1 5̣	1
5̣ 1 3 1	56̣5 1 3 1	5̣ 1 3 1	5̣ 17̣1 3 17̣1	5̣ 1 3 1	5̣ 12 343 21	5̣ 1 3 1	1̇
5̣ 1 3 5̣	56̣5 1 3 56̣5	5̣ 1 3 5̣	5̣ 17̣1 3 5̣	5̣ 1 3 5̣	5̣ 12 343 5̣	5̣ 1 3 5̣	1
5̣ 1 5̣13	56̣5 1 56̣513	5̣ 1 5̣13	5̣ 17̣1 5̣ 13	5̣ 1 5̣13	5̣ 121 5̣1343	5̣ 1 5̣ 3	1
5̣13 1 5̣	56̣513 1 56̣5	5̣13 1 5̣	5̣ 13 17̣1 5̣	5̣13 1 5̣	5̣1343 21 5̣	5̣ 3 1 5̣	1
5̣13 1 3	56̣513 1 3	5̣13 1 3	5̣ 13 17̣1 3	5̣13 1 3	5̣1343 21343	5̣ 3 1 3	1
5̣13 5̣ 1	56̣513 56̣5 1	5̣13 5̣ 1	5̣ 13 5̣ 17̣1	5̣13 5̣ 1	5̣1343 5̣ 121	5̣ 3 5̣ 1	1̇

GROUPE III. — 351̇ 361̇ 357 452̇

N° 1

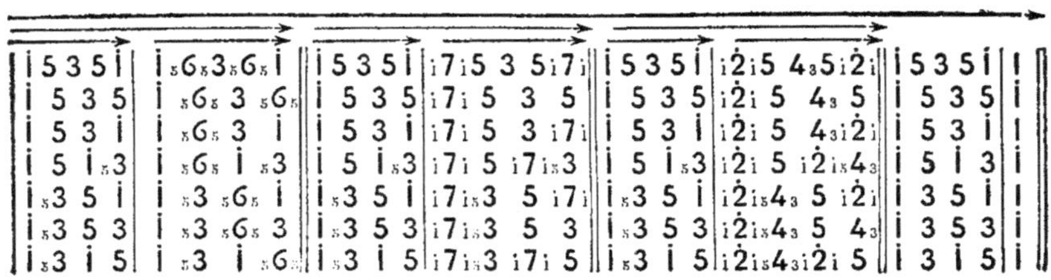

1̇ 5 3 5 1̇	1̇ 56535 65 1̇	1̇ 5 3 5 1̇	1̇71̇5 3 51̇71̇	1̇ 5 3 5 1̇	1̇2̇1̇5 4351̇2̇1̇	1̇ 5 3 5 1̇	1
1̇ 5 3 5	1̇ 565 3 565	1̇ 5 3 5	1̇71̇ 5 3 5	1̇ 5 3 5	1̇2̇1̇ 5 43 5	1̇ 5 3 5	1̇
1̇ 5 3 1̇	1̇ 565 3 1̇	1̇ 5 3 1̇	1̇71̇ 5 3 1̇71̇	1̇ 5 3 1̇	1̇2̇1̇ 5 431̇2̇1̇	1̇ 5 3 1̇	1
1̇ 5 1̇53	1̇ 565 1̇ 53	1̇ 5 1̇53	1̇71̇ 5 1̇71̇53	1̇ 5 1̇53	1̇2̇1̇ 5 1̇2̇1̇543	1̇ 5 1̇ 3	1̇
1̇53 5 1̇	1̇ 53 565 1̇	1̇53 5 1̇	1̇71̇53 5 1̇71̇	1̇53 5 1̇	1̇2̇1̇543 5 1̇2̇1̇	1̇ 3 5 1̇	1
1̇53 5 3	1̇ 53 565 3	1̇53 5 3	1̇71̇53 5 3	1̇53 5 3	1̇2̇1̇543 5 43	1̇ 3 5 3	1̇
1̇53 1̇ 5	1̇ 53 1̇ 56	1̇53 1̇ 5	1̇71̇53 1̇71̇ 5	1̇53 1̇ 5	1̇2̇1̇5431̇2̇1̇ 5	1̇ 3 1̇ 5	1̇

N° 2

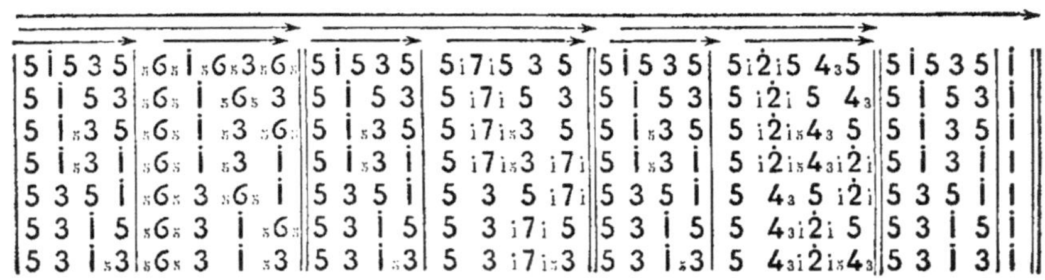

5 1̇ 5 3 5	565 1̇ 56535 6	5 1̇ 5 3 5	51̇71̇5 3 5	5 1̇ 5 3 5	51̇2̇1̇5 435	5 1̇ 5 3 5	1̇
5 1̇ 5 3	565 1̇ 565 3	5 1̇ 5 3	5 1̇71̇ 5 3	5 1̇ 5 3	5 1̇2̇1̇ 5 43	5 1̇ 5 3	1̇
5 1̇53 5	565 1̇ 53 56	5 1̇53 5	5 1̇71̇53 5	5 1̇53 5	5 1̇2̇1̇543 5	5 1̇ 3 5	1̇
5 1̇53 1̇	565 1̇ 53 1̇	5 1̇53 1̇	5 1̇71̇53 1̇71̇	5 1̇53 1̇	5 1̇2̇1̇5431̇2̇1̇	5 1̇ 3 1̇	1
5 3 5 1̇	565 3 565 1̇	5 3 5 1̇	5 3 5 1̇71̇	5 3 5 1̇	5 43 5 1̇2̇1̇	5 3 5 1̇	1
5 3 1̇ 5	565 3 1̇ 56	5 3 1̇ 5	5 3 1̇71̇ 5	5 3 1̇ 5	5 431̇2̇1̇ 5	5 3 1̇ 5	1̇
5 3 1̇53	565 3 1̇ 53	5 3 1̇53	5 3 1̇71̇53	5 3 1̇53	5 431̇2̇1̇543	5 3 1̇ 3	1̇

DIXIÈME SÉRIE. — 135 461̇ 572̇ 574̇

GROUPE I. — 135 146 7̣25 7̣45

N° 1

1 3 5 3 1	1 3456543 1	1 3 5 3 1	17̣121512 17̣1	1 3 5 3 1	17̣134543 17̣1	1 3 5 3 1	1̇
1 3 5 3	1 34 565 43	1 3 5 3	17̣1 21 5 121	1 3 5 3	17̣134 5 43	1 3 5 3	1
1 3 5 1	1 34 565 1	1 3 5 1	17̣1 21 5 17̣1	1 3 5 1	17̣134 5 17̣1	1 3 5 1	1̇
1 3 1 5	1 343 1 56	1 3 1 5	17̣1 2 17̣1 5	1 3 1 5	17̣13431 7̣1 5	1 3 1 5	1
1 5 3 1	1 565 43 1	1 5 3 1	17̣1 5 12 17̣1	1 5 3 1	17̣1 5 4317̣1	1 5 3 1	1̇
1 5 3 5	1 565 4 56	1 5 3 5	17̣1 5 121 5	1 5 3 5	17̣1 5 4 35	1 5 3 5	1
1 5 1 3	1 565 1 343	1 5 1 3	17̣1 5 17̣1 21	1 5 1 3	17̣1 5 17̣1343	1 5 1 3	1

N° 2

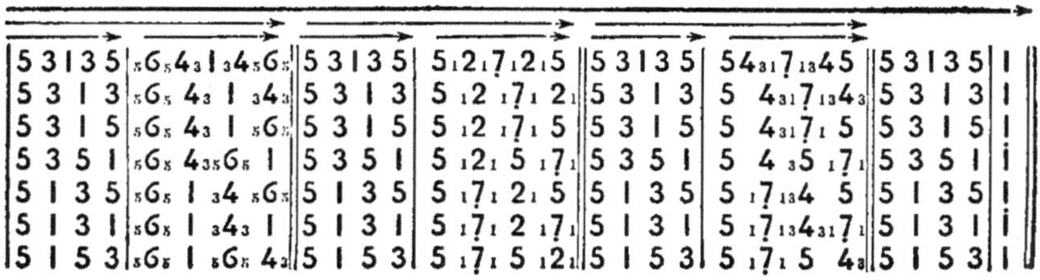

5 3 1 3 5	56543134565	5 3 1 3 5	51217̣1215	5 3 1 3 5	54317̣1345	5 3 1 3 5	1
5 3 1 3	565 43 1 343	5 3 1 3	5 12 17̣1 21	5 3 1 3	5 4317̣1343	5 3 1 3	1
5 3 1 5	565 43 1 565	5 3 1 5	5 12 17̣1 5	5 3 1 5	5 4317̣1 5	5 3 1 5	1
5 3 5 1	565 43565 1	5 3 5 1	5 121 5 17̣1	5 3 5 1	5 4 35 17̣1	5 3 5 1	1̇
5 1 3 5	565 1 34 565	5 1 3 5	5 17̣1 21 5	5 1 3 5	5 17̣134 5	5 1 3 5	1
5 1 3 1	565 1 343 1	5 1 3 1	5 17̣1 2 17̣1	5 1 3 1	5 17̣134317̣1	5 1 3 1	1̇
5 1 5 3	565 1 565 43	5 1 5 3	5 17̣1 5 121	5 1 5 3	5 17̣1 5 43	5 1 5 3	1

GROUPE II. — 5̣13 6̣14 5̣7̣2 5̣7̣4

N° 1

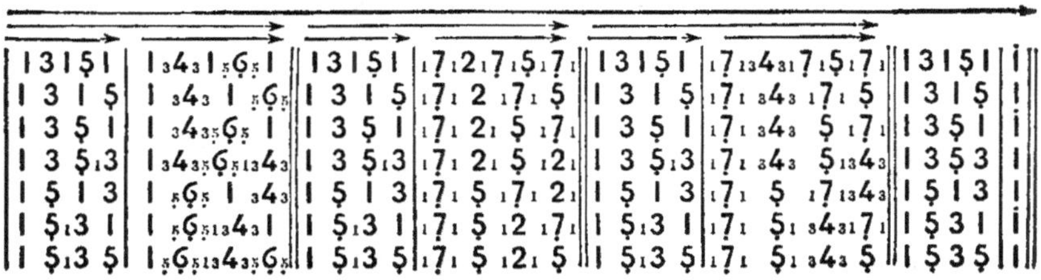

1 3 1 5̣ 1	1 343 1 56̣5 1	1 3 1 5̣ 1	17̣1217̣15̣17̣1	1 3 1 5̣ 1	17̣134317̣15̣17̣1	1 3 1 5̣ 1	1̇
1 3 1 5̣	1 343 1 56̣5	1 3 1 5̣	17̣1 2 17̣1 5̣	1 3 1 5̣	17̣1 343 17̣1 5̣	1 3 1 5̣	1
1 3 5̣ 1	1 34356̣5 1	1 3 5̣ 1	17̣1 21 5̣ 17̣1	1 3 5̣ 1	17̣1 343 5̣ 17̣1	1 3 5̣ 1	1̇
1 3 5̣13	134356̣51343	1 3 5̣13	17̣1 21 5̣ 121	1 3 5̣13	17̣1 343 5̣1343	1 3 5̣ 3	1
1 5̣ 1 3	1 56̣5 1 343	1 5̣ 1 3	17̣1 5̣ 17̣1 21	1 5̣ 1 3	17̣1 5̣ 17̣1343	1 5̣ 1 3	1
1 5̣13 1	1 56̣51343 1	1 5̣13 1	17̣1 5̣ 12 17̣1	1 5̣13 1	17̣1 5̣1 34317̣1	1 5̣ 3 1	1̇
1 5̣13 5̣	1 56̣5134356̣5	1 5̣13 5̣	17̣1 5̣ 121 5̣	1 5̣13 5̣	17̣1 5̣1 343 5̣	1 5̣ 3 5̣	1

N° 2

5̣ 1 3 1 5̣	56̣5 1 343 1 56̣5	5̣ 1 3 1 5̣	5̣17̣1217̣15̣	5̣ 1 3 1 5̣	5̣17̣134317̣15̣	5̣ 1 3 1 5̣	1
5̣ 1 3 1	56̣5 1 343 1	5̣ 1 3 1	5̣ 17̣1 2 17̣1	5̣ 1 3 1	5̣ 17̣1 343 17̣1	5̣ 1 3 1	1̇
5̣ 1 3 5̣	56̣5 1 34356̣5	5̣ 1 3 5̣	5̣ 17̣1 2 15̣	5̣ 1 3 5̣	5̣ 17̣1 343 5̣	5̣ 1 3 5̣	1
5̣ 1 5̣13	56̣5 1 56̣51343	5̣ 1 5̣13	5̣ 17̣1 5̣ 121	5̣ 1 5̣13	5̣ 17̣1 5̣1 343	5̣ 1 5̣ 3	1
5̣13 1 5̣	56̣51343 1 56̣5	5̣13 1 5̣	5̣ 12 17̣1 5̣	5̣13 1 5̣	5̣1343 17̣1 5̣	5̣ 3 1 5̣	1
5̣13 1 3	56̣51343 1 343	5̣13 1 3	5̣ 12 17̣1 21	5̣13 1 3	5̣1343 17̣1 343	5̣ 3 1 3	1
5̣13 5̣ 1	56̣5134356̣5 1	5̣13 5̣ 1	5̣ 121 5̣ 17̣1	5̣13 5̣ 1	5̣1343 5̣ 17̣1	5̣ 3 5̣ 1	1̇

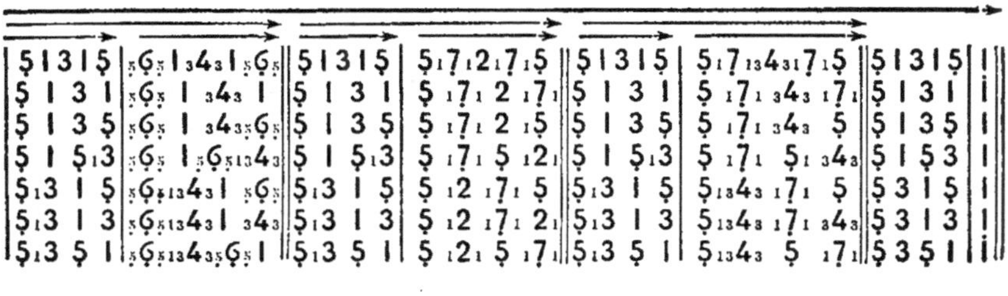

GROUPE III. — 351̇ 461̇ 257 457

N° 1

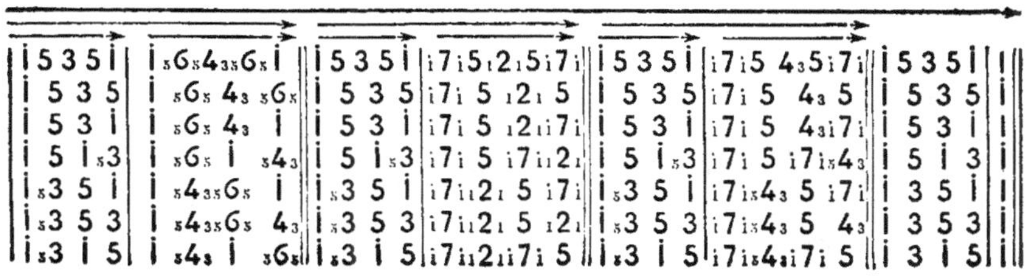

1̇ 5 3 5 1̇	1̇ 56543565 1̇	1̇ 5 3 5 1̇	1̇71̇512151̇71̇	1̇ 5 3 5 1̇	1̇71̇5 4351̇71̇	1̇ 5 3 5 1̇	1
1̇ 5 3 5	1̇ 565 43 565	1̇ 5 3 5	1̇71̇ 5 121 5	1̇ 5 3 5	1̇71̇ 5 43 5	1̇ 5 3 5	1̇
1̇ 5 3 1̇	1̇ 565 43 1̇	1̇ 5 3 1̇	1̇71̇ 5 121̇71̇	1̇ 5 3 1̇	1̇71̇ 5 431̇71̇	1̇ 5 3 1̇	1
1̇ 5 1̇53	1̇ 565 1̇ 543	1̇ 5 1̇53	1̇71̇ 5 1̇71̇121	1̇ 5 1̇53	1̇71̇ 5 1̇71̇543	1̇ 5 1̇ 3	1̇
1̇53 5 1̇	1̇ 543565 1̇	1̇53 5 1̇	1̇71̇121 5 1̇71̇	1̇53 5 1̇	1̇71̇543 5 1̇71̇	1̇ 3 5 1̇	1
1̇53 5 3	1̇ 543565 43	1̇53 5 3	1̇71̇121 5 121	1̇53 5 3	1̇71̇543 5 43	1̇ 3 5 3	1̇
1̇53 1̇ 5	1̇ 543 1̇ 565	1̇53 1̇ 5	1̇71̇121̇71̇ 5	1̇53 1̇ 5	1̇71̇5431̇71̇ 5	1̇ 3 1̇ 5	1̇

N° 2

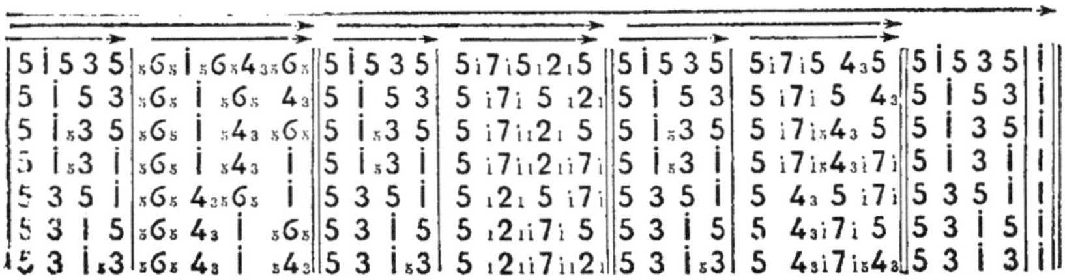

5 1̇ 5 3 5	$_5$6$_5$ 1̇ $_5$6$_5$4$_3$$_5$6$_5$	5 1̇ 5 3 5	5 $_1$7$_1$5 $_1$2$_1$5	5 1̇ 5 3 5	5 $_1$7$_1$5 4$_3$5	5 1̇ 5 3 5	1̇
5 1̇ 5 3	$_5$6$_5$ 1̇ $_5$6$_5$ 4$_3$	5 1̇ 5 3	5 $_1$7$_1$ 5 $_1$2$_1$	5 1̇ 5 3	5 $_1$7$_1$ 5 4$_3$	5 1̇ 5 3	1̇
5 1̇ $_5$3 5	$_5$6$_5$ 1̇ $_5$4$_3$ $_5$6$_5$	5 1̇ $_5$3 5	5 $_1$7$_1$$_1$2$_1$ 5	5 1̇ $_5$3 5	5 $_1$7$_1$$_5$4$_3$ 5	5 1̇ 3 5	1̇
5 1̇ $_5$3 1̇	$_5$6$_5$ 1̇ $_5$4$_3$ 1̇	5 1̇ $_5$3 1̇	5 $_1$7$_1$$_1$2$_1$$_1$7$_1$	5 1̇ $_5$3 1̇	5 $_1$7$_1$$_5$4$_3$$_1$7$_1$	5 1̇ 3 1̇	1
5 3 5 1̇	$_5$6$_5$ 4$_3$$_5$6$_5$ 1̇	5 3 5 1̇	5 $_1$2$_1$ 5 $_1$7$_1$	5 3 5 1̇	5 4$_3$ 5 $_1$7$_1$	5 3 5 1̇	1
5 3 1 5	$_5$6$_5$ 4$_3$ 1̇ $_5$6$_5$	5 3 1̇ 5	5 $_1$2$_1$$_1$7$_1$ 5	5 3 1̇ 5	5 4$_3$$_1$7$_1$ 5	5 3 1̇ 5	1̇
5 3 1̇ $_5$3	$_5$6$_5$ 4$_3$ 1̇ $_5$4$_3$	5 3 1̇ $_5$3	5 $_1$2$_1$$_1$7$_1$$_1$2$_1$	5 3 1̇ $_5$3	5 4$_3$$_1$7$_1$$_5$4$_3$	5 3 1̇ 3	1̇

ONZIÈME SÉRIE. — 1 3 5 1̇ 2 4 6 1̇ 7̣ 2 4 6 5̣ 7̣ 2 4

GROUPE I. — 1 3 5 1̇ 1 2 4 6 7̣ 2 4 6 7̣ 2 4 5

N° 1

1 3 5 1̇	$_5$6$_5$ 4$_3$ 2 1	1 3 5 1̇	$_5$6$_5$ 4$_3$ 2 $_1$7̣$_1$	1 3 5 1̇	5 4 $_3$2 $_1$7̣$_1$	1 3 5 1̇	1
1 3 1̇ 5	$_5$6$_5$ 4$_3$ 1 2$_1$	1 3 1̇ 5	$_5$6$_5$ 4$_3$$_1$7̣$_1$ 2$_1$	1 3 1̇ 5	5 4$_3$$_1$7̣ $_1$2$_1$	1 3 1̇ 5	1̇
1 5 1̇ $_5$3	$_5$6$_5$$_1$2 1 $_3$4$_3$	1 5 1̇ $_5$3	$_5$6$_5$$_1$2 $_1$7̣$_1$$_3$4$_3$	1 5 1̇ $_5$3	5 $_1$2 $_1$7̣$_1$$_3$4$_3$	1 5 1̇ 3	1̇
1 5 3 1̇	$_5$6$_5$$_1$2 $_3$4$_3$ 1	1 5 3 1̇	$_5$6$_5$$_1$2 $_3$4$_3$$_1$7̣$_1$	1 5 3 1̇	5 $_1$2 $_3$4$_3$$_1$7̣$_1$	1 5 3 1̇	1
1 1̇ 5 3	$_5$6$_5$ 1 2 $_3$4$_3$	1 1̇ 5 3	$_5$6$_5$$_1$7̣$_1$ 2 $_3$4$_3$	1 1̇ 5 3	5 $_1$7̣$_1$ 2 $_3$4$_3$	1 1̇ 5 3	1̇
1 1̇ $_5$3 5	$_5$6$_5$ 1 $_3$4$_3$ 2$_1$	1 1̇ $_5$3 5	$_5$6$_5$$_1$7̣$_1$$_3$4$_3$ 2$_1$	1 1̇ $_5$3 5	5 $_1$7̣$_1$$_3$4$_3$ 2$_1$	1 1̇ 3 5	1

N° 2

1̇ 5 3 1	1 2 $_3$4 $_5$6$_5$	1̇ 5 3 1	$_1$7̣$_1$ 2 $_3$4 $_5$6$_5$	1̇ 5 3 1	$_1$7̣$_1$ 2 $_3$4 5	1̇ 5 3 1	1̇
1̇ 5 1 3	1 2$_1$$_5$6$_5$ 4$_3$	1̇ 5 1 3	$_1$7̣$_1$ 2$_1$$_5$6$_5$ 4$_3$	1̇ 5 1 3	$_1$7̣$_1$ 2$_1$ 5 4$_3$	1̇ 5 1 3	1
1̇ $_5$3 1 5	1 $_3$4 $_5$6$_5$$_1$2$_1$	1̇ $_5$3 1 5	$_1$7̣$_1$$_3$4 $_5$6$_5$$_1$2$_1$	1̇ $_5$3 1 5	$_1$7̣$_1$$_3$4 5 $_1$2$_1$	1̇ 3 1 5	1
1̇ $_5$3 5 1	1 $_3$4$_3$ 2$_1$$_5$6$_5$	1̇ $_5$3 5 1	$_1$7̣$_1$$_3$4$_3$ 2$_1$$_5$6$_5$	1̇ $_5$3 5 1	$_1$7̣$_1$$_3$4$_3$ 2$_1$ 5	1̇ 3 5 1	1̇
1̇ 1 3 5	1 $_5$6$_5$ 4$_3$ 2$_1$	1̇ 1 3 5	$_1$7̣$_1$$_5$6$_5$ 4$_3$ 2$_1$	1̇ 1 3 5	$_1$7̣$_1$ 5 4$_3$ 2$_1$	1̇ 1 3 5	1
1̇ 1 5 3	1 $_5$6$_5$$_1$2 $_3$4$_3$	1̇ 1 5 3	$_1$7̣$_1$$_5$6$_5$$_1$2 $_3$4$_3$	1̇ 1 5 3	$_1$7̣$_1$ 5 $_1$2 $_3$4$_3$	1̇ 1 5 3	1

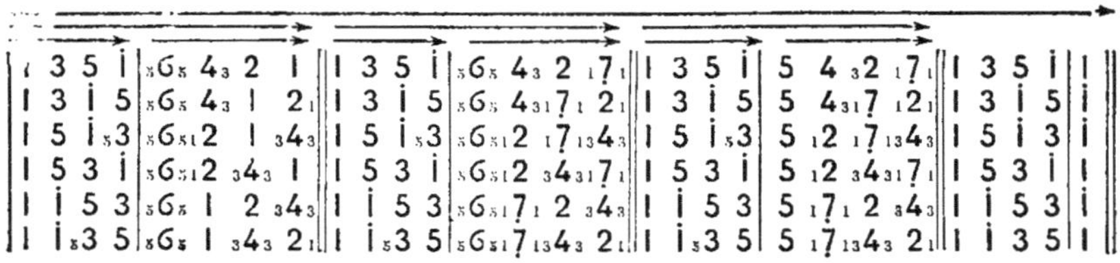

GROUPE II. — 1 3 5 1̇ 2 4 6 1̇ 2 4 6 7 2 4 5 7

N° 1

1 3 5 1̇	1̇ $_5$6$_5$ 4$_3$ 2$_1$	1 3 5 1̇	$_1$7 6$_5$ 4$_3$ 2$_1$	1 3 5 1̇	$_1$7$_1$ 5 4$_3$ 2$_1$	1 3 5 1̇	1
1 3 1̇ 5	1̇ $_5$6$_5$$_1$2 $_3$4$_3$	1 3 1̇ 5	$_1$7 6$_5$$_1$2 $_3$4$_3$	1 3 1̇ 5	$_1$7$_1$ 5 $_1$2 $_3$4$_3$	1 3 1̇ 5	1̇
1 5 1̇ $_5$3	1̇ $_5$4$_3$ 2$_1$$_5$6$_5$	1 5 1̇ $_5$3	$_1$7$_1$$_5$4 $_3$2$_1$$_5$6$_5$	1 5 1̇ $_5$3	$_1$7$_1$$_5$4$_3$ 2$_1$ 5	1 5 1̇ 3	1̇
1 5 3 1̇	1̇ $_5$4$_3$$_5$6$_5$$_1$2$_1$	1 5 3 1̇	$_1$7$_1$$_5$4$_3$$_5$6$_5$$_1$2$_1$	1 5 3 1̇	$_1$7$_1$$_5$4$_3$ 5 $_1$2$_1$	1 5 3 1̇	1
1 1̇ 5 3	1̇ $_1$2 $_3$4 $_5$6$_5$	1 1̇ 5 3	$_1$7$_1$$_1$2 $_3$4 $_5$6$_5$	1 1̇ 5 3	$_1$7$_1$$_1$2 $_3$4 5	1 1̇ 5 3	1̇
1 1̇ $_5$3 5	1̇ $_1$2$_1$$_5$6$_5$ 4$_3$	1 1̇ $_5$3 5	$_1$7$_1$$_1$2$_1$$_5$6$_5$ 4$_3$	1 1̇ $_5$3 5	$_1$7$_1$$_1$2$_1$ 5 4$_3$	1 1̇ 3 5	1̇

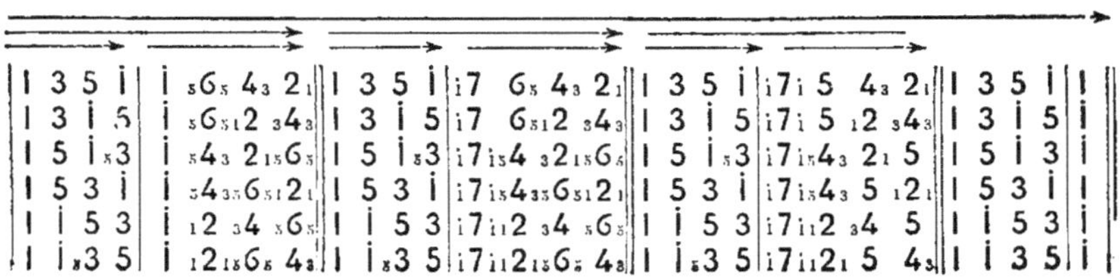

N° 2

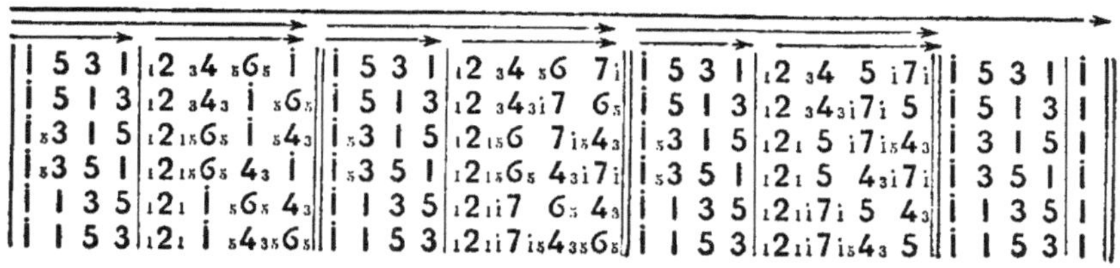

1̇ 5 3 1	$_1$2 $_3$4 $_5$6$_5$ 1̇	1̇ 5 3 1	$_1$2 $_3$4 $_5$6 7$_{\dot1}$	1̇ 5 3 1	$_1$2 $_3$4 5 $_{\dot1}$7$_{\dot1}$	1̇ 5 3 1	1̇
1̇ 5 1 3	$_1$2 $_3$4$_3$ 1̇ $_5$6$_5$	1̇ 5 1 3	$_1$2 $_3$4$_{3\dot1}$7 6$_5$	1̇ 5 1 3	$_1$2 $_3$4$_{3\dot1}$7$_{\dot1}$ 5	1̇ 5 1 3	1
1̇$_5$3 1 5	$_1$2$_{15}$6$_5$ 1̇ $_5$4$_3$	1̇$_5$3 1 5	$_1$2$_{15}$6 7$_{\dot15}$4$_3$	1̇$_5$3 1 5	$_1$2$_1$ 5 $_{\dot1}$7$_{\dot15}$4$_3$	1̇ 3 1 5	1
1̇$_5$3 5 1	$_1$2$_{15}$6$_5$ 4$_3$ 1̇	1̇$_5$3 5 1	$_1$2$_{15}$6$_5$ 4$_{3\dot1}$7$_{\dot1}$	1̇$_5$3 5 1	$_1$2$_1$ 5 4$_{3\dot1}$7$_{\dot1}$	1̇ 3 5 1	1̇
1̇ 1 3 5	$_1$2$_1$ 1̇ $_5$6$_5$ 4$_3$	1̇ 1 3 5	$_1$2$_{1\dot1}$7 6$_5$ 4$_3$	1̇ 1 3 5	$_1$2$_{1\dot1}$7$_{\dot1}$ 5 4$_3$	1̇ 1 3 5	1
1̇ 1 5 3	$_1$2$_1$ 1̇ $_5$4$_{35}$6$_5$	1̇ 1 5 3	$_1$2$_{1\dot1}$7$_{\dot15}$4$_{35}$6$_5$	1̇ 1 5 3	$_1$2$_{1\dot1}$7$_{\dot15}$4$_3$ 5	1̇ 1 5 3	1

GROUPE III. — 5̣135 6̣124 6̣7̣24 5̣7̣24

N° 1

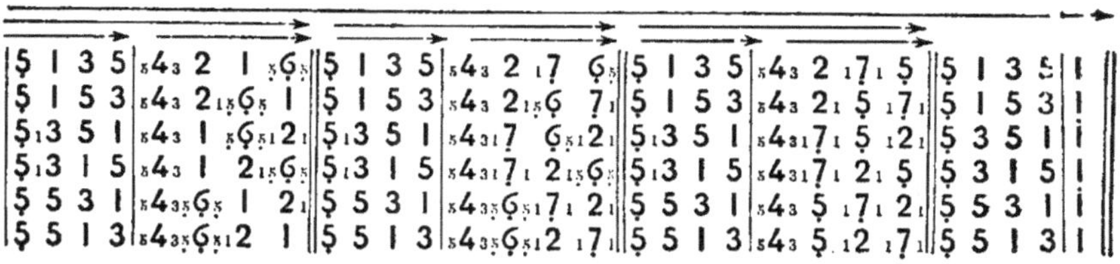

5̣ 1 3 5	$_5$4$_3$ 2 1 $_5$6̣$_5$	5̣ 1 3 5	$_5$4$_3$ 2 $_1$7̣ 6̣$_5$	5̣ 1 3 5	$_5$4$_3$ 2 $_1$7̣$_1$ 5̣	5̣ 1 3 5	1
5̣ 1 5 3	$_5$4$_3$ 2$_{15}$6̣$_5$ 1	5̣ 1 5 3	$_5$4$_3$ 2$_{15}$6̣ 7̣$_1$	5̣ 1 5 3	$_5$4$_3$ 2$_1$ 5̣ $_1$7̣$_1$	5̣ 1 5 3	1
5̣$_1$3 5 1	$_5$4$_3$ 1 $_5$6̣$_{51}$2$_1$	5̣$_1$3 5 1	$_5$4$_{31}$7̣ 6̣$_{51}$2$_1$	5̣$_1$3 5 1	$_5$4$_{31}$7̣$_1$ 5̣ $_1$2$_1$	5̣ 3 5 1	1̇
5̣$_1$3 1 5	$_5$4$_3$ 1 2$_{15}$6̣$_5$	5̣$_1$3 1 5	$_5$4$_{31}$7̣$_1$ 2$_{15}$6̣$_5$	5̣$_1$3 1 5	$_5$4$_{31}$7̣$_1$ 2$_1$ 5̣	5̣ 3 1 5	1
5̣ 5 3 1	$_5$4$_{35}$6̣$_5$ 1 2$_1$	5̣ 5 3 1	$_5$4$_{35}$6̣$_{51}$7̣$_1$ 2$_1$	5̣ 5 3 1	$_5$4$_3$ 5̣ $_1$7̣$_1$ 2$_1$	5̣ 5 3 1	1̇
5̣ 5 1 3	$_5$4$_{35}$6̣$_{51}$2 1	5̣ 5 1 3	$_5$4$_{35}$6̣$_{51}$2 $_1$7̣$_1$	5̣ 5 1 3	$_5$4$_3$ 5̣ $_1$2 $_1$7̣$_1$	5̣ 5 1 3	1

N° 2

5 3 1 5̣	$_5$6̣$_5$ 1 2 $_3$4$_3$	5 3 1 5̣	$_5$6̣ 7̣$_1$ 2 $_3$4$_3$	5 3 1 5̣	5̣ $_1$7̣$_1$ 2 $_3$4$_3$	5 3 1 5̣	1
5 3 5̣ 1	$_5$6̣$_5$ 1 $_3$4$_3$ 2$_1$	5 3 5̣ 1	$_5$6̣ 7̣$_{13}$4$_3$ 2$_1$	5 3 5̣ 1	5̣ $_1$7̣$_{13}$4$_3$ 2$_1$	5 3 5̣ 1	1
5 1 5̣$_1$3	$_5$6̣$_{51}$2 $_3$4$_3$ 1	5 1 5̣$_1$3	$_5$6̣$_{51}$2 $_3$4$_{31}$7̣$_1$	5 1 5̣$_1$3	5̣ $_1$2 $_3$4$_{31}$7̣$_1$	5 1 5̣ 3	1
5 1 3 5̣	$_5$6̣$_{51}$2 1 $_3$4$_3$	5 1 3 5̣	$_5$6̣$_{51}$2 $_1$7̣$_{13}$4$_3$	5 1 3 5̣	5̣ $_1$2 $_1$7̣$_{13}$4$_3$	5 1 3 5̣	1
5 5̣ 1 3	$_5$6̣$_{513}$4$_3$2 1	5 5̣ 1 3	$_5$6̣$_{513}$4$_3$2 $_1$7̣$_1$	5 5̣ 1 3	5̣$_{13}$4$_3$ 2 $_1$7̣$_1$	5 5̣ 1 3	1
5 5̣$_1$3 1	$_5$6̣$_{513}$4$_3$1 2$_1$	5 5̣$_1$3 1	$_5$6̣$_{513}$4$_{31}$7̣$_1$2$_1$	5 5̣$_1$3 1	5̣$_{13}$4$_{31}$7̣$_1$ 2$_1$	5 5̣ 3 1	1̇

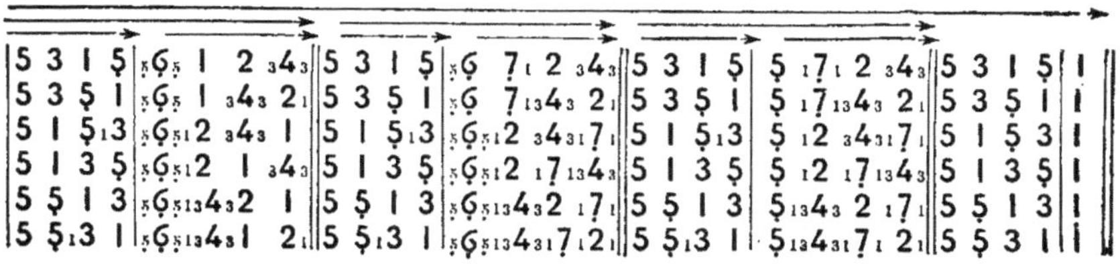

DOUZIÈME SÉRIE. — 5̣135 5̣246 5̣7̣26 5̣7̣46

N° 1

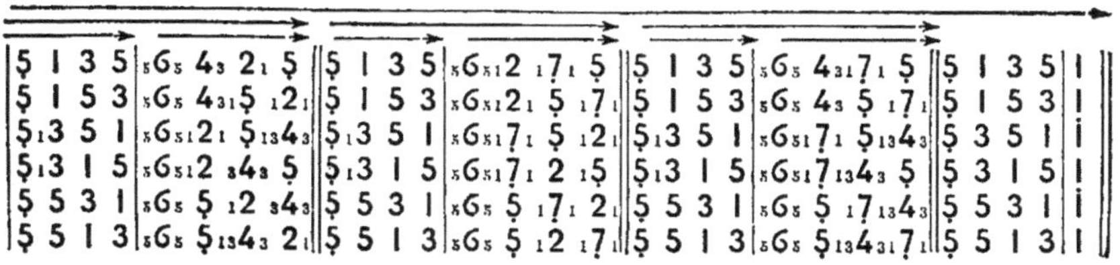

5̣ 1 3 5	$_5$6$_5$ 4$_3$ 2$_1$ 5̣	5̣ 1 3 5	$_5$6$_{51}$2 $_1$7̣$_1$ 5̣	5̣ 1 3 5	$_5$6$_5$ 4$_{31}$7̣$_1$ 5̣	5̣ 1 3 5	1
5̣ 1 5 3	$_5$6$_5$ 4$_{31}$5̣ $_1$2$_1$	5̣ 1 5 3	$_5$6$_{51}$2$_1$ 5̣ $_1$7̣$_1$	5̣ 1 5 3	$_5$6$_5$ 4$_3$ 5̣ $_1$7̣$_1$	5̣ 1 5 3	1
5̣$_1$3 5 1	$_5$6$_{51}$2$_1$ 5̣$_{13}$4$_3$	5̣$_1$3 5 1	$_5$6$_{51}$7̣$_1$ 5̣ $_1$2$_1$	5̣$_1$3 5 1	$_5$6$_{51}$7̣$_1$ 5̣$_{13}$4$_3$	5̣ 3 5 1	1̇
5̣$_1$3 1 5	$_5$6$_{51}$2 $_3$4$_3$ 5̣	5̣$_1$3 1 5	$_5$6$_{51}$7̣$_1$ 2 $_1$5̣	5̣$_1$3 1 5	$_5$6$_{51}$7̣$_{13}$4$_3$ 5̣	5̣ 3 1 5	1
5̣ 5 3 1	$_5$6$_5$ 5̣ $_1$2 $_3$4$_3$	5̣ 5 3 1	$_5$6$_5$ 5̣ $_1$7̣$_1$ 2$_1$	5̣ 5 3 1	$_5$6$_5$ 5̣ $_1$7̣$_{13}$4$_3$	5̣ 5 3 1	1̇
5̣ 5 1 3	$_5$6$_5$ 5̣$_{13}$4$_3$ 2$_1$	5̣ 5 1 3	$_5$6$_5$ 5̣ $_1$2 $_1$7̣$_1$	5̣ 5 1 3	$_5$6$_5$ 5̣$_{13}$4$_{31}$7̣$_1$	5̣ 5 1 3	1

N° 2

5 3 1 5̣	5̣ $_1$2 $_3$4 $_5$6$_5$	5 3 1 5̣	5̣ $_1$7̣$_1$ 2$_{15}$6$_5$	5 3 1 5̣	5̣ $_1$7̣$_{13}$4 $_5$6$_5$	5 3 1 5̣	1
5 3 5̣ 1	5̣ $_1$2$_{15}$6$_5$ 4$_3$	5 3 5̣ 1	5̣ $_1$7̣$_{15}$6$_{51}$2$_1$	5 3 5̣ 1	5̣ $_1$7̣$_{15}$6$_5$ 4$_3$	5 3 5̣ 1	1̇
5 1 5̣$_1$3	5̣$_{13}$4 $_5$6$_{51}$2$_1$	5 1 5̣$_1$3	5̣ $_1$2$_{15}$6$_{51}$7̣$_1$	5 1 5̣$_1$3	5̣$_{13}$4 $_5$6$_{51}$7̣$_1$	5 1 5̣ 3	1
5 1 3 5̣	5̣$_{13}$4$_3$ 2$_{15}$6$_5$	5 1 3 5̣	5̣ $_1$2 $_1$7̣$_{15}$6$_5$	5 1 3 5̣	5̣$_{13}$4$_{31}$7̣$_{15}$6$_5$	5 1 3 5̣	1
5 5̣ 1 3	5̣ $_5$6$_5$ 4$_3$ 2$_1$	5 5̣ 1 3	5̣ $_5$6$_{51}$2 $_1$7̣$_1$	5 5̣ 1 3	5̣ $_5$6$_5$ 4$_{31}$7̣$_1$	5 5̣ 1 3	1
5 5̣$_1$3 1	5̣ $_5$6$_{51}$2 $_3$4$_3$	5 5̣$_1$3 1	5̣ $_5$6$_{51}$7̣$_1$ 2$_1$	5 5̣$_1$3 1	5̣ $_5$6$_{51}$7̣$_{13}$4$_3$	5 5̣ 3 1	1̇

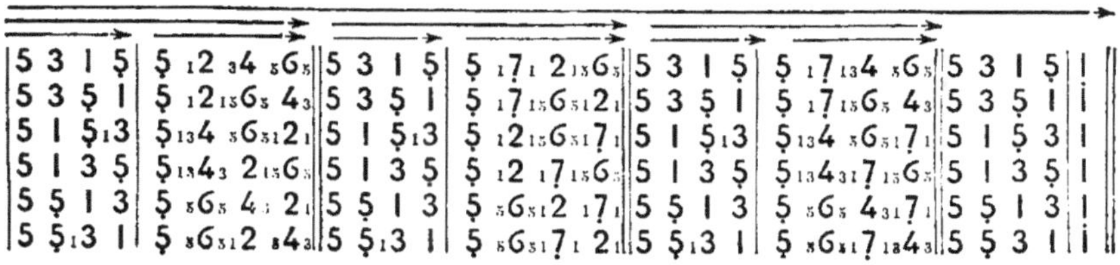

LIVRE II. — MODE MINEUR.

PREMIÈRE SÉRIE. — 67123

GROUPE I.

N° 1

```
176 | 671  123  321  176 | 321  176  671  123 | 6 ||
    | 671  123  321  176 | 321  176  671  123 | 6 ||
    | 671  123  321  176 | 321  176  671  123 | 6 ||
    | 36   36   36   36  | 36   36   36   36  | 6 ||
```

N° 2

```
|| 67123  32176 | 67123  32176 || 32176  67123 | 32176  67123 | 6 ||
|| 67123  32176 | 67123  32176 || 32176  67123 | 32176  67123 | 6 ||
|| 67123  32176 | 67123  32176 || 32176  67123 | 32176  67123 | 6 ||
|| 67123  32176 | 67123  32176 || 32176  67123 | 32176  67123 | 6 ||
```

GROUPE II. — 613

N° 1

```
|| 671  123 | 321  176 || 321  176 | 671  123 || 613  316 | 316  613 | 6 ||
|| 671  123 | 321  176 || 321  176 | 671  123 || 613  316 | 316  613 | 6 ||
|| 671  123 | 321  176 || 321  176 | 671  123 || 613  316 | 316  613 | 6 ||
```

N° 2

```
| 61  16 13 | 31  13 16 || 31  13 16 | 61  16 13 || 6 1 3 1 6 | 3 1 6 1 3 | 6 ||
| 61  1613  | 31  1316  || 31  1316  | 61  1613  || 6  1  3  1 | 3  1  6  1 | 6 ||
| 61  1613  | 31  1316  || 31  1316  | 61  1613  || 6  1  3 16 | 3  1  613  | 6 ||
| 61  1613  | 31  1316  || 31  1316  | 61  1613  || 6  1  6133 | 3  1  316  | 6 ||
```

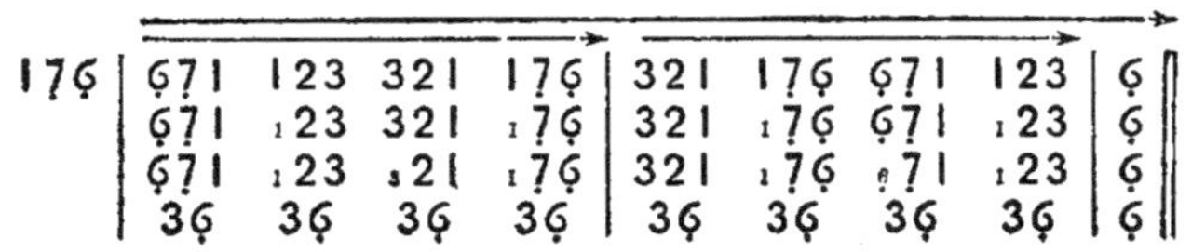

N° 3

```
| 6 7 1 2 3 2 1 7 6 | 3 2 1 7 6 7 1 2 3 || 3 2 1 7 6 7 1 2 3 | 6 7 1 2 3 2 1 7 6 | 6 ||
| 6 7 1 2 3 2 1     | 3 2 1 7 6 7 1     || 3 2 1 7 6 7 1     | 6 7 1 2 3 2 1     | 6 ||
| 6 7 1 2 32176     | 3 2 1 7 67123     || 3 2 1 7 67123     | 6 7 1 2 32176     | 6 ||
| 6 7 1 7 67123     | 3 2 1 2 32176     || 3 2 1 2 32176     | 6 7 1 7 67123     | 6 ||
| 67123 2 1 7 6     | 32176 7 1 2 3     || 32176 7 1 2 3     | 67123 2 1 7 6     | 6 ||
| 67123 2 1 2 3     | 32176 7 1 7 6     || 32176 7 1 7 6     | 67123 2 1 2 3     | 6 ||
| 671232176 7 1     | 321767123 2 1     || 321767123 2 1     | 671232176 7 1     | 6 ||
```

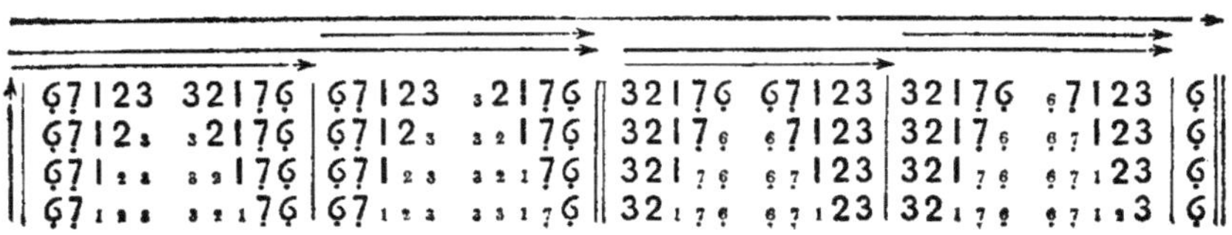

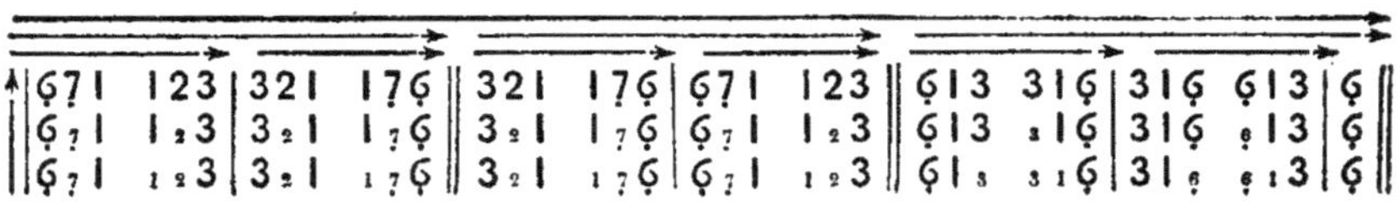

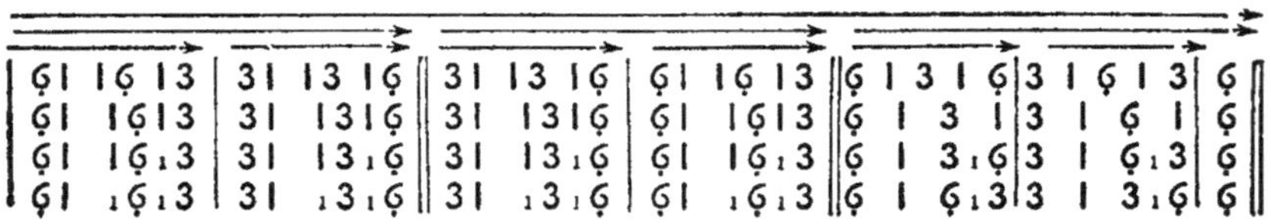

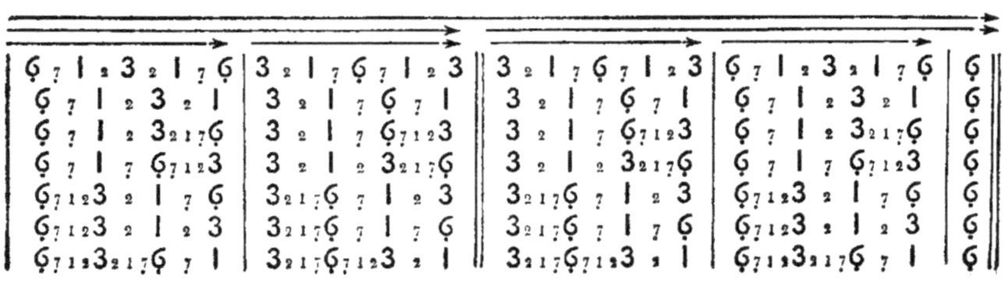

Résumé de la première série.

N° 1

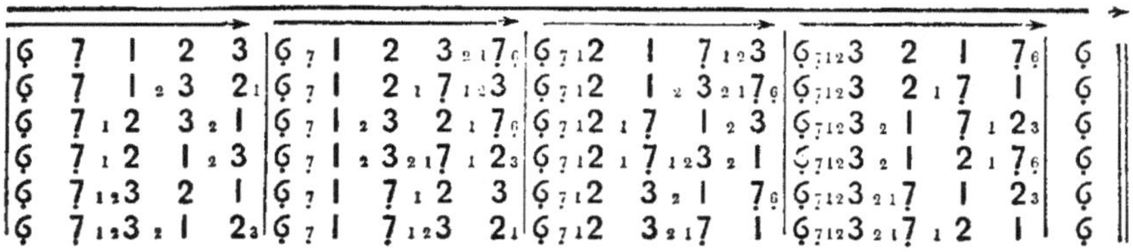

6 7 1 2 3	6 7 1 2 3 2 1 7 6	6 7 1 2 1 7 1 2 3	6 7 1 2 3 2 1 7 6	6
6 7 1 2 3 2 1	6 7 1 2 1 7 1 2 3	6 7 1 2 1 2 3 2 1 7 6	6 7 1 2 3 2 1 7 1	6
6 7 1 2 3 2 1	6 7 1 2 3 2 1 7 6	6 7 1 2 1 7 1 2 3	6 7 1 2 3 2 1 7 1 2 3	6
6 7 1 2 1 2 3	6 7 1 2 3 2 1 7 1 2 3	6 7 1 2 1 7 1 2 3 2 1	6 7 1 2 3 2 1 2 1 7 6	6
6 7 1 2 3 2 1	6 7 1 7 1 2 3	6 7 1 2 3 2 1 7 6	6 7 1 2 3 2 1 7 1 2 3	6
6 7 1 2 3 2 1 2 3	6 7 1 7 1 2 3 2 1	6 7 1 2 3 2 1 7 1	6 7 1 2 3 2 1 7 1 2 1	6

N° 2

3 2 1 7 6	3 2 1 7 6 7 1 2 3	3 2 1 7 6 7 1 2 3	3 2 1 7 6 7 1 2 3	6
3 2 1 7 6 7 1	3 2 1 7 1 2 1 7 6	3 2 1 7 6 7 1 2 1	3 2 1 7 6 7 1 2 1	6
3 2 1 7 6 7 1	3 2 1 7 6 7 1 2 3	3 2 1 7 1 2 1 7 6	3 2 1 7 6 7 1 2 1 7 6	6
3 2 1 7 1 7 6	3 2 1 7 6 7 1 2 1 7 6	3 2 1 7 1 7 6 7 1 2 3	3 2 1 7 6 7 1 7 1 2 3	6
3 2 1 7 6 7 1	3 2 1 2 1 7 6	3 2 1 7 1 2 1 7 6	3 2 1 7 6 7 1 2 1 7 6	6
3 2 1 7 6 7 1 7 6	3 2 1 2 1 7 6 7 1	3 2 1 7 1 2 1 7 6 7 1	3 2 1 7 6 7 1 2 1 7 1	6

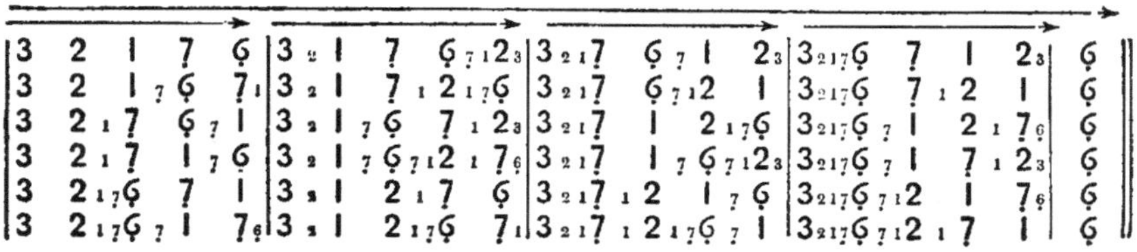

DEUXIÈME SÉRIE. — ÉTUDE DES NOTES { LA JÈ FA MI / 6 5 4 3

Définition du JÈ *ou* SOL DIÈSE.

Le JÈ ou SOL DIÈSE est un son qui PRODUIT AVEC LE LA le même air que le SI avec l'UT.

Comment se marque le DIÈSE.

Le DIÈSE, qui indique un son plus aigu que celui qu'il remplace, se marque sur la note, par un trait oblique, tourné dans le même sens que l'ACCENT AIGU; ainsi : 5.

Comment on apprend à produire le JÈ *ou* SOL DIÈSE.

Le JÈ devant produire avec le LA le même air que le SI avec l'UT, il faut, pour s'habituer à produire le JÈ, s'exercer à chanter sur l'air 1 7 1 les syllabes LA JÈ LA, comme on chante sur le même air les deux couplets d'une chanson.

N° 1 — N° 2

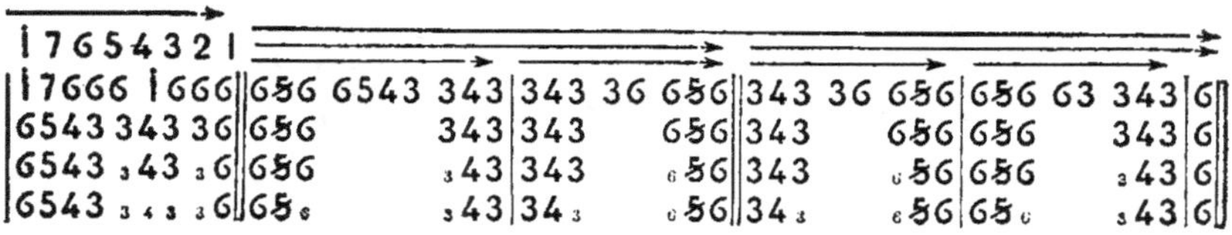

1 7 6 5 4 3 2 1

N° 1	N° 2				
1 7 6 6 6 1 6 6 6	6 5 6 6 5 4 3 3 4 3	3 4 3 3 6 6 5 6	3 4 3 3 6 6 5 6	6 5 6 6 3 3 4 3	6
6 5 4 3 3 4 3 3 6	6 5 6 3 4 3	3 4 3 6 5 6	3 4 3 6 5 6	6 5 6 3 4 3	6
6 5 4 3 3 4 3 3 6	6 5 6 3 4 3	3 4 3 6 5 6	3 4 3 6 5 6	6 5 6 3 4 3	6
6 5 4 3 3 4 3 3 6	6 5 6 3 4 3	3 4 3 6 5 6	3 4 3 6 5 6	6 5 6 3 4 3	6

N° 3

6 5 6 3 4 3 3 4 3 6 5 6	6 5 6 3 4 3 3 4 3 6 5 6	3 4 3 6 5 6 6 5 6 3 4 3	3 4 3 6 5 6 6 5 6 3 4 3	6
6 5 6 3 4 3 3 4 3 6 5 6	6 5 6 3 4 3 3 4 3 6 5 6	3 4 3 6 5 6 6 5 6 3 4 3	3 4 3 6 5 6 6 5 6 3 4 3	6
6 5 6 3 4 3 3 4 3 6 5 6	6 5 6 3 4 3 3 4 3 6 5 6	3 4 3 6 5 6 6 5 6 3 4 3	3 4 3 6 5 6 6 5 6 3 4 3	6

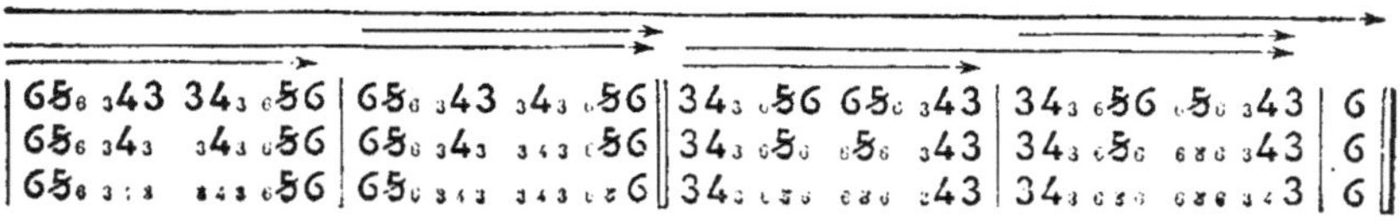

Résumé de la deuxième série.

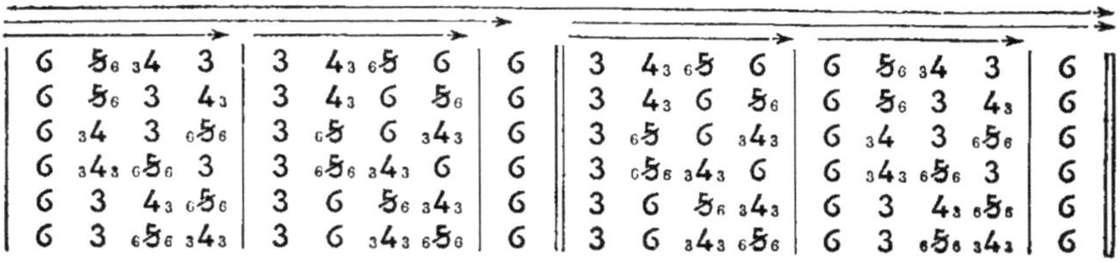

6 56 34 3	3 43 65 6	6	3 43 65 6	6 56 34 3	6
6 56 3 43	3 43 6 56	6	3 43 6 56	6 56 3 43	6
6 34 3 656	3 65 6 343	6	3 65 6 343	6 34 3 656	6
6 343 656 3	3 656 343 6	6	3 656 343 6	6 343 656 3	6
6 3 43 656	3 6 56 343	6	3 6 56 343	6 3 43 656	6
6 3 656 343	3 6 343 656	6	3 6 343 656	6 3 656 343	6

TROISIÈME SÉRIE. — 67123456

GROUPE I.

N° 1

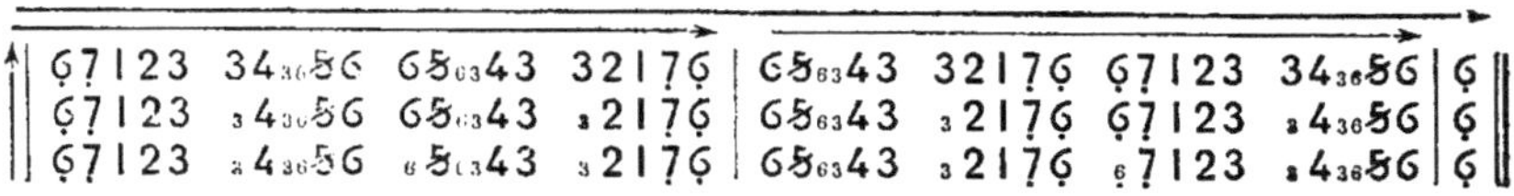

67123 343656 656343 32176	656343 32176 67123 343656	6
67123 343656 656343 32176	656343 32176 67123 343656	6
67123 343656 656343 32176	656343 32176 67123 343656	6

N° 2

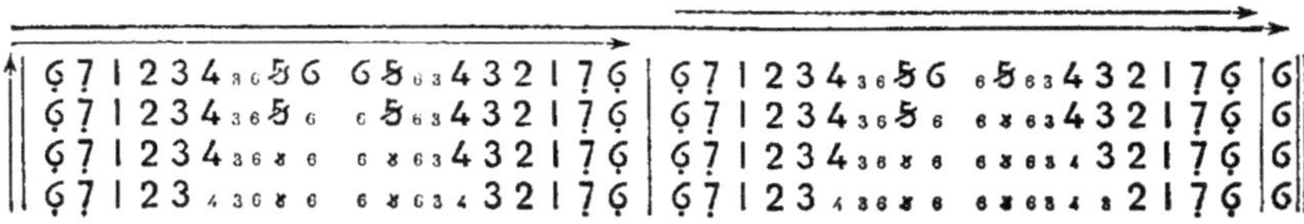

6712343656 6563432176	6712343656 6563432176	6
6712343656 6563432176	671234365 6 6x63432176	6
67123436x6 6x63432176	67123436x6 6x634 32176	6
67123 436x6 6x634 32176	67123 436x6 6x634 3 2176	6

N° 3

6563432176 6712343656	6563432176 6712343656	6
6563432176 6712343656	6563432176 6712343656	6
6563432176 6712343656	6563432176 6712343656	6
6563432176 6712343656	6563432176 6712343656	6
6563432176 6712343656	6563432176 6712343656	6

GROUPE II. — 6136

N° 1

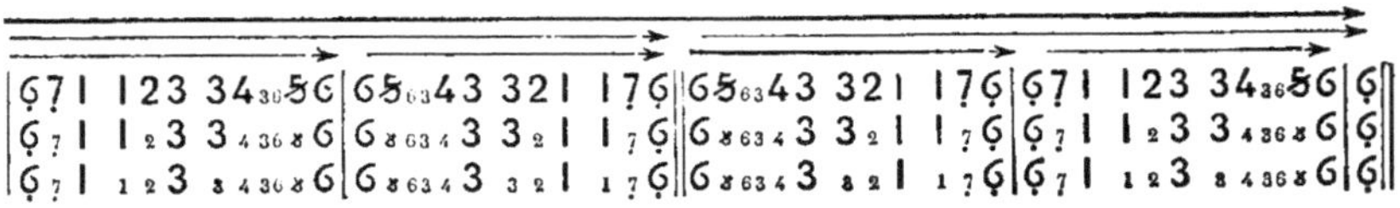

671 123 343656	656343 321 176	656343 321 176	671 123 343656	6
671 123 3436x6	6x634 3 321 176	6x634 3 321 176	671 123 3436x6	6
671 123 3436x6	6x634 3 321 176	6x634 3 321 176	671 123 3436x6	6

N° 2

6136 6316	6136 6316	6316 6136	6316 6136	6
6136 6316	6136 6316	6316 6136	6316 6136	6
6136 6316	6136 6316	6316 6136	6316 6136	6

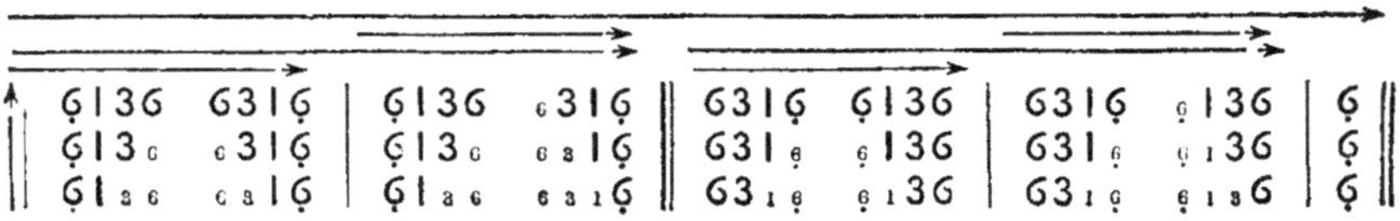

Résumé de la troisième série.

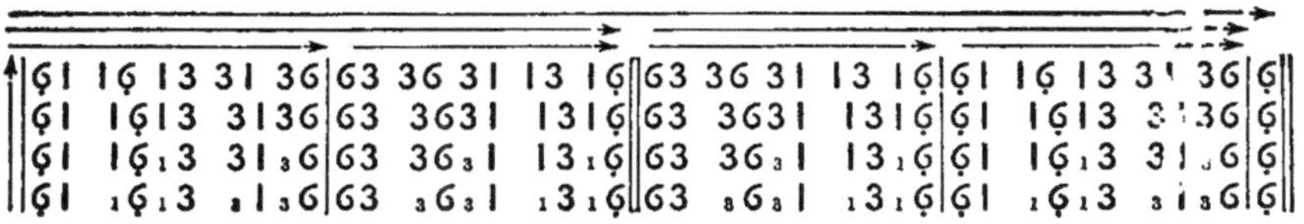

6̣1 16̣ 13 31 36	63 36 31 13 16̣ || 63 36 31 13 16̣	6̣1 16̣ 13 31 36	6̣
6̣1 16̣13 3136	63 3631 1316̣ || 63 3631 1316̣	6̣1 16̣13 3136	6̣
6̣1 16̣13 3136	63 3631 1316̣ || 63 3631 1316̣	6̣1 16̣13 3136	6̣
6̣1 16̣13 3136	63 3631 1316̣ || 63 3631 1316̣	6̣1 16̣13 3136	6̣

QUATRIÈME SÉRIE. — 361̇3̇

N° 1

3̇2̇1̇ 1̇766563 43	34365667 1̇ 1̇2̇3̇	6 || 34365667 1̇ 1̇2̇3̇	3̇2̇1̇ 1̇76656343	6
3̇2̇1̇ 1̇76656343	34365667 1̇ 1̇2̇3̇	6 || 34365667 1̇ 1̇2̇2	3̇2̇1̇ 1̇76656343	6
3̇2̇1̇ 1̇76656343	34365667 1̇ 1̇2̇3̇	6 || 34365667 1̇ 1̇2̇3̇	3̇2̇1̇ 1̇76656343	6

N° 2

3̇1̇63 361̇3̇	3̇1̇63 361̇3̇	6 || 361̇3̇ 3̇1̇63	361̇3̇ 3̇1̇63	6
3̇1̇63 361̇3̇	3̇1̇63 361̇3̇	6 || 361̇3̇ 3̇1̇63	361̇3̇ 3̇1̇63	6
3̇1̇63 361̇3̇	3̇1̇63 361̇3̇	6 || 361̇3̇ 3̇1̇63	361̇3̇ 3̇1̇63	6

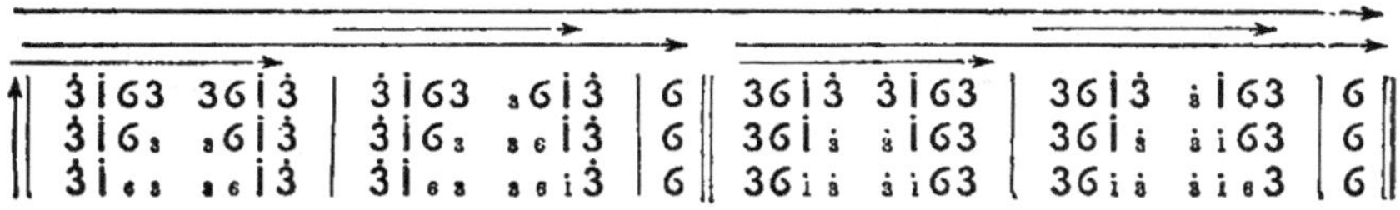

Résumé de la quatrième série.

3̇1̇ 1̇3̇ 1̇6 61̇ 63	36 63 61̇ 1̇6 1̇3̇ || 36 63 61̇ 1̇6 1̇3̇	3̇1̇ 1̇3̇ 1̇6 61̇ 63	6
3̇1̇ 1̇3̇1̇6 61̇63	36 6361̇ 1̇61̇3̇ || 36 6361̇ 1̇61̇3̇	3̇1̇ 1̇3̇1̇6 61̇63	6
3̇1̇ 1̇3̇1̇6 61̇63	36 6361̇ 1̇61̇3̇ || 36 6361̇ 1̇61̇3̇	3̇1̇ 1̇3̇1̇6 61̇63	6
3̇1̇ 1̇3̇1̇6 61̇63	36 6361̇ 1̇61̇3̇ || 36 6361̇ 1̇61̇3̇	3̇1̇ 1̇3̇1̇6 61̇63	6

CINQUIÈME SÉRIE. — 3̣6̣136 — A RÉPÉTER SOUVENT.

N° 1

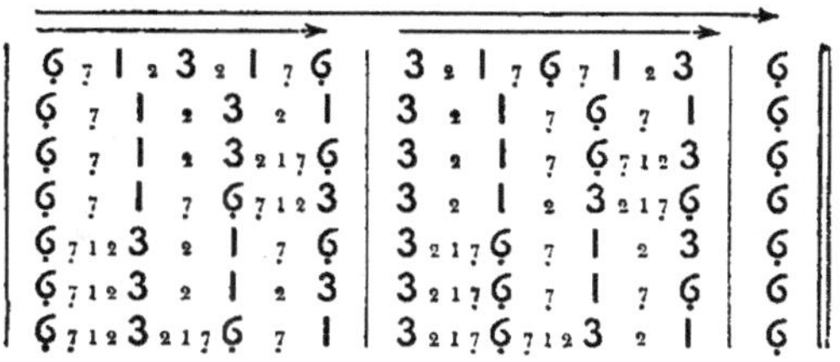

6̣ 7̣ 1 2 3 2 1 7̣ 6̣	3 2 1 7̣ 6̣ 7̣ 1 2 3	6̣
6̣ 7̣ 1 2 3 2 1	3 2 1 7̣ 6̣ 7̣ 1	6̣
6̣ 7̣ 1 2 3217̣6̣	3 2 1 7̣ 6̣7̣123	6̣
6̣ 7̣ 1 7̣ 6̣7̣123	3 2 1 2 3217̣6̣	6
6̣7̣123 2 1 7̣ 6̣	3217̣6̣ 7̣ 1 2 3	6̣
6̣7̣123 2 1 2 3	3217̣6̣ 7̣ 1 7̣ 6̣	6
6̣7̣123217̣6̣ 7̣ 1	3217̣6̣7̣123 2 1	6̣

N° 2

6̣ 1 3 1 6̣	3 1 6̣ 1 3	6̣ || 6̣ 1 6̣ 3̣ 6̣	3̣ 6̣ 1 6̣ 3̣	6̣ || 6 3 1 3 6	3 6 3 1 3	6
6̣ 1 3 1	3 1 6̣ 1	6̣ || 6̣ 1 6̣ 3̣	3̣ 6̣ 1 6̣	6 || 6 3 1 3	3 6 3 1	6
6̣ 1 3 1 6̣	3 1 6̣ 1 3	6̣ || 6̣ 1 6̣ 3̣ 6̣	3̣ 6̣ 1 6̣ 3̣	6̣ || 6 3 1 3 6	3 6 3 1 3	6
6̣ 1 6̣ 1 3	3 1 3 1 6̣	6 || 6̣ 1 6̣ 3̣ 6̣ 1	3̣ 6̣ 3̣ 6̣ 1	6̣ || 6 3 6 3 1	3 6 3 1 3 6	6̣
6̣ 1 3 1 6̣	3 1 6̣ 1 3	6̣ || 6̣ 3̣ 6̣ 1	3̣ 6̣ 1 6̣ 3̣	6̣ || 6 3 1 3 6	3 1 3 6	6̣
6̣ 1 3 1 3	3 1 6̣ 1 6̣	6 || 6̣ 3̣ 6̣ 1 6̣	3̣ 6̣ 1 6̣ 1	6̣ || 6 3 1 3 1	3 1 3 6 3	6
6̣ 1 3 1 6̣ 1	3 1 6̣ 1 3 1	6̣ || 6̣ 3̣ 6̣ 1 6̣ 3̣	3̣ 6̣ 1 6̣ 3̣ 6̣	6 || 6 3 1 3 6 3	3 1 3 6 3 1	6

N° 3

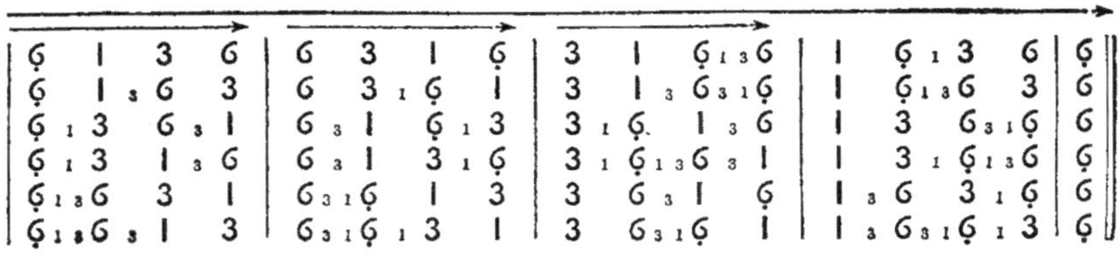

6̣ 1 3 6	6 3 1 6̣	3 1 6̣ 1 3 6	1 6̣ 1 3 6	6̣
6̣ 1 3 6 3	6 3 1 6̣ 1	3 1 3 6 3 1 6̣	1 6̣ 1 3 6 3	6
6̣ 1 3 6 3 1	6 3 1 6̣ 1 3	3 1 6̣ 1 3 6	1 3 6 3 1 6̣	6
6̣ 1 3 1 3 6	6 3 1 3 1 6̣	3 1 6̣ 1 3 6 3 1	1 3 1 6̣ 1 3 6	6̣
6̣ 1 3 6 3 1	6 3 1 6̣ 1 3	3 6 3 1 6̣	1 3 6 3 1 6̣	6
6̣ 1 3 6 3 1 3	6 3 1 6̣ 1 3 1	3 6 3 1 6̣ 1	1 3 6 3 1 6̣ 1 3	6̣

N° 4

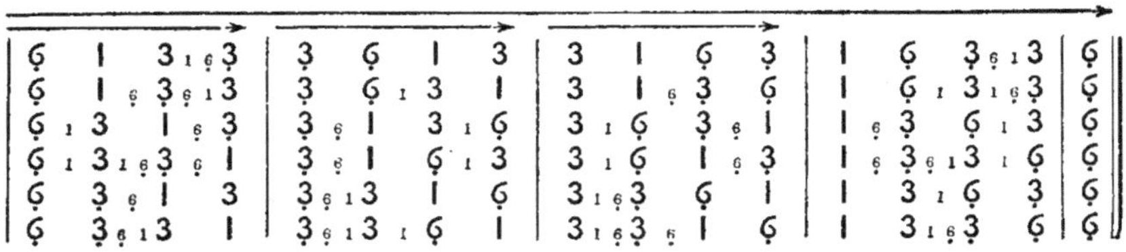

6̣ 1 3 1 6̣ 3̣	3̣ 6̣ 1 3	3 1 6̣ 3̣	1 6̣ 3̣ 6̣ 1 3	6̣
6̣ 1 6̣ 3̣ 6̣ 1 3	3̣ 6̣ 1 3 1	3 1 6̣ 3̣ 6̣	1 6̣ 1 3 1 6̣ 3̣	6̣
6̣ 1 3 1 6̣ 3̣	3̣ 6̣ 1 3 1 6̣	3 1 6̣ 3̣ 6̣ 1	1 6̣ 3̣ 6̣ 1 3	6̣
6̣ 1 3 1 6̣ 3̣ 6̣ 1	3̣ 6̣ 1 6̣ 1 3	3 1 6̣ 1 6̣ 3̣	1 6̣ 3̣ 6̣ 1 3 1 6̣	6̣
6̣ 3̣ 6̣ 1 3	3̣ 6̣ 1 3 1 6̣	3 1 6̣ 3̣ 6̣ 1	1 3 1 6̣ 3̣	6̣
6̣ 3̣ 6̣ 1 3 1	3̣ 6̣ 1 3 1 6̣ 1	3 1 6̣ 3̣ 6̣ 1 6̣	1 3 1 6̣ 3̣ 6̣	6̣

SIXIÈME SÉRIE. — 6̣13 461̇ 135̸ 372̇

GROUPE I. — 6̣13 6̣14 5̸̣13 7̣23

N° 1

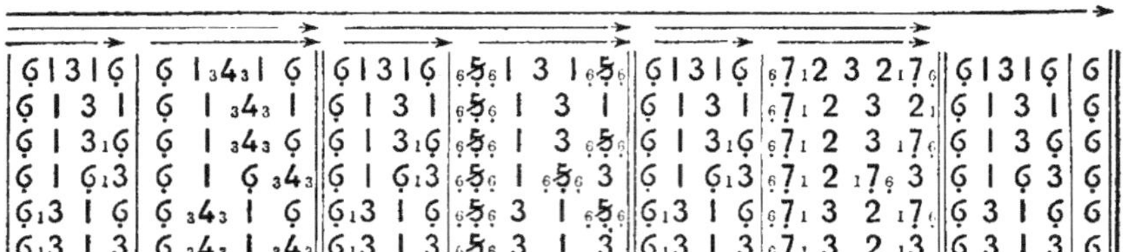

6̣1316̣	6̣ 1 3 4 3 1 6̣	6̣1316̣	6̣ 5̸̣ 6̣ 1 3 1 6̣ 5̸̣ 6̣	6̣1316̣	6̣ 7̣ 1 2 3 2 1 7̣ 6̣	6̣1316̣	6
6̣ 1 3 1	6̣ 1 3 4 3 1	6̣ 1 3 1	6̣ 5̸̣ 6̣ 1 3 1	6̣ 1 3 1	6̣ 7̣ 1 2 3 2 1	6̣ 1 3 1	6̣
6̣ 1 3 1 6̣	6̣ 1 3 4 3 6̣	6̣ 1 3 1 6̣	6̣ 5̸̣ 6̣ 1 3 6̣ 5̸̣ 6̣	6̣ 1 3 1 6̣	6̣ 7̣ 1 2 3 1 7̣ 6̣	6̣ 1 3 6̣	6
6̣ 1 6̣ 1 3	6̣ 1 6̣ 3 4 3	6̣ 1 6̣ 1 3	6̣ 5̸̣ 6̣ 1 6̣ 5̸̣ 6̣ 3	6̣ 1 6̣ 1 3	6̣ 7̣ 1 2 1 7̣ 6̣ 3	6̣ 1 6̣ 3	6̣
6̣ 1 3 1 6̣	6̣ 3 4 3 1 6̣	6̣ 1 3 1 6̣	6̣ 5̸̣ 6̣ 3 1 6̣ 5̸̣ 6̣	6̣ 1 3 1 6̣	6̣ 7̣ 1 3 2 1 7̣ 6̣	6̣ 3 1 6̣	6
6̣ 1 3 1 3	6̣ 3 4 3 1 3 4 3	6̣ 1 3 1 3	6̣ 5̸̣ 6̣ 3 1 3	6̣ 1 3 1 3	6̣ 7̣ 1 3 2 1 3	6̣ 3 1 3	6̣
6̣ 1 3 1 6̣ 1	6̣ 3 4 3 6̣ 1	6̣ 1 3 1 6̣ 1	6̣ 5̸̣ 6̣ 3 6̣ 5̸̣ 6̣ 1	6̣ 1 3 1 6̣ 1	6̣ 7̣ 1 3 1 7̣ 1 2 3	6̣ 3 6̣ 1	6̣

N° 2

3 1 6̣ 1 3	3 4 3 1 6̣ 1 3 4 3	3 1 6̣ 1 3	3 1 6̣ 5̸̣ 6̣ 1 3	3 1 6̣ 1 3	3 2 1 7̣ 1 2 3	3 1 6̣ 1 3	6̣
3 1 6̣ 1	3 4 3 1 6̣ 1	3 1 6̣ 1	3 1 6̣ 5̸̣ 6̣ 1	3 1 6̣ 1	3 2 1 7̣ 1 2 3	3 1 6̣ 1	6̣
3 1 6̣ 1 3	3 4 3 1 6̣ 3 4 3	3 1 6̣ 1 3	3 1 6̣ 5̸̣ 6̣ 3	3 1 6̣ 1 3	3 2 1 7̣ 6̣ 3	3 1 6̣ 3	6̣
3 1 3 1 6̣	3 4 3 1 3 4 3 6̣	3 1 3 1 6̣	3 1 3 6̣ 5̸̣ 6̣	3 1 3 1 6̣	3 2 1 3 1 7̣ 6̣	3 1 3 6̣	6
3 1 6̣ 1 3	3 4 3 6̣ 1 3 4 3	3 1 6̣ 1 3	3 6̣ 5̸̣ 6̣ 1 3	3 1 6̣ 1 3	3 1 7̣ 1 2 3	3 6̣ 1 3	6
3 1 6̣ 1 6̣	3 4 3 6̣ 1 6̣	3 1 6̣ 1 6̣	3 6̣ 5̸̣ 6̣ 1 6̣ 5̸̣ 6̣	3 1 6̣ 1 6̣	3 1 7̣ 1 2 1 7̣ 6̣	3 6̣ 1 6̣	6
3 1 6̣ 1 3 1	3 4 3 6̣ 3 4 3 1	3 1 6̣ 1 3 1	3 6̣ 5̸̣ 6̣ 3 1	3 1 6̣ 1 3 1	3 1 7̣ 6̣ 3 2 1	3 6̣ 3 1	6̣

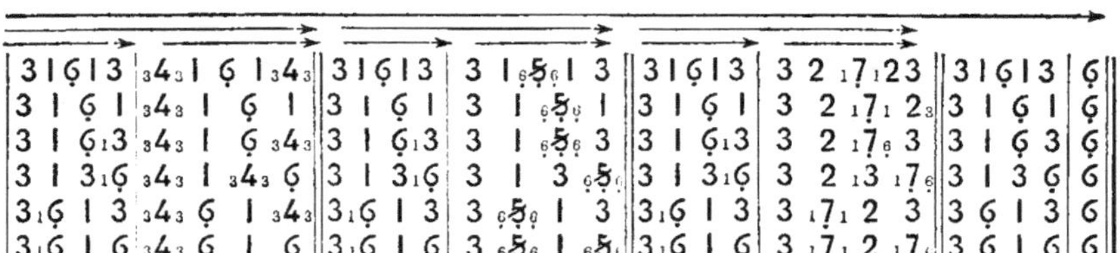

GROUPE II. — 36İ 46İ 35̸İ 372̇

N° 1

6 İ 6 3 6	6 İ 6 3 4 3 6	6 İ 6 3 6	6 5̸ 6 İ 6 5̸ 6 3 6 5̸ 6	6 İ 6 3 6	6 7 i 2̇ i 7 6 3 6 7 i	6 İ 6 3 6	6
6 İ 6 3	6 İ 6 3 4 3	6 İ 6 3	6 5̸ 6 İ 6 5̸ 6 3	6 İ 6 3	6 7 i 2̇ i 7 6 3	6 İ 6 3	6
6 İ 6 3 6	6 İ 6 3 4 3 6	6 İ 6 3 6	6 5̸ 6 İ 6 3 6 5̸ 6	6 İ 6 3 6	6 7 i 2̇ i 6 3 6 7 i	6 İ 3 6	6
6 İ 6 3 6 İ	6 İ 6 3 4 3 6 İ	6 İ 6 3 6 İ	6 5̸ 6 İ 6 3 6 İ	6 İ 6 3 6 İ	6 7 i 2̇ i 6 3 6 i 2̇ i	6 İ 3 İ	6
6 3 6 İ	6 3 4 3 6 İ	6 3 6 İ	6 5̸ 6 3 6 5̸ 6 İ	6 3 6 İ	6 7 i 6 3 6 7 i 2̇ i	6 3 6 İ	6
6 3 6 İ 6	6 3 4 3 6 İ 6	6 3 6 İ 6	6 5̸ 6 3 6 İ 6 5̸ 6	6 3 6 İ 6	6 7 i 6 3 6 i 2̇ i 7 6	6 3 İ 6	6
6 3 6 İ 6 3	6 3 4 3 6 İ 6 3 4 3	6 3 6 İ 6 3	6 5̸ 6 3 6 İ 6 3	6 3 6 İ 6 3	6 7 i 6 3 6 i 2̇ i 6 3	6 3 İ 3	6

N° 2

3 6 İ 6 3	3 4 3 6 İ 6 3 4 3	3 6 İ 6 3	3 6 5̸ 6 İ 6 5̸ 6 3	3 6 İ 6 3	3 6 7 i 2̇ i 7 6 3	3 6 İ 6 3	6
3 6 İ 6	3 4 3 6 İ 6	3 6 İ 6	3 6 5̸ 6 İ 6 5̸ 6	3 6 İ 6	3 6 7 i 2̇ i 7 6	3 6 İ 6	6
3 6 İ 6 3	3 4 3 6 İ 6 3 4 3	3 6 İ 6 3	3 6 5̸ 6 İ 6 3	3 6 İ 6 3	3 6 7 i 2̇ i 6 3	3 6 İ 3	6
3 6 3 6 İ	3 4 3 6 3 4 3 6 İ	3 6 3 6 İ	3 6 5̸ 6 3 6 İ	3 6 3 6 İ	3 6 7 i 6 3 6 i 2̇ i	3 6 3 İ	6
3 6 İ 6 3	3 4 3 6 İ 6 3 4 3	3 6 İ 6 3	3 6 İ 6 5̸ 6 3	3 6 İ 6 3	3 6 i 2̇ i 7 6 3	3 İ 6 3	6
3 6 İ 6 İ	3 4 3 6 İ 6 İ	3 6 İ 6 İ	3 6 İ 6 5̸ 6 İ	3 6 İ 6 İ	3 6 i 2̇ i 7 6 i 2̇ i	3 İ 6 İ	6
3 6 İ 6 3 6	3 4 3 6 İ 6 3 4 3 6	3 6 İ 6 3 6	3 6 İ 6 3 6 5̸ 6	3 6 İ 6 3 6	3 6 i 2̇ i 6 3 6 7 i	3 İ 3 6	6

GROUPE III. — 136 146 135̸ 237

N° 1

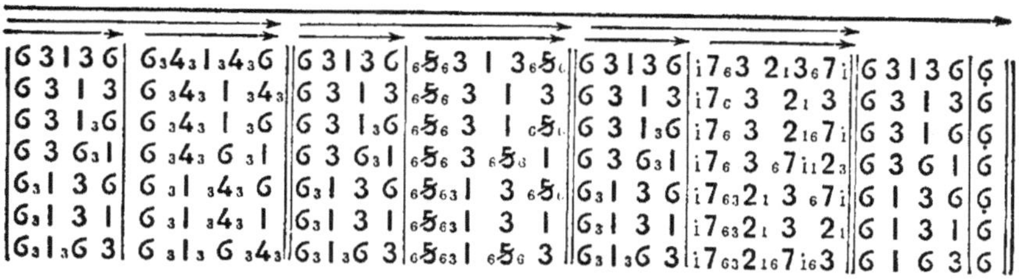

6 3 1 3 6	6 3 4 3 1 3 4 3 6	6 3 1 3 6	6 5̸ 6 3 1 3 6 5̸ 6	6 3 1 3 6	i 7 6 3 2 1 3 6 7 i	6 3 1 3 6	6̣
6 3 1 3	6 3 4 3 1 3 4 3	6 3 1 3	6 5̸ 6 3 1 3	6 3 1 3	i 7 6 3 2 1 3	6 3 1 3	6
6 3 1 3 6	6 3 4 3 1 3 6	6 3 1 3 6	6 5̸ 6 3 1 6 5̸ 6	6 3 1 3 6	i 7 6 3 2 1 6 7 i	6 3 1 6	6̣
6 3 6 3 1	6 3 4 3 6 3 1	6 3 6 3 1	6 5̸ 6 3 6 5̸ 6 1	6 3 6 3 1	i 7 6 3 6 7 i 1 2 3	6 3 6 1	6
6 3 1 3 6	6 3 1 3 4 3 6	6 3 1 3 6	6 5̸ 6 3 1 3 6 5̸ 6	6 3 1 3 6	i 7 6 3 2 1 3 6 7 i	6 1 3 6	6̣
6 3 1 3 1	6 3 1 3 4 3 1	6 3 1 3 1	6 5̸ 6 3 1 3 1	6 3 1 3 1	i 7 6 3 2 1 3 2 1	6 1 3 1	6
6 3 1 3 6 3	6 3 1 3 6 3 4 3	6 3 1 3 6 3	6 5̸ 6 3 1 6 5̸ 6 3	6 3 1 3 6 3	i 7 6 3 2 1 6 7 i 6 3	6 1 6 3	6

N° 2

3 6 3 1 3	3 4 3 6 3 4 3 1 3 4 3	3 6 3 1 3	3 6 5̸ 6 3 1 3	3 6 3 1 3	3 6 7 i 6 3 2 1 3	3 6 3 1 3	6
3 6 3 1	3 4 3 6 3 4 3 1	3 6 3 1	3 6 5̸ 6 3 1	3 6 3 1	3 6 7 i 6 3 2 1	3 6 3 1	6
3 6 3 1 3	3 4 3 6 3 1 3 4 3	3 6 3 1 3	3 6 5̸ 6 3 1 3	3 6 3 1 3	3 6 7 i 6 3 2 1 3	3 6 1 3	6
3 6 3 1 3 6	3 4 3 6 3 1 6	3 6 3 1 3 6	3 6 5̸ 6 3 1 3 6 5̸ 6	3 6 3 1 3 6	3 6 7 i 6 3 2 1 6 7 i	3 6 1 6	6̣
3 1 3 6	3 4 3 1 3 4 3 6	3 1 3 6	3 1 3 6 5̸ 6	3 1 3 6	3 2 1 3 6 7 i	3 1 3 6	6̣
3 1 3 6 3	3 4 3 1 3 6 3 4 3	3 1 3 6 3	3 1 3 6 5̸ 6 3	3 1 3 6 3	3 2 1 6 7 i 3	3 1 6 3	6
3 1 3 6 3 1	3 4 3 1 3 6 3 1	3 1 3 6 3 1	3 1 3 6 5̸ 6 3 1	3 1 3 6 3 1	3 2 1 6 7 i 3 2 1	3 1 6 1	6

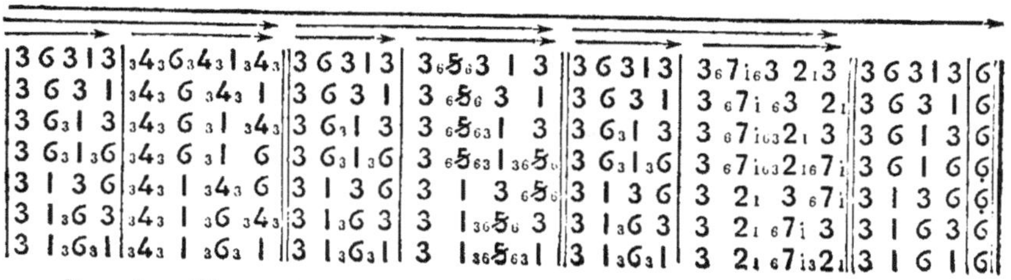

SEPTIÈME SÉRIE. — 6̣13 246 35̸7 35̸2̇

GROUPE I. — 6̣13 6̣24 5̸̣7̣3 5̸̣23

N° 1

6̣1316̣	6̣12343216̣	6̣1316̣	65̸̣67̣1317̣65̸̣6	6̣1316̣	65̸̣61232165̸̣6	6̣1316̣	6̣
6̣131	6̣ 12 343 21	6̣131	65̸̣6 7̣1 3 17̣6	6̣131	65̸̣612 3 21	6̣131	6̣
6̣136̣	6̣ 12 343 6̣	6̣136̣	65̸̣6 7̣1 3 65̸̣6	6̣136̣	65̸̣612 3 65̸̣6	6̣136̣	6̣
6̣16̣3	6̣ 121 6̣ 343	6̣16̣3	65̸̣6 7̣165̸̣6 3	6̣16̣3	65̸̣612165̸̣6 3	6̣16̣3	6̣
6̣316̣	6̣ 343 21 6̣	6̣316̣	65̸̣6 3 17̣ 65̸̣6	6̣316̣	65̸̣6 3 2165̸̣6	6̣316̣	6̣
6̣313	6̣ 343 21343	6̣313	65̸̣6 3 17̣6 3	6̣313	65̸̣6 3 21 3	6̣313	6̣
6̣36̣1	6̣ 343 6̣ 123	6̣36̣1	65̸̣6 3 65̸̣6 7̣1	6̣36̣1	65̸̣6 3 65̸̣621	6̣36̣1	6̣

N° 2

316̣13	343216̣12343	316̣13	317̣65̸̣67̣13	316̣13	32165̸̣6123	316̣13	6̣
316̣1	343 21 6̣ 123	316̣1	3 17̣ 65̸̣6 7̣1	316̣1	3 2165̸̣6123	316̣1	6̣
316̣3	343 21 6̣ 343	316̣3	3 17̣ 65̸̣6 3	316̣3	3 2165̸̣6 3	316̣3	6̣
3136̣	343 21343 6̣	3136̣	3 17̣6 3 65̸̣6	3136̣	3 21 3 65̸̣6	3136̣	6̣
36̣13	343 6̣ 12 343	36̣13	3 65̸̣6 7̣1 3	36̣13	3 65̸̣612 3	36̣13	6̣
36̣16̣	343 6̣ 121 6̣	36̣16̣	3 65̸̣6 7̣165̸̣6	36̣16̣	3 65̸̣612365̸̣6	36̣16̣	6̣
36̣31	343 6̣ 343 21	36̣31	3 65̸̣6 3 17̣6	36̣31	3 65̸̣6 3 21	36̣31	6̣

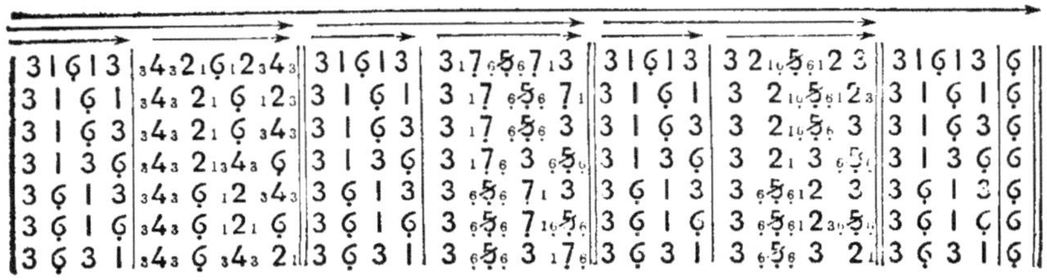

GROUPE II. — 361̇ 462̇ 35̸7 35̸2̇

N° 1

61̇636	61̇2̇1̇63436	61̇636	65̸671̇65̸6365̸6	61̇636	65̸61̇2̇1̇65̸6365̸6	61̇636	6
61̇63	6 1̇2̇1̇ 6 343	61̇63	65̸6 71̇ 65̸6 3	61̇63	65̸61̇2̇1̇ 65̸6 3	61̇63	6
61̇36	61̇2̇1̇ 343 6	61̇36	65̸6 71̇ 3 65̸6	61̇36	65̸61̇2̇1̇ 63 65̸6	61̇36	6
61̇361̇	61̇2̇1̇34361̇2̇1̇	61̇361̇	65̸6 71̇ 3 671̇	61̇361̇	65̸61̇2̇1̇ 636 1̇2̇1̇	61̇31̇	6
6361̇	6 343 6 1̇2̇1̇	6361̇	65̸6 3 65̸6 71̇	6361̇	65̸6 3 65̸6 1̇2̇1̇	6361̇	6
6361̇6	634361̇2̇1̇ 6	6361̇6	65̸6 3 671̇65̸6	6361̇6	65̸6 36 1̇2̇1̇ 65̸6	631̇6	6
6361̇3	634361̇2̇1̇343	6361̇3	65̸6 3 671̇ 3	6361̇3	65̸6 36 1̇2̇1̇ 63	631̇3	6

N° 2

361̇63	34361̇2̇1̇6343	361̇63	365̸671̇65̸63	361̇63	365̸61̇2̇1̇65̸63	361̇63	6
361̇6	343 6 1̇2̇1̇ 6	361̇6	3 65̸6 71̇65̸6	361̇6	365̸6 1̇2̇1̇65̸6	361̇6	6
361̇3	343 6 1̇2̇1̇343	361̇3	3 65̸6 71̇ 3	361̇3	365̸6 1̇2̇1̇3	361̇3	6
36361̇	343 634361̇2̇1̇	36361̇	3 65̸6 3 671̇	36361̇	365̸6 361̇2̇1̇	3631̇	6
361̇63	34361̇2̇1̇6 343	361̇63	3 671̇65̸6 3	361̇63	361̇2̇1̇ 65̸63	31̇63	6
361̇61̇	34361̇2̇1̇6 1̇2̇1̇	361̇61̇	3 671̇65̸6 71̇	361̇61̇	361̇2̇1̇65̸61̇2̇1̇	31̇61̇	6
361̇36	34361̇2̇1̇3436	361̇36	3 671̇ 3 65̸6	361̇36	361̇2̇1̇ 6365̸6	31̇36	6

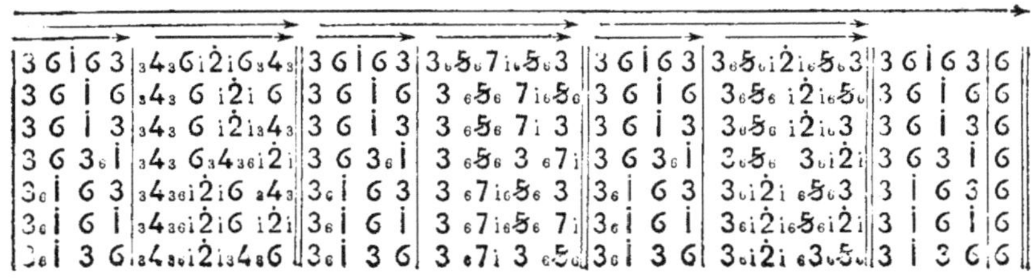

GROUPE III. — 136 246 735̶ 235̶

N° 1

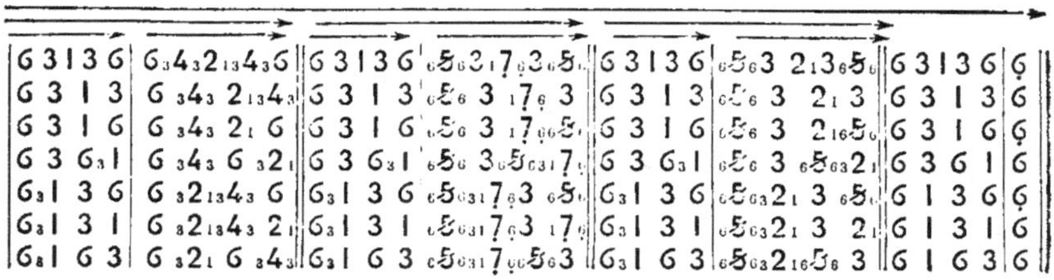

6 3 1 3 6	6 3 4 3 2 1 3 4 3 6	6 3 1 3 6	6 5̶ 6 3 1 7̣ 6̣ 3 6 5̶ 6	6 3 1 3 6	6 5̶ 6 3 2 1 3 6 5̶ 6	6 3 1 3 6	6̣
6 3 1 3	6 3 4 3 2 1 3 4 3	6 3 1 3	6 5̶ 6 3 1 7̣ 6̣ 3	6 3 1 3	6 5̶ 6 3 2 1 3	6 3 1 3	6
6 3 1 6	6 3 4 3 2 1 6	6 3 1 6	6 5̶ 6 3 1 7̣ 6̣ 6 5̶ 6	6 3 1 6	6 5̶ 6 3 2 1 6 5̶ 6	6 3 1 6	6̣
6 3 6 3 1	6 3 4 3 6 3 2 1	6 3 6 3 1	6 5̶ 6 3 6 5̶ 6 3 1 7̣ 6̣	6 3 6 3 1	6 5̶ 6 3 6 5̶ 6 3 2 1	6 3 6 1	6
6 3 1 3 6	6 3 2 1 3 4 3 6	6 3 1 3 6	6 5̶ 6 3 1 7̣ 6̣ 3 6 5̶ 6	6 3 1 3 6	6 5̶ 6 3 2 1 3 6 5̶ 6	6 1 3 6	6̣
6 3 1 3 1	6 3 2 1 3 4 3 2 1	6 3 1 3 1	6 5̶ 6 3 1 7̣ 6̣ 3 1 7̣ 6̣	6 3 1 3 1	6 5̶ 6 3 2 1 3 2 1	6 1 3 1	6
6 3 1 6 3	6 3 2 1 6 3 4 3	6 3 1 6 3	6 5̶ 6 3 1 7̣ 6̣ 6 5̶ 6 3	6 3 1 6 3	6 5̶ 6 3 2 1 6 5̶ 6 3	6 1 6 3	6

N° 2

3 6 3 1 3	3 4 3 6 3 4 3 2 1 3 4 3	3 6 3 1 3	3 6 5̶ 6 3 1 7̣ 6̣ 3	3 6 3 1 3	3 6 5̶ 6 3 2 1 3	3 6 3 1 3	6
3 6 3 1	3 4 3 6 3 4 3 2 1	3 6 3 1	3 6 5̶ 6 3 1 7̣ 6̣	3 6 3 1	3 6 5̶ 6 3 2 1	3 6 3 1	6
3 6 3 1 3	3 4 3 6 3 2 1 3 4 3	3 6 3 1 3	3 6 5̶ 6 3 1 7̣ 6̣ 3	3 6 3 1 3	3 6 5̶ 6 3 2 1 3	3 6 1 3	6
3 6 3 1 6	3 4 3 6 3 2 1 6	3 6 3 1 6	3 6 5̶ 6 3 1 7̣ 6̣ 6 5̶ 6	3 6 3 1 6	3 6 5̶ 6 3 2 1 6 5̶ 6	3 6 1 6	6̣
3 1 3 6	3 4 3 2 1 3 4 3 6	3 1 3 6	3 1 7̣ 6̣ 3 6 5̶ 6	3 1 3 6	3 2 1 3 6 5̶ 6	3 1 3 6	6̣
3 1 6 3	3 4 3 2 1 6 3 4 3	3 1 6 3	3 1 7̣ 6̣ 6 5̶ 6 3	3 1 6 3	3 2 1 6 5̶ 6 3	3 1 6 3	6
3 1 6 3 1	3 4 3 2 1 6 3 2 1	3 1 6 3 1	3 1 7̣ 6̣ 6 5̶ 6 3 1 7̣ 6̣	3 1 6 3 1	3 2 1 6 5̶ 6 3 2 1	3 1 6 1	6

HUITIÈME SÉRIE. — 6̣136 7̣246 5̶7̣24 35̶72̇

GROUPE I. — 6̣136 7̣246 7̣245̶ 7̣235̶

N° 1

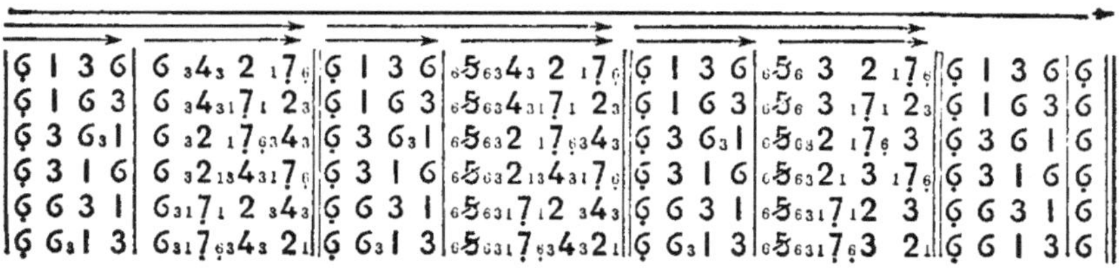

6̣ 1 3 6	6 3 4 3 2 1 7̣ 6̣	6̣ 1 3 6	6 5̶ 6 3 4 3 2 1 7̣ 6̣	6̣ 1 3 6	6 5̶ 6 3 2 1 7̣ 6̣	6̣ 1 3 6	6̣
6̣ 1 6 3	6 3 4 3 1 7̣ 1 2 3	6̣ 1 6 3	6 5̶ 6 3 4 3 1 7̣ 1 2 3	6̣ 1 6 3	6 5̶ 6 3 1 7̣ 1 2 3	6̣ 1 6 3	6
6̣ 3 6 3 1	6 3 2 1 7̣ 6̣ 3 4 3	6̣ 3 6 3 1	6 5̶ 6 3 2 1 7̣ 6̣ 3 4 3	6̣ 3 6 3 1	6 5̶ 6 3 2 1 7̣ 6̣ 3	6̣ 3 6 1	6
6̣ 3 1 6	6 3 2 1 3 4 3 1 7̣ 6̣	6̣ 3 1 6	6 5̶ 6 3 2 1 3 4 3 1 7̣ 6̣	6̣ 3 1 6	6 5̶ 6 3 2 1 3 1 7̣ 6̣	6̣ 3 1 6	6̣
6̣ 6 3 1	6 3 1 7̣ 1 2 3 4 3	6̣ 6 3 1	6 5̶ 6 3 1 7̣ 1 2 3 4 3	6̣ 6 3 1	6 5̶ 6 3 1 7̣ 1 2 3	6̣ 6 3 1	6
6̣ 6 3 1 3	6 3 1 7̣ 6̣ 3 4 3 2 1	6̣ 6 3 1 3	6 5̶ 6 3 1 7̣ 6̣ 3 4 3 2 1	6̣ 6 3 1 3	6 5̶ 6 3 1 7̣ 6̣ 3 2 1	6̣ 6 1 3	6

N° 2

6 3 1 6̣	6̣ 7̣ 1 2 3 4 3 6	6 3 1 6̣	6̣ 7̣ 1 2 3 4 3 6 5̶ 6	6 3 1 6̣	6̣ 7̣ 1 2 3 6 5̶ 6	6 3 1 6̣	6
6 3 6̣ 1	6̣ 7̣ 1 2 3 6 3 4 3	6 3 6̣ 1̇	6̣ 7̣ 1 2 3 6 5̶ 6 3 4 3	6 3 6̣ 1	6̣ 7̣ 1 2 3 6 5̶ 6 3	6 3 6̣ 1̇	6̣
6 3 1 6̣ 3	6̣ 7̣ 1 3 4 3 6 3 2 1	6 3 1 6̣ 3	6̣ 7̣ 1 3 4 3 6 5̶ 6 3 2 1	6 3 1 6̣ 3	6̣ 7̣ 1 3 6 5̶ 6 3 2 1	6 1 6̣ 3	6̣
6 3 1 3 6̣	6̣ 7̣ 1 3 4 3 2 1 6	6 3 1 3 6̣	6̣ 7̣ 1 3 4 3 2 1 6 5̶ 6	6 3 1 3 6̣	6̣ 7̣ 1 3 2 1 6 5̶ 6	6 1 3 6̣	6
6 6̣ 1 3	6̣ 7̣ 1 6 3 4 3 2 1	6 6̣ 1 3	6̣ 7̣ 1 6 5̶ 6 3 4 3 2 1	6 6̣ 1 3	6̣ 7̣ 1 6 5̶ 6 3 2 1	6 6̣ 1 3	6̣
6 6̣ 3 1	6̣ 7̣ 1 6 3 2 1 3 4 3	6 6̣ 3 1	6̣ 7̣ 1 6 5̶ 6 3 2 1 3 4 3	6 6̣ 3 1	6̣ 7̣ 1 6 5̶ 6 3 2 1 3	6 6̣ 3 1	6̣

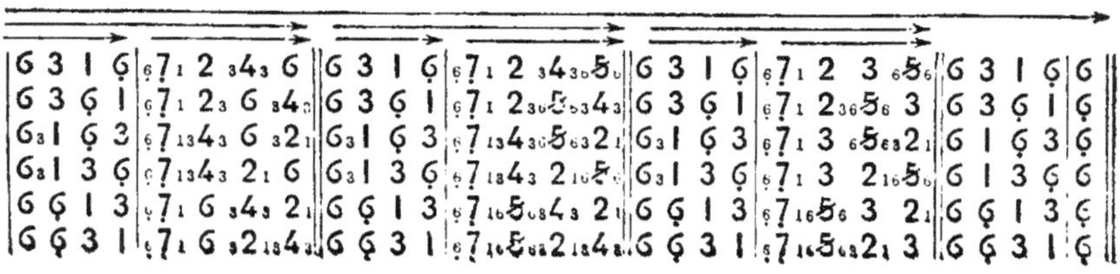

GROUPE II. — 6̣136 6̣7̣24 5̸̣7̣24 5̸̣7̣23

N° 1

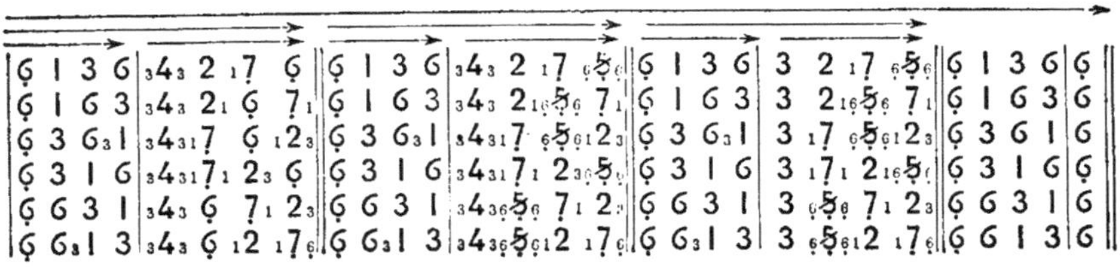

6̣ 1 3 6	3 4 3 2 1 7̣ 6̣	6̣ 1 3 6	3 4 3 2 1 7̣ 6̣ 5̸̣ 6̣	6̣ 1 3 6	3 2 1 7̣ 6̣ 5̸̣ 6̣	6̣ 1 3 6	6̣
6̣ 1 6 3	3 4 3 2 1 6̣ 7̣ 1	6̣ 1 6 3	3 4 3 2 1 6̣ 5̸̣ 6̣ 7̣ 1	6̣ 1 6 3	3 2 1 6̣ 5̸̣ 6̣ 7̣ 1	6̣ 1 6 3	6
6̣ 3 6 3 1	3 4 3 1 7̣ 6̣ 1 2 3	6̣ 3 6 3 1	3 4 3 1 7̣ 6̣ 5̸̣ 6̣ 1 2 3	6̣ 3 6 3 1	3 1 7̣ 6̣ 5̸̣ 6̣ 1 2 3	6̣ 3 6 1	6
6̣ 3 1 6	3 4 3 1 7̣ 1 2 3 6̣	6̣ 3 1 6	3 4 3 1 7̣ 1 2 3 6̣ 5̸̣ 6̣	6̣ 3 1 6	3 1 7̣ 1 2 1 6̣ 5̸̣ 6̣	6̣ 3 1 6	6̣
6̣ 6 3 1	3 4 3 6̣ 7̣ 1 2 3	6̣ 6 3 1	3 4 3 6̣ 5̸̣ 6̣ 7̣ 1 2 3	6̣ 6 3 1	3 6̣ 5̸̣ 6̣ 7̣ 1 2 3	6̣ 6 3 1	6
6̣ 6 3 1 3	3 4 3 6̣ 1 2 1 7̣ 6̣	6̣ 6 3 1 3	3 4 3 6̣ 5̸̣ 6̣ 1 2 1 7̣ 6̣	6̣ 6 3 1 3	3 6̣ 5̸̣ 6̣ 1 2 1 7̣ 6̣	6̣ 6 1 3	6

N° 2

6 3 1 6̣	6̣ 7̣ 1 2 3 4 3	6 3 1 6̣	6̣ 5̸̣ 6̣ 7̣ 1 2 3 4 3	6 3 1 6̣	6̣ 5̸̣ 6̣ 7̣ 1 2 3	6 3 1 6̣	6
6 3 6̣ 1	6̣ 7̣ 1 3 4 3 2 1	6 3 6̣ 1	6̣ 5̸̣ 6̣ 7̣ 1 3 4 3 2 1	6 3 6̣ 1	6̣ 5̸̣ 6̣ 7̣ 1 3 2 1	6 3 6̣ 1	6̣
6 3 1 6̣ 3	6̣ 1 2 3 4 3 1 7̣ 6̣	6 3 1 6̣ 3	6̣ 5̸̣ 6̣ 1 2 3 4 3 1 7̣ 6̣	6 3 1 6̣ 3	6̣ 5̸̣ 6̣ 1 2 3 1 7̣ 6̣	6 1 6̣ 3	6̣
6 3 1 3 6̣	6̣ 1 2 1 7̣ 1 3 4 3	6 3 1 3 6̣	6̣ 5̸̣ 6̣ 1 2 1 7̣ 6̣ 3 4 3	6 3 1 3 6̣	6̣ 5̸̣ 6̣ 1 2 1 7̣ 6̣ 3	6 1 3 6̣	6
6 6̣ 1 3	6̣ 3 4 3 2 1 7̣ 6̣	6 6̣ 1 3	6̣ 5̸̣ 6̣ 3 4 3 2 1 7̣ 6̣	6 6̣ 1 3	6̣ 5̸̣ 6̣ 3 2 1 7̣ 6̣	6 6̣ 1 3	6̣
6 6̣ 3 1	6̣ 3 4 3 1 7̣ 1 2 3	6 6̣ 3 1	6̣ 5̸̣ 6̣ 3 4 3 1 7̣ 1 2 3	6 6̣ 3 1	6̣ 5̸̣ 6̣ 3 1 7̣ 1 2 3	6 6̣ 3 1	6̣

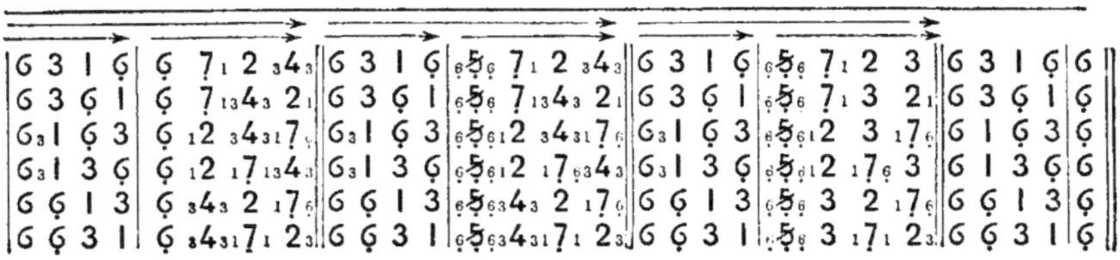

GROUPE III. — 361̇3̇ 4672̇ 45̸72̇ 35̸72̇

N° 1

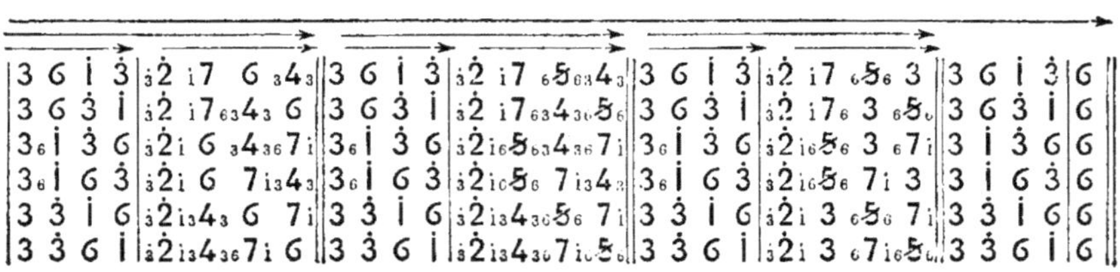

3 6 1̇ 3̇	3̇ 2̇ 1̇ 7 6 3 4 3	3 6 1̇ 3̇	3̇ 2̇ 1̇ 7 6 5̸ 6 3 4 3	3 6 1̇ 3̇	3̇ 2̇ 1̇ 7 6 5̸ 6 3	3 6 1̇ 3̇	6
3 6 3̇ 1̇	3̇ 2̇ 1̇ 7 6 3 4 3 6	3 6 3̇ 1̇	3̇ 2̇ 1̇ 7 6 3 4 3 6 5̸ 6	3 6 3̇ 1̇	3̇ 2̇ 1̇ 7 6 3 6 5̸ 6	3 6 3̇ 1̇	6
3 6 1̇ 3̇ 6	3̇ 2̇ 1̇ 6 3 4 3 6 7 1̇	3 6 1̇ 3̇ 6	3̇ 2̇ 1̇ 6 5̸ 6 3 4 3 6 7 1̇	3 6 1̇ 3̇ 6	3̇ 2̇ 1̇ 6 5̸ 6 3 6 7 1̇	3 1̇ 3̇ 6	6
3 6 1̇ 6 3̇	3̇ 2̇ 1̇ 6 7 1̇ 3 4 3	3 6 1̇ 6 3̇	3̇ 2̇ 1̇ 6 5̸ 6 7 1̇ 3 4 3	3 6 1̇ 6 3̇	3̇ 2̇ 1̇ 6 5̸ 6 7 1̇ 3	3 1̇ 6 3̇	6
3 3̇ 1̇ 6	3̇ 2̇ 1̇ 3 4 3 6 7 1̇	3 3̇ 1̇ 6	3̇ 2̇ 1̇ 3 4 3 6 5̸ 6 7 1̇	3 3̇ 1̇ 6	3̇ 2̇ 1̇ 3 6 5̸ 6 7 1̇	3 3̇ 1̇ 6	6
3 3̇ 6 1̇	3̇ 2̇ 1̇ 3 4 3 6 7 1̇ 6	3 3̇ 6 1̇	3̇ 2̇ 1̇ 3 4 3 6 7 1̇ 6 5̸ 6	3 3̇ 6 1̇	3̇ 2̇ 1̇ 3 6 7 1̇ 6 5̸ 6	3 3̇ 6 1̇	6

N° 2

3̇ 1̇ 6 3	3 4 3 6 7 1̇ 2̇ 3̇	3̇ 1̇ 6 3	3 4 3 6 5̸ 6 7 1̇ 2̇ 3̇	3̇ 1̇ 6 3	3 6 5̸ 6 7 1̇ 2̇ 3̇	3̇ 1̇ 6 3	6
3̇ 1̇ 3 6	3 4 3 6 1̇ 2̇ 1̇ 7 6	3̇ 1̇ 3 6	3 4 3 6 5̸ 6 1̇ 2̇ 1̇ 7 6	3̇ 1̇ 3 6	3 6 5̸ 6 1̇ 2̇ 1̇ 7 6	3̇ 1̇ 3 6	6
3̇ 6 3 6 1̇	3 4 3 6 7 1̇ 2̇ 1̇ 6	3̇ 6 3 6 1̇	3 4 3 6 7 1̇ 2̇ 1̇ 6 5̸ 6	3̇ 6 3 6 1̇	3 6 7 1̇ 2̇ 1̇ 6 5̸ 6	3̇ 6 3 1̇	6
3̇ 6 1̇ 3	3 4 3 6 7 1̇ 6 1̇ 2̇ 3̇	3̇ 6 1̇ 3	3 4 3 6 7 1̇ 6 5̸ 6 1̇ 2̇ 3̇	3̇ 6 1̇ 3	3 6 7 1̇ 6 5̸ 6 1̇ 2̇ 3̇	3̇ 6 1̇ 3	6
3̇ 3 6 1̇	3 4 3 6 1̇ 2̇ 1̇ 7 6	3̇ 3 6 1̇	3 4 3 6 1̇ 2̇ 1̇ 7 6 5̸ 6	3̇ 3 6 1̇	3 6 1̇ 2̇ 1̇ 7 6 5̸ 6	3̇ 3 6 1̇	6
3̇ 3 6 1̇ 6	3 4 3 6 1̇ 2̇ 1̇ 6 7 1̇	3̇ 3 6 1̇ 6	3 4 3 6 1̇ 2̇ 1̇ 6 5̸ 6 7 1̇	3̇ 3 6 1̇ 6	3 6 1̇ 2̇ 1̇ 6 5̸ 6 7 1̇	3̇ 3 1̇ 6	6

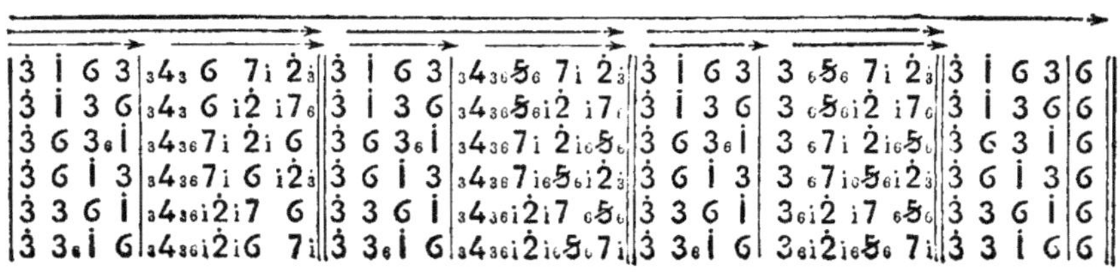

NEUVIÈME SÉRIE. — 361̇3̇ 372̇4 3574 352̇4

N° 1

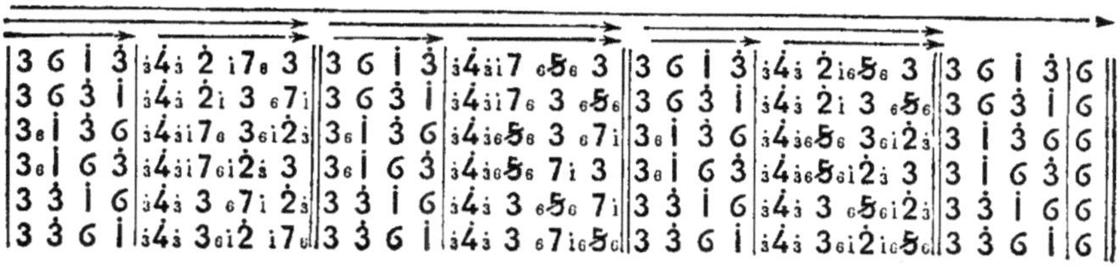

3 6 1̇ 3̇	3̇4̇3̇ 2̇ 1̇76 3	3 6 1̇ 3̇	3̇4̇3̇1̇7 656 3	3 6 1̇ 3̇	3̇4̇3̇ 2̇1̇656 3	3 6 1̇ 3̇	6
3 6 3̇ 1̇	3̇4̇3̇ 2̇1̇ 3 671̇	3 6 3̇ 1̇	3̇4̇3̇1̇76 3 656	3 6 3̇ 1̇	3̇4̇3̇ 2̇1̇ 3 656	3 6 3̇ 1̇	6
361̇ 3̇ 6	3̇4̇3̇1̇76 361̇2̇3̇	361̇ 3̇ 6	3̇4̇3̇656 3 671̇	361̇ 3̇ 6	3̇4̇3̇656 361̇2̇3̇	3 1̇ 3̇ 6	6
361̇ 6 3̇	3̇4̇3̇1̇761̇2̇3̇ 3	361̇ 6 3̇	3̇4̇3̇656 71̇ 3	361̇ 6 3̇	3̇4̇3̇6561̇2̇3̇ 3	3 1̇ 6 3̇	6
3 3̇ 1̇ 6	3̇4̇3̇ 3 671̇ 2̇3̇	3 3̇ 1̇ 6	3̇4̇3̇ 3 656 71̇	3 3̇ 1̇ 6	3̇4̇3̇ 3 6561̇2̇3̇	3 3̇ 1̇ 6	6
3 3̇ 6 1̇	3̇4̇3̇ 361̇2̇ 1̇76	3 3̇ 6 1̇	3̇4̇3̇ 3 671̇656	3 3̇ 6 1̇	3̇4̇3̇ 361̇2̇1̇656	3 3̇ 6 1̇	6

N° 2

3̇ 1̇ 6 3	3 671̇ 2̇ 3̇4̇3̇	3̇ 1̇ 6 3	3 656 71̇3̇4̇3̇	3̇ 1̇ 6 3	3 6561̇2̇ 3̇4̇3̇	3̇ 1̇ 6 3	6
3̇ 1̇ 3 6	3 671̇3̇4̇3̇ 2̇1̇	3̇ 1̇ 3 6	3 6563̇4̇3̇1̇76	3̇ 1̇ 3 6	3 6563̇4̇3̇ 2̇1̇	3̇ 1̇ 3 6	6
3̇ 6 361̇	361̇2̇ 3̇4̇3̇1̇76	3̇ 6 361̇	3 671̇3̇4̇3̇656	3̇ 6 361̇	361̇2̇ 3̇4̇3̇656	3̇ 6 3 1̇	6
3̇ 6 1̇ 3	361̇2̇3̇1̇763̇4̇3̇	3̇ 6 1̇ 3	3 671̇6563̇4̇3̇	3̇ 6 1̇ 3	361̇2̇1̇6563̇4̇3̇	3̇ 6 1̇ 3	6
3̇ 3 6 1̇	3 3̇4̇3̇ 2̇ 1̇76	3̇ 3 6 1̇	3 3̇4̇3̇1̇7 656	3̇ 3 6 1̇	3 3̇4̇3̇ 2̇1̇656	3̇ 3 6 1̇	6
3̇ 361̇ 6	3 3̇4̇3̇1̇71̇ 2̇3̇	3̇ 361̇ 6	3 3̇4̇3̇656 71̇	3̇ 361̇ 6	3 3̇4̇3̇6561̇2̇3̇	3̇ 3 1̇ 6	6

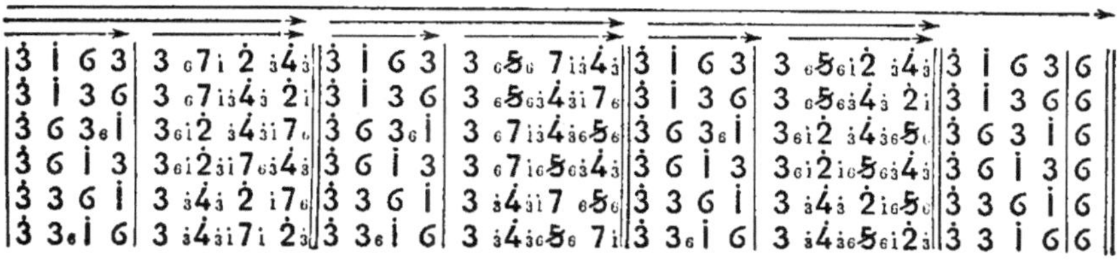

LIVRE III. — ÉTUDE DES DIÈSES ET DES BÉMOLS.

PREMIÈRE SÉRIE.

GROUPE 1. — ÉTUDE DES DIÈSES.

Définition générale du DIÈSE.

Le DIÈSE *produit avec le son supérieur* le même air que le SI avec l'UT.

Comment se marque le DIÈSE.

Le DIÈSE, qui indique un son plus *aigu* que celui qu'il doit remplacer, se marque sur la note, par un trait oblique, tourné dans le même sens que l'ACCENT AIGU; ainsi : 1̸ 2̸ 3̸ 4̸ 5̸ 6̸ 7̸.

Comment on nomme les DIÈSES.

1̸	2̸	3̸	4̸	5̸	6̸	7̸
TÈ	RÈ	MÈ	FÈ	JÈ	LÈ	SÈ
Il remplace	*Il remplace*	*Il remplace*	*Il remplace*	*Il remplace*	*Il remplace*	*Il remplace*
UT	RE	MI	FA	SOL	LA	SI

On voit que chacun des *noms dièses* se compose d'une *articulation* à laquelle on ajoute la *finale* È (vérifiez).

Ces articulations sont les mêmes que celles des notes non diésées. Excepté pour le SOL, dont l'articulation S, se retrouvant dans le SI, a du être remplacée par J (vérifiez).

Comment on apprend à produire les DIÈSES.

Le DIÈSE devant produire avec le SON SUPÉRIEUR le même air que le SI avec l'UT, il faut, pour s'habituer à produire les DIÈSES, s'exercer à chanter sur l'air 1 7̣ 1 les syllabes RÉ TÈ RÉ, MI RÈ MI, SOL FÈ SOL, LA JÈ LA, SI LÈ SI, comme on chante, sur le même air, les différents couplets d'une chanson.

N° 1

Il faut, en chantant cet exercice, *s'écouter avec le plus grand soin*, afin e s'assurer qu'on reproduit exactement l'air UT SI UT.

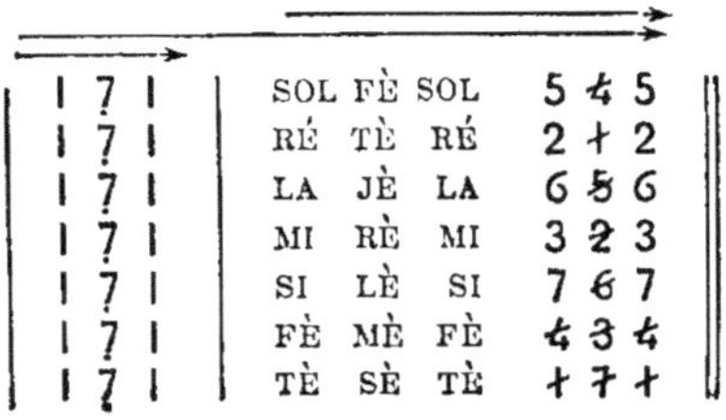

1 7̣ 1	SOL FÈ SOL	5 4̸ 5
1 7̣ 1	RÉ TÈ RÉ	2 1̸ 2
1 7̣ 1	LA JÈ LA	6 5̸ 6
1 7̣ 1	MI RÈ MI	3 2̸ 3
1 7̣ 1	SI LÈ SI	7 6̸ 7
1 7̣ 1	FÈ MÈ FÈ	4̸ 3̸ 4̸
1 7̣ 1	TÈ SÈ TÈ	1̸ 7̸ 1̸

OBSERVATION DES PLUS IMPORTANTES

Sur le moyen à employer pour NE PAS PRODUIRE, *dans les exercices qui contiennent des* DIÈSES *ou des* BÉMOLS, DES SECONDES MAJEURES TROP PETITES.

Le grand nombre de SECONDES MINEURES, produites par les DIÈSES et par les BÉMOLS, que contiennent les exercices suivants, entraînent, si l'on n'y prend garde, à produire des SECONDES MAJEURES TROP PETITES. Voici le moyen *facile* et *sûr* d'éviter cette faute d'intonation :

Il suffit de chanter, lorsqu'on les rencontre, chacune des secondes 12, 23, 45, 56, 67, en pensant à la gamme entière, comme si on voulait la chanter jusqu'au bout.

EXEMPLE :

En montant.	En descendant
1 2 3 4 5 6 7 1̇	7 6 5 4 3 2 1
2 3 4 5 6 7 1̇	6 5 4 3 2 1
4 5 6 7 1̇	5 4 3 2 1
5 6 7 1̇	3 2 1
6 7 1̇	2 1

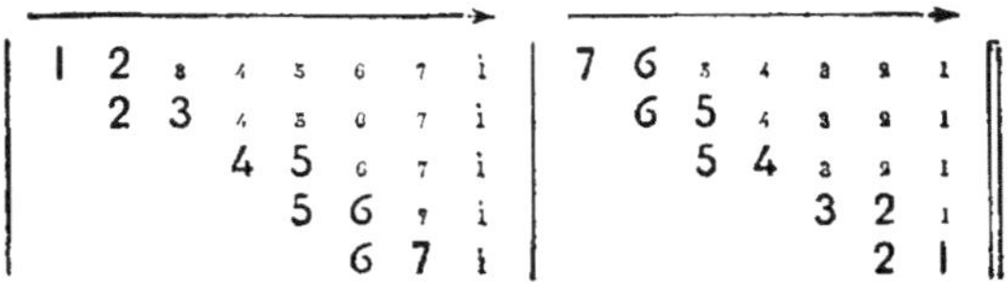

N° 2

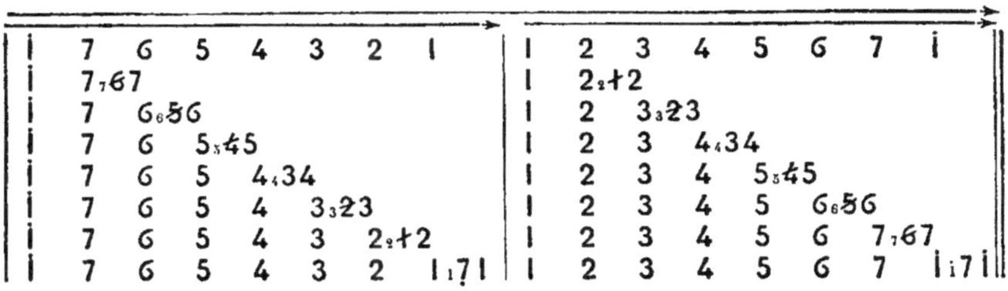

1̇ 7 6 5 4 3 2 1	1 2 3 4 5 6 7 1̇
1̇ 7$_7$6̸7	1 2$_2$+2
1̇ 7 6$_6$5̸6	1 2 3$_3$2̸3
1̇ 7 6 5$_5$4̸5	1 2 3 4$_4$34
1̇ 7 6 5 4$_4$34	1 2 3 4 5$_5$4̸5
1̇ 7 6 5 4 3$_3$2̸3	1 2 3 4 5 6$_6$5̸6
1̇ 7 6 5 4 3 2$_2$+2	1 2 3 4 5 6 7$_7$6̸7
1̇ 7 6 5 4 3 2 1$_1$7 1	1 2 3 4 5 6 7 1̇$_{1̇}$7 1̇

N° 3

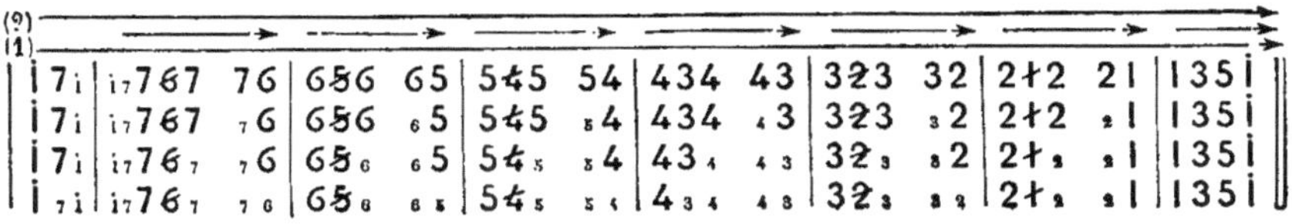

(2) (1)

1̇7$_{1̇}$	$_{1̇7}$76̸7 76	65̸6 65	54̸5 54	434 43	32̸3 32	2+2 21	1351̇
1̇7$_{1̇}$	$_{1̇7}$76̸7 $_7$6	65̸6 $_6$5	54̸5 $_5$4	434 $_4$3	32̸3 $_3$2	2+2 $_2$1	1351̇
1̇7$_{1̇}$	$_{1̇7}$76̸$_7$ $_7$6	65̸$_6$ $_6$5	54̸$_5$ $_5$4	43$_4$ $_4$3	32̸$_3$ $_3$2	2+$_2$ $_2$1	1351̇
1̇$_{71̇}$	$_{1̇7}$76̸$_7$ $_{76}$	65̸$_6$ $_{65}$	54̸$_5$ $_{54}$	4$_{34}$ $_{43}$	32̸$_3$ $_{32}$	2+$_2$ $_{21}$	1351̇

N° 4

(2) (1)

12 2+2	23 32̸3	34 434	45 54̸5	56 65̸6	67 76̸7	7 1̇	1̇531
12 $_2$+2	23 $_3$2̸3	34 $_4$34	45 $_5$4̸5	56 $_6$5̸6	67 $_7$6̸7	7 1̇	1̇531
1$_2$ $_2$+2	2$_3$ $_3$2̸3	34 $_{434}$	4$_5$ $_5$4̸5	5$_6$ $_6$5̸6	6$_7$ $_7$6̸7	7 1̇	1̇531
1$_2$ $_2$+2	$_{23}$ $_3$2̸3	$_3$4 $_{434}$	$_{45}$ $_5$4̸5	$_{56}$ $_6$5̸6	$_{67}$ $_7$6̸7	$_7$ 1̇	1̇531

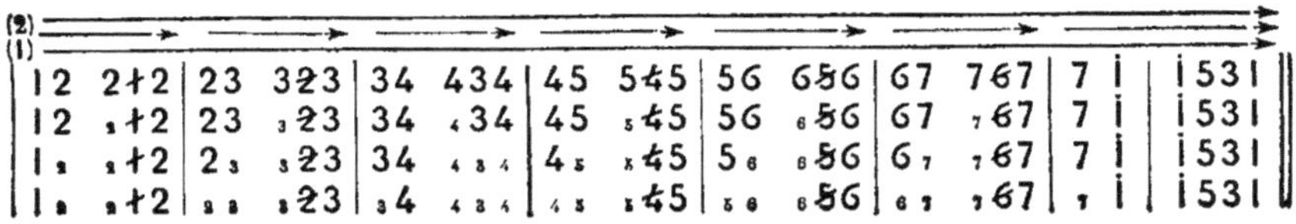

GROUPE II. — ÉTUDE DES BÉMOLS.

Définition générale du BÉMOL.

Le BÉMOL *produit avec le son inférieur* le même air que le FA avec le MI.

Comment se marque le BÉMOL.

Le BÉMOL, qui indique un son plus *grave* que celui qu'il doit remplacer, se marque sur la note, par un trait oblique, tourné dans le même sens que l'ACCENT GRAVE; ainsi : +2̸3̸4̸5̸6̸7̸.

Comment on nomme les BÉMOLS.

+	2̸	3̸	4̸	5̸	6̸	7̸
TEU	REU	MEU	FEU	JEU	LEU	SEU
Il remplace	*Il remplace*	*Il remplace*	*Il remplace*	*Il remplace*	*Il remplace*	*Il remplace*
UT	RÉ	MI	FA	SOL	LA	SI

On voit que chacun des *noms bémols* se compose d'une *articulation* à laquelle on ajoute la *finale* EU (vérifiez).

Ces articulations sont les mêmes que celles des notes non bémolisées, Excepté pour le SOL, dont l'articulation S, se retrouvant dans le SI, a du être remplacée par J (vérifiez).

(1) Ne suivez cette *première grande flèche* qu'en *chantant toutes les notes grandes et petites.*

(2) Ne suivez cette *deuxième grande flèche, sans les petites notes,* qu'après avoir suivi plusieurs fois les *petites flèches, avec et sans les petites notes*

Comment on apprend à produire les BÉMOLS.

Le BÉMOL devant produire avec le SON INFÉRIEUR le même air que le FA avec le MI, il faut, pour s'habituer à produire les BÉMOLS, s'exercer à chanter sur l'air 343 les syllabes UT REU UT, RÉ MEU RÉ, FA JEU FA, SOL LEU SOL, LA SEU LA, comme on chante, sur le même air, les différents couplets d'une chanson.

N° 1

Il faut, en chantant cet exercice, s'écouter avec le plus grand soin, afin de s'assurer qu'on reproduit exactement l'air MI FA MI.

3 4 3 2 1	LA SEU LA	6 7̵ 6
3 4 3 2 1	RÉ MEU RÉ	2 3̵ 2
3 4 3 2 1	SOL LEU SOL	5 6̵ 5
3 4 3 2 1	UT REU UT	1 2̵ 1
3 4 3 2 1	FA JEU FA	4 5̵ 4
3 4 3 2 1	SEU TEU SEU	7̵ 1̵ 7̵
3 4 3 2 1	MEU FEU MEU	3̵ 4̵ 3̵

N° 2

1 2 3 4 5 6 7 1̇	1̇ 7 6 5 4 3 2 1
1 1 2̵ 1	1̇ 7 7 1̇ 7
1 2 2 3̵ 2	1̇ 7 6 6 7̵ 6
1 2 3 3 4 3	1̇ 7 6 5 5 6̵ 5
1 2 3 4 4 5̵ 4	1̇ 7 6 5 4 4 5̵ 4
1 2 3 4 5 5 6̵ 5	1̇ 7 6 5 4 3 3 4 3
1 2 3 4 5 6 6 7̵ 6	1̇ 7 6 5 4 3 2 2 3̵ 2
1 2 3 4 5 6 7 7 1̇ 7 7 1̇	1̇ 7 6 5 4 3 2 1 1 2̵ 1

N° 3

(2)
(1)

12̵1 12	23̵2 23	343 34	45̵4 45	56̵5 56	67̵6 67	7 1̇	1̇531
12̵1 12	23̵2 23	343 34	45̵4 45	56̵5 56	67̵6 67	7 1̇	1̇531
12̵1 12	23̵2 23	343 34	45̵4 45	56̵5 56	67̵6 67	7 1̇	1̇531
12̵1 12	23̵2 23	343 34	45̵4 45	56̵5 56	67̵6 67	7 1̇	1̇531

N° 4

(2)
(1)

1̇71̇	1̇76 67̵6	65 56̵5	54 45̵4	43 343	32 23̵2	21 12̵1	1351̇
1̇71̇	1̇76 67̵6	65 56̵5	54 45̵4	43 343	32 23̵2	21 12̵1	1351̇
1̇71̇	1̇76 67̵6	65 56̵5	54 45̵4	43 343	32 23̵2	21 12̵1	1351̇
1̇71̇	1̇76 67̵6	65 56̵5	54 45̵4	43 343	32 23̵2	21 12̵1	1351̇

(2) Voir les notes de la page précédente.

GROUPE III. — DIÈSES ET BÉMOLS RÉUNIS.

N° 1

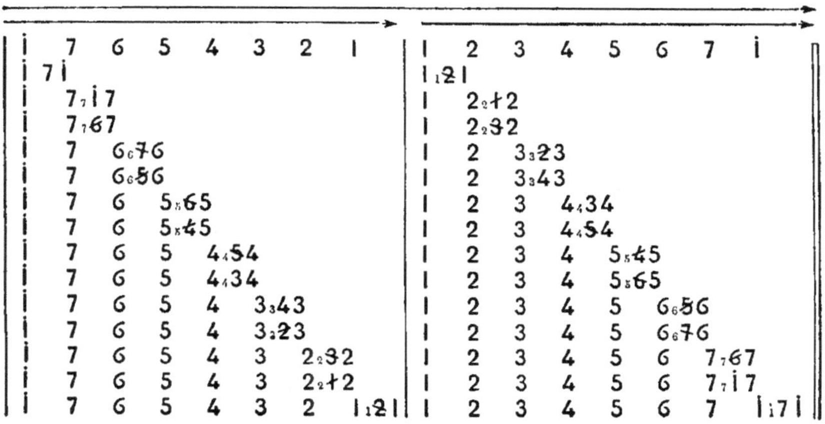

i 7 6 5 4 3 2 1	1 2 3 4 5 6 7 i
i 7 i	1 121
i 77i7	1 2212
i 7767	1 2232
i 7 6676	1 2 3323
i 7 6656	1 2 3343
i 7 6 5565	1 2 3 4434
i 7 6 5545	1 2 3 4454
i 7 6 5 4454	1 2 3 4 5545
i 7 6 5 4434	1 2 3 4 5565
i 7 6 5 4 3343	1 2 3 4 5 6656
i 7 6 5 4 3323	1 2 3 4 5 6676
i 7 6 5 4 3 2232	1 2 3 4 5 6 7767
i 7 6 5 4 3 2212	1 2 3 4 5 6 77i7
i 7 6 5 4 3 2 1121	1 2 3 4 5 6 7 i17i

N° 2

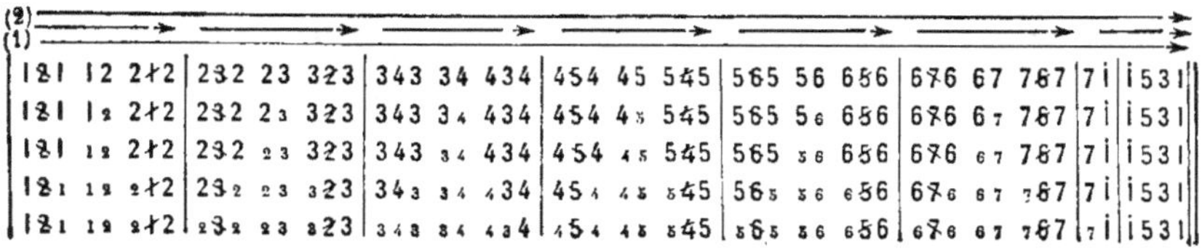

(2)
(1)

121 12 212	232 23 323	343 34 434	454 45 545	565 56 656	676 67 767	7 i	i 5 3 1
121 12 212	232 23 323	343 34 434	454 45 545	565 56 656	676 67 767	7 i	i 5 3 1
121 12 212	232 23 323	343 34 434	454 45 545	565 56 656	676 67 767	7 i	i 5 3 1
121 12 212	232 23 323	343 34 434	454 45 545	565 56 656	676 67 767	7 i	i 5 3 1
121 12 212	232 23 323	343 34 434	454 45 545	565 56 656	676 67 767	7 i	i 5 3 1

N° 3

(2)
(1)

i 7	767 76 676	656 65 565	545 54 454	434 43 343	323 32 232	212 21 121	1 3 5 i
i 7	767 76 676	656 65 565	545 54 454	434 43 343	323 32 232	212 21 121	1 3 5 i
i 7	767 76 676	656 65 565	545 54 454	434 43 343	323 32 232	212 21 121	1 3 5 i
i 7	767 76 676	656 65 565	545 54 454	434 43 343	323 32 232	212 21 121	1 3 5 i
i 7	767 76 676	656 65 565	545 54 454	434 43 343	323 32 232	212 21 121	1 3 5 i

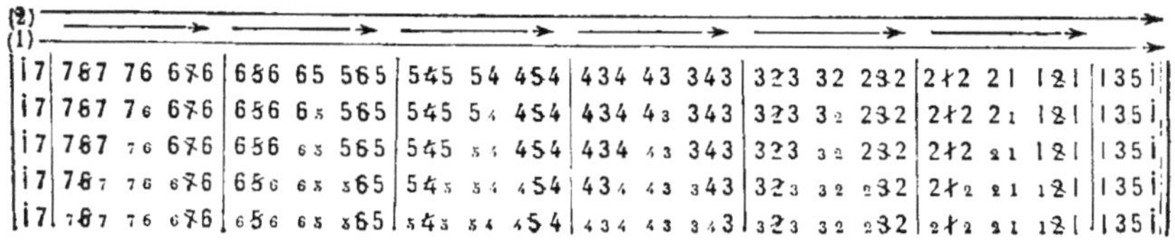

(1) (2) Voir les notes de la page 23.

DEUXIÈME SÉRIE.

ÉTUDE DU FA DIÈSE.

GROUPE I.

FA DIÈSE *pris* EN DESCENDANT.

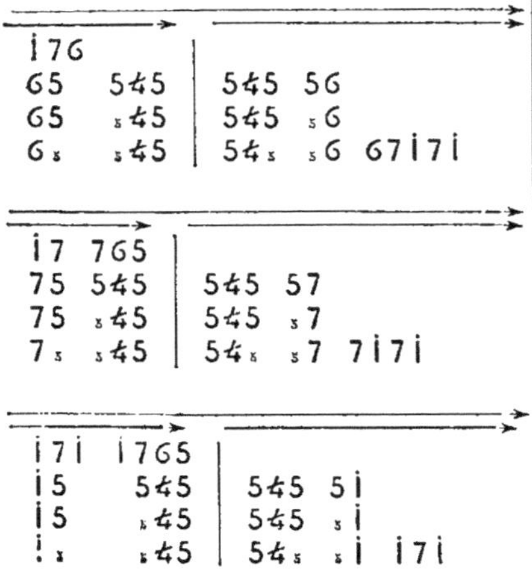

1̇76
65 54̸5 | 54̸5 56
65 5 4̸5 | 54̸5 5 6
6 5 5 4̸5 | 54̸ 5 5 6 671̇71̇

1̇7 765
75 54̸5 | 54̸5 57
75 5 4̸5 | 54̸5 5 7
7 5 5 4̸5 | 54̸ 5 5 7 71̇71̇

1̇71̇ 1̇765
1̇5 54̸5 | 54̸5 51̇
1̇5 5 4̸5 | 54̸5 5 1̇
1̇ 5 5 4̸5 | 54̸ 5 5 1̇ 1̇71̇

GROUPE II.

FA DIÈSE *pris* EN MONTANT.

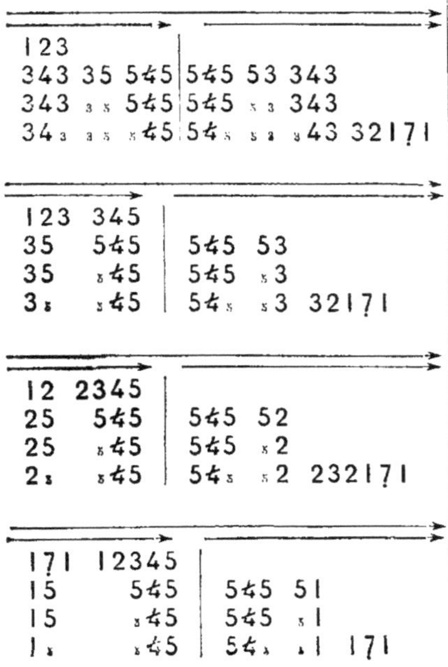

123
343 35 54̸5 | 54̸5 53 343
343 3 5 54̸5 | 54̸5 5 3 343
34 3 3 5 5 4̸5 | 54̸ 5 5 3 3 43 32171

123 345
35 54̸5 | 54̸5 53
35 5 4̸5 | 54̸5 5 3
3 5 5 4̸5 | 54̸ 5 5 3 32171

12 2345
25 54̸5 | 54̸5 52
25 5 4̸5 | 54̸5 5 2
2 5 5 4̸5 | 54̸ 5 5 2 232171

171 12345
15 54̸5 | 54̸5 51
15 5 4̸5 | 54̸5 5 1
1 5 5 4̸5 | 54̸ 5 5 1 171

ÉTUDE DU SI BÉMOL.

GROUPE I.

SI BÉMOL *pris* EN MONTANT.

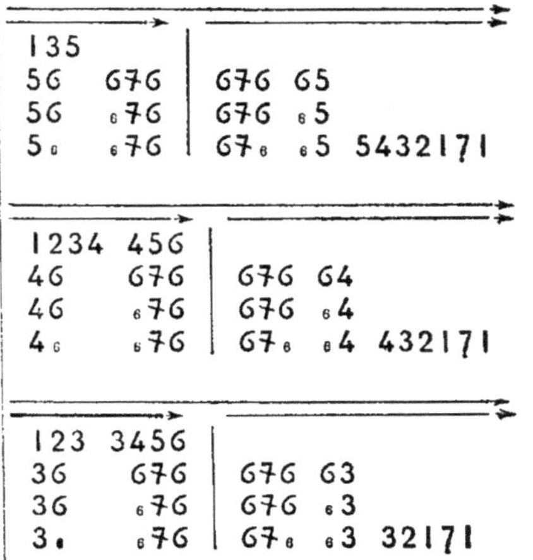

135
56 67̸6 | 67̸6 65
56 6 7̸6 | 67̸6 6 5
5 6 6 7̸6 | 67̸ 6 6 5 5432171

1234 456
46 67̸6 | 67̸6 64
46 6 7̸6 | 67̸6 6 4
4 6 6 7̸6 | 67̸ 6 6 4 432171

123 3456
36 67̸6 | 67̸6 63
36 6 7̸6 | 67̸6 6 3
3 6 6 7̸6 | 67̸ 6 6 3 32171

GROUPE II.

SI BÉMOL *pris* EN DESCENDANT.

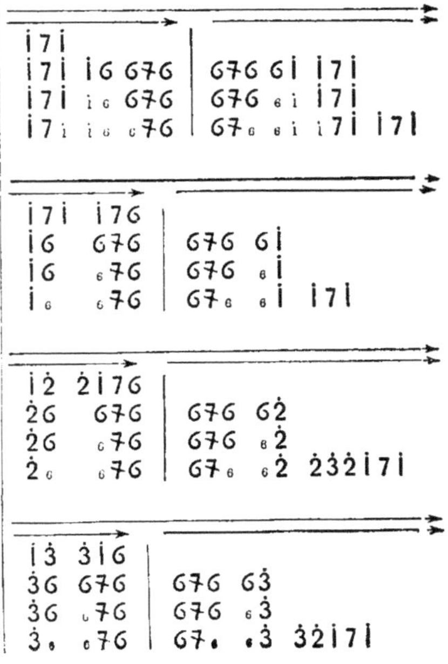

1̇71̇
1̇71̇ 1̇6 67̸6 | 67̸6 61̇ 1̇71̇
1̇71̇ 1̇ 6 67̸6 | 67̸6 6 1̇ 1̇71̇
1̇7 1̇ 1̇ 6 6 7̸6 | 67̸ 6 6 1̇ 1̇71̇ 1̇71̇

1̇71̇ 1̇76
1̇6 67̸6 | 67̸6 61̇
1̇6 6 7̸6 | 67̸6 6 1̇
1̇ 6 6 7̸6 | 67̸ 6 6 1̇ 1̇71̇

1̇2̇ 2̇1̇76
2̇6 67̸6 | 67̸6 62̇
2̇6 6 7̸6 | 67̸6 6 2̇
2̇ 6 6 7̸6 | 67̸ 6 6 2̇ 2̇3̇2̇1̇71̇

1̇3̇ 3̇1̇6
3̇6 67̸6 | 67̸6 63̇
3̇6 6 7̸6 | 67̸6 6 3̇
3̇ 6 6 7̸6 | 67̸ 6 6 3̇ 3̇2̇1̇71̇

TROISIÈME SÉRIE.

ÉTUDE DE L'UT DIÈSE.

GROUPE I.

UT DIÈSE *pris* EN DESCENDANT.

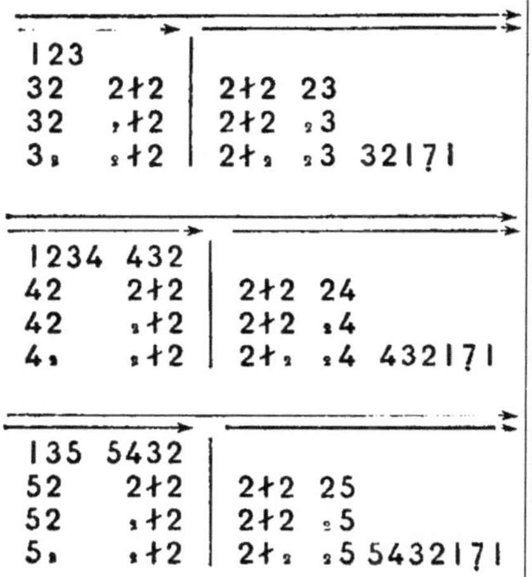

123
32 2+2 | 2+2 23
32 $_2$+2 | 2+2 $_2$3
3$_2$ $_2$+2 | 2+$_2$ $_2$3 32171

1234 432
42 2+2 | 2+2 24
42 $_2$+2 | 2+2 $_2$4
4$_2$ $_2$+2 | 2+$_2$ $_2$4 432171

135 5432
52 2+2 | 2+2 25
52 $_2$+2 | 2+2 $_2$5
5$_2$ $_2$+2 | 2+$_2$ $_2$5 5432171

GROUPE II.

UT DIÈSE *pris* EN MONTANT.

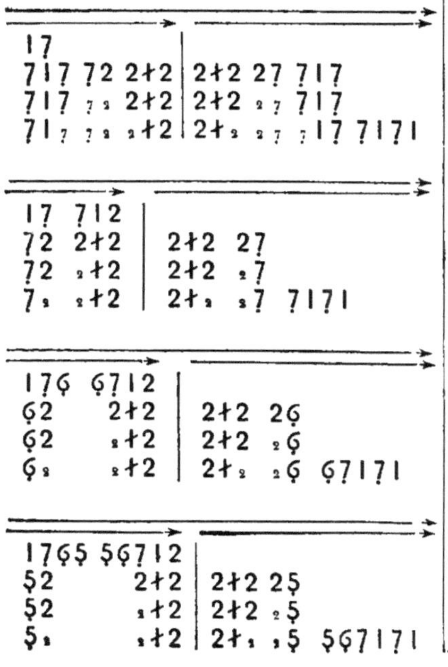

17
717 72 2+2 | 2+2 27 717
717 $_7$ $_2$ 2+2 | 2+2 $_2$ $_7$ 717
71$_7$ $_7$ $_2$ $_2$+2 | 2+$_2$ $_2$ $_7$ $_7$17 7171

17 712
72 2+2 | 2+2 27
72 $_2$+2 | 2+2 $_2$7
7$_2$ $_2$+2 | 2+$_2$ $_2$7 7171

176 6712
62 2+2 | 2+2 26
62 $_2$+2 | 2+2 $_2$6
6$_2$ $_2$+2 | 2+$_2$ $_2$6 67171

1765 56712
52 2+2 | 2+2 25
52 $_2$+2 | 2+2 $_2$5
5$_2$ $_2$+2 | 2+$_2$ $_2$5 567171

ÉTUDE DU MI BÉMOL.

GROUPE I.

MI BÉMOL *pris* EN MONTANT.

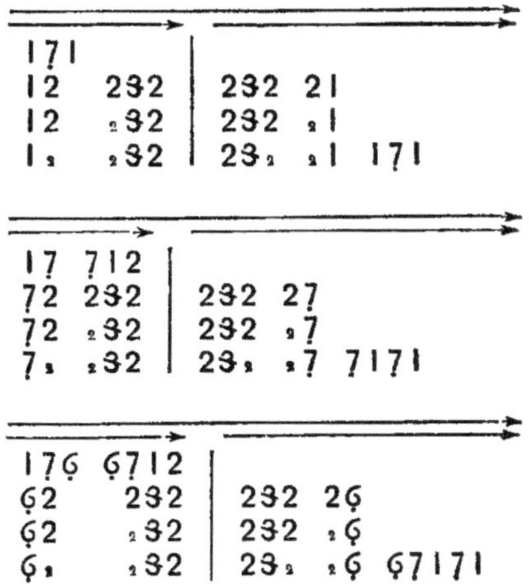

171
12 232 | 232 21
12 $_2$32 | 232 $_2$1
1$_2$ $_2$32 | 23$_2$ $_2$1 171

17 712
72 232 | 232 27
72 $_2$32 | 232 $_2$7
7$_2$ $_2$32 | 23$_2$ $_2$7 7171

176 6712
62 232 | 232 26
62 $_2$32 | 232 $_2$6
6$_2$ $_2$32 | 23$_2$ $_2$6 67171

GROUPE II.

MI BÉMOL *pris* EN DESCENDANT.

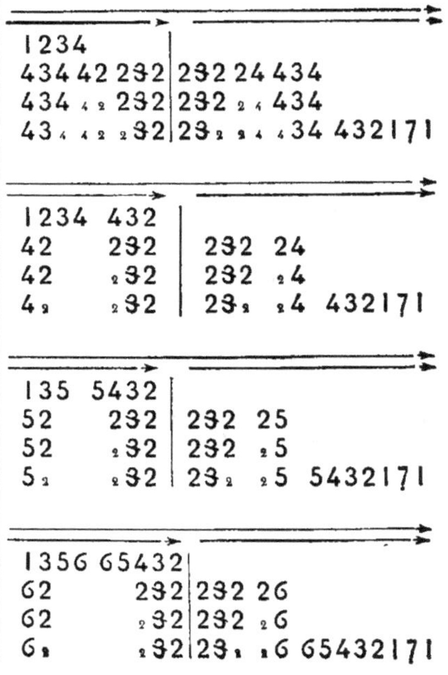

1234
434 42 232 | 232 24 434
434 $_4$ $_2$ 232 | 232 $_2$ $_4$ 434
43$_4$ $_4$ $_2$ $_2$32 | 23$_2$ $_2$ $_4$ $_4$34 432171

1234 432
42 232 | 232 24
42 $_2$32 | 232 $_2$4
4$_2$ $_2$32 | 23$_2$ $_2$4 432171

135 5432
52 232 | 232 25
52 $_2$32 | 232 $_2$5
5$_2$ $_2$32 | 23$_2$ $_2$5 5432171

1356 65432
62 232 | 232 26
62 $_2$32 | 232 $_2$6
6$_2$ $_2$32 | 23$_2$ $_2$6 65432171

QUATRIÈME SÉRIE.

ÉTUDE DU SOL DIÈSE.

GROUPE I.

SOL DIÈSE *pris* EN DESCENDANT.

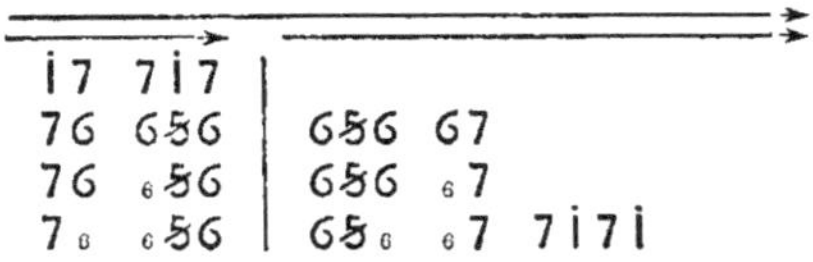

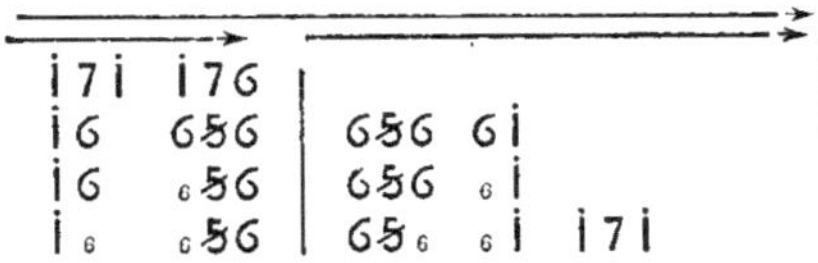

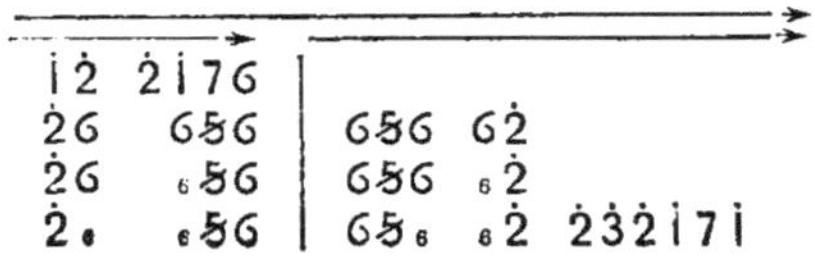

1̇7 71̇7	
76 65̸6	65̸6 67
76 $_6$5̸6	65̸6 $_6$7
7$_6$ $_6$5̸6	65̸$_6$ $_6$7 71̇71̇

1̇71̇ 1̇76	
1̇6 65̸6	65̸6 61̇
1̇6 $_6$5̸6	65̸6 $_6$1̇
1̇$_6$ $_6$5̸6	65̸$_6$ $_6$1̇ 1̇71̇

1̇2̇ 2̇1̇76	
2̇6 65̸6	65̸6 62̇
2̇6 $_6$5̸6	65̸6 $_6$2̇
2̇$_6$ $_6$5̸6	65̸$_6$ $_6$2̇ 2̇3̇2̇1̇71̇

GROUPE II.

SOL DIÈSE *pris* EN MONTANT.

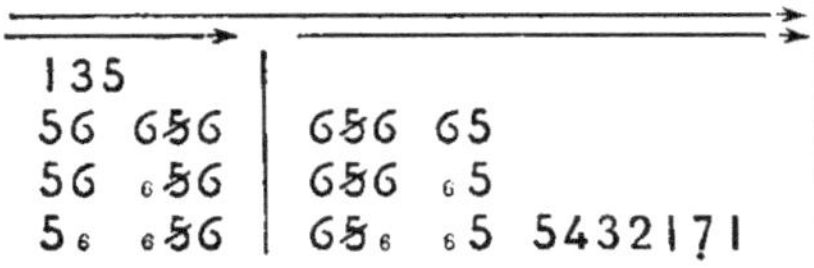

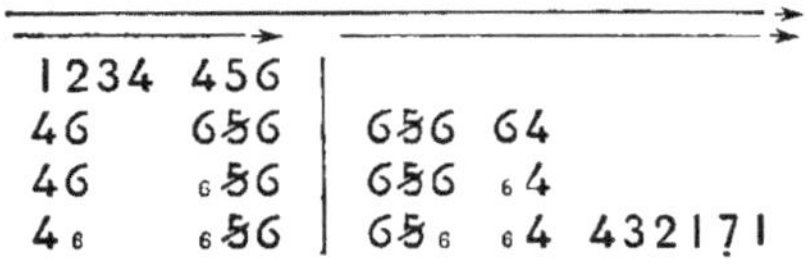

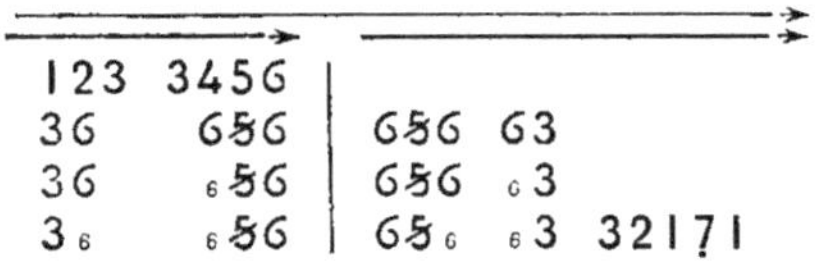

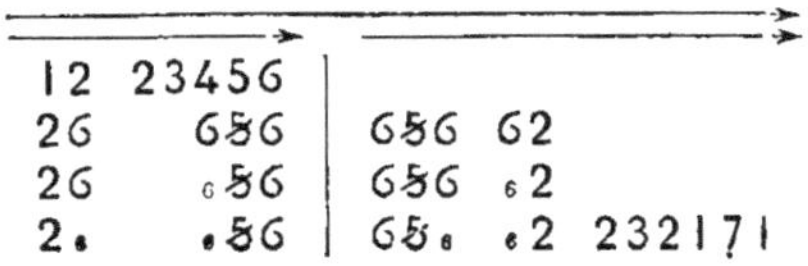

135	
56 65̸6	65̸6 65
56 $_6$5̸6	65̸6 $_6$5
5$_6$ $_6$5̸6	65̸$_6$ $_6$5 54321̇7̣1

1234 456	
46 65̸6	65̸6 64
46 $_6$5̸6	65̸6 $_6$4
4$_6$ $_6$5̸6	65̸$_6$ $_6$4 4321̇7̣1

123 3456	
36 65̸6	65̸6 63
36 $_6$5̸6	65̸6 $_6$3
3$_6$ $_6$5̸6	65̸$_6$ $_6$3 3217̣1

12 23456	
26 65̸6	65̸6 62
26 $_6$5̸6	65̸6 $_6$2
2$_6$ $_6$5̸6	65̸$_6$ $_6$2 232171

ÉTUDE DU LA BÉMOL.

GROUPE I.

LA BÉMOL *pris* EN MONTANT.

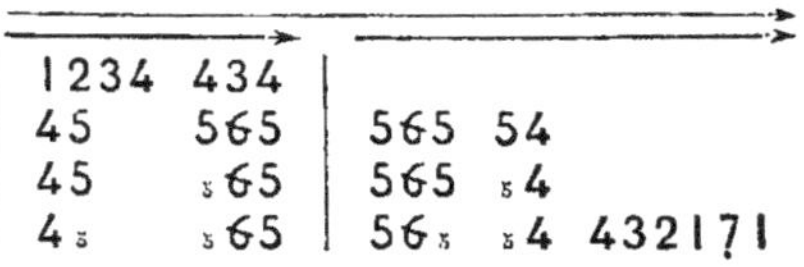

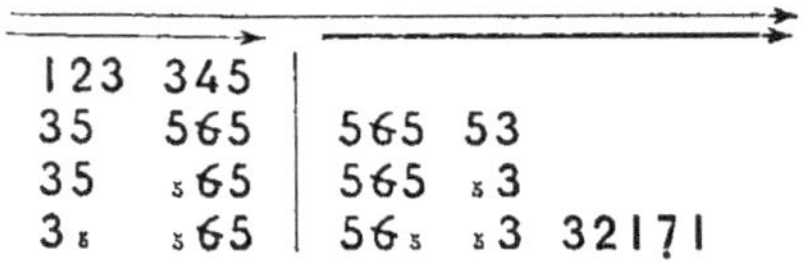

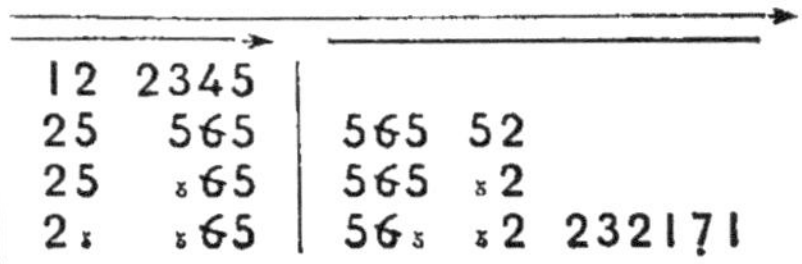

1234 434	
45 56̸5	56̸5 54
45 $_5$6̸5	56̸5 $_5$4
4$_5$ $_5$6̸5	56̸$_5$ $_5$4 43217̣1

123 345	
35 56̸5	56̸5 53
35 $_5$6̸5	56̸5 $_5$3
3$_5$ $_5$6̸5	56̸$_5$ $_5$3 3217̣1

12 2345	
25 56̸5	56̸5 52
25 $_5$6̸5	56̸5 $_5$2
2$_5$ $_5$6̸5	56̸$_5$ $_5$2 23217̣1

ROUPE II.

LA BÉMOL *pris* EN DESCENDANT.

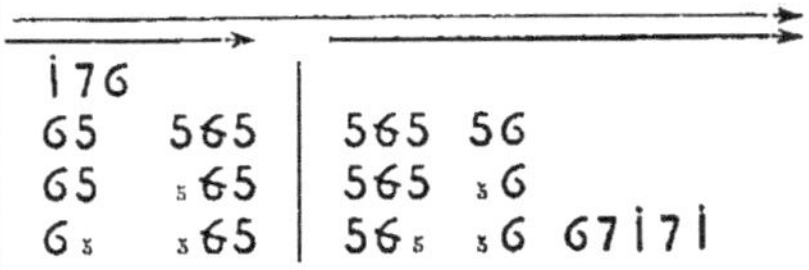

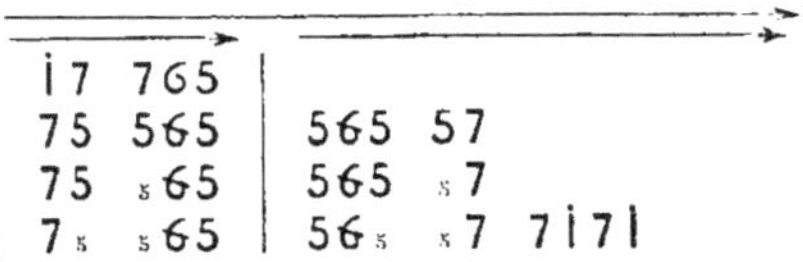

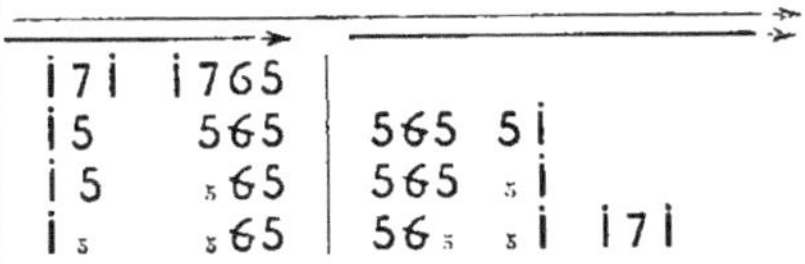

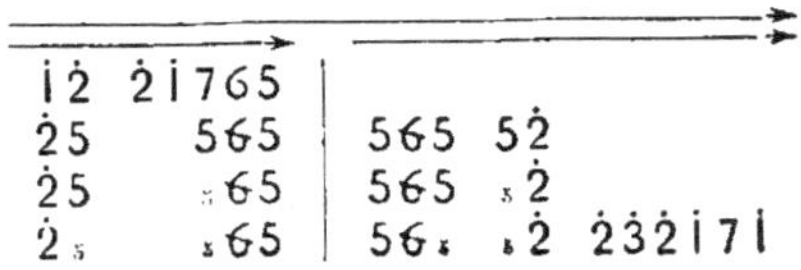

1̇76	
65 56̸5	56̸5 56
65 $_5$6̸5	56̸5 $_5$6
6$_5$ $_5$6̸5	56̸$_5$ $_5$6 671̇71̇

1̇7 765	
75 56̸5	56̸5 57
75 $_5$6̸5	56̸5 $_5$7
7$_5$ $_5$6̸5	56̸$_5$ $_5$7 71̇71̇

1̇71̇ 1̇765	
1̇5 56̸5	56̸5 51̇
1̇5 $_5$6̸5	56̸5 $_5$1̇
1̇$_5$ $_5$6̸5	56̸$_5$ $_5$1̇ 1̇71̇

1̇2̇ 2̇1̇765	
2̇5 56̸5	56̸5 52̇
2̇5 $_5$6̸5	56̸5 $_5$2̇
2̇$_5$ $_5$6̸5	56̸$_5$ $_5$2̇ 2̇3̇2̇1̇71̇

CINQUIÈME SÉRIE.

ÉTUDE DU RÉ DIÈSE,

GROUPE I.

RÉ DIÈSE *pris* EN DESCENDANT.

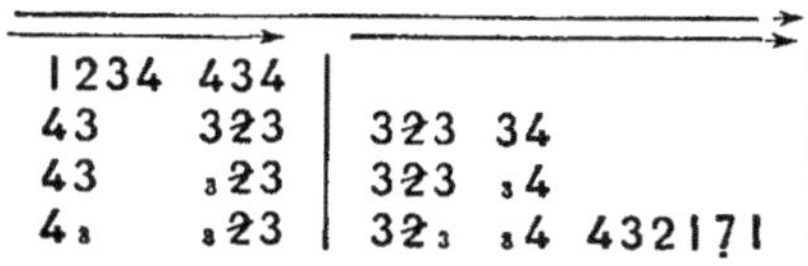

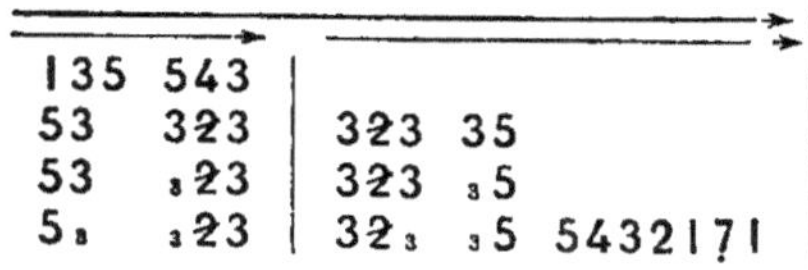

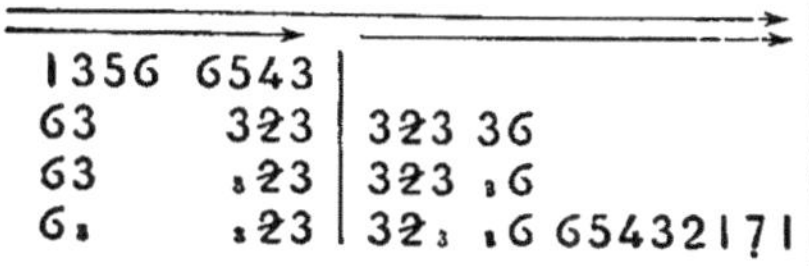

1234 434	
43 323	323 34
43 $_3$23	323 $_3$4
4$_3$ $_3$23	32$_3$ $_3$4 432171

135 543	
53 323	323 35
53 $_3$23	323 $_3$5
5$_3$ $_3$23	32$_3$ $_3$5 5432171

1356 6543	
63 323	323 36
63 $_3$23	323 $_3$6
6$_3$ $_3$23	32$_3$ $_3$6 65432171

GROUPE II.

RÉ DIÈSE *pris* EN MONTANT.

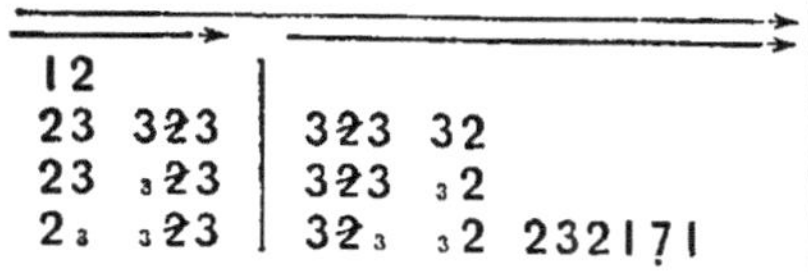

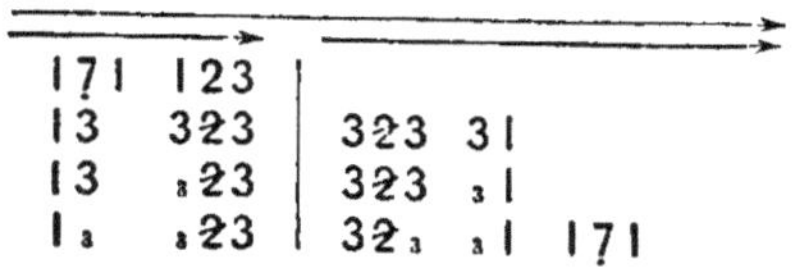

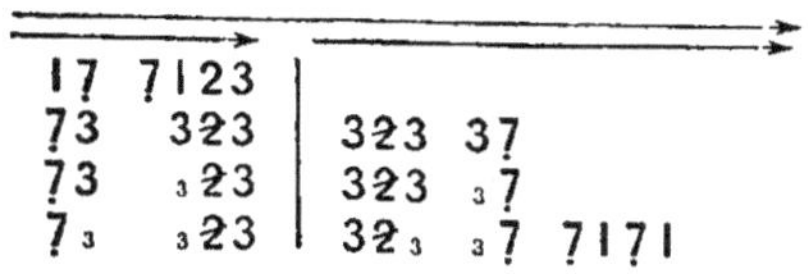

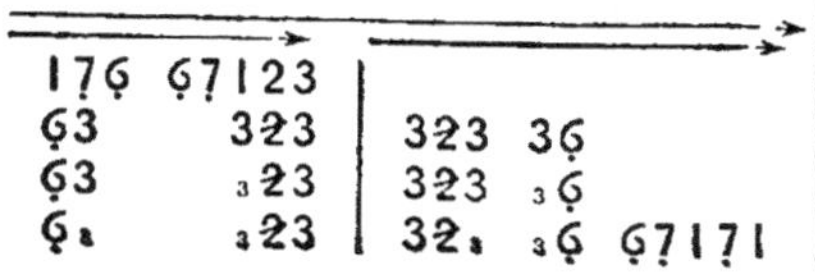

12	
23 323	323 32
23 $_3$23	323 $_3$2
2$_3$ $_3$23	32$_3$ $_3$2 232171

171 123	
13 323	323 31
13 $_3$23	323 $_3$1
1$_3$ $_3$23	32$_3$ $_3$1 171

17 7123	
73 323	323 37
73 $_3$23	323 $_3$7
7$_3$ $_3$23	32$_3$ $_3$7 7171

176 67123	
63 323	323 36
63 $_3$23	323 $_3$6
6$_3$ $_3$23	32$_3$ $_3$6 67171

ÉTUDE DU RÉ BÉMOL.

GROUPE I.

RÉ BÉMOL *pris* EN MONTANT.

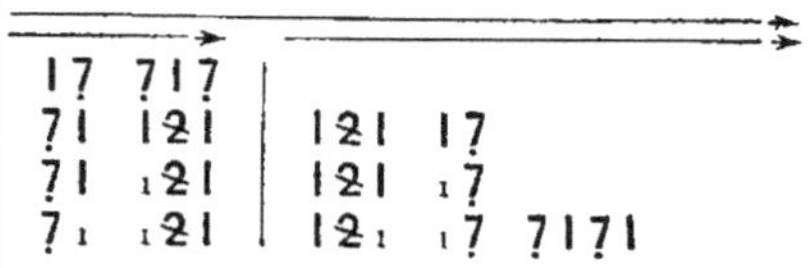

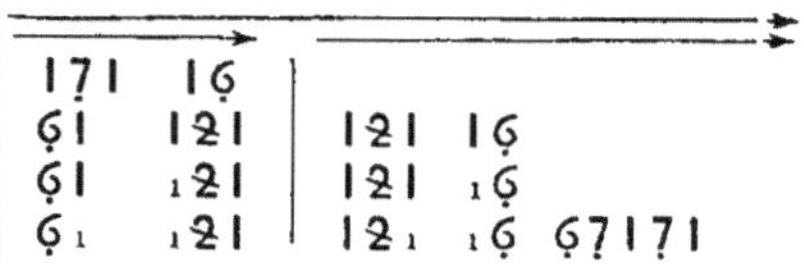

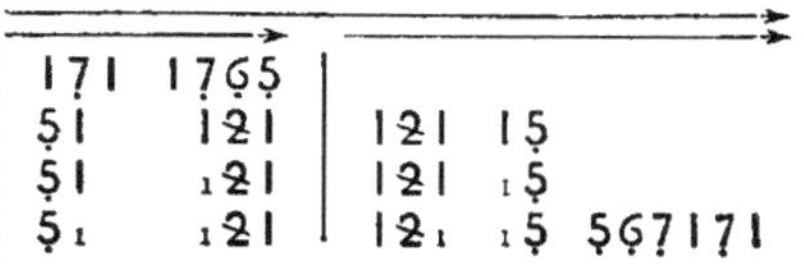

17 717	
71 121	121 17
71 $_1$21	121 $_1$7
7$_1$ $_1$21	12$_1$ $_1$7 7171

171 16	
61 121	121 16
61 $_1$21	121 $_1$6
6$_1$ $_1$21	12$_1$ $_1$6 67171

171 1765	
51 121	121 15
51 $_1$21	121 $_1$5
5$_1$ $_1$21	12$_1$ $_1$5 567171

GROUPE. II.

RÉ BÉMOL *pris* EN DESCENDANT.

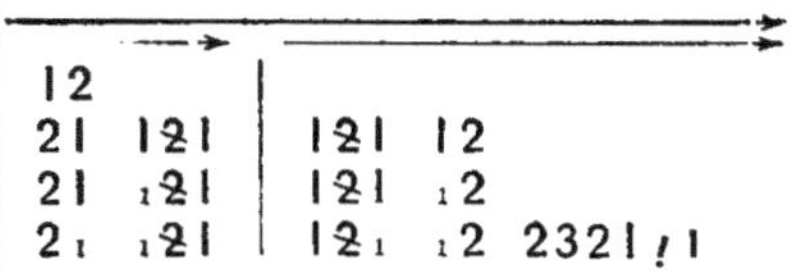

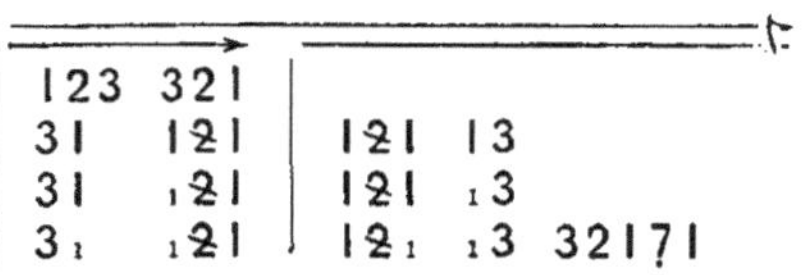

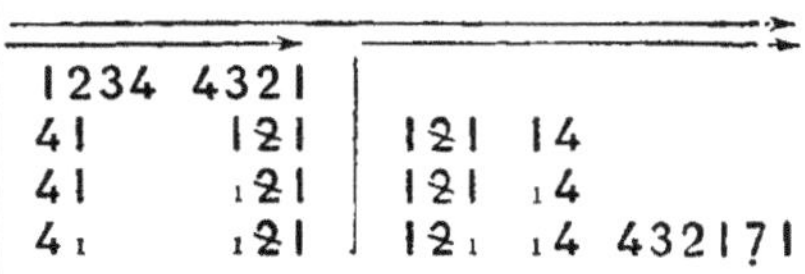

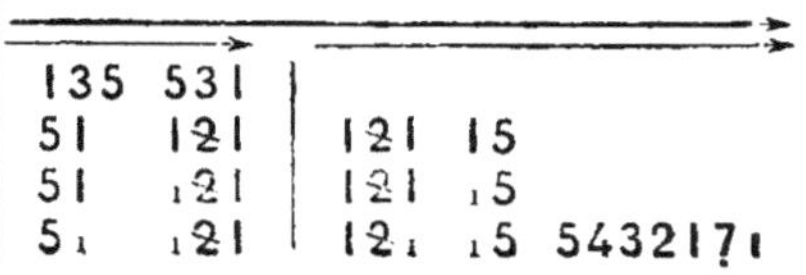

12	
21 121	121 12
21 $_1$21	121 $_1$2
2$_1$ $_1$21	12$_1$ $_1$2 232171

123 321	
31 121	121 13
31 $_1$21	121 $_1$3
3$_1$ $_1$21	12$_1$ $_1$3 32171

1234 4321	
41 121	121 14
41 $_1$21	121 $_1$4
4$_1$ $_1$21	12$_1$ $_1$4 432171

135 531	
51 121	121 15
51 $_1$21	121 $_1$5
5$_1$ $_1$21	12$_1$ $_1$5 5432171

SIXIÈME SÉRIE.

ÉTUDE DU LA DIÈSE.

GROUPE I.

LA DIÈSE *pris* EN DESCENDANT.

1̇71̇
1̇7 767 | 767 71̇
1̇7 767 | 767 71̇
1̇7 767 | 767 71̇ 1̇71̇

1̇2̇ 2̇1̇7
2̇7 767 | 767 72̇
2̇7 767 | 767 72̇
2̇7 767 | 767 72̇ 2̇3̇2̇1̇71̇

1̇3̇ 3̇2̇1̇7
3̇7 767 | 767 73̇
3̇7 767 | 767 73̇
3̇7 767 | 767 73̇ 3̇2̇1̇71̇

GROUPE II.

LA DIÈSE *pris* EN MONTANT.

1̇76
67 767 | 767 76
67 767 | 767 76
67 767 | 767 76 671̇71̇

1̇765 567
57 767 | 767 75
57 767 | 767 75
57 767 | 767 75 5671̇71̇

1̇7 71̇5434
47 767 | 767 74
47 767 | 767 74
47 767 | 767 74 43456 71̇

1̇7 71̇543
37 767 | 767 73
37 767 | 767 73
37 767 | 767 73 345671̇71̇

ÉTUDE DU SOL BÉMOL.

GROUPE I.

SOL BÉMOL *pris* EN MONTANT.

13 343
34 454 | 454 43
34 454 | 454 43
34 454 | 454 43 321̣71̇

12 234
24 454 | 454 42
24 454 | 454 42
24 454 | 454 42 2321̣71̇

1̣71̇ 1234
14 454 | 454 41
14 454 | 454 41
14 454 | 454 41 1̣71̇

GROUPE II.

SOL BÉMOL *pris* EN DESCENDANT.

1̇765
54 454 | 454 45
54 454 | 454 45
54 454 | 454 45 5671̇71̇

1̇76 654
64 454 | 454 46
64 454 | 454 46
64 454 | 454 46 671̇71̇

1̇7 71̇534
74 454 | 454 47
74 454 | 454 47
74 454 | 454 47 71̇71̇

1̇534 434
1̇4 454 | 454 41̇
1̇4 454 | 454 41̇
1̇4 454 | 454 41̇ 1̇71̇

SEPTIÈME SÉRIE. — DIÈSE ET BÉMOL *et vice versà.*

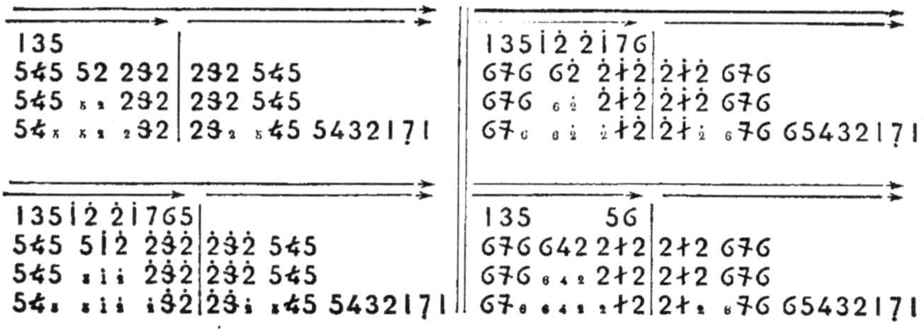

135		135 1 2 2 1 76	
545 52 232	232 545	676 62 2+2	2+2 676
545 5 2 232	232 545	676 6 2 2+2	2+2 676
54 5 5 2 2 32	23 2 5 45 5432171	67 6 6 2 2 +2	2+ 2 6 76 65432171

1351 2 21765		135 56	
545 512 232	232 545	676 642 2+2	2+2 676
545 5 1 2 232	232 545	676 6 4 2 2+2	2+2 676
54 5 5 1 2 2 32	23 2 5 45 5432171	67 6 6 4 2 2 +2	2+ 2 6 76 65432171

HUITIÈME SÉRIE.

PASSAGE DU MINEUR AU MAJEUR DE MÊME BASE *et vice versà.*

Comment on doit faire cette étude.

1° Il faut *chanter plusieurs fois*, en s'écoutant avec soin, *le modèle* 67123 32176 (Voyez ci-dessous, A, n° 1).

2° Il faut ensuite *chanter alternativement*, en s'écoutant avec le même soin, *le modèle* 67123 32176 et la première ligne de la colonne qui se trouve au-dessous, 12345 54321 (comme on chante sur le même air les deux couplets d'une chanson).

3° Lorsque, par le moyen que nous indiquons, on s'est rendu maître de l'air 12345 54321 au point de le reproduire très-exactement à volonté, *il faut étudier l'exercice entier en suivant l'ordre des flèches.*

Tous les exercices, au-dessus desquels se trouve un modèle, doivent être étudiés de la même manière.

A

Passage d'UT MINEUR à UT MAJEUR.

N° 1

Modèle

67123 32176

12345 54321	12345 54321	51
12345 5 4321	12345 5 4321	51
1234 5 5 4321	1234 5 5 4321	51
1234 5 5 4 321	1234 5 5 4 321	51
123 4 5 5 4 321	123 4 5 5 4 321	51
123 21	123 21	51
12 1	12 1	51

B

Passage de LA MAJEUR à LA MINEUR.

N° 1

Modèle

54321 12345

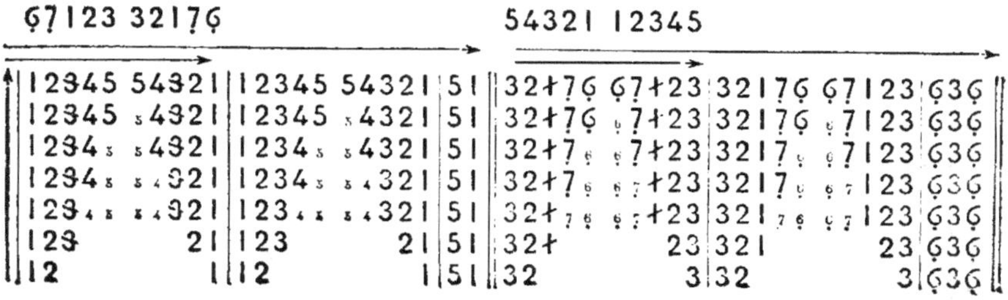

32+76 67+23	32176 67123	636
32+76 6 7+23	32176 6 7123	636
32+7 6 6 7+23	3217 6 6 7123	636
32+7 6 6 7 +23	3217 6 6 7 123	636
32+ 7 6 6 7 +23	321 7 6 6 7 123	636
32+ 23	321 23	636
32 3	32 3	636

N° 2

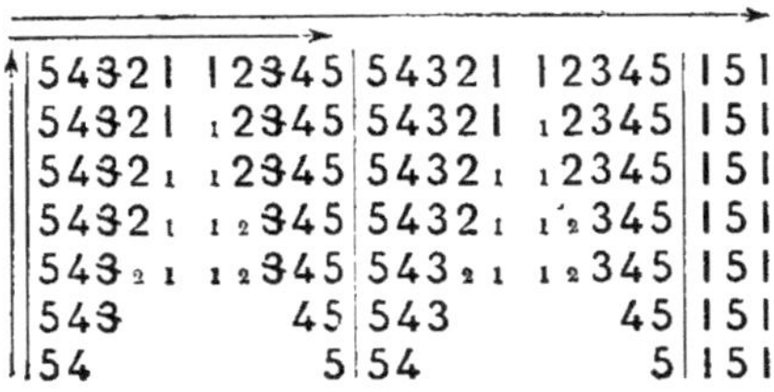

54321 12345	54321 12345	151
54321 $_{1}$2345	54321 $_{1}$2345	151
5432$_{1}$ $_{1}$2345	5432$_{1}$ $_{1}$2345	151
5432$_{1}$ $_{12}$345	5432$_{1}$ $_{12}$345	151
543$_{21}$ $_{12}$345	543$_{21}$ $_{12}$345	151
543 45	543 45	151
54 5	54 5	151

N° 2

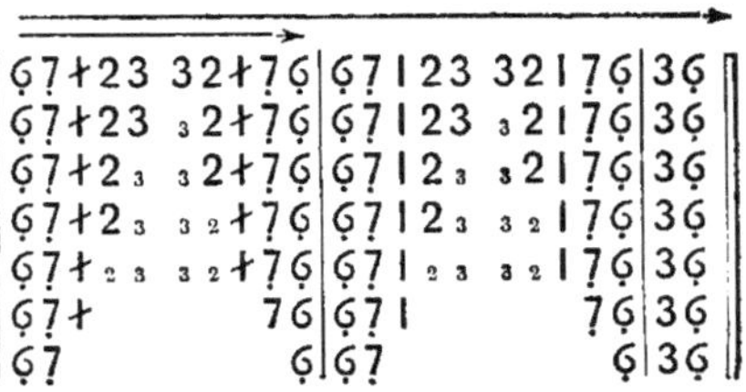

6̣7̣123 3217̣6̣	6̣7̣123 3217̣6̣	36̣
6̣7̣123 $_{3}$217̣6̣	6̣7̣123 $_{3}$217̣6̣	36̣
6̣7̣12$_{3}$ $_{3}$217̣6̣	6̣7̣12$_{3}$ $_{3}$217̣6̣	36̣
6̣7̣12$_{3}$ $_{32}$17̣6̣	6̣7̣12$_{3}$ $_{32}$17̣6̣	36̣
6̣7̣1$_{23}$ $_{32}$17̣6̣	6̣7̣1$_{23}$ $_{32}$17̣6̣	36̣
6̣7̣1 7̣6̣	6̣7̣1 7̣6̣	36̣
6̣7̣ 6̣	6̣7̣ 6̣	36̣

N° 3

Modèle

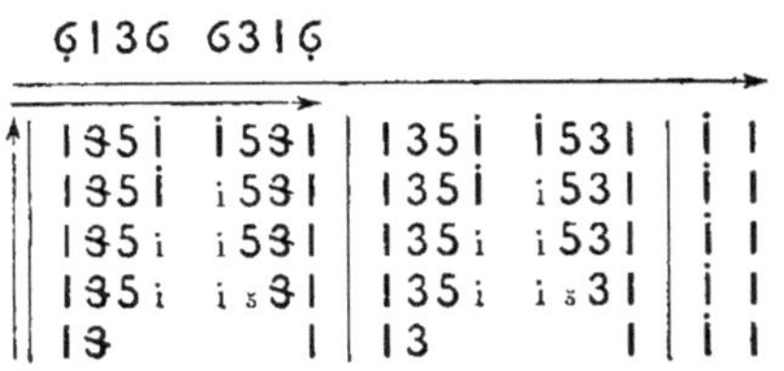

6̣136 6316̣

1351̇ 1̇531	1351̇ 1̇531	1̇ 1
1351̇ $_{\dot{1}}$531	1351̇ $_{\dot{1}}$531	1̇ 1
135$_{\dot{1}}$ $_{\dot{1}}$531	135$_{\dot{1}}$ $_{\dot{1}}$531	1̇ 1
135$_{\dot{1}}$ $_{\dot{1}5}$31	135$_{\dot{1}}$ $_{\dot{1}5}$31	1̇ 1
13 1	13 1	1̇ 1

N° 3

Modèle

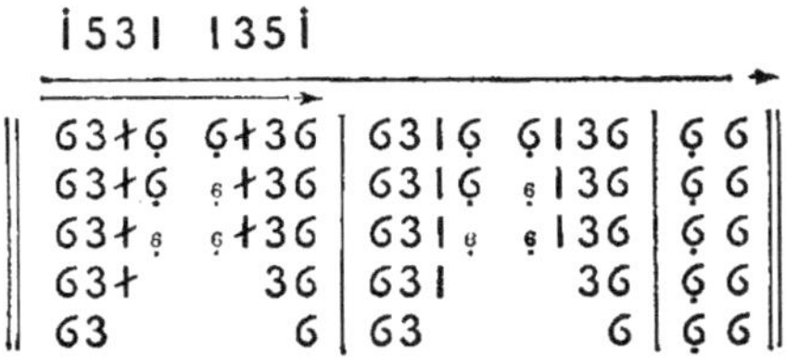

1̇531 1351̇

6316̣ 6̣136	6316̣ 6̣136	6̣ 6
6316̣ $_{6}$136	6316̣ $_{6}$136	6̣ 6
631$_{6}$ $_{6}$136	631$_{6}$ $_{6}$136	6̣ 6
631 36	631 36	6̣ 6
63 6	63 6	6̣ 6

N° 4

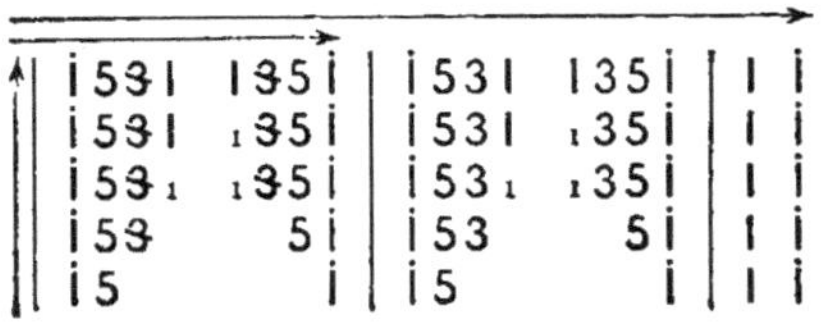

1̇531 1351̇	1̇531 1351̇	1 1̇
1̇531 $_{1}$351̇	1̇531 $_{1}$351̇	1 1̇
1̇53$_{1}$ $_{1}$351̇	1̇53$_{1}$ $_{1}$351̇	1 1̇
1̇53 51̇	1̇53 51̇	1 1̇
1̇5 1̇	1̇5 1̇	1 1̇

N° 4

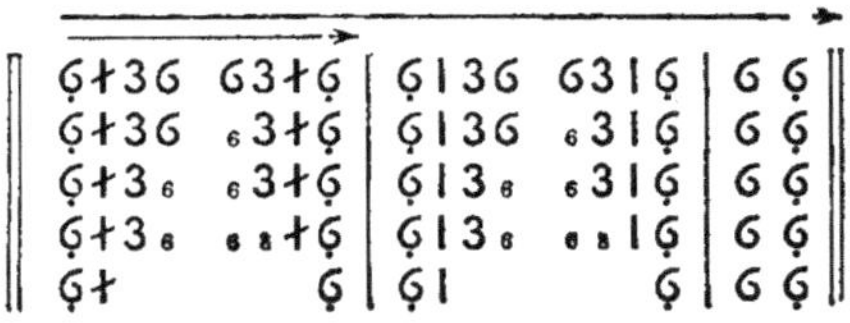

6̣136 6316̣	6̣136 6316̣	6 6̣
6̣136 $_{6}$316̣	6̣136 $_{6}$316̣	6 6̣
6̣13$_{6}$ $_{6}$316̣	6̣13$_{6}$ $_{6}$316̣	6 6̣
6̣13$_{6}$ $_{63}$16̣	6̣13$_{6}$ $_{63}$16̣	6 6̣
6̣1 6̣	6̣1 6̣	6 6̣

N° 5

Modèle

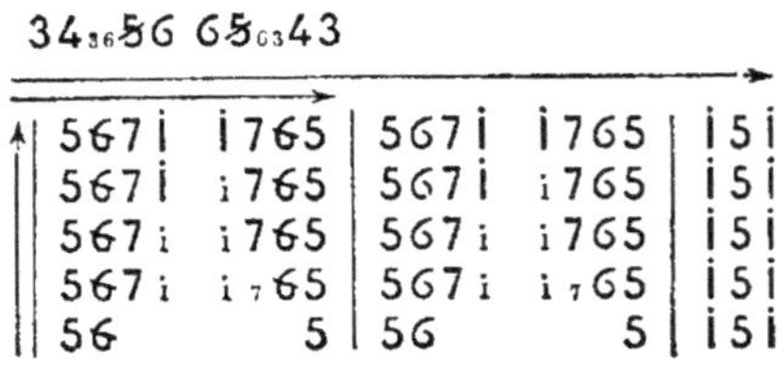

34$_{36}$56 65$_{63}$43

5671̇ 1̇765	5671̇ 1̇765	1̇51̇
5671̇ $_{\dot{1}}$765	5671̇ $_{\dot{1}}$765	1̇51̇
567$_{\dot{1}}$ $_{\dot{1}}$765	567$_{\dot{1}}$ $_{\dot{1}}$765	1̇51̇
567$_{\dot{1}}$ $_{\dot{1}7}$65	567$_{\dot{1}}$ $_{\dot{1}7}$65	1̇51̇
56 5	56 5	1̇51̇

N° 5

Modèle

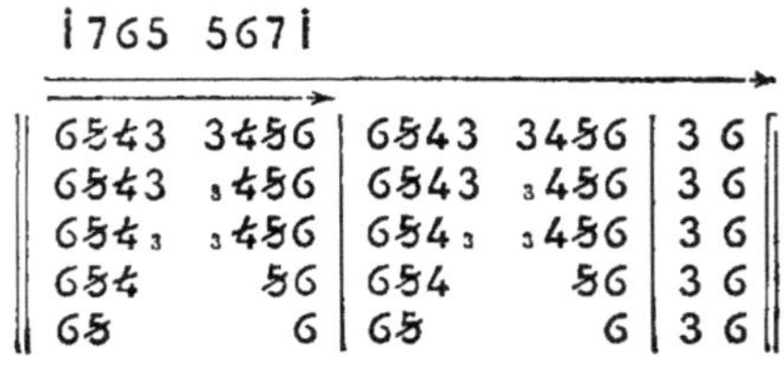

1̇765 5671̇

6543 3456	6543 3456	3 6
6543 $_{3}$456	6543 $_{3}$456	3 6
654$_{3}$ $_{3}$456	654$_{3}$ $_{3}$456	3 6
654 56	654 56	3 6
65 6	65 6	3 6

N° 6

1̇765 5671̇	1̇765 5671̇	5 1̇
1̇765 $_{5}$671̇	1̇765 $_{5}$671̇	5 1̇
1̇76$_{5}$ $_{5}$671̇	1̇76$_{5}$ $_{5}$671̇	5 1̇
1̇76 71̇	1̇76 71̇	5 1̇
1̇7 1̇	1̇7 1̇	5 1̇

N° 6

3456 6543	3456 6543	636
3456 $_{6}$543	3456 $_{6}$543	636
345$_{6}$ $_{6}$543	345$_{6}$ $_{6}$543	636
345 43	345 43	636
34 3	34 3	636

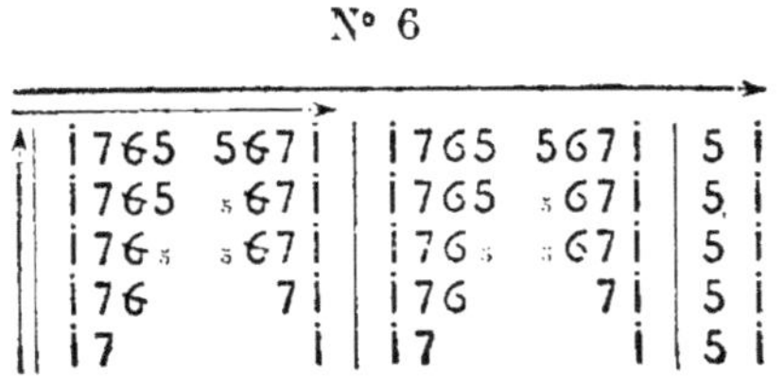

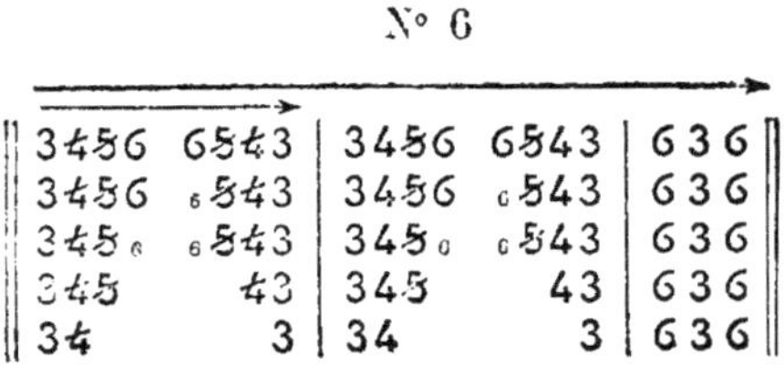

NEUVIÈME SÉRIE.

DEUX DIÈSES CONSÉCUTIFS

Par degrés conjoints.

N° 1

Modèle

1̇765 5671̇

6543 3456	3456 6543	6
6543 3456	3456 6543	6
6543 3456	3456 6543	6
654 56	345 43	6
65 6	34 3	6

N° 2

Modèle

1̇765 5671̇

3217̣ 7̣123	7̣123 3217̣	3
3217̣ 7̣123	7̣123 3217̣	3
3217̣ 7̣123	7̣123 3217̣	3
321 23	7̣12 17̣	3
32 3	7̣1 7̣	3

DEUX BÉMOLS CONSÉCUTIFS

Par degrés conjoints.

N° 1

Modèles

1̇76-6543 3 4 5 4 3 3 4 5 6 *

1̇ 7 6 5	5 6 7 6 5	5 6 7 1̇
1̇ 7 6 5	5 6 7 6 5	5 6 7 1̇
1̇ 7 6 5	5 6 7 6 5	5 6 7 1̇
1̇ 7 6		7 1̇
1̇ 7		1̇

N° 2

Modèles

1̇76-6543 3 4 5 4 3 3 4 5 6 *

4 3 2 1	1 2 3 2 1	1 2 3 4
4 3 2 1	1 2 3 2 1	1 2 3 4
4 3 2 1	1 2 3 2 1	1 2 3 4
4 3 2		3 4
4 3		4

OBSERVATIONS TRÈS-IMPORTANTES

POUR RENDRE PLUS FACILE LA PRODUCTION DES DIÈSES ET DES BÉMOLS.

C'est surtout dans les passages qui contiennent des dièses et des bémols qu'*il importe à l'élève de conserver le sentiment de la tonalité sur l'*UT. Voici le moyen infaillible et facile d'obtenir ce résultat :

Lorsque dans la pratique on rencontre :

1° Un DIÈSE *seul* ou *plusieurs* DIÈSES *consécutifs, par degrés disjoints;*
2° Un BÉMOL *seul* ou *plusieurs* BÉMOLS *consécutifs, par degrés disjoints ;*
3° Un DIÈSE et un BÉMOL *consécutifs, par degrés conjoints ou disjoints.*

Il faut *voir et sentir, toujours :*

Chacun des DIÈSES PRÉCÉDÉ *et* SUIVI *de la note supérieure qui sert à le mesurer;*

Chacun des BÉMOLS PRÉCÉDÉ *et* SUIVI *de la note inférieure qui sert à le mesurer.*

Ce procédé *si simple*, permet au lecteur d'exprimer, pour l'auditeur, toutes les modulations, en conservant toujours, pour lui lecteur, le sentiment de la tonalité sur l'ut; il n'est nullement difficile à mettre en pratique, ce n'est qu'une affaire de volonté; le temps qu'il exige d'abord devient de plus en plus court, et bientôt on agit presque instinctivement.

* Lorsqu'on chante en suivant cette grande flèche il faut laisser de côté la colonne du milieu.

DEUXIÈME PARTIE. — MESURE.

EXPLICATIONS INDISPENSABLES

SUR LA MANIÈRE D'ÉTUDIER LA MESURE ET LA LANGUE DES DURÉES.

1°

Sur la manière d'étudier la MESURE *au moyen de la voix seule.*

Pour s'habituer à marquer régulièrement les temps de la mesure, il faut s'exercer à dire *à haute voix*, *et à des intervalles égaux entre eux*, la syllabe TA ; comme si on voulait imiter le bruit que fait le balancier d'une pendule quand il est en mouvement.

Il importe peu que la durée qui s'écoule d'une syllabe à l'autre soit plus ou moins longue, pourvu qu'elle soit toujours la même; nous ne tenons ici qu'à la *régularité*,

2°

Sur la manière d'étudier la MESURE *au moyen de la voix et de la main droite simultanément.*

Pour marquer la mesure avec la voix et la main simultanément, nous nous servons d'abord de *mots qui indiquent de quel côté doit se porter la main, pour marquer les différents temps d'une mesure*, soit à DEUX TEMPS, soit à TROIS TEMPS, soit à QUATRE TEMPS.

EXEMPLE :

Mesure à DEUX TEMPS :

1er temps *plancher;* 2e temps, *plafond.*

Mesure à TROIS TEMPS :

1er temps, *plancher;* 2e temps, *droite;* 3e temps, *plafond.*

Mesure à QUATRE TEMPS :

1er temps, *plancher;* 2e temps, *gauche;* 3e temps, *droite;* 4e temps, *plafond.*

Pour les trois espèces de mesure, *il faut*, jusqu'à ce qu'on ait acquis le sentiment parfait de la mesure, *frapper le* 1er *temps sur une table ou sur son genou.*

Il faut s'exercer à battre les trois espèces de mesure, en prononçant les mots indiqués pour chacun des temps de chacune d'elles, et en suivant *rigoureusement* les indications suivantes :

A. Il faut que les *mouvements de la main* soient faits d'une manière *nette*, et même un peu *brusque*, qui porte *rapidement* la main dans la direction indiquée par le mot qu'on prononce ; ce mot doit être prononcé *très-vivement, de telle sorte que la main, se déplaçant à point nommé, puisse séjourner le temps voulu au point où l'aura portée chaque déplacement.*

B. Il faut avoir soin de ne pas faire parcourir à la main, pour chaque déplacement, une étendue trop différente, parce que cela nuirait à l'égalité des mouvements.

C. Quand on est parfaitement maître de ses mouvements, et qu'on sait, au moyen des mots que nous avons indiqués plus haut, de quel côté doit se porter la main, pour marquer chacun des temps des trois espèces de mesure, on remplace, pour chacun des temps, le mot qu'on prononçait, par la syllabe TA, *articulée un peu plus fort sur le* 1er *temps* que sur les autres, et l'on passe ensuite à l'étude de la LANGUE DES DURÉES.

Cette *langue des durées*, crée par M. AIMÉ PARIS, est douée d'une immense puissance pour donner le *sentiment de la mesure.*

3°

Sur l'étude de la langue des durées.

Lorsqu'on sait bien battre la mesure à deux temps, à trois temps et à quatre temps, il faut apprendre, au moyen des deux tableaux que nous donnons, pages 36 et 37, à parler la langue des durées.

Comment on doit étudier chacune des colonnes des deux tableaux de la langue des durées.

A. Il faut s'exercer à dire *à haute voix, et à des distances égales entre elles*, c'est-à-dire *avec la plus grande régularité* (et sans battre la mesure avec la main) *les monosyllabes écrits au-dessous des points et des zéros.*

Il faut répéter cet exercice jusqu'à ce que, à la vue des points et des zéros, on puisse, sans la moindre hésitation, les nommer avec une régularité parfaite.

B. *Il faut recommencer la même opération*, mais cette fois, *en marquant avec la main la mesure*, soit à DEUX TEMPS, soit à TROIS TEMPS, soit à QUATRE TEMPS, selon le nombre de temps que contient chacune des mesures de la colonne qu'on étudie,

C. *Il faut*, nous le répétons, *déplacer brusquement la main, pour marquer l'origine de chaque temps, afin qu'elle reste complètement immobile à la place qu'elle doit occuper pendant la durée qui s'écoule d'un temps au temps suivant.*

D. Dans les colonnes où le temps est divisé, il faut que l'attention se porte principalement sur la syllabe TA ; cette syllabe qui marque *l'origine du* TEMPS, doit être dite *plus fort* que les autres, afin que l'oreille la distingue entre toutes; *elle remplit, pour la mesure, un rôle analogue à celui de la tonique pour l'intonation.*

Il faut, pour acquérir le sentiment parfait de la mesure, *marquer un peu plus fort l'origine de chacun des groupes de deux ou de trois, que produisent les sous-divisions du temps.*

PREMIER TABLEAU GÉNÉRAL DE LA LANGUE DES DURÉES.

DIVISION BINAIRE DU TEMPS.

1re COLONNE.	2e COLONNE.	3e COLONNE.	4e COLONNE.
En étudiant cette colonne, on s'habitue à faire correspondre les mouvements de la main à ceux du gosier.	En étudiant cette colonne, on s'habitue à produire deux mouvements du gosier pour un seul mouvement de la main.	En étudiant cette colonne on s'habitue à produire 4 mouvements du gosier pour un seul mouvement de la main.	En étudiant cette colonne, on s'habitue à produire six mouvements du gosier pour un seul mouvement de la main.
Les temps ne sont pas divisés.	*Les temps sont divisés par deux.*	*Les temps sont divisés par quatre.*	*Les temps sont divisés par six.*
4 mesures à deux temps.	2 mesures à deux temps.	1 mesure à 2 temps.	1 mesure à deux temps.
 ta ta | ta ta | ta ta | ta ta	ta té ta té | ta té ta té	ta fa té fé ta fa té fé	tarala térélé tarala térélé
ta ta | a ta | a ta | ta ta	ta té a té | a té ta té	ta fa é fé a fa té fé	tarala té é lé ta ra a térélé
ta ta | a a | a a | ta ta	ta té a é | a é ta té	ta fa é é a a té fé	tarala té é é ta a a térélé
ta ta | ta a | a a | a ta	ta té ta é | a é a té	ta fa té é a a é fé	tarala té é lé ta a la térélé
ta ta | ta ta | a ta | a ta	ta té ta té | a té a té	ta fa té fé a fa é fé	tarala é é lé a a la térélé
ta a | ta ta | a ta | a a	ta é ta té | a té a é	ta a té fé a fa é é	tarala é rélé a ra la térélé
ta a | a ta | a ta | ta a	ta é a té | a té ta é	ta a é fé a fa té é	tarala é ré é a ra a térélé
ta ta | ta ta | ta ta | ta ta	ta té ta té | ta té ta té	ta fa té fé ta fa té fé	tarala téréchu tarachu térélé
ta ta | ta chu | u ta | ta ta	ta té ta chu | u té ta té	ta fa té chu u fa té fé	tarala té é chu ta a chu térélé
ta ta | chu u | u u | ta ta	ta té chu u | u u ta té	ta fa chu u u u té fé	tarala téchuu tachuu térélé
ta ta | chu ta | chu u | u ta	ta té chu té | chu u u té	ta fa chufé chu u u fé	tarala téchulé tachula térélé
ta chu | u ta | chu ta | chu ta	ta chu u té | chu té chu té	ta chu u fé chu fa chu fé	tarala chuulé chuula térélé
ta chu | ta ta | chu ta | chu u	ta chu ta té | chu té chu u	ta chu té fé chu fa chu u	tarala churélé churala térélé
ta chu | ta chu | u ta | ta chu	ta chu ta chu | u té ta chu	ta chu té chu u fa té chu	tarala churé é chura a térélé

DEUXIÈME TABLEAU GÉNÉRAL DE LA LANGUE DES DURÉES.

DIVISION TERNAIRE DU TEMPS.

PREMIÈRE COLONNE.		DEUXIÈME COLONNE.		TROISIÈME COLONNE.	
En étudiant cette colonne, on s'habitue à produire trois mouvements du gosier pour un seul mouvement de la main.		En étudiant cette colonne, on s'habitue à produire six mouvements du gosier pour un seul mouvement de la main.		En étudiant cette colonne, on s'habitue à produire neuf mouvements du gosier pour un seul mouvement de la main.	
Les temps sont divisés par trois.		*Les temps sont divisés par six.*		*Les temps sont divisés par neuf.*	
1 mesure à deux temps.		1 mesure à deux temps.		1 mesure à deux temps.	
ta té ti	a é ti	ta fa té fé ti fi	ta fa té fé i fi	tarala térélé ti ri li	tarala térélé i ri li
ta é ti	a té ti	ta fa té fé ti i	ta fa té é i fi	tarala térélé ti i i	tarala té é é i ri li
ta é i	a té i	ta fa té é ti i	ta fa é é i fi	tarala té é é ti i i	tarala té é é i ri li
ta té i	a é i	ta fa té é ti fi	ta fa é é ti fi	tarala té é é ti ri li	tarala é é é ti ri li
ta té ti	chu u ti	ta a té é ti fi	ta fa é fé ti fi	ta a a té é é ti ri li	tarala é ré lé ti ri li
ta é ti	chu té ti	ta a té fé ti fi	ta fa é fé ti i	ta a a térélé ti ri li	tarala é ré lé ti i i
ta é i	chu té chu	ta a té fé ti i	ta fa é fé i fi	ta a a térélé ti i i	tarala é ré lé i ri li
ta té ti	chu u u	ta a é fé i fi	ta chu té chu ti chu	ta a a é ré lé i ri li	ta a a churélé ti ri li
ta té chu	u u u	ta a é fé ti i	ta a chu fé ti fi	ta a a é ré lé ti i i	ta a a chu u u ti ri li
ta é chu	u té chu	ta a é fé ti fi	ta a chu u ti fi	ta a a é ré lé ti ri li	ta a a chu u u u ri li
ta chu u	u té ti	ta a é é ti fi	ta a chu u u fi	ta a a é é é ti ri li	chu u u u u u u ri li
ta chu ti	chu u ti	ta a té é i fi	chu u u u u fi	ta a a é é é i ri li	chu u u u u u ti ri li
chu u ti	a é ti	ta a té é ti fi	chu u u u ti fi	ta a a té é é i ri li	chu u u u ré lé ti ri li
chu té ti	a té ti	ta a té fé i fi	chu u u fé ti fi	ta a a térélé i ri li	chu u u térélé ti ri li

EXPLICATIONS INDISPENSABLES

SUR LA MANIÈRE D'ÉTUDIER LES DEUX TABLEAUX GÉNÉRAUX DE MESURE EN CHIFFRES.

1°

Il ne faut pas commencer l'étude d'une colonne, dans l'un ou l'autre des deux tableaux généraux en chiffres, avant de s'être rendu parfaitement maître de la colonne analogue dans les tableaux de la langue des durées.

Lorsqu'on s'est rendu parfaitement maître de l'une des colonnes des tableaux de la langue des durées, on peut étudier la colonne analogue dans les tableaux généraux de mesure en chiffres.

De même, lorsqu'on s'est rendu maître de l'une des colonnes des tableaux généraux de mesure en chiffres, on peut étudier, plus loin, les exercices qui se rapportent à cette colonne.

Dans tous les exercices de mesure qui vont suivre, comme dans tous les exercices d'intonation qui précèdent, on prend l'UT à la hauteur qui permet de chanter le plus facilement les exercices.

Comment on doit étudier chacune des colonnes dans les deux tableaux généraux de mesure en chiffres.

A. ***Il faut battre la mesure en disant la langue des durées, comme si elle était écrite.***

Cette opération ne sera pas difficile, si on veut remarquer que les *chiffres*, dans les tableaux qui vont suivre, remplacent les *points à queue*, des tableaux précédents, et doivent porter, selon la position qu'ils occupent, les noms que porteraient, dans la même position, les points à queue; quant aux points sans queue et aux zéros, il n'y a rien de changé.

EXEMPLE :					
	Points,	♩♩	♩	•	•♩
	Chiffres,	12	3	•	•2
	Langue des durées,	ta té,	ta é,	a é,	a té,

B. ***Il faut chanter les notes en mesure, sans battre la mesure avec la main.***

Cette opération ne sera pas plus difficile que la précédente, si on veut remarquer que l'*articulation* et la *prolongation* des sons, qui remplacent la langue des durées, doivent être calquées exactement sur la langue qu'elles remplacent.

EXEMPLE :					
	Écriture en chiffres	12	3	4	•5
	Première opération, *langue des durées*,	ta té,	ta é,	ta é,	a té,
	Deuxième opération, ***sons chantés***,	ut ré,	mi i,	fa a,	a sol,

On voit que, *pour chaque note chantée, les coups de gosier doivent correspondre exactement aux syllabes de la langue des durées.*

C. *Il faut battre la mesure, avec la main droite, en chantant, comme nous venons de l'indiquer,* c'est-à-dire en faisant correspondre exactement, pour chacun des sons, les coups de gosier aux syllabes de la langue des durées.

Ces mouvements multipliés du gosier sont *indispensables* pour ceux qui, n'ayant aucune idée de la mesure, veulent arriver à la posséder parfaitement; mais ils deviendront de plus en plus faibles, à mesure qu'on deviendra plus exercé, puis, ils finiront par disparaître tout à fait lorsqu'on sentira parfaitement la mesure.

2°

Chacune des colonnes des deux tableaux généraux de mesure en chiffres doit être étudiée de plusieurs manières, ainsi qu'il suit :

PREMIER TABLEAU GÉNÉRAL. — DIVISION BINAIRE DU TEMPS.

La PREMIÈRE COLONNE doit être étudiée des *deux manières* suivantes :

1° En *quatre mesures à deux temps*, comme elle est écrite; exemple :

| 1 2 | 3 4 | 5 4 | 3 2 || UNE SEULE NOTE pour UN MOUVEMENT de la main.

2° En *deux mesures à quatre temps*, comme si elle était écrite ainsi :

| 1 2 3 4 | 5 4 3 2 || UNE SEULE NOTE pour UN MOUVEMENT de la main.

La DEUXIÈME COLONNE doit être étudiée des *trois manières* suivantes :

1° En *quatre mesures à deux temps*, comme si elle était écrite ainsi :

| 1 2 | 3 4 | 5 4 | 3 2 || UNE SEULE NOTE pour UN MOUVEMENT de la main

2° En *deux mesures à deux temps*, comme elle est écrite; exemple :

| $\overline{12}$ $\overline{34}$ | $\overline{54}$ $\overline{32}$ || DEUX NOTES pour UN MOUVEMENT de la main.

3° En *une mesure à quatre temps*, comme si elle était écrite ainsi :

| $\overline{12}$ $\overline{34}$ $\overline{54}$ $\overline{32}$ || DEUX NOTES pour UN MOUVEMENT de la main.

La TROISIÈME COLONNE doit être étudiée des *deux manières* suivantes :

1° En *deux mesures à deux temps*, comme si elle était écrite ainsi :

| $\overline{12}$ $\overline{34}$ | $\overline{54}$ $\overline{32}$ || DEUX NOTES pour UN MOUVEMENT de la main.

2° En *une mesure à deux temps*, comme elle est écrite ; exemple :

| $\overline{\overline{1234}}$ $\overline{\overline{5432}}$ || QUATRE NOTES pour UN MOUVEMENT de la main.

La QUATRIÈME COLONNE doit être étudiée des *trois manières* suivantes :

1° En *quatre mesures à trois temps,* comme si elle était écrite ainsi :

| 1 2 3 | 4 5 4 | 3 2 3 | 4 3 2 || UNE SEULE NOTE pour UN MOUVEMENT de la main.

2° En *une mesure à quatre temps*, comme si elle était écrite ainsi :

| $\overline{123}$ $\overline{454}$ $\overline{323}$ $\overline{432}$ || TROIS NOTES pour UN MOUVEMENT de la main.

3° En *une mesure à deux temps*, comme elle est écrite; exemple :

| $\overline{\overline{123454}}$ $\overline{\overline{323432}}$ || SIX NOTES pour UN MOUVEMENT de la main.

DEUXIÈME TABLEAU GÉNÉRAL. — DIVISION TERNAIRE DU TEMPS.

La PREMIÈRE COLONNE doit être étudiée des *deux manières* suivantes :

1° En *deux mesures à trois temps*, comme si elle était écrite ainsi :

| 1 2 3 | 4 3 2 || UNE SEULE NOTE pour UN MOUVEMENT de la main.

2° En *une mesure à deux temps,* comme elle est écrite ; exemple :

| $\overline{123}$ $\overline{432}$ || TROIS NOTES pour UN MOUVEMENT de la main.

La DEUXIÈME COLONNE doit être étudiée des *deux manières* suivantes :

1° En *deux mesures à trois temps*, comme si elle était écrite ainsi :

| $\overline{12}$ $\overline{34}$ $\overline{54}$ | $\overline{32}$ $\overline{34}$ $\overline{32}$ || DEUX NOTES pour UN MOUVEMENT de la main.

2° En *une mesure à deux temps*, comme elle est écrite ; exemple :

| $\overline{\overline{123454}}$ $\overline{\overline{323432}}$ || SIX NOTES pour UN MOUVEMENT de la main.

La TROISIÈME COLONNE doit être étudiée des *deux manières* suivantes :

1° En *deux mesures à trois temps*, comme si elle était écrite ainsi :

| $\overline{123}$ $\overline{454}$ $\overline{323}$ | $\overline{454}$ $\overline{323}$ $\overline{432}$ || TROIS NOTES pour UN MOUVEMENT de la main.

2° En *une mesure à deux temps*, comme elle est écrite ; exemple :

| $\overline{\overline{123454323}}$ $\overline{\overline{454323432}}$ || NEUF NOTES pour UN MOUVEMENT de la main.

PREMIER TABLEAU GÉNÉRAL DE MESURE EN CHIFFRES.

DIVISION BINAIRE DU TEMPS.

GROUPE I. — SANS SILENCE.

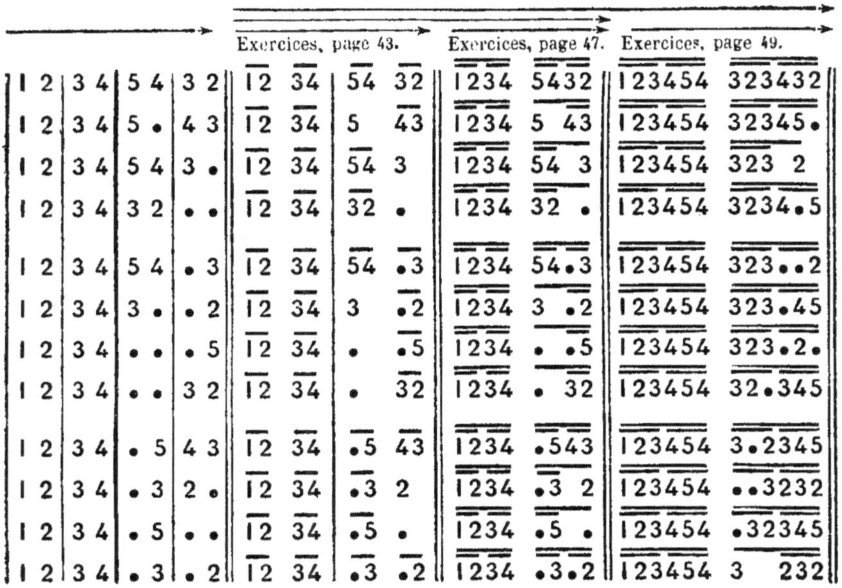

				Exercices, page 43.				Exercices, page 47.		Exercices, page 49.	
1 2	3 4	5 4	3 2	12	34	54	32	1234	5432	123454	323432
1 2	3 4	5 •	4 3	12	34	5	43	1234	5 43	123454	32345•
1 2	3 4	5 4	3 •	12	34	54	3	1234	54 3	123454	323 2
1 2	3 4	3 2	• •	12	34	32	•	1234	32 •	123454	3234•5
1 2	3 4	5 4	• 3	12	34	54	•3	1234	54•3	123454	323••2
1 2	3 4	3 •	• 2	12	34	3	•2	1234	3 •2	123454	323•45
1 2	3 4	• •	• 5	12	34	•	•5	1234	• •5	123454	323•2•
1 2	3 4	• •	3 2	12	34	•	32	1234	• 32	123454	32•345
1 2	3 4	• 5	4 3	12	34	•5	43	1234	•543	123454	3•2345
1 2	3 4	• 3	2 •	12	34	•3	2	1234	•3 2	123454	••3232
1 2	3 4	• 5	• •	12	34	•5	•	1234	•5 •	123454	•32345
1 2	3 4	• 3	• 2	12	34	•3	•2	1234	•3•2	123454	3 232

GROUPE II. — AVEC SILENCES.

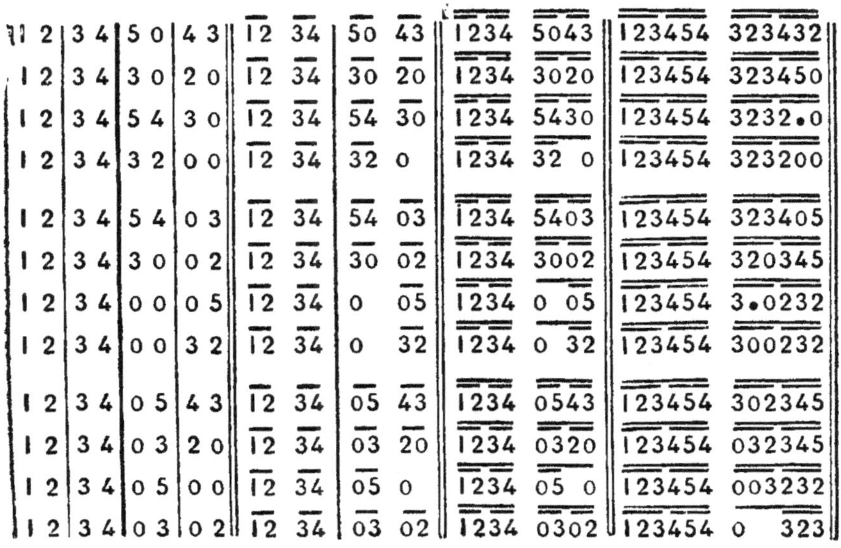

1 2	3 4	5 0	4 3	12	34	50	43	1234	5043	123454	323432
1 2	3 4	3 0	2 0	12	34	30	20	1234	3020	123454	323450
1 2	3 4	5 4	3 0	12	34	54	30	1234	5430	123454	3232•0
1 2	3 4	3 2	0 0	12	34	32	0	1234	32 0	123454	323200
1 2	3 4	5 4	0 3	12	34	54	03	1234	5403	123454	323405
1 2	3 4	3 0	0 2	12	34	30	02	1234	3002	123454	320345
1 2	3 4	0 0	0 5	12	34	0	05	1234	0 05	123454	3•0232
1 2	3 4	0 0	3 2	12	34	0	32	1234	0 32	123454	300232
1 2	3 4	0 5	4 3	12	34	05	43	1234	0543	123454	302345
1 2	3 4	0 3	2 0	12	34	03	20	1234	0320	123454	032345
1 2	3 4	0 5	0 0	12	34	05	0	1234	05 0	123454	003232
1 2	3 4	0 3	0 2	12	34	03	02	1234	0302	123454	0 323

DEUXIÈME TABLEAU GÉNÉRAL DE MESURE EN CHIFFRES.

DIVISION TERNAIRE DU TEMPS.

GROUPE I. — SANS SILENCE.

Exercices, page 45.		Exercices, page 50.		Exercices, page 51.	
123	432	123454	323432	123454323	454323432
123	45•	123454	3234 5	123454323	454323 2
123	2	123454	32 3 2	123454323	454 3 2
123	4•5	123454	32 3 45	123454323	454 3 232
123	••2	123454	3 2 32	123454323	4 5 432
123	•45	123454	3 2345	123454323	4 543232
123	•2•	123454	3 23 2	123454323	4 543 2
123	•	123454	3 •2 3	123454323	4 •54 3
12•	345	123454	•32345	123454323	•45432345
1	232	123454	• 3232	123454323	••4543232
1•2	345	123454	• •323	123454323	• 454323
1•2	3•2	123454	• • 32	123454323	• •45432

GROUPE II. — AVEC SILENCES.

123	432	123454	323432	123454323	454323432
123	450	123454	323450	123454323	454323200
123	2•0	123454	323020	123454323	454300200
123	200	123454	302030	123454323	400300200
123	405	123454	302032	123454323	400500432
123	002	123454	302345	123454323	400543232
123	045	123454	302320	123454323	400543200
123	020	123454	323045	123454323	454300232
123	0	123454	032345	123454323	045432345
120	345	123454	0 3232	123454323	004543232
1•0	232	123454	0 0323	123454323	0 454323
100	232	123454	0 0 32	123454323	0 045432

PREMIÈRE SÉRIE (1). — DIVISION BINAIRE DU TEMPS.

Exercices sur les coupes des deux premières colonnes du premier Tableau général.

GROUPE I. — SANS SILENCE.

N° 1

12	34	54	32	1	2	3	2	12	34	54	32	1	2	3	2
12	34	54	3	1	2	3	45	12	3	45	43	1	23	4	5
12	34	3	2	1	2	34	32	1	2	34	32	12	34	3	2
12	34	5	43	1	2	34	5	1	23	45	43	12	3	4	5

12	3	45	43	1	23	4	5	12	34	54	3	1	2	3	45
12	3	43	2	1	23	4	32	12	3	43	2	1	23	4	32
12	3	4	5	1	23	45	43	1	2	34	5	12	34	5	43
12	3	4	32	1	23	43	2	1	23	43	2	12	3	4	32

N° 2

12	•3	45	43	1	•2	3	2	12	•	34	32	1	•	2	3
12	•3	43	2	1	•2	3	45	12	•	34	5	1	•	2	32
12	•3	4	5	1	•2	34	32	12	•	3	2	1	•	23	45
12	•3	4	32	1	•2	34	5	12	•	3	45	1	•	23	2

N° 3

12	34	54	32	12	34	5	43	1	23	45	43	1	23	4	32
12	34	54	•3	12	34	3	•2	1	23	43	•2	1	23	4	•5
12	34	54	3	12	34	3	2	1	23	43	2	1	23	4	5
12	34	32	•	12	34	5	•	1	23	45	•	1	23	2	•

N° 4

12	34	32	12	•3	45	12	3	45	12	•	32	•1	23	45
12	34	•5	12	•3	•2	12	3	•2	12	•	•3	•1	23	•2
12	34	5	12	•3	2	12	3	2	12	•	3	•1	23	2
12	32	•	12	•3	•	12	3	•	12	•	•	•1	23	•

(1) *Dans les trois premières séries, les numéros écrits à deux temps* doivent être étudiés des deux manières suivantes : 1° *à deux temps*, comme ils sont écrits ; 2° *à quatre temps*, en réunissant les deux mesures qui se trouvent sous la même petite flèche, pour en former une seule mesure à quatre temps.

Dans tous ces exercices de mesure il faut ajouter un *ut* final, qui termine chaque numéro.

Nº 5

1	23	45	1	•2	32	1	2	32	1	•	23	•	12	32
1	23	•2	1	•2	•3	1	2	•3	1	•	•2	•	12	•3
1	23	2	1	•2	3	1	2	3	1	•	2	•	12	3
1	23	∘	1	•2	•	1	2	•	1	•	•	•	12	•

GROUPE II. — AVEC SILENCES.

Nº 1

12	30	45	43	1	20	3	2	10	20	34	32	10	20	3	2
12	30	43	2	1	20	3	45	10	20	34	5	10	20	3	45
12	30	4	5	1	20	34	32	10	20	3	2	10	20	34	32
12	30	4	32	1	20	34	5	10	20	3	45	10	20	34	5

Nº 2

12	03	45	43	1	02	34	32	01	23	45	43	01	2	34	32
12	03	43	2	1	02	34	5	01	23	43	2	01	2	34	5
12	03	4	5	1	02	3	2	01	23	4	5	01	2	3	2
12	03	4	32	1	02	3	45	01	23	4	32	01	2	3	45

Nº 3

12	0	34	32	1	0	23	45	0	12	34	32	0	1	23	45
12	0	34	5	1	0	23	2	0	12	34	5	0	1	23	2
12	0	3	2	1	0	2	3	0	12	3	2	0	1	2	3
12	0	3	45	1	0	2	32	0	12	3	45	0	1	2	32

Nº 4

12	34	32	1	2	32	12	34	32	1	23	2	12	•3	45
12	34	50	1	2	30	12	30	45	1	20	3	12	•3	20
12	32	0	1	2	0	12	0	32	1	0	2	12	•3	0
12	34	05	1	2	03	12	03	45	1	02	3	12	•3	02

N° 5

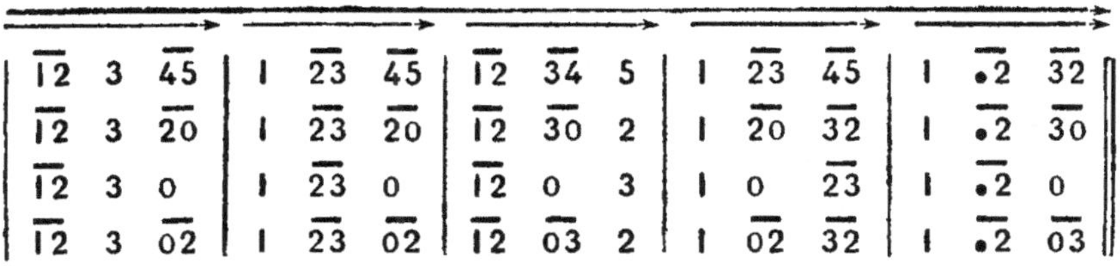

12	3	45	1	23	45	12	34	5	1	23	45	1	•2	32
12	3	20	1	23	20	12	30	2	1	20	32	1	•2	30
12	3	0	1	23	0	12	0	3	1	0	23	1	•2	0
12	3	02	1	23	02	12	03	2	1	02	32	1	•2	03

N° 6

10	23	45	12	30	45	10	2	32	1	20	32	10	02	32
10	23	20	12	30	20	10	2	30	1	20	30	10	02	30
10	23	0	12	30	0	10	2	0	1	20	0	10	02	0
10	23	02	12	30	02	10	2	03	1	20	03	10	02	03

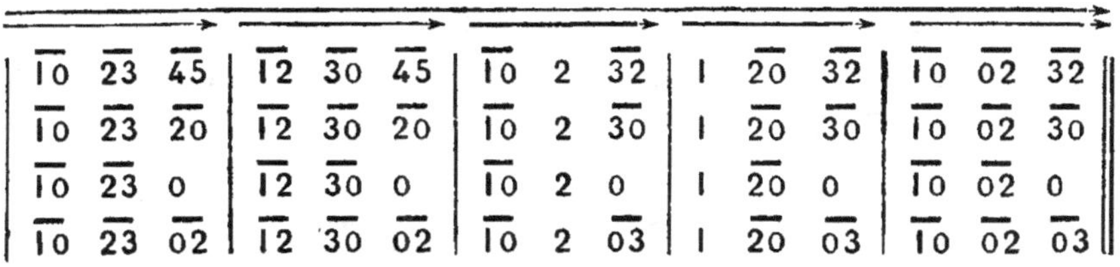

DEUXIÈME SÉRIE. — DIVISION TERNAIRE DU TEMPS.

Exercices sur les coupes de la première colonne du deuxième Tableau général.

GROUPE I. — SANS SILENCE.

N° 1

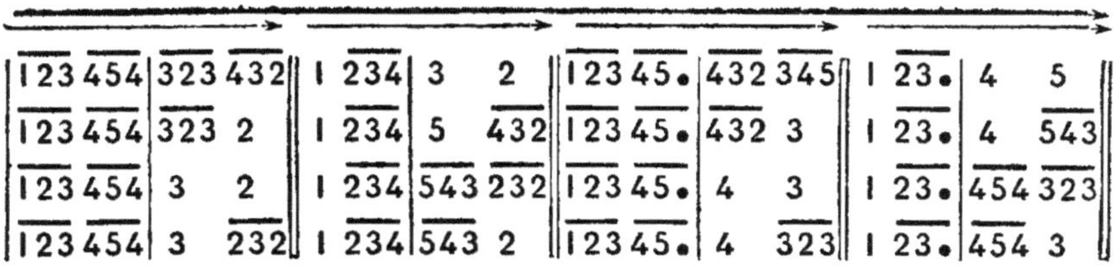

123	454	323	432	1	234	3	2	123	45•	432	345	1	23•	4	5
123	454	323	2	1	234	5	432	123	45•	432	3	1	23•	4	543
123	454	3	2	1	234	543	232	123	45•	4	3	1	23•	454	323
123	454	3	232	1	234	543	2	123	45•	4	323	1	23•	454	3

N° 2

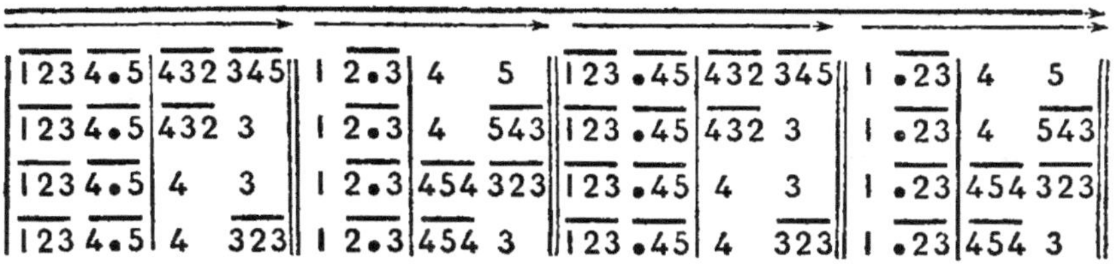

123	4•5	432	345	1	2•3	4	5	123	•45	432	345	1	•23	4	5
123	4•5	432	3	1	2•3	4	543	123	•45	432	3	1	•23	4	543
123	4•5	4	3	1	2•3	454	323	123	•45	4	3	1	•23	454	323
123	4•5	4	323	1	2•3	454	3	123	•45	4	323	1	•23	454	3

N° 3

123	••4	543	232	1	••2	3	2	123	•4•	543	232	1	•2•	3	2
123	••4	543	2	1	••2	3	432	123	•4•	543	2	1	•2•	3	432
123	••4	3	2	1	••2	345	432	123	•4•	3	2	1	•2•	345	432
123	••4	5	432	1	••2	343	2	123	•4•	5	432	1	•2•	343	2

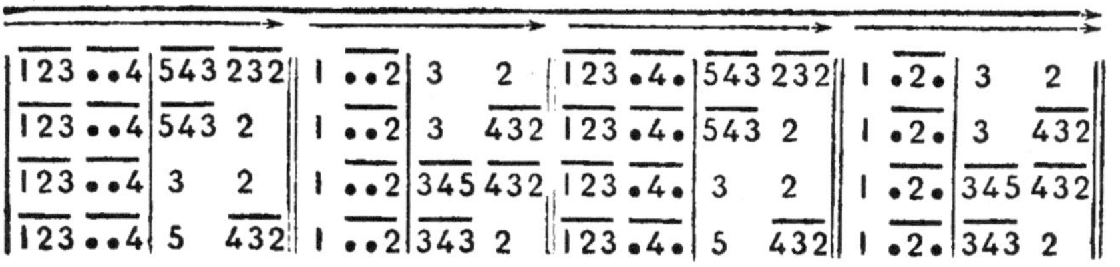

N° 4

123 454 323	1 234 ••5	123 4 543	1 2 ••3
123 454 32•	1 234 •32	123 4 32•	1 2 •32
123 454 3	1 234 •5•	123 4 5	1 2 •3•
123 454 3•2	1 232 •	123 4 3•2	1 2 •

N° 5

1•2 345 432	1•2 343 ••2	1•2 3 432	1•2 3 ••2
1•2 345 43•	1•2 345 •43	1•2 3 45•	1•2 3 •45
1•2 343 2	1•2 343 •2•	1•2 3 2	1•2 3 •2•
1•2 345 4•3	1•2 345 •	1•2 3 4•5	1•2 3 •

N° 6

1•2 3•4 543	1•2 3•4 ••5	1•2 •34 543	1•2 •34 ••5
1•2 3•4 32•	1•2 3•4 •32	1•2 •34 32•	1•2 •34 •32
1•2 3•4 5	1•2 3•4 •5•	1•2 •34 5	1•2 •34 •5•
1•2 3•4 3•2	1•2 3•4 •	1•2 •34 3•2	1•2 •34 •

GROUPE II. — AVEC SILENCES.

N° 1

123 400	543 232	1 200	3 2	123 405	432 345	1 203	4 5
123 400	543 2	1 200	3 432	123 405	432 3	1 203	4 543
123 400	3 2	1 200	345 432	123 405	4 3	1 203	454 323
123 400	5 432	1 200	343 2	123 405	4 323	1 203	454 3

N° 2

123 450	432 345	1 230	4 5	123 4•0	543 232	1 2•0	3 2
123 450	432 3	1 230	4 543	123 4•0	543 2	1 2•0	3 432
123 450	4 3	1 230	454 323	123 4•0	3 2	1 2•0	345 432
123 450	4 323	1 230	454 3	123 4•0	5 432	1 2•0	343 2

N° 3

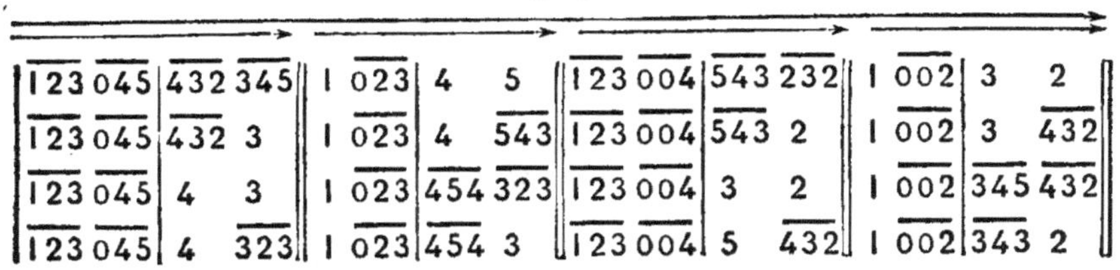

123 045	432 345	1 023	4 5	123 004	543 232	1 002	3 2
123 045	432 3	1 023	4 543	123 004	543 2	1 002	3 432
123 045	4 3	1 023	454 323	123 004	3 2	1 002	345 432
123 045	4 323	1 023	454 3	123 004	5 432	1 002	343 2

N° 4

123 04•	543 232	1 02•	3 2	123 040	543 232	1 020	3 2
123 04•	543 2	1 02•	3 432	123 040	543 2	1 020	3 432
123 04•	3 2	1 02•	345 432	123 040	3 2	1 020	345 432
123 04•	5 432	1 02•	343 ·2	123 040	5 432	1 020	343 2

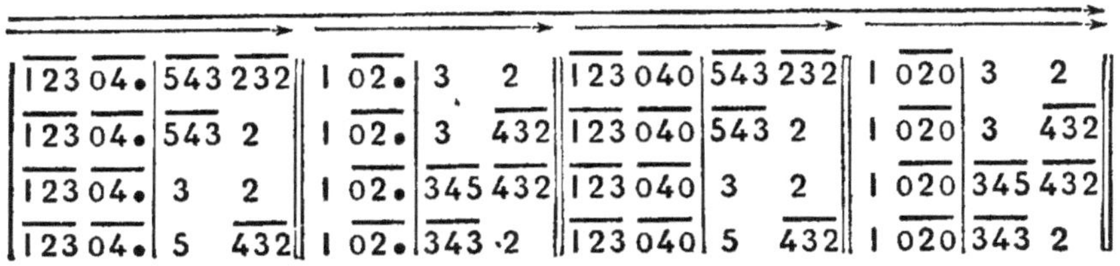

TROISIÈME SÉRIE. — DIVISION MIXTE DU TEMPS.

N° 1

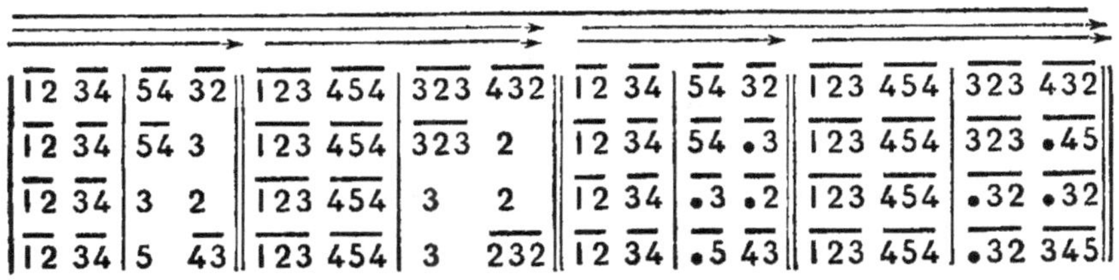

12 34	54 32	123 454	323 432	12 34	54 32	123 454	323 432
12 34	54 3	123 454	323 2	12 34	54 •3	123 454	323 •45
12 34	3 2	123 454	3 2	12 34	•3 •2	123 454	•32 •32
12 34	5 43	123 454	3 232	12 34	•5 43	123 454	•32 345

N° 2

12 34	54 32	123 454	323 432	12 345	43 23	123 45	432 345
12 34	54 323	123 454	323 45	12 345	43 232	123 45	432 32
12 34	54 •32	123 454	323 •2	12 •34	54 •32	123 •4	543 •2
12 34	•54 32	123 454	•3 232	12 •34	•54 32	123 •4	•5 432

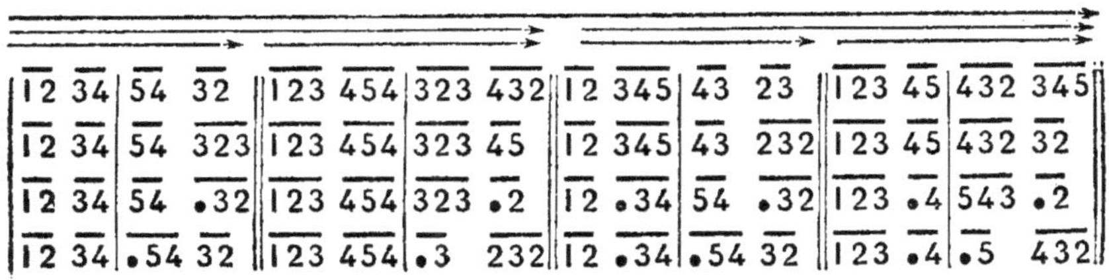

QUATRIÈME SÉRIE. — DIVISION BINAIRE DU TEMPS, SOUS-DIVISION BINAIRE.

Exercices sur les coupes de la troisième colonne du premier Tableau général.

GROUPE I. — SANS SILENCE.

N° 1

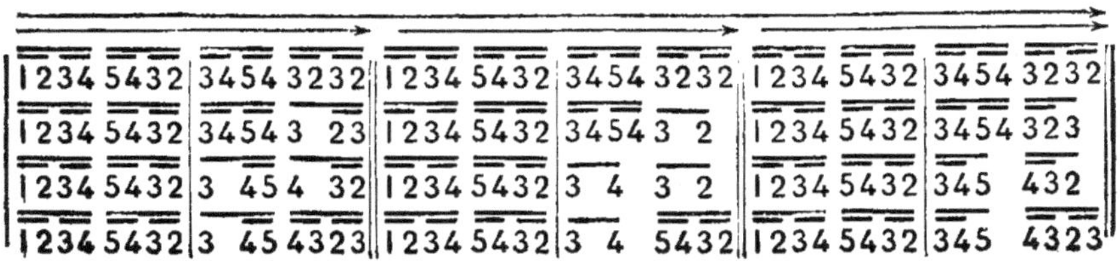

1234 5432	3454 3232	1234 5432	3454 3232	1234 5432	3454 3232
1234 5432	3454 3 23	1234 5432	3454 3 2	1234 5432	3454 323
1234 5432	3 454 32	1234 5432	3 4 3 2	1234 5432	345 432
1234 5432	3 45 4323	1234 5432	3 4 5432	1234 5432	345 4323

N° 2

1234 543	2345 4323	1234 54	3234 5432	1234 543	2345 4323
1234 543	2345 4 32	1234 54	3234 3 2	1234 543	2345 432
1234 543	2 34 5 43	1234 54	3 2 3 2	1234 543	234 543
1234 543	2 34 5432	1234 54	3 2 3432	1234 543	234 5432

N° 3

1234 5432	3454 3232	1234 543	234 543	1234 54	32 32
1234 5432	3454 32•3	1234 543	234 3•2	1234 54	32 3
1234 5432	34•5 43•2	1234 543	2•3 4•5	1234 54	3 2
1234 5432	34•5 4323	1234 543	2•3 432	1234 54	3 23

N° 4

1234 543	234 543	1234 5432	3454 3232	1234 543	234 543
1234 543	234 32•	1234 5432	3454 •323	1234 543	234 •32
1234 543	23• 45•	1234 5432	•345 •432	1234 543	•23 •45
1234 543	23• 432	1234 5432	•345 4323	1234 543	•23 432

N° 5

1234 54	32 32	1234 543	234 543	1234 5432	3454 3232
1234 54	32 •3	1234 543	234 •32	1234 5432	3454 •3•2
1234 54	•3 •2	1234 543	•23 •45	1234 5432	•3•4 •3•2
1234 54	•3 23	1234 543	•23 432	1234 5432	•3•4 5432

N° 6

1234 543	234 543	1234 54	32 32	1234 543	234 543
1234 543	234 ••5	1234 54	32 •	1234 543	234 •5•
1234 543	••2 ••3	1234 32	• •	1234 543	•2• •3•
1234 543	••2 345	1234 54	• 32	1234 543	•2• 345

GROUPE II. — AVEC SILENCES.

N° 1

1234	5043	1234	3020	1234	5430	1234	302	1234	320	1234	500
123	4032	123	4050	123	4320	123	405	123	450	123	200
1 2	3045	1 2	3020	1 2	3450	1 2	302	1 2	320	1 2	300
123	4032	123	4050	123	4320	123	405	123	450	123	200

N° 2

1234	320	1234	5403	1234	3002	1234	302	1234	05	1234	005
123	450	123	4302	123	4005	123	405	123	02	123	002
1 2	320	1 2	3405	1 2	3002	1 2	302	1 2	03	1 2	003
123	450	123	4302	123	4005	123	405	123	02	123	002

CINQUIÈME SÉRIE. — DIVISION BINAIRE DU TEMPS, SOUS-DIVISION TERNAIRE.

Exercices sur les coupes de la quatrième colonne du premier Tableau général.

N° 1

123432	123454	323432	123432	1234	543232	123432	12	345432
123432	123454	323 2	123432	123	4543 2	123432	12	343 2
123432	123454	3 2	123432	123	4 3 2	123432	1 2	3 2
123432	123454	3 232	123432	123	45 432	123432	1 2	3 432

N° 2

123432	1234	543232	1232	123454	323432	1232	1234	543232
123432	1234	543 2	1232	123454	323.45	1232	1234	5432.3
123432	1234	3 2	1232	123454	.32.32	1232	1234	5.43.2
123432	1234	5 432	1232	123454	.32345	1232	1234	5.4323

SIXIÈME SÉRIE. — DIVISION BINAIRE DU TEMPS, SOUS-DIVISION MIXTE.

N° 1

1234	5432	123454	323432	1234	5432	123454	323432
1234	543	123454	323 2	1234	54323	123454	32345
1234	3 2	123454	3 2	1234	543232	123454	3232
1234	543	123454	3 232	12345	432345	12345	4323

N° 2

12 3 4543	123 4 543232	12345 4323	12345 432345
12 3 43 2	123 4 543 2	12345 43232	12345 43232
12 3 4 5	123 4 3 2	12345 432345	12345 4323
12 3 4 32	123 4 5 432	12345 43232	12345 43232

SEPTIÈME SÉRIE. — DIVISION TERNAIRE DU TEMPS, SOUS-DIVISION BINAIRE.

Exercices sur les coupes de la deuxième colonne du deuxième Tableau général.

GROUPE I. — SANS SILENCE.

N° 1

123454 323432	12345 432345	1234 543232	12345 432345
123454 32 34 5	12345 43 23 2	1234 54 32 3	12345 43 23 2
123454 32 3 2	12345 43 2 3	1234 54 3 2	12345 43 2 3
123454 32 3 45	12345 43 2 32	1234 54 3 23	12345 43 2 32

N° 2

123454 3 2 32	12 34 5 4 3 23	12 3 4 5 4 32	12 3 45 4 3 23
123454 3 23 45	12 34 5 4 32 32	12 3 4 5 43 23	12 3 45 4 32 32
123454 3 23 2	12 34 5 4 32 3	12 3 4 5 43 2	12 3 45 4 32 3
123454 3 2 3	12 34 5 4 3 2	12 3 4 5 4 3	12 3 45 4 3 2

N° 3

1 2 34 543232	1 23 45 432345	1 23 4 543232	1 2 3 454323
1 2 34 54 32 3	1 23 45 43 23 2	1 23 4 54 32 3	1 2 3 45 43 2
1 2 34 54 3 2	1 23 45 43 2 3	1 23 4 54 3 2	1 2 3 45 4 3
1 2 34 54 3 23	1 23 45 43 2 32	1 23 4 54 3 23	1 2 3 45 4 32

N° 4

1 2 34 5 4 32	1 23 45 4 3 23	1 23 4 5 4 32	1 2 3 4 5 43
1 2 34 5 43 23	1 23 45 4 32 32	1 23 4 5 43 23	1 2 3 4 54 32
1 2 34 5 43 2	1 23 45 4 32 3	1 23 4 5 43 2	1 2 3 4 54 3
1 2 34 5 •4 3	1 23 45 4 •3 2	1 23 4 5 •4 3	1 2 3 4 •3 2

N° 5

123454	•32345	1 2 34	• 54 32	123454	• •3 23	1 2 34	••32
12 34 5	•43232	1 23 45	• 43 23	12 34 5	• •4 32	1 23 45	••43
12 3 4	•54323	1 23 4	• 54 32	12 3 4	• •5 43	1 23 4	••32
12 3 45	•43232	1 •2 3	• 45 43	12 3 45	• •4 32	1 •2 3	••45

GROUPE II. — AVEC SILENCES.

123454	032345	1 2 34	0 54 32	123454	0 03 23	1 2 34	0032
12 34 5	043232	1 23 45	0 43 23	12 34 5	0 04 32	1 23 45	0043
12 3 4	054323	1 23 4	0 54 32	12 3 4	0 05 43	1 23 4	0032
12 3 45	043232	1 02 3	0 45 43	12 3 45	0 04 32	1 02 3	0045

HUITIÈME SÉRIE. — DIVISION TERNAIRE DU TEMPS, SOUS-DIVISION TERNAIRE.

Exercices sur les coupes de la troisième colonne du deuxième Tableau général.

GROUPE I. — SANS SILENCE.

N° 1

123454323	454323432	1234543	234543232	12345	432345432
123454323	454 323 2	123 454 3	234 543 2	123 4 5	432 343 2
123454323	454 3 2	123 454 3	234 3 2	123 4 5	432 3 2
123454323	454 3 232	123 454 3	234 5 432	123 4 5	432 3 432

N° 2

123 4 543	2 3 432	1 2 345	4 3 232	1 234 543	2 3 432
123 4 543	2 345 432	1 2 345	4 323 432	1 234 543	2 345 432
123 4 543	2 343 2	1 2 345	4 323 2	1 234 543	2 343 2
123 4 543	2 3 2	1 2 345	4 3 2	1 234 543	2 3 2

N° 3

1 234 5	432345432	1 2 3	4 5 432	1	234543232
1 234 5	432 343 2	1 2 3	4 543 232	1	234 543 2
1 234 5	432 3 2	1 2 3	4 543 2	1	234 3 2
1 234 5	432 3 432	1 2 3	4 3 2	1	234 5 432

N° 4

123454323 4.54323	1234543 2345432.3	1234543 023454323
123454323 4 .54 3	1234543 2345.43.2	1234543 0 023 432
123454323 4 5 .43	1234543 234 5.4 3	1234543 0 0 023
123454323 .454323	1234543 2 3.4 543	1234543 203405403

NEUVIÈME SÉRIE. — DIVISION TERNAIRE DU TEMPS, SOUS-DIVISION MIXTE.

N° 1

123454 323432	123454323 454323432	12 34 543 23 454 3
123454 32 34 5	123454323 454 323 2	12345432 34543232
123454 32 3 2	123454323 454 3 2	12 345 4 323 45 43
123454 32 3 45	123454323 454 3 232	1 23 454 3 23 432

N° 2

123454 3 2 32	123454323 4 5 432	123 45 4 32 34 543
123454 3 23 45	123454323 4543232	12345432 34543232
123454 3 23 2	123454323 4 543 2	12 345 43 23 454 3
123454 3 2 3	123454323 4 3 2	1 234 54 3 23 432

FIN DES EXERCICES ÉLÉMENTAIRES.

EXERCICES DE LECTURE

PAR

ÉMILE CHEVÉ.

PREMIÈRE SÉRIE. — AIRS MAJEURS.

PREMIER GROUPE. — TEMPS NON DIVISÉS.

N° 1. — TON DE RÉ. (6̣-1̇) M.M. 88.

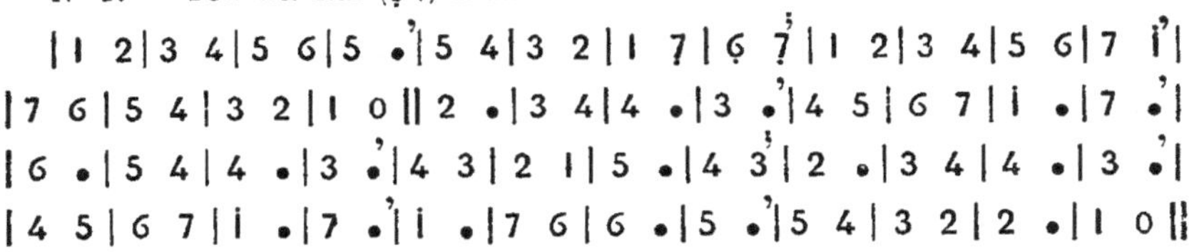

1 2	3 4	5 6	5 •'	5 4	3 2	1 7̣	6̣ 7̣'	1 2	3 4	5 6	7 1̇'
7 6	5 4	3 2	1 0		2 •	3 4	4 •	3 •'	4 5	6 7	1̇ •	7 •'
6 •	5 4	4 •	3 •'	4 3	2 1	5 •	4 3'	2 •	3 4	4 •	3 •'
4 5	6 7	1̇ •	7 •'	1̇ •	7 6	6 •	5 •'	5 4	3 2	2 •	1 0	

N° 2. — TON DE REU. (1-2̇) M.M. 104

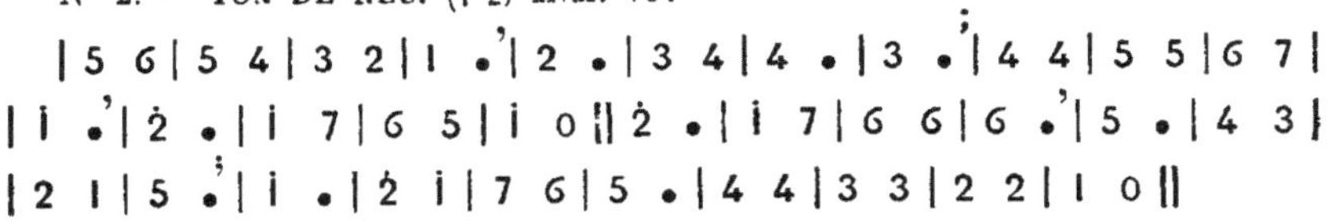

5 6	5 4	3 2	1 •'	2 •	3 4	4 •	3 •'	4 4	5 5	6 7
1̇ •'	2̇ •	1̇ 7	6 5	1̇ 0 || 2̇ •	1̇ 7	6 6	6 •'	5 •	4 3
2 1	5 •'	1̇ •	2̇ 1̇	7 6	5 •	4 4	3 3	2 2	1 0	

N° 3. — TON DE SOL. (5̣-5) M.M. 104.

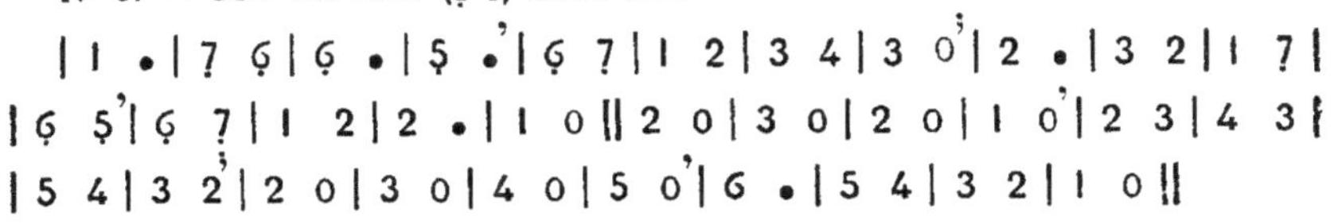

1 •	7̣ 6̣	6̣ •	5̣ •'	6̣ 7̣	1 2	3 4	3 0'	2 •	3 2	1 7̣
6̣ 5̣'	6̣ 7̣	1 2	2 •	1 0 || 2 0	3 0	2 0	1 0'	2 3	4 3
5 4	3 2'	2 0	3 0	4 0	5 0'	6 •	5 4	3 2	1 0	

N° 4. — TON DE SEU. (1-4̇) M.M. 104.

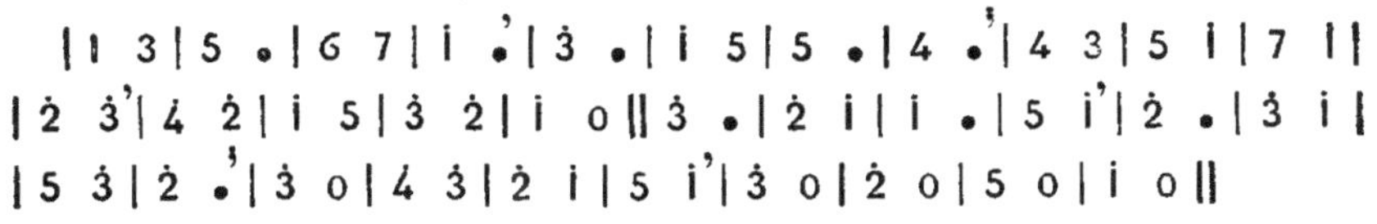

1 3	5 •	6 7	1̇ •'	3̇ •	1̇ 5	5 •	4 •'	4 3	5 1̇	7 1̇
2̇ 3̇'	4̇ 2̇	1̇ 5	3̇ 2̇	1̇ 0 || 3̇ •	2̇ 1̇	1̇ •	5 1̇'	2̇ •	3̇ 1̇
5 3̇	2̇ •'	3̇ 0	4̇ 3̇	2̇ 1̇	5 1̇'	3̇ 0	2̇ 0	5 0	1̇ 0	

N° 5. — TON DE SEU. (1-4̇) M.M. 104.

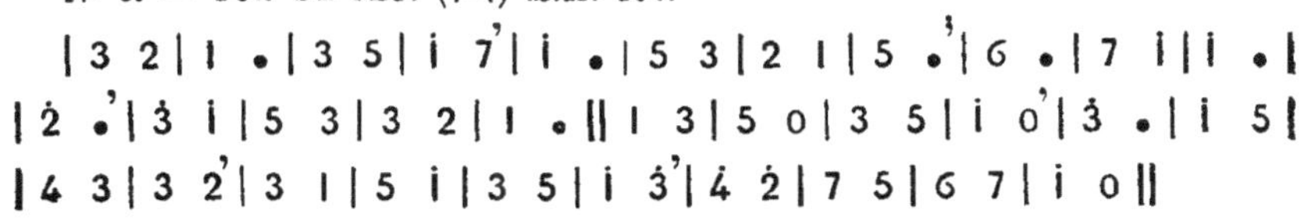

3 2	1 •	3 5	1̇ 7'	1̇ •	5 3	2 1	5 •'	6 •	7 1̇	1̇ •
2̇ •'	3̇ 1̇	5 3	3 2	1 • || 1 3	5 0	3 5	1̇ 0'	3̇ •	1̇ 5
4 3	3 2'	3 1	5 1̇	3 5	1̇ 3̇'	4̇ 2̇	7 5	6 7	1̇ 0	

N° 6. — TON DE REU. (1-2̇) M.M. 104.

1 •	3 5	1̇ 7	6 •'	4 2	7̣ 1	2 3	4 5'	1 1	3 4	5 1̇
7 •'	2̇ 1̇	7 5	4 2	1 • || 2 •	2 3	4 3	5 •'	2̇ •	1̇ 7
7 6	5 4'	2 3	4 3	4 5	6 7'	1̇ 5	6 4	3 2	1 •	

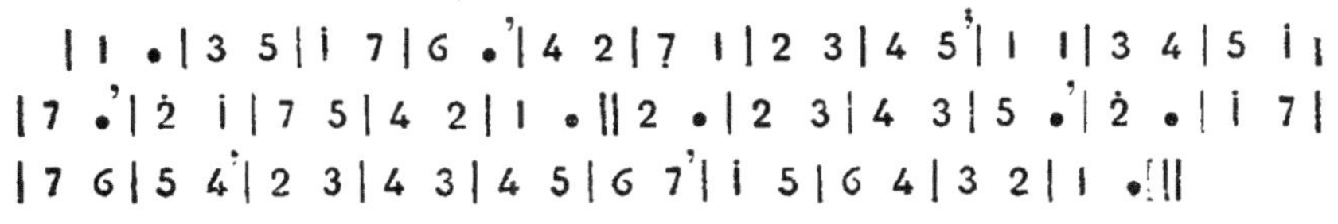

N° 7. — TON DE REU. (1-2̇) M.M. 104.

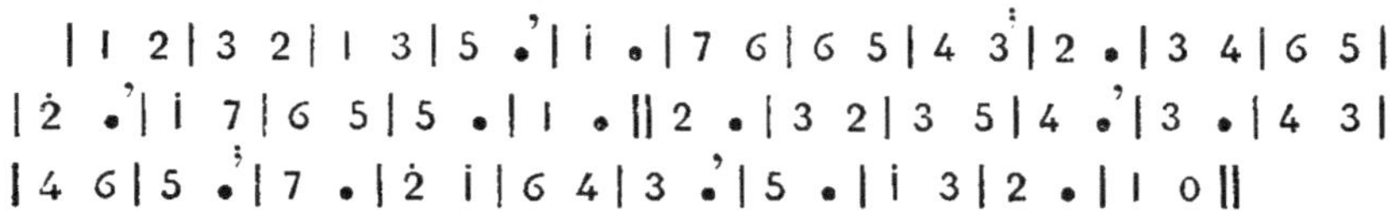

| 1 2 | 3 2 | 1 3 | 5 •' | 1̇ • | 7 6 | 6 5 | 4 3' | 2 • | 3 4 | 6 5 |

| 2̇ •' | 1̇ 7 | 6 5 | 5 • | 1 • || 2 • | 3 2 | 3 5 | 4 •' | 3 • | 4 3 |

| 4 6 | 5 •' | 7 • | 2̇ 1̇ | 6 4 | 3 •' | 5 • | 1̇ 3 | 2 • | 1 0 ||

N° 8. — TON DE MEU. (5̣-1̇) M.M. 104.

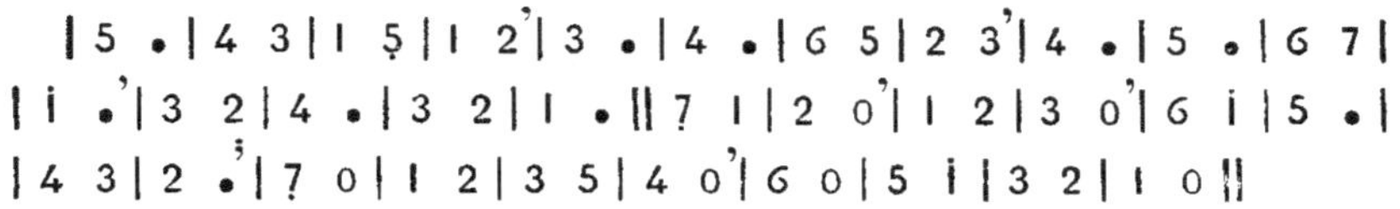

| 5 • | 4 3 | 1 5̣ | 1 2' | 3 • | 4 • | 6 5 | 2 3' | 4 • | 5 • | 6 7 |

| 1̇ •' | 3 2 | 4 • | 3 2 | 1 • || 7̣ 1 | 2 0' | 1 2 | 3 0' | 6 1̇ | 5 • |

| 4 3 | 2 •' | 7̣ 0 | 1 2 | 3 5 | 4 0' | 6 0 | 5 1̇ | 3 2 | 1 0 ||

N° 9. — TON DE REU. (7̣-2̇) M.M. 104.

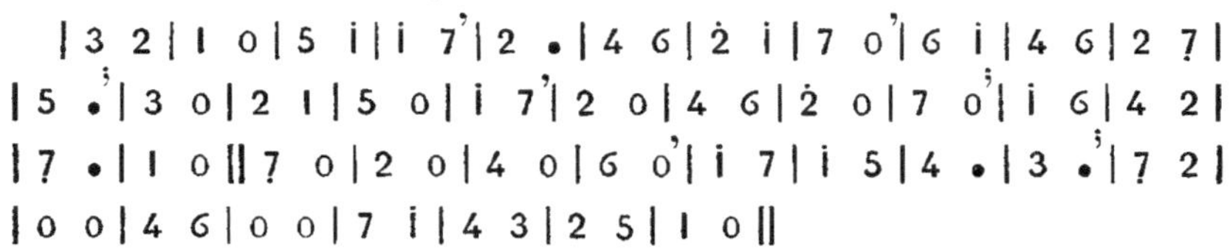

| 3 2 | 1 0 | 5 1̇ | 1̇ 7' | 2 • | 4 6 | 2̇ 1̇ | 7 0' | 6 1̇ | 4 6 | 2 7̣ |

| 5 •' | 3 0 | 2 1 | 5 0 | 1̇ 7' | 2 0 | 4 6 | 2̇ 0 | 7 0' | 1̇ 6 | 4 2 |

| 7̣ • | 1 0 || 7̣ 0 | 2 0 | 4 0 | 6 0' | 1̇ 7 | 1̇ 5 | 4 • | 3 •' | 7̣ 2 |

| 0 0 | 4 6 | 0 0 | 7 1̇ | 4 3 | 2 5 | 1 0 ||

N° 10. — TON DE SI. (1-3̇) M.M. 100.

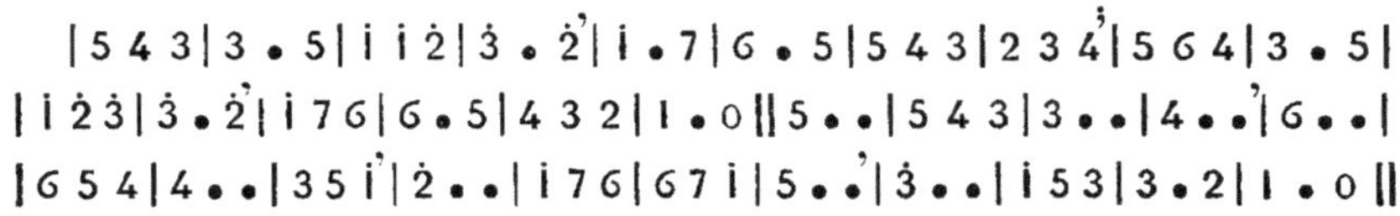

| 5 4 3 | 3 • 5 | 1̇ 1̇ 2̇ | 3̇ • 2̇' | 1̇ • 7 | 6 • 5 | 5 4 3 | 2 3 4' | 5 6 4 | 3 • 5 |

| 1̇ 2̇ 3̇ | 3̇ • 2̇' | 1̇ 7 6 | 6 • 5 | 4 3 2 | 1 • 0 || 5 • • | 5 4 3 | 3 • • | 4 • •' | 6 • • |

| 6 5 4 | 4 • • | 3 5 1̇' | 2̇ • • | 1̇ 7 6 | 6 7 1̇ | 5 • •' | 3̇ • • | 1̇ 5 3 | 3 • 2 | 1 • 0 ||

N° 11. — TON DE MEU. (7̣-1̇) M.M. 108.

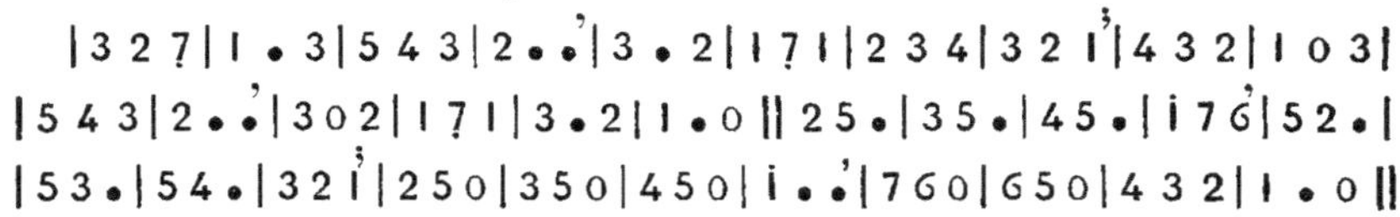

| 3 2 7̣ | 1 • 3 | 5 4 3 | 2 • •' | 3 • 2 | 1 7̣ 1 | 2 3 4 | 3 2 1' | 4 3 2 | 1 0 3 |

| 5 4 3 | 2 • •' | 3 0 2 | 1 7̣ 1 | 3 • 2 | 1 • 0 || 2 5 • | 3 5 • | 4 5 • | 1̇ 7 6' | 5 2 • |

| 5 3 • | 5 4 • | 3 2 1' | 2 5 0 | 3 5 0 | 4 5 0 | 1̇ • •' | 7 6 0 | 6 5 0 | 4 3 2 | 1 • 0 ||

N° 12. — TON DE REU. (1-2̇) M.M. 108.

| 1 • 3 | 5 • 7 | 2̇ 1̇ 6 | 5 • •' | 6 5 4 | 3 2 1 | 7̣ 1 2 | 3 4 5' | 1 0 3 | 5 0 7 |

| 2̇ 1̇ 6 | 5 0 0' | 6 7 6 | 5 0 0 | 4 3 2 | 1 • 0 ||: 2 0 3 | 4 0 5 | 6 0 7 | 1̇ • 7 ||

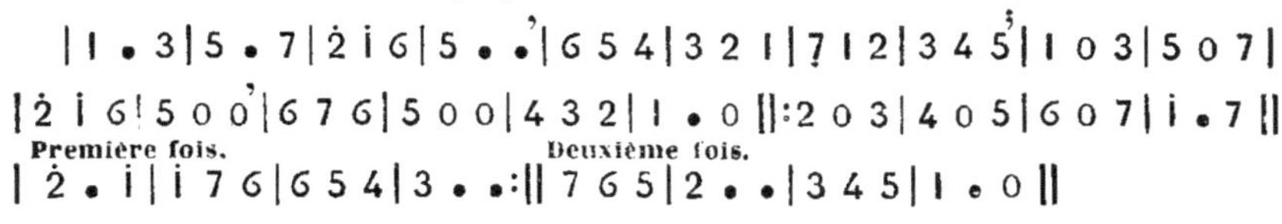

Première fois. **Deuxième fois.**

| 2̇ • 1̇ | 1̇ 7 6 | 6 5 4 | 3 • • :|| 7 6 5 | 2 • • | 3 4 5 | 1 • 0 ||

N° 13. — TON DE SI. (1-3̇) M.M. 108.

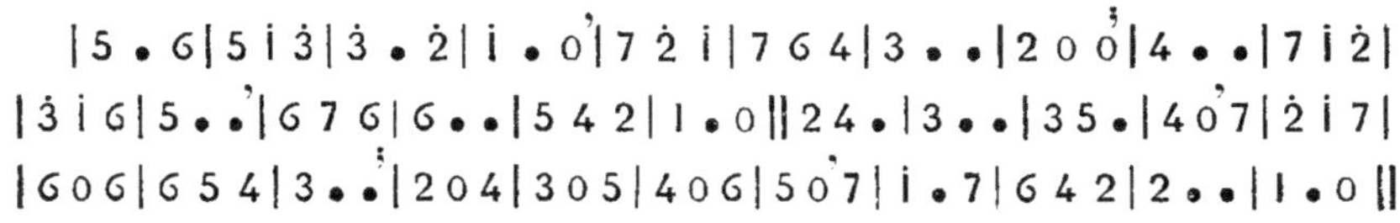

| 5 • 6 | 5 1̇ 3̇ | 3̇ • 2̇ | 1̇ • 0' | 7 2̇ 1̇ | 7 6 4 | 3 • • | 2 0 0' | 4 • • | 7 1̇ 2̇ |

| 3̇ 1̇ 6 | 5 • •' | 6 7 6 | 6 • • | 5 4 2 | 1 • 0 || 2 4 • | 3 • • | 3 5 • | 4 0 7' | 2̇ 1̇ 7 |

| 6 0 6 | 6 5 4 | 3 • •' | 2 0 4 | 3 0 5 | 4 0 6 | 5 0 7' | 1̇ • 7 | 6 4 2 | 2 • • | 1 • 0 ||

N° 14. — TON DE SI. (1-3̇) M.M. 112.

| 1 3 5 | 5 1̇ 2̇ | 3̇ • 2̇ | 1̇ • •' | 1̇ 6 4 | 2 • 2 | 3 2 1 | 5 • •' | 3 5 1̇ | 1̇ • 2̇ |

| 3̇ 2̇ 1̇ | 7 • 6' | 5 4 3 | 6 7 1̇ | 3 • 2 | 1 • 0 || 2 • 3 | 4 • • | 4 3 4 | 5 • •' | 1̇ • 7 |

| 2̇ • 1̇ | 7 6 5 | 5 • 4' | 2 0 3 | 4 0 0 | 4 0 3 | 5 0 0' | 1̇ 7 6 | 5 • • | 4 3 2 | 1 • 0 ||

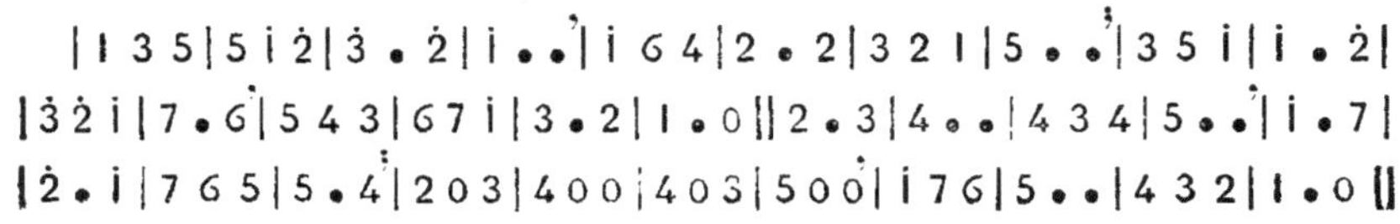

N° 15. — TON DE SI. (1-3̇) M.M. 112.

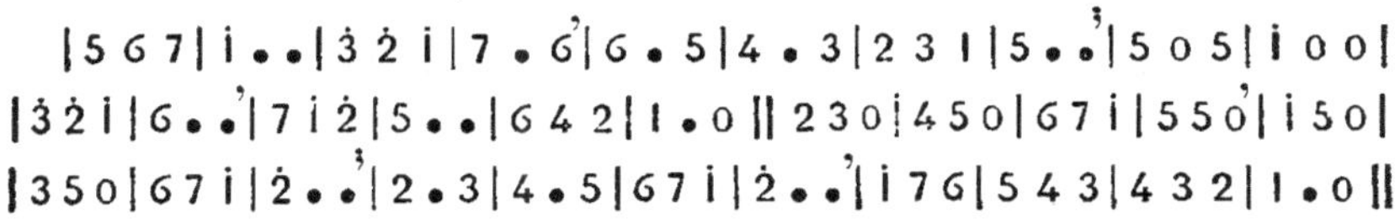

|5 6 7| i • •|3̇ 2̇ i|7 • 6|6 • 5|4 • 3|2 3 1|5 • •|5 0 5|i 0 0|
|3̇ 2̇ i|6 • •|7 i 2̇|5 • •|6 4 2|1 • 0|| 2 3 0|4 5 0|6 7 i|5 5 0|i 5 0|
|3 5 0|6 7 i|2̇ • •|2 • 3|4 • 5|6 7 i|2̇ • •|i 7 6|5 4 3|4 3 2|1 • 0||

N° 16. — TON DE REU. (1-2̇) M.M. 112.

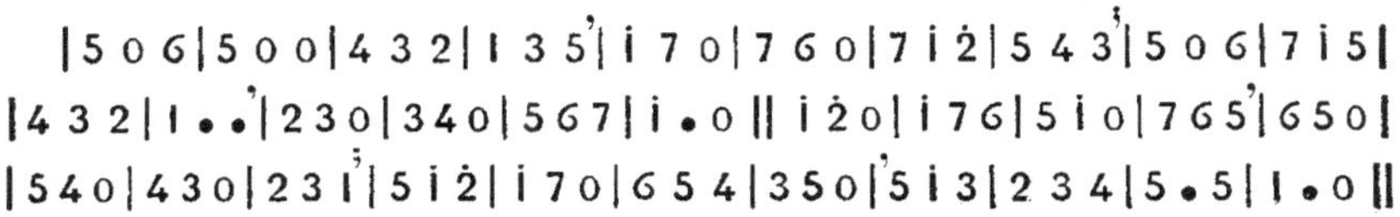

5 0 6	5 0 0	4 3 2	1 3 5	i 7 0	7 6 0	7 i 2̇	5 4 3	5 0 6	7 i 5
4 3 2	1 • •	2 3 0	3 4 0	5 6 7	i • 0		i 2̇ 0	i 7 6	5 i 0	7 6 5	6 5 0
5 4 0	4 3 0	2 3 1	5 i 2̇	i 7 0	6 5 4	3 5 0	5 i 3	2 3 4	5 • 5	1 • 0	

N° 17. — TON DE SOL. (5̣-5) M.M. 112.

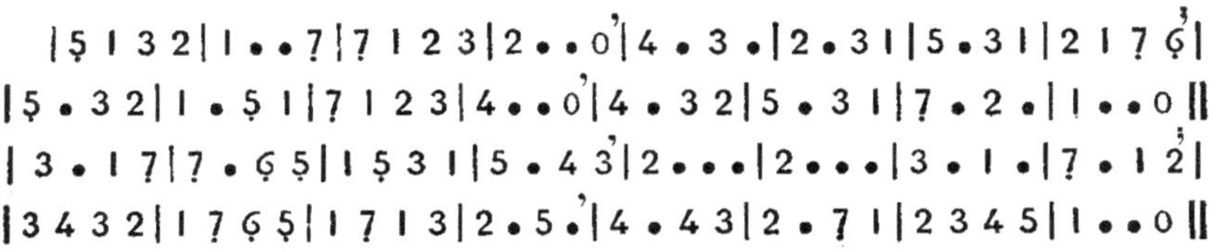

5̣ 1 3 2	1 • • 7̣	7̣ 1 2 3	2 • • 0	4 • 3 •	2 • 3 1	5 • 3 1	2 1 7̣ 6̣
5̣ • 3 2	1 • 5̣ 1	7̣ 1 2 3	4 • • 0	4 • 3 2	5 • 3 1	7̣ • 2 •	1 • • 0	
3 • 1 7̣	7̣ • 6̣ 5̣	1 5̣ 3 1	5 • 4 3	2 • • •	2 • • •	3 • 1 •	7̣ • 1 2
3 4 3 2	1 7̣ 6̣ 5̣	1 7̣ 1 3	2 • 5 •	4 • 4 3	2 • 7̣ 1	2 3 4 5	1 • • 0	

N° 18. — TON D'UT. (1-2̇) M.M. 126.

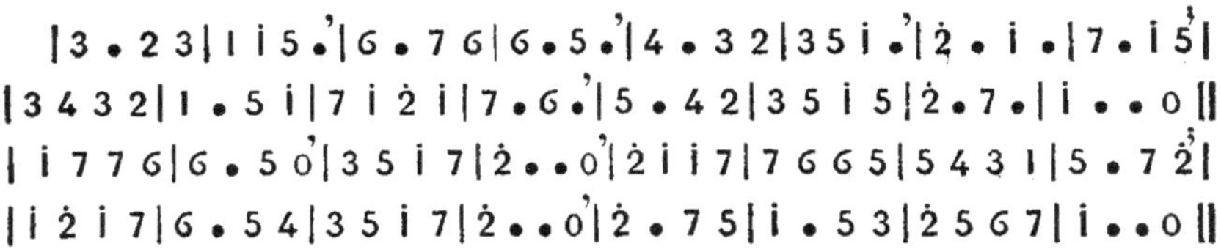

3 • 2 3	1 i 5 •	6 • 7 6	6 • 5 •	4 • 3 2	3 5 i •	2̇ • i •	7 • i 5
3 4 3 2	1 • 5 i	7 i 2̇ i	7 • 6 •	5 • 4 2	3 5 i 5	2̇ • 7 •	i • • 0	
i 7 7 6	6 • 5 0	3 5 i 7	2̇ • • 0	2̇ i i 7	7 6 6 5	5 4 3 1	5 • 7 2̇
i 2̇ i 7	6 • 5 4	3 5 i 7	2̇ • • 0	2̇ • 7 5	i • 5 3	2̇ 5 6 7	i • • 0	

N° 19. — TON DE REU. (7̣-2̇) M.M. 126.

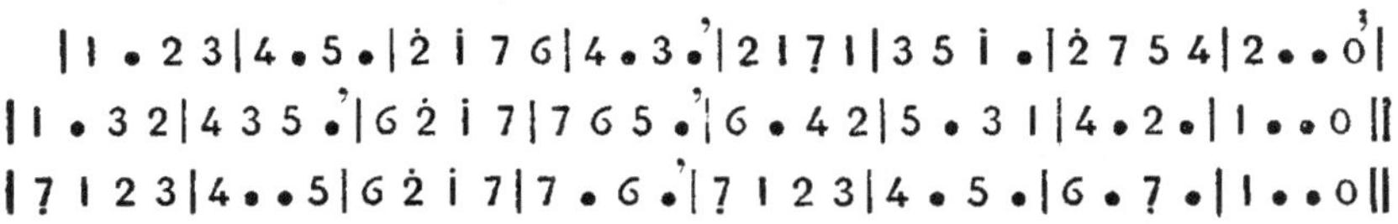

1 • 2 3	4 • 5 •	2̇ i 7 6	4 • 3 •	2 1 7̣ 1	3 5 i •	2̇ 7 5 4	2 • • 0
1 • 3 2	4 3 5 •	6 2̇ i 7	7 6 5 •	6 • 4 2	5 • 3 1	4 • 2 •	1 • • 0	
7̣ 1 2 3	4 • • 5	6 2̇ i 7	7 • 6 •	7̣ 1 2 3	4 • 5 •	6 • 7 •	1 • • 0	

N° 20. — TON DE LEU. (5̣-6) M.M. 126.

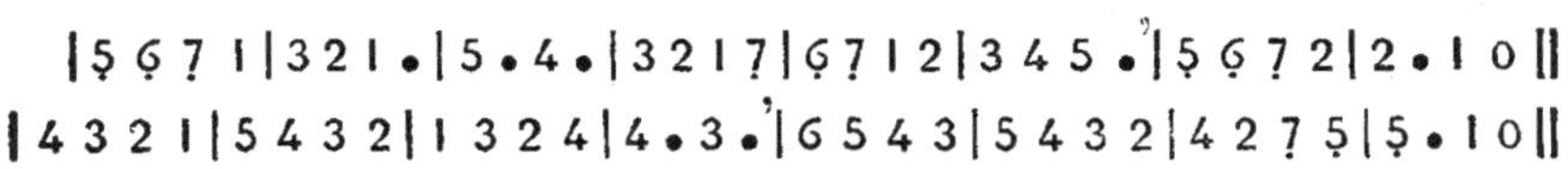

|5̣ 6̣ 7̣ 1|3 2 1 •|5 • 4 •|3 2 1 7̣|6̣ 7̣ 1 2|3 4 5 •|5̣ 6̣ 7̣ 2|2 • 1 0||
|4 3 2 1|5 4 3 2|1 3 2 4|4 • 3 •|6 5 4 3|5 4 3 2|4 2 7̣ 5̣|5̣ • 1 0||

N° 21. — TON DE SI. (1-3̇) M.M. 126.

|i 5 3 1|2 • 3 •|4 3 2 1|5 • 7 •|2̇ 7 5 4|3 • 4 5|6 • 7 2̇|i • • 0||
|7 5 5 2̇|i 5 3 1|4 • 4 •|3 • 2 •|3 4 5 6|7 i 2̇ 3̇|5 • 6 7|i • • 0||

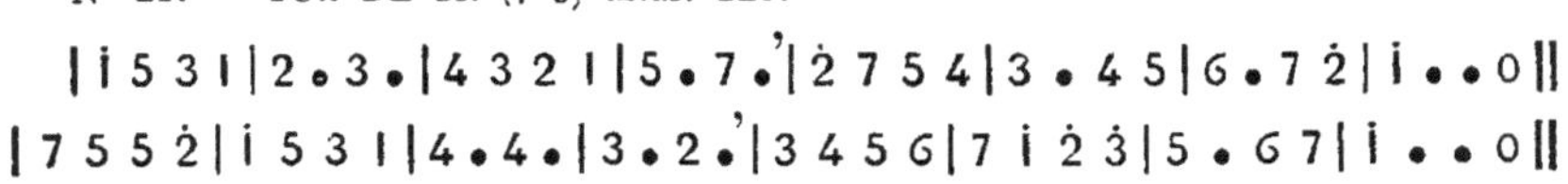

N° 22. — TON DE RÉ. (7̣-2̇) M.M. 126.

|1 3 2 1|1 3 5 i|i 7 2̇ i|7 • 6 •|5 4 3 2|1 • • 2|3 1 4 3|2 • • •|
|1 3 • 2|1 0 5 i|i 0 2̇ i|7 0 6 0|4 0 2 0|7̣ 1 2 3|4 • 5 •|1 • • 0||

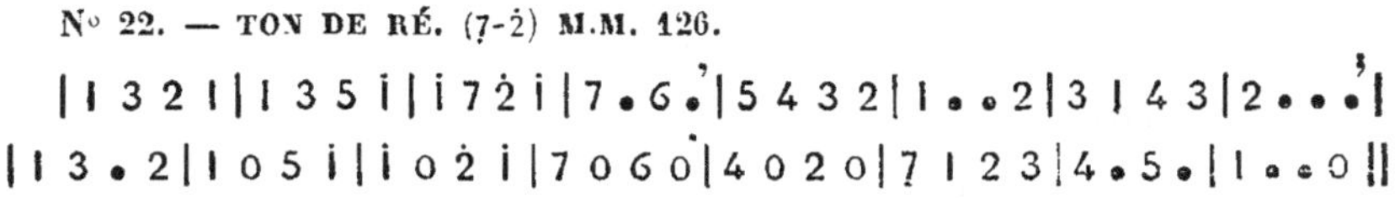

N° 23. — TON D'UT. (1-3̇) M.M. 126.

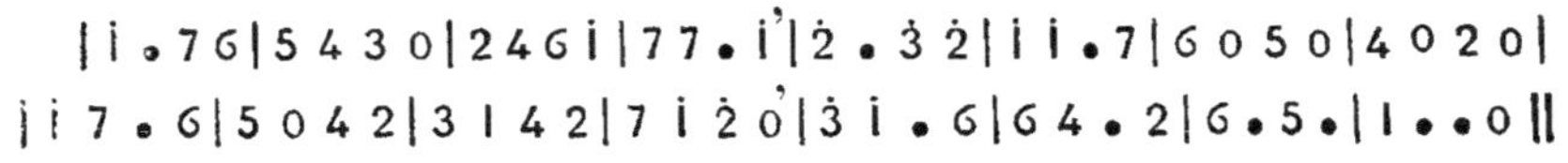

| 1̇ • 7 6 | 5 4 3 0 | 2 4 6 1̇ | 7 7 • 1̇' | 2̇ • 3̇ 2̇ | 1̇ 1̇ • 7 | 6 0 5 0 | 4 0 2 0 |
| 1̇ 7 • 6 | 5 0 4 2 | 3 1 4 2 | 7 1̇ 2̇ 0' | 3̇ 1̇ • 6 | 6 4 • 2 | 6 • 5 • | 1 • • 0 ||

N° 24. — TON DE RÉ. (7̣-2̇) M.M. 126.

5 • 3 2	1 • 0 3	4 3 5 4	6 5 7 0'	2̇ 1̇ • 7	7 6 • 5	4 0 4 0	2 0 7 6'
5 0 3 2	1 7̣ 1 0'	4 • 5 •	6 7 5 0'	2̇ 7 5 4	4 3 2 1	6 7 0 7	1̇ • • 0	
7 5 6 0	6 4 5 0	5 3 7 1̇	2̇ 1̇ 7 0'	7 6 0 5	5 4 0 3	3 2 1 3	5 • 5 0'
7 5 6 0	6 4 5 0	5 0 0 7	2̇ 1̇ 7 0'	6 5 0 4	4 3 0 2	6 0 5 0	1 • • 0	

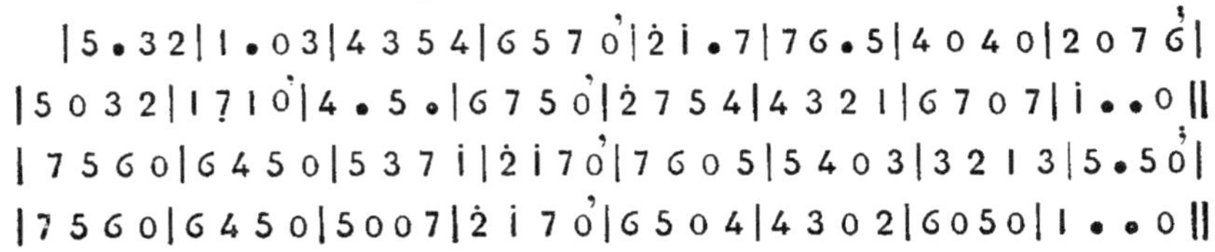

CANONS DU PREMIER GROUPE.

N° 25. — TON DE SI. (3-3̇) M.M. 120.

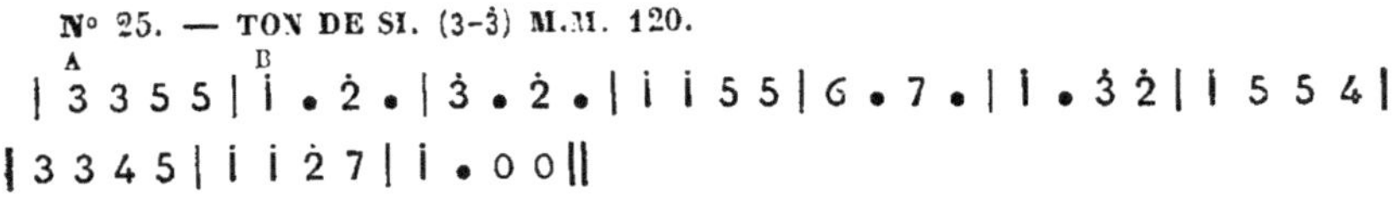

| A 3 3 5 5 | B 1̇ • 2̇ • | 3̇ • 2̇ • | 1̇ 1̇ 5 5 | 6 • 7 • | 1̇ • 3̇ 2̇ | 1̇ 5 5 4 |
| 3 3 4 5 | 1̇ 1̇ 2̇ 7 | 1̇ • 0 0 ||

N° 26. — TON DE RÉ. (1-1̇) M.M. 120.

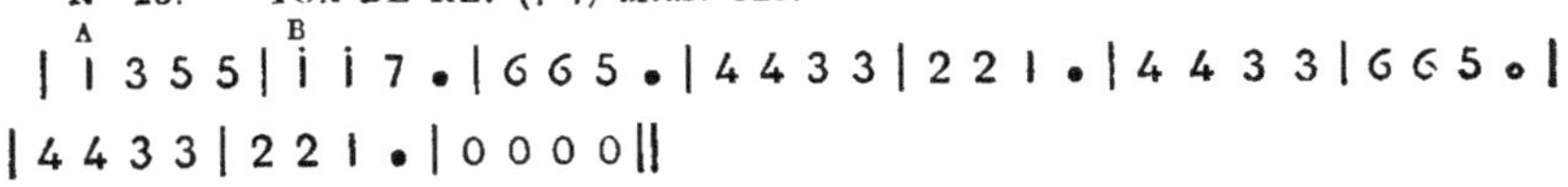

| A 1 3 5 5 | B 1̇ 1̇ 7 • | 6 6 5 • | 4 4 3 3 | 2 2 1 • | 4 4 3 3 | 6 6 5 • |
| 4 4 3 3 | 2 2 1 • | 0 0 0 0 ||

N° 27. — TON DE RÉ. (1-1̇) M.M. 120.

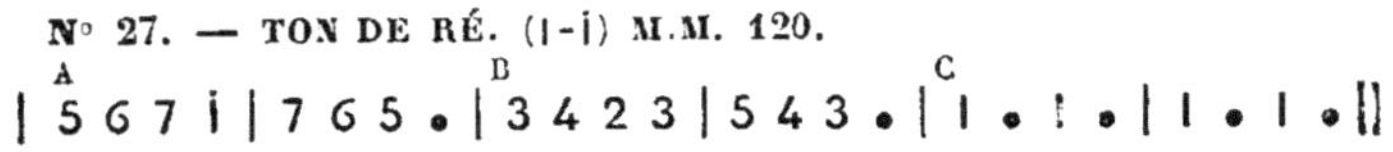

| A 5 6 7 1̇ | 7 6 5 • | B 3 4 2 3 | 5 4 3 • | C 1 • 1 • | 1 • 1 • ||

N° 28. — TON DE LA. (1-5̇) M.M. 120.

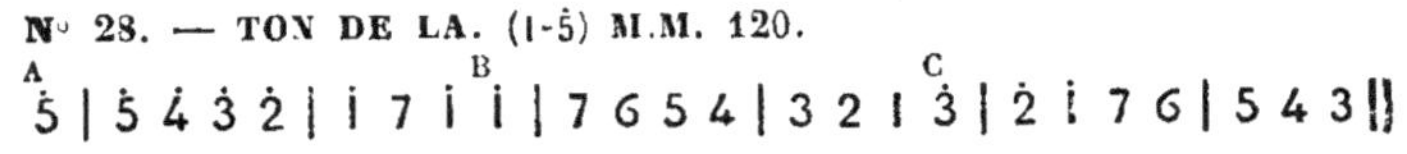

A 5̇ | 5̇ 4̇ 3̇ 2̇ | 1̇ 7 1̇ B 1̇ | 7 6 5 4 | 3 2 1 C 3̇ | 2̇ 1̇ 7 6 | 5 4 3 ||

N° 29. — TON DE SOL. (5̣-5) M.M. 132.

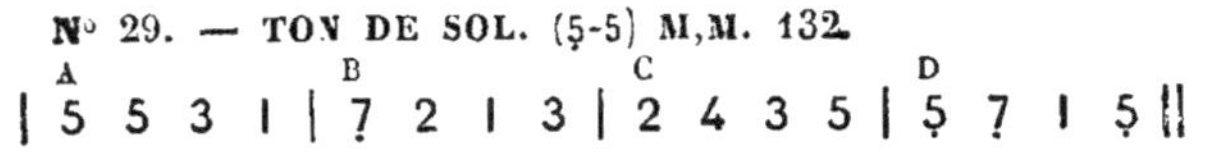

| A 5 5 3 1 | B 7̣ 2 1 3 | C 2 4 3 5 | D 5̣ 7̣ 1 5̣ ||

N° 30. — TON DE MEU. (5̣-1̇) M.M. 132.

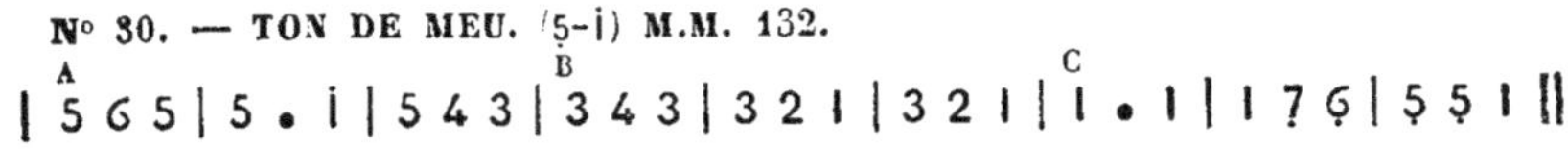

| A 5 6 5 | 5 • 1̇ | 5 4 3 | B 3 4 3 | 3 2 1 | 3 2 1 | C 1 • 1 | 1 7̣ 6̣ | 5̣ 5̣ 1 ||

N° 31. — TON DE LA. (1̣-5) M.M. 116.

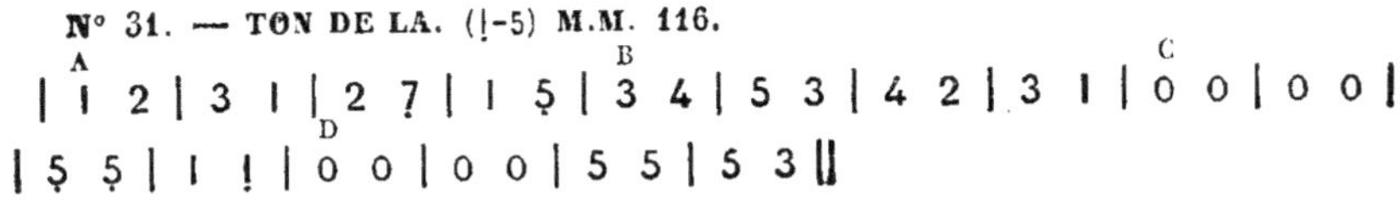

| A 1 2 | 3 1 | 2 7̣ | 1 5̣ | B 3 4 | 5 3 | 4 2 | 3 1 | C 0 0 | 0 0 |
| 5̣ 5̣ | 1 1̣ | D 0 0 | 0 0 | 5 5 | 5 3 ||

N° 32. — TON DE LA. (5̣-5) M.M. 120.

A 5̣	1 3 1 3	1 • 1 1	2 2 2 3	1 • 0 5̣	1 3 1 3	1 • 1 1	2 2 2 3
1 • 0 B 0	0 0 0 5̣	3 • 5 •	0 7̣ 7̣ 7̣	1 1 0 0	0 0 0 5̣	3 • 5 •	0 7̣ 7̣ 7̣
C 1 1 0 0	0 5 3 0	0 5 3 0	0 0 0 5	3 • 0 0	0 5 3 0	0 5 3 0	0 0 0 5	3 • 0	

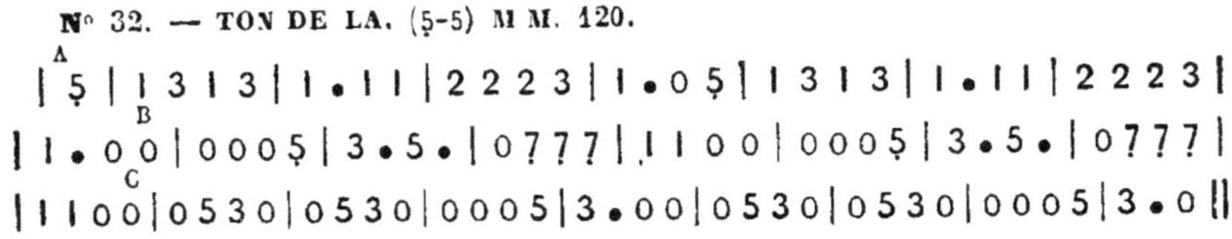

N° 33. — TON DE LA. (5-5) M.M. 116.

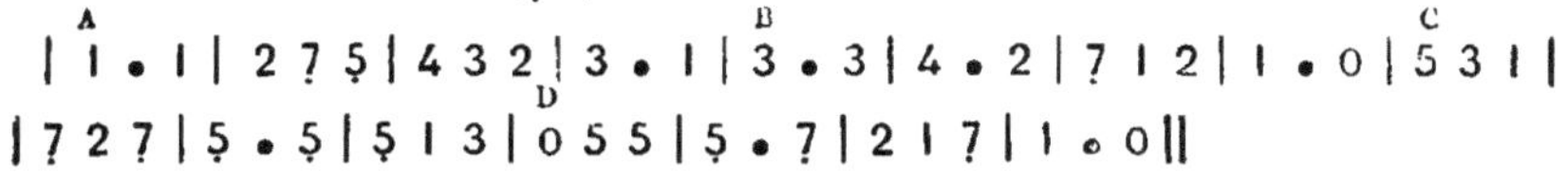

A B C
| 1 • 1 | 2 7 5 | 4 3 2 | 3 • 1 | 3 • 3 | 4 • 2 | 7 1 2 | 1 • 0 | 5 3 1 |
D
| 7 2 7 | 5 • 5 | 5 1 3 | 0 5 5 | 5 • 7 | 2 1 7 | 1 • 0 ||

N° 34. — TON DE RÉ. (1-1) M.M. 116.

A B
| 3 0 5 | 2 2 0 | 4 0 5 | 3 0 0 | 1 1 1 | 6 0 6 | 7 0 7 | 1 5 3 | 1 1 0 |
C
| 0 5 6 | 7 5 0 | 0 1 7 | 6 0 3 | 4 3 2 | 5 4 2 | 1 3 5 | 1 1 0 | 7 7 0 |
| 0 7 7 | 1 0 0 | 6 6 5 | 4 5 4 | 2 0 4 | 3 0 0 ||

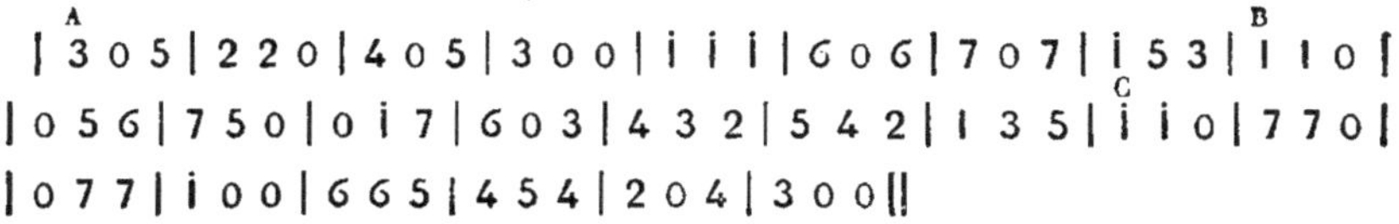

DEUXIÈME GROUPE. — DIVISION BINAIRE.

N° 35. — TON DE REU. (7-2) M.M. 116.

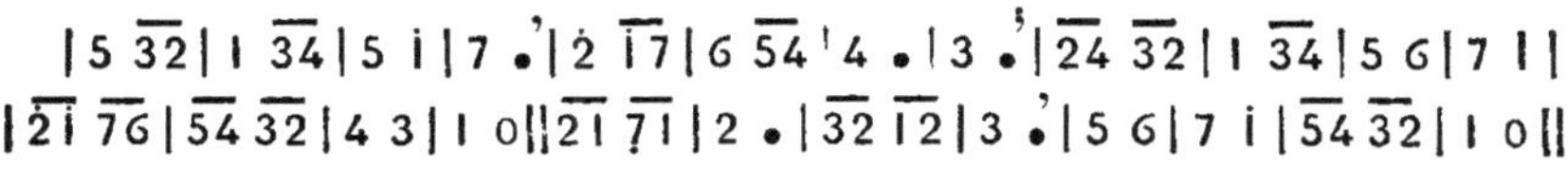

| 5 32 | 1 34 | 5 1 | 7 • | 2 17 | 6 54 | 4 • | 3 • | 24 32 | 1 34 | 5 6 | 7 1 |
| 21 76 | 54 32 | 4 3 | 1 0 || 21 71 | 2 • | 32 12 | 3 • | 5 6 | 7 1 | 54 32 | 1 0 ||

N° 36. — TON DE RÉ. (1-2) M.M. 116.

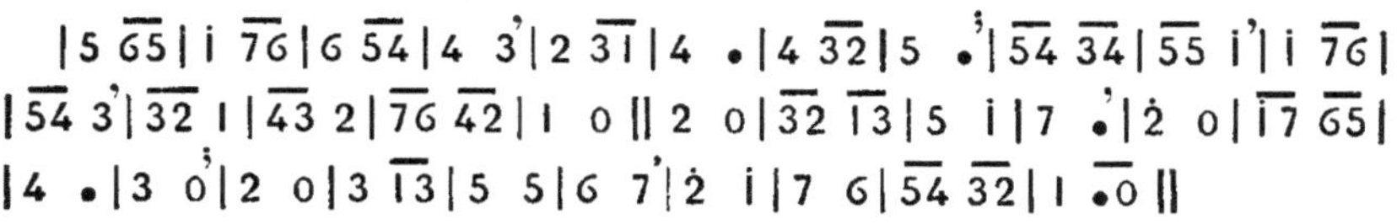

5 65	1 76	6 54	4 3	2 31	4 •	4 32	5 •	54 34	55 1	1 76
54 3	32 1	43 2	76 42	1 0 || 2 0	32 13	5 1	7 •	2 0	17 65
4 •	3 0	2 0	3 13	5 5	6 7	2 1	7 6	54 32	1 •0	

N° 37. — TON D'UT. (1-4) M.M. 76.

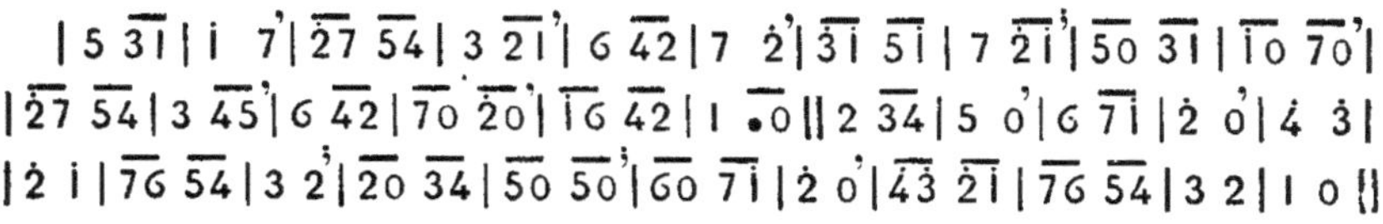

5 31	1 7	27 54	3 21	6 42	7 2	31 51	7 21	50 31	10 70
27 54	3 45	6 42	70 20	16 42	1 •0 || 2 34	5 0	6 71	2 0	4 3
2 1	76 54	3 2	20 34	50 50	60 71	2 0	43 21	76 54	3 2	1 0	

N° 38. — TON DE SEU. (1-4) M.M. 80.

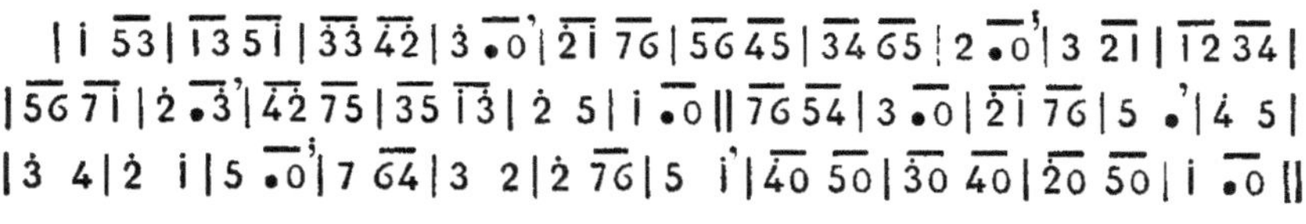

1 53	13 51	33 42	3 •0	21 76	5645	3465	2 •0	3 21	1234
5671	2 •3	4275	35 13	2 5	1 •0 || 7654	3 •0	21 76	5 •	4 5
3 4	2 1	5 •0	7 64	3 2	2 76	5 1	40 50	30 40	20 50	1 •0	

N° 39. — TON DE RÉ. (6-2) M.M. 100.

5 43	2 1	23 45	65 3	2 17	6 54	35 17	25 42	56 4	34 2
1346	65 2	21 7	65 4	7243	1 0		23 10	67 10	20 30	16 5	65 0
54 0	43 0	3243	23 10	67 10	4032	1650	65 2	54 1	43 7	1 0	

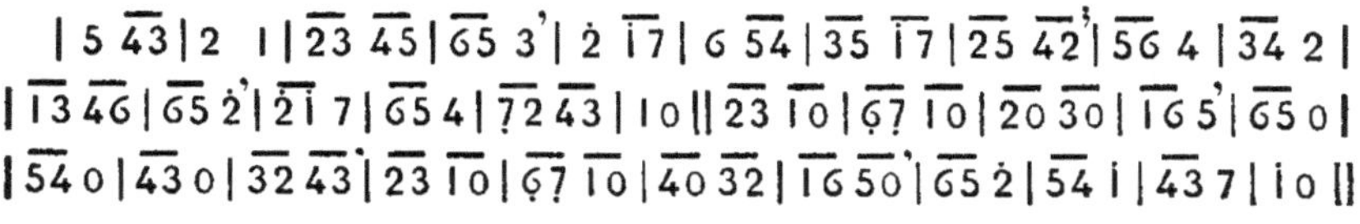

N° 40. — TON DE RÉ. (1-2) M.M. 100.

| 1 3 5 | 5 • 3 | 1 • 7 | 2 • 1 | 76 54 32 | 1 3 1 | 2 4 2 | 3 5 1 |
| 10 30 50 | 5 • 3 | 6 7 1 | 2 • • | 1 76 54 | 32 3 4 | 5 • 2 | 1 • 0 ||

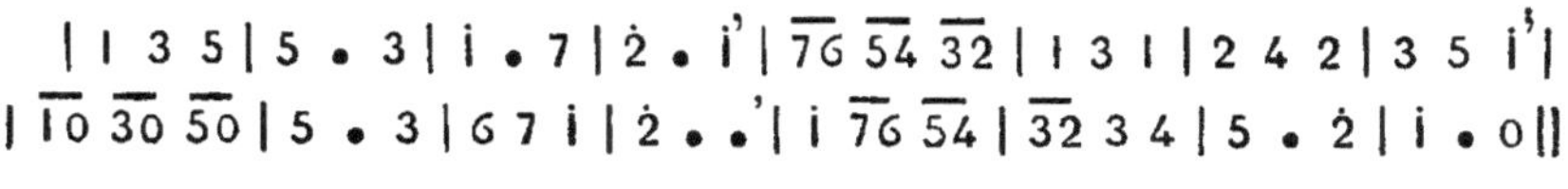

N° 41. — TON DE JEU. (5̣-6) M.M. 120.

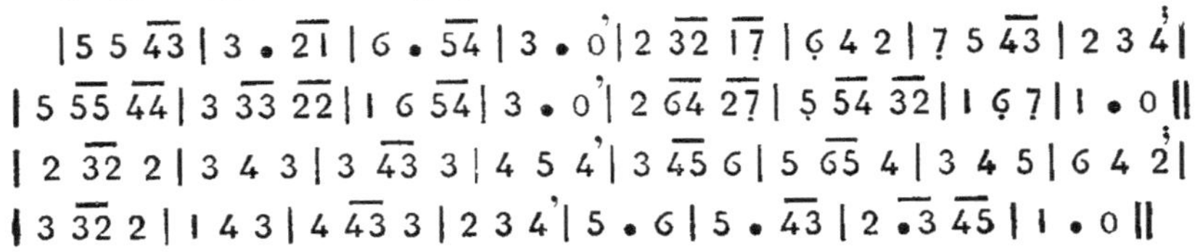

5 5 43	3 • 21	6 • 54	3 • 0'	2 32 17̣	6̣ 4 2	7̣ 5 43	2 3 4'
5 55 44	3 33 22	1 6 54	3 • 0'	2 64 27̣	5̣ 54 32	1 6̣ 7̣	1 • 0	
2 32 2	3 4 3	3 43 3	4 5 4'	3 45 6	5 65 4	3 4 5	6 4 2'
3 32 2	1 4 3	4 43 3	2 3 4'	5 • 6	5 • 43	2 •3 45	1 • 0	

N° 42. — TON DE RÉ. (7̣-2̇) M.M. 120.

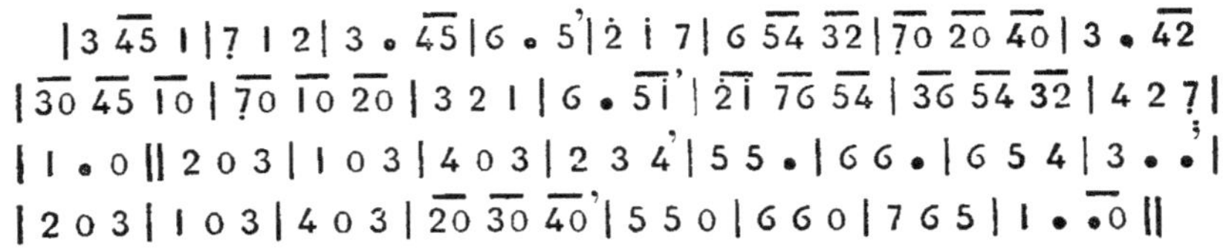

|3 45 1 | 7̣ 1 2 | 3 • 45 | 6 • 5' | 2̇ 1̇ 7 | 6 54 32 | 70 20 40 | 3 • 42
30 45 10	70 10 20	3 2 1	6 • 51'	21 76 54	36 54 32	4 2 7̣
1 • 0 || 2 0 3	1 0 3	4 0 3	2 3 4'	5 5 •	6 6 •	6 5 4	3 • •
2 0 3	1 0 3	4 0 3	20 30 40'	5 5 0	6 6 0	7 6 5	1 • •0	

N° 43. — TON DE SI. (1-3̇) M.M. 120.

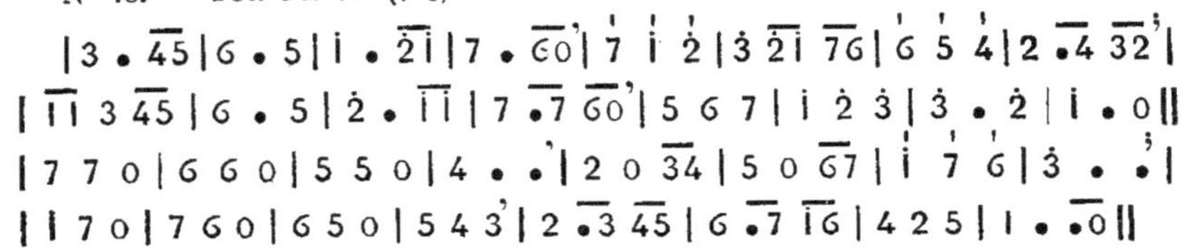

3 • 45	6 • 5	1̇ • 21	7 • 60'	7 1̇ 2̇	3̇ 21 76	6 5 4	2 •4 32'
11 3 45	6 • 5	2̇ • 11	7 •7 60'	5 6 7	1̇ 2̇ 3̇	3̇ • 2̇	1̇ • 0	
7 7 0	6 6 0	5 5 0	4 • •'	2 0 34	5 0 67	1̇ 7 6	3̇ • •
1̇ 7 0	7 6 0	6 5 0	5 4 3'	2 •3 45	6 •7 16	4 2 5	1 • •0	

N° 44. — TON DE RÉ. (1-2̇) M.M. 120.

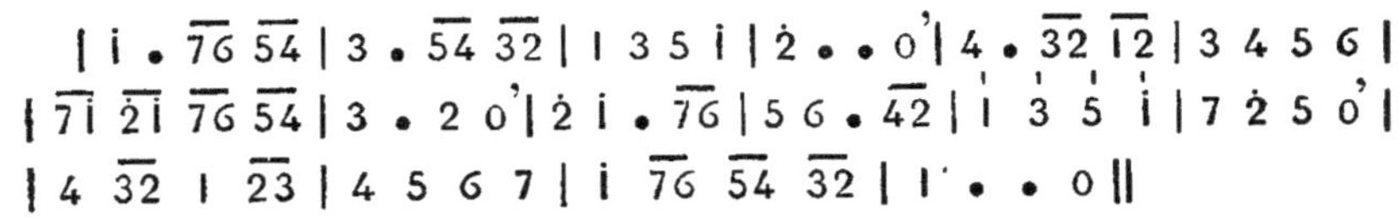

1̇ • 76 54	3 • 54 32	1 3 5 1̇	2̇ • • 0'	4 • 32 12	3 4 5 6
71 21 76 54	3 • 2 0'	2̇ 1̇ • 76	5 6 • 42	1 3 5 1̇	7 2̇ 5 0'
4 32 1 23	4 5 6 7	1̇ 76 54 32	1 • • 0	

N° 45. — TON DE MI. (5̣-6) M.M. 120.

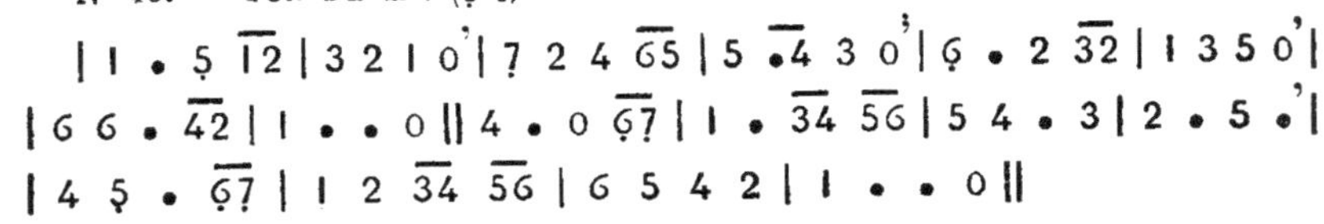

1 • 5̣ 12	3 2 1 0'	7̣ 2 4 65	5 •4 3 0'	6̣ • 2 32	1 3 5 0'
6 6 • 42	1 • • 0 || 4 • 0 6̣7̣	1 • 34 56	5 4 • 3	2 • 5 •'
4 5̣ • 6̣7̣	1 2 34 56	6 5 4 2	1 • • 0	

N° 46. — TON DE LEU. (3̣-5) M.M. 120.

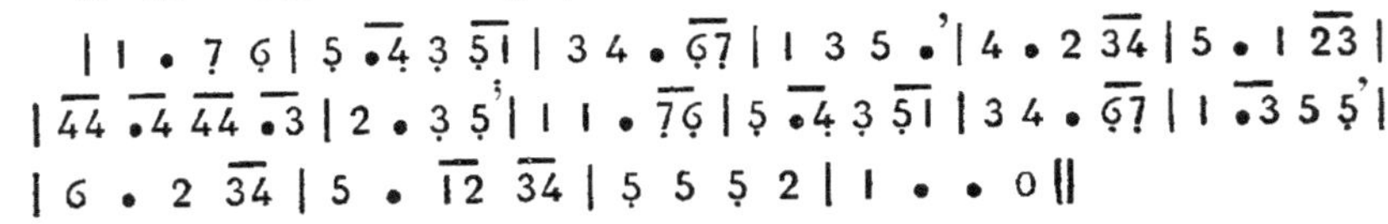

1 • 7̣ 6̣	5̣ •4 3̣ 5̣1	3 4 • 6̣7̣	1 3 5 •'	4 • 2 34	5 • 1 23
44 •4 44 •3	2 • 3̣ 5̣'	1 1 • 7̣6̣	5̣ •4 3̣ 5̣1	3 4 • 6̣7̣	1 •3 5 5̣'
6 • 2 34	5 • 12 34	5̣ 5 5̣ 2	1 • • 0	

N° 47. — TON DE RÉ. (1-2̇) M.M. 120.

3 •2 1 0	5 •4 3 0	11 •7 2̇ 17	76 54 3 2'	24 • 3 2	35 • 4 3
7 21 76 54	31 26 5 •'	3 •2 1 35	1̇ 54 3 0	21 •7 17 •6
65 43 2 4'	3 1 5 1̇	3 5 1̇ •	6 • 4 2	2 • 1 0	

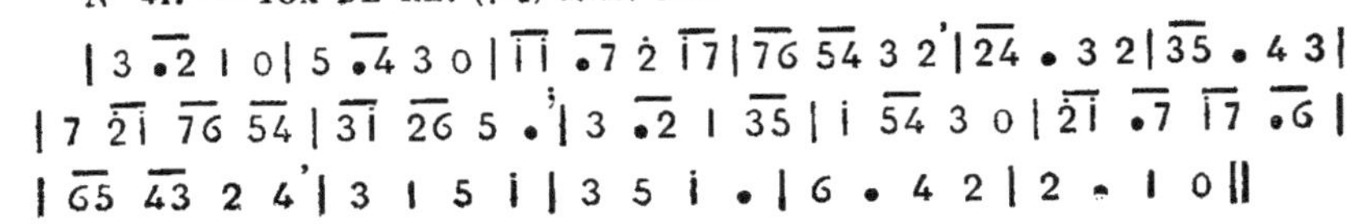

CANONS DU DEUXIÈME GROUPE.

N° 48. — TON DE SOL. (5-5) M.M. 120.

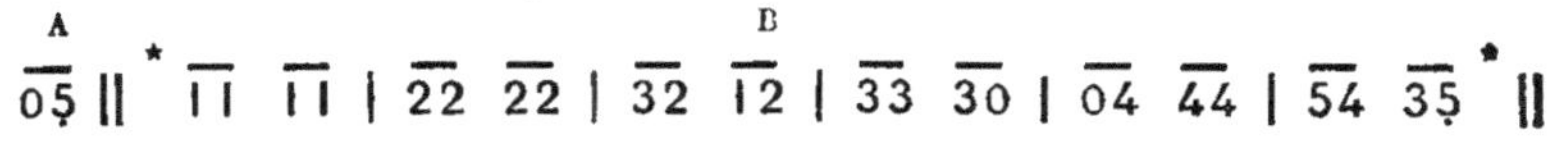

A B

05 || * 11 11 | 22 22 | 32 12 | 33 30 | 04 44 | 54 35 * ||

N° 49. — TON DE LA. (5-5) M.M. 120.

A B

5 | 3 3 1 5 | 5 4 3 1 | 6 7 1 23 | 5 4 3 ||

N° 50. — TON DE LA. (5-6) M.M. 120.

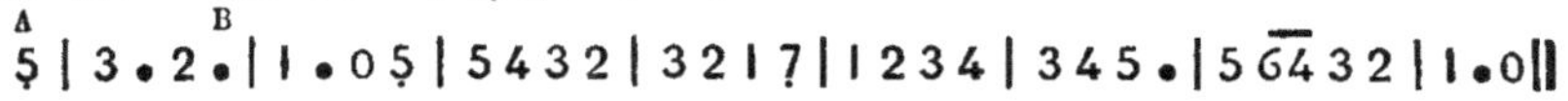

A B

5 | 3 • 2 • | 1 • 0 5 | 5 4 3 2 | 3 2 1 7 | 1 2 3 4 | 3 4 5 • | 5 64 3 2 | 1 • 0 ||

N° 51. — TON DE LA. (5-5) M.M. 120.

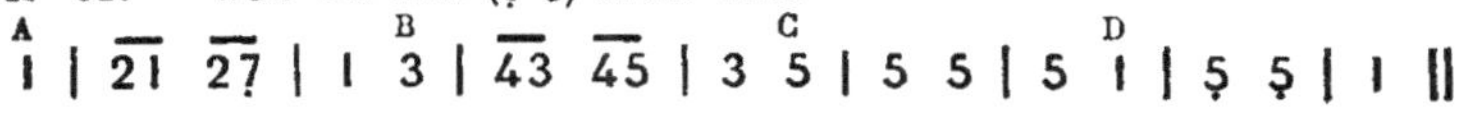

A B C D

1 | 21 27 | 1 3 | 43 45 | 3 5 | 5 5 | 5 1 | 5 5 | 1 ||

N° 52. — TON DE MI. (1-1) M.M. 120.

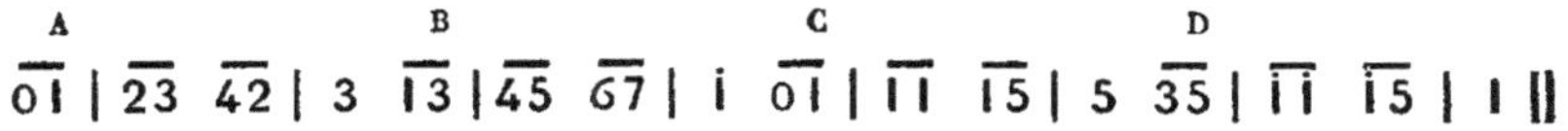

A B C D

01 | 23 42 | 3 13 | 45 67 | 1 01 | 11 15 | 5 35 | 11 15 | 1 ||

N° 53. — TON DE SOL. (5-5) M.M. 120.

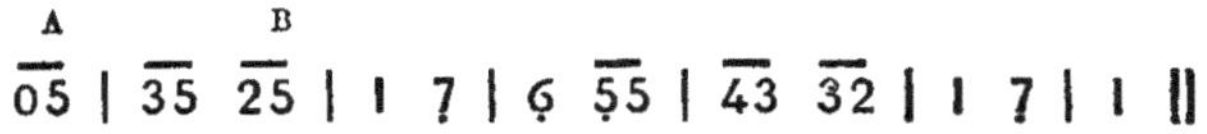

A B

05 | 35 25 | 1 7 | 6 55 | 43 32 | 1 7 | 1 ||

N° 54. — TON D'UT. (1-4) M.M. 120.

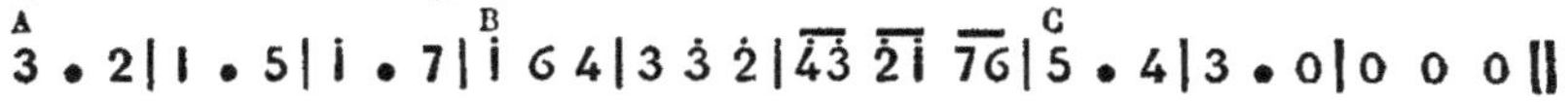

A B C

3 • 2 | 1 • 5 | 1 • 7 | 1 6 4 | 3 3 2 | 43 21 76 | 5 • 4 | 3 • 0 | 0 0 0 ||

N° 55. — TON DE RÉ. (7-1) M.M. 120.

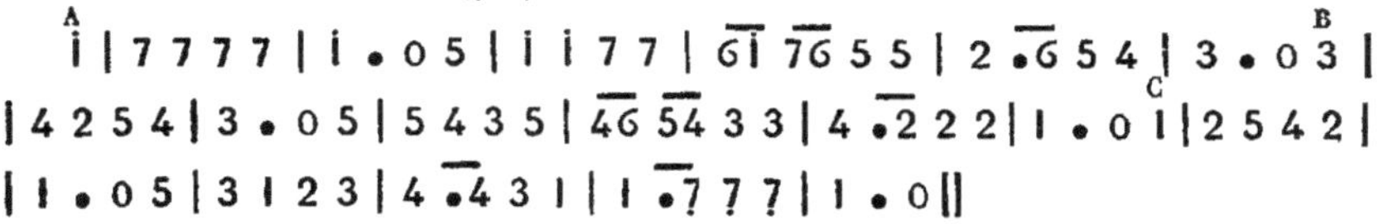

A B

1 | 7 7 7 7 | 1 • 0 5 | 1 1 7 7 | 61 76 5 5 | 2 • 6 5 4 | 3 • 0 3 |

C

| 4 2 5 4 | 3 • 0 5 | 5 4 3 5 | 46 54 3 3 | 4 • 2 2 2 | 1 • 0 1 | 2 5 4 2 |

| 1 • 0 5 | 3 1 2 3 | 4 • 4 3 1 | 1 • 7 7 7 | 1 • 0 ||

N° 56. — TON DE RÉ. (1-1) M.M. 120.

A B C D

| 1 2 | 3 1 | 3 4 | 5 • | 11 77 | 15 31 | 5 5 | 1 0 ||

N° 57. — TON D'UT. (1-3) M.M. 120.

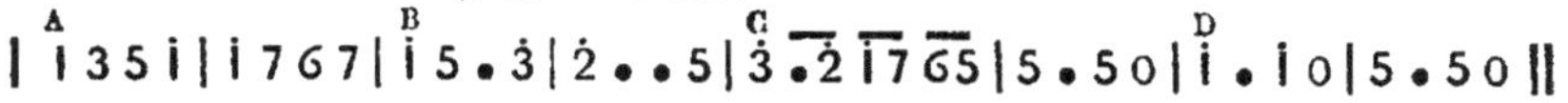

A B C D

| 1 3 5 1 | 1 7 6 7 | 1 5 • 3 | 2 • • 5 | 3 • 2 17 65 | 5 • 5 0 | 1 • 1 0 | 5 • 5 0 ||

N° 58. — TON DE MEU. (1-1) M.M. 120.

A B

| 1 • 2 • | 3 • 1 • | 4 4 3 3 | 2 2 1 • | 3 • 4 • | 5 • 3 • | 6 6 5 5 |

C

| 4 4 3 • | 5 • 7 • | 1 • 1 • | 1 1 1 1 | 17 67 1 • ||

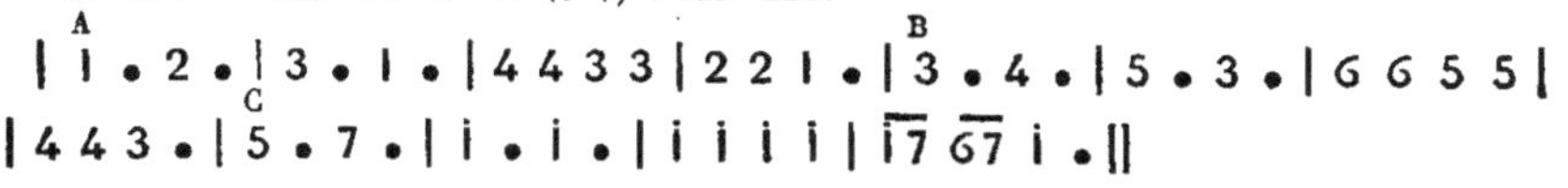

N° 59. — TON DE SI. (7-4) M.M. 120.

A B

| 5 • 1 7 | 1 • • 2 | 3 23 4 3 | 2 • 1 0 | 3 • 5 4 | 3 5 5 • | • 45 6 5 |

C

| 4 • 3 1 | 1 • 3 2 | 1 • • 7 | 1 1 1 1 | 5 • 1 0 ||

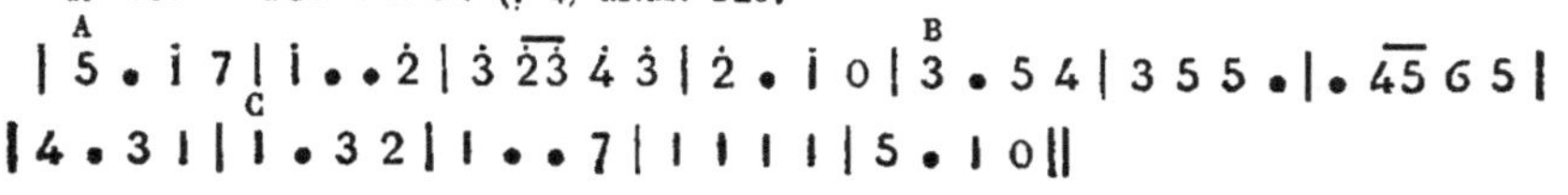

N° 60. — TON DE MI. (5-1) M.M. 120.

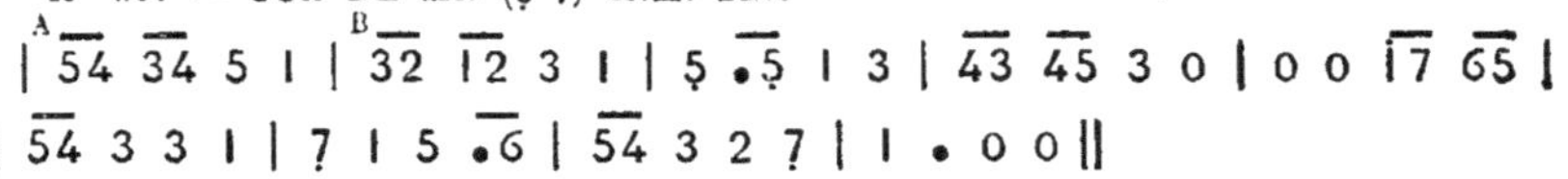

A | 54 34 5 1 | B 32 12 3 1 | 5 •5 1 3 | 43 45 3 0 | 0 0 17 65 |
| 54 3 3 1 | 7 1 5 •6 | 54 3 2 7 | 1 • 0 0 ||

N° 61. — TON DE REU. (5-3) M.M. 120.

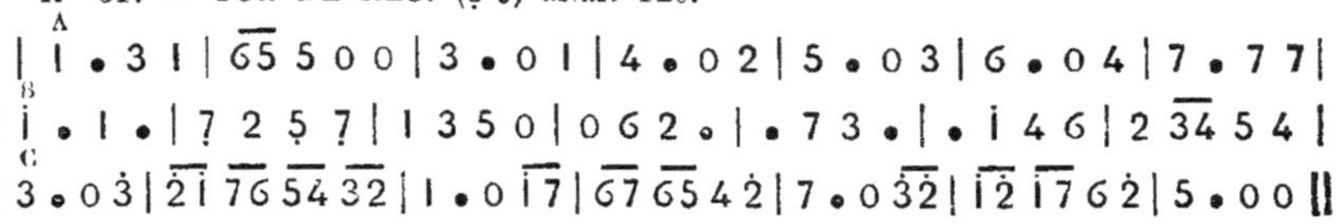

A | 1 • 3 1 | 65 5 0 0 | 3 • 0 1 | 4 • 0 2 | 5 • 0 3 | 6 • 0 4 | 7 • 7 7 |
B | 1 • 1 • | 7 2 5 7 | 1 3 5 0 | 0 6 2 • | • 7 3 • | • 1 4 6 | 2 34 5 4 |
C | 3 • 0 3 | 21 76 54 32 | 1 • 0 17 | 67 65 4 2 | 7 • 0 32 | 12 17 6 2 | 5 • 0 0 ||

N° 62. — TON DE SOL. (5-6) M.M. 120.

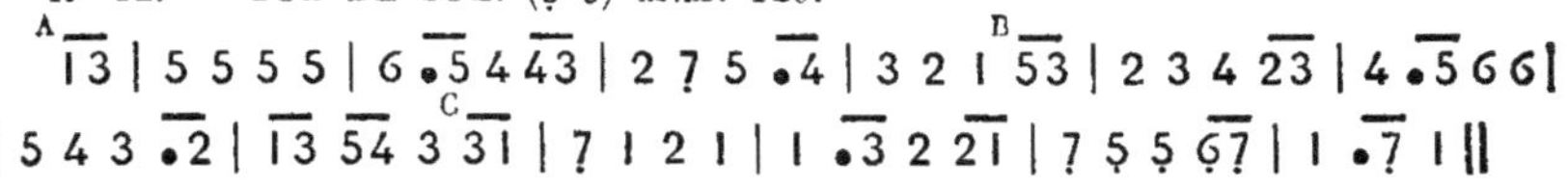

A 13 | 5 5 5 5 | 6 •5 4 43 | 2 7 5 •4 | 3 2 1 B 53 | 2 3 4 23 | 4 •5 6 6 |
| 5 4 3 •2 | C 13 54 3 31 | 7 1 2 1 | 1 •3 2 21 | 7 5 5 67 | 1 •7 1 ||

N° 63. — TON DE RÉ. (1-2) M.M. 120.

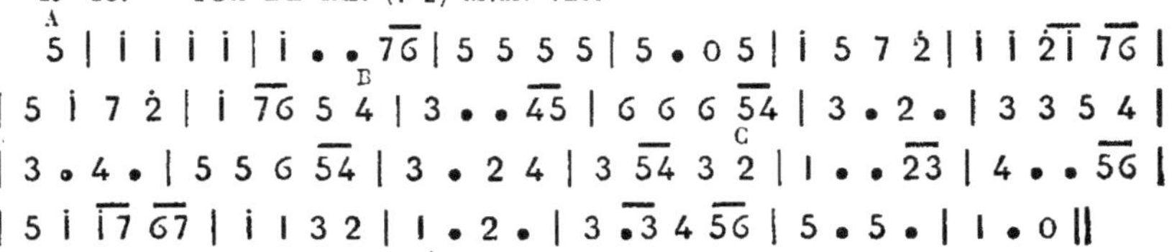

A 5 | 1 1 1 1 | 1 • • 76 | 5 5 5 5 | 5 • 0 5 | 1 5 7 2 | 1 1 21 76 |
5 1 7 2	1 76 5 B 4	3 • • 45	6 6 6 54	3 • 2 •	3 3 5 4
3 • 4 •	5 5 6 54	3 • 2 4	3 54 3 C 2	1 • • 23	4 • • 56
5 1 17 67	1 1 3 2	1 • 2 •	3 •3 4 56	5 • 5 •	1 • 0	

N° 64. — TON DE SI. (7-4) M.M. 120.

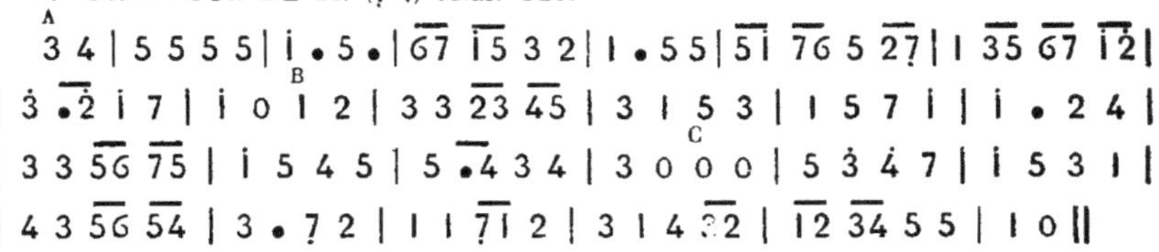

A 3 4 | 5 5 5 5 | 1 • 5 • | 67 15 3 2 | 1 • 5 5 | 51 76 5 27 | 1 35 67 12 |
3 •2 1 7	1 0 B 1 2	3 3 23 45	3 1 5 3	1 5 7 1	1 • 2 4
3 3 56 75	1 5 4 5	5 •4 3 4	3 0 C 0 0	5 3 4 7	1 5 3 1
4 3 56 54	3 • 7 2	1 1 71 2	3 1 4 32	12 34 5 5	1 0	

N° 65. — TON DE FA. (5-1) M.M. 120.

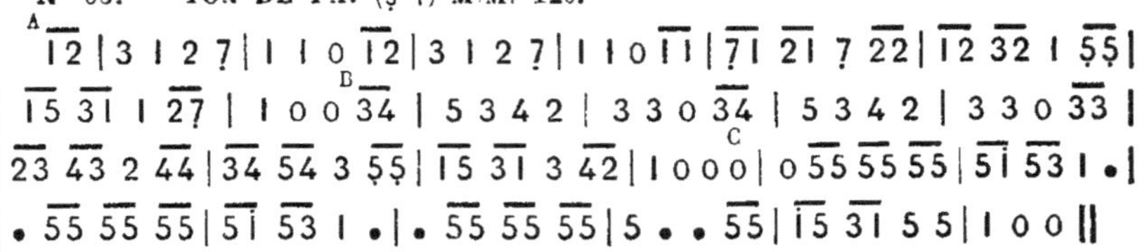

A 12 | 3 1 2 7 | 1 1 0 12 | 3 1 2 7 | 1 1 0 11 | 71 21 7 22 | 12 32 1 55 |
15 31 1 27	1 0 0 B 34	5 3 4 2	3 3 0 34	5 3 4 2	3 3 0 33
23 43 2 44	34 54 3 55	15 31 3 42	1 0 C 0 0	0 55 55 55	51 53 1 •
• 55 55 55	51 53 1 •	• 55 55 55	5 • • 55	15 31 5 5	1 0 0	

N° 66. — TON DE SI. (1-4) M.M. 112.

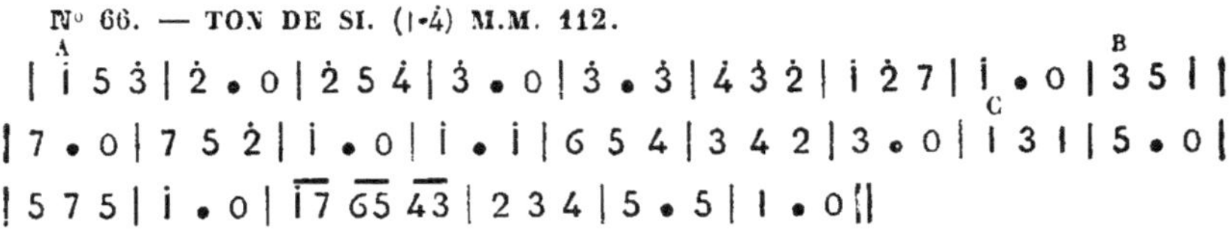

A | 1 5 3 | 2 • 0 | 2 5 4 | 3 • 0 | 3 • 3 | 4 3 2 | 1 2 7 | 1 • 0 | B 3 5 1 |
C | 7 • 0 | 7 5 2 | 1 • 0 | 1 • 1 | 6 5 4 | 3 4 2 | 3 • 0 | 1 3 1 | 5 • 0 |
| 5 7 5 | 1 • 0 | 17 65 43 | 2 3 4 | 5 • 5 | 1 • 0 ||

N° 67. — TON D'UT. (7-4) M.M. 112.

A | 5 5 4 | 3 4 5 | 6 1 6 | 5 0 5 | 3 • 2 | 1 7 6 | 5 • 4 | B 35 67 12 |
C | 3 •2 17 | 6 4 4 | 4 • 2 | 3 1 7 | 6 5 4 | 3 • 2 | 1 0 1 | 1 2 3 |
| 4 6 11 | 7 • 7 | 1 0 1 | 1 • 7 | 1 0 0 ||

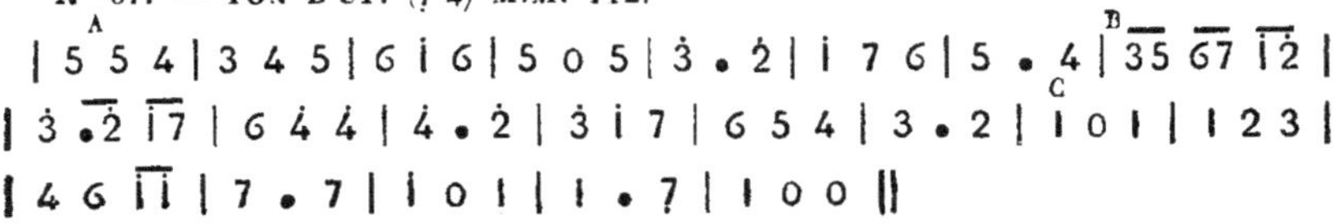

N° 68. — TON DE SEU. (1-5) M.M. 112.

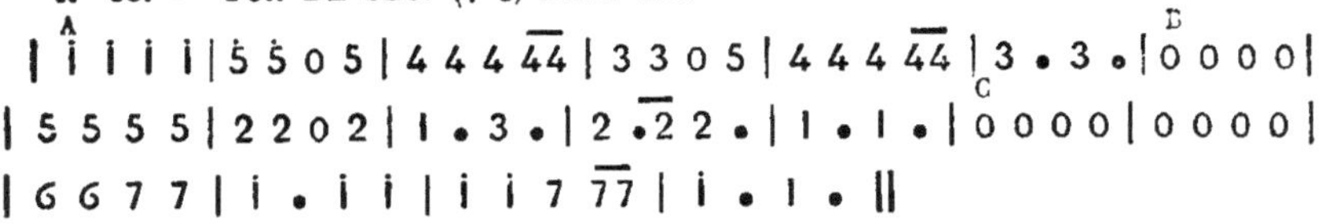

A B C

| 1 1 1 1 | 5 5 0 5 | 4 4 4 44 | 3 3 0 5 | 4 4 4 44 | 3 • 3 • | 0 0 0 0 |

| 5 5 5 5 | 2 2 0 2 | 1 • 3 • | 2 •2 2 • | 1 • 1 • | 0 0 0 0 | 0 0 0 0 |

| 6 6 7 7 | 1 • 1 1 | 1 1 7 77 | 1 • 1 • ||

N° 69. — TON DE FA. (4-1) M.M. 112.

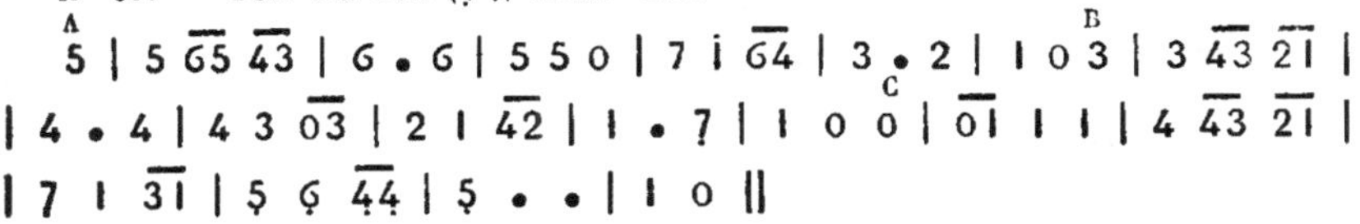

A B C

5 | 5 65 43 | 6 • 6 | 5 5 0 | 7 1 64 | 3 • 2 | 1 0 3 | 3 43 21 |

| 4 • 4 | 4 3 03 | 2 1 42 | 1 • 7 | 1 0 0 | 01 1 1 | 4 43 21 |

| 7 1 31 | 5 6 44 | 5 • • | 1 0 ||

N° 70. — TON D'UT. (1-3) M.M. 112.

A B

5 | 1 •5 5 | 2 •5 5 | 3 32 17 | 6 • 6 | 7 •6 7 | 1 •5 3 | 65 43 25 |

| 3 • 5 | 3 1 5 | 7 5 7 | 1 1 3 | 4 • 43 | 2 5 4 | 3 5 1 | 1 2 7 | 1 • ||

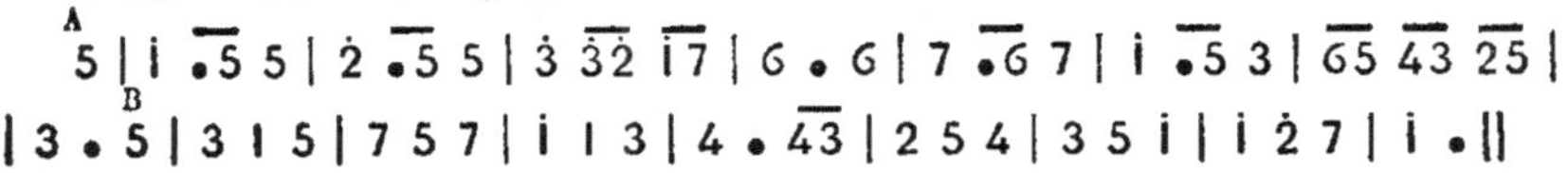

TROISIÈME GROUPE. — DIVISION TERNAIRE.

N° 71. — TON DE REU. (7-2) M.M. 92.

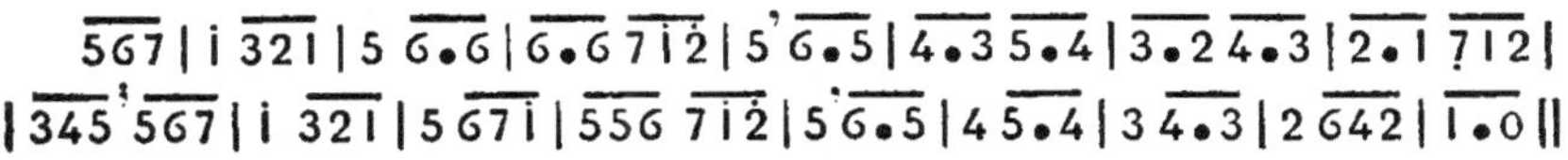

567 | 1 321 | 5 6•6 | 6•6 712 | 5 6•5 | 4•3 5•4 | 3•2 4•3 | 2•1 712 |

| 345 567 | 1 321 | 5 671 | 556 712 | 5 6•5 | 4 5•4 | 3 4•3 | 2 642 | 1•0 ||

N° 72. — TON DE SI. (1-4) M.M. 88.

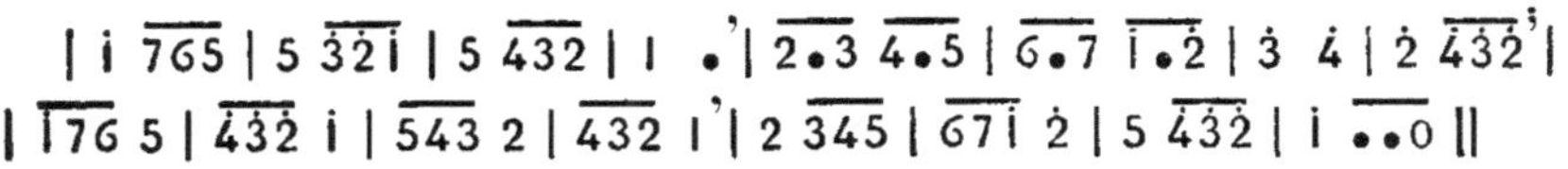

| 1 765 | 5 321 | 5 432 | 1 • | 2•3 4•5 | 6•7 1•2 | 3 4 | 2 432 |

| 176 5 | 432 1 | 543 2 | 432 1 | 2 345 | 671 2 | 5 432 | 1 ••0 ||

N° 73. — TON DE LEU. (5-5) M.M. 88.

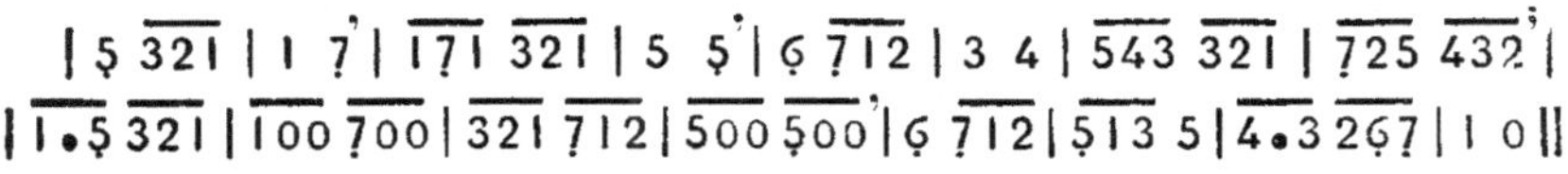

| 5 321 | 1 7 | 171 321 | 5 5 | 6 712 | 3 4 | 543 321 | 725 432 |

| 1•5 321 | 100 700 | 321 712 | 500 500 | 6 712 | 513 5 | 4•3 267 | 1 0 ||

N° 74. — TON DE RÉ. (1-2) M.M. 92.

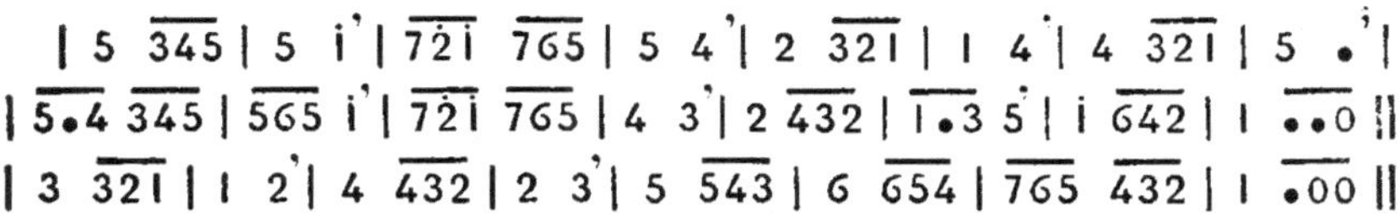

| 5 345 | 5 1 | 721 765 | 5 4 | 2 321 | 1 4 | 4 321 | 5 • |

| 5•4 345 | 565 1 | 721 765 | 4 3 | 2 432 | 1•3 5 | 1 642 | 1 ••0 ||

| 3 321 | 1 2 | 4 432 | 2 3 | 5 543 | 6 654 | 765 432 | 1 •00 ||

N° 75. — TON DE MI. (5-1) M.M. 92.

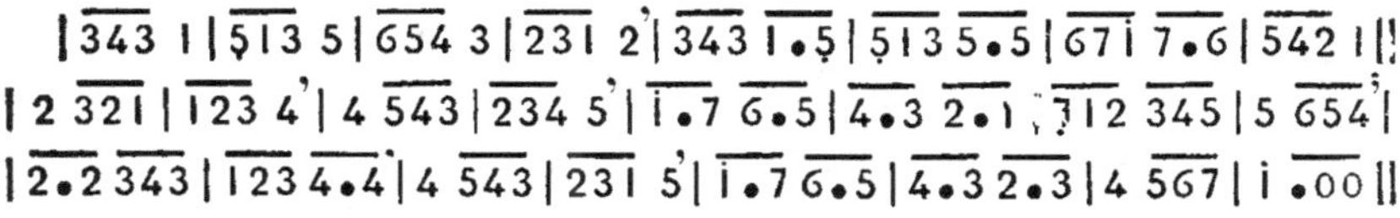

| 343 1 | 513 5 | 654 3 | 231 2 | 343 1•5 | 513 5•5 | 671 7•6 | 542 1 ||

| 2 321 | 123 4 | 4 543 | 234 5 | 1•7 6•5 | 4•3 2•1 | 712 345 | 5 654 |

| 2•2 343 | 123 4•4 | 4 543 | 231 5 | 1•7 6•5 | 4•3 2•3 | 4 567 | 1 •00 ||

N° 76. — TON DE RÉ. (1-2) M.M. 92.

| 5 432 | 115 3•4 | 5•6 654 | 3 2 | 4 321 | 234 5•1 | 7•2 176 | 543 2 |

| 505 432 | 115 304 | 506 654 | 3 2 | 404 321 | 234 501 | 721 542 | 1 0 ||

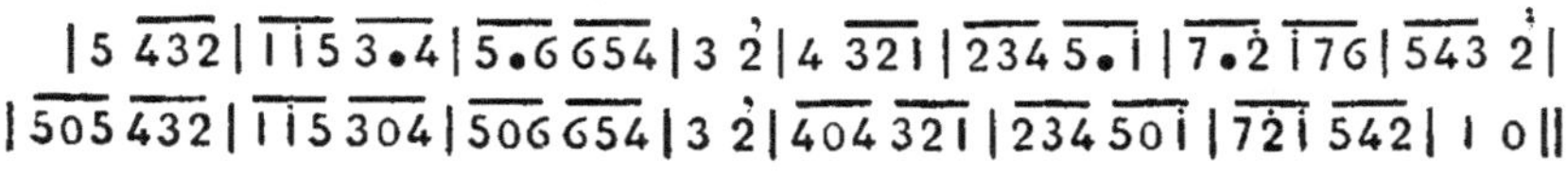

N° 77. — TON DE SI. (1-3) M.M. 76.

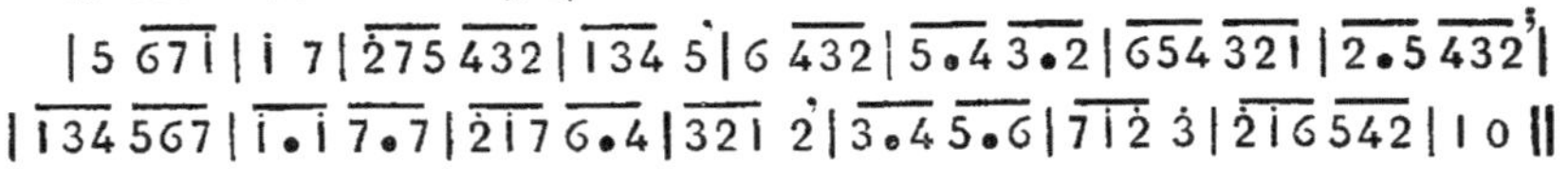

| 5 671 | 1 7 | 275 432 | 134 5 | 6 432 | 5.4 3.2 | 654 321 | 2.5 432 |
| 134 567 | 1.1 7.7 | 217 6.4 | 321 2 | 3.4 5.6 | 712 3 | 216 542 | 1 0 ||

N° 78. — TON DE LA. (3-4) M.M. 92.

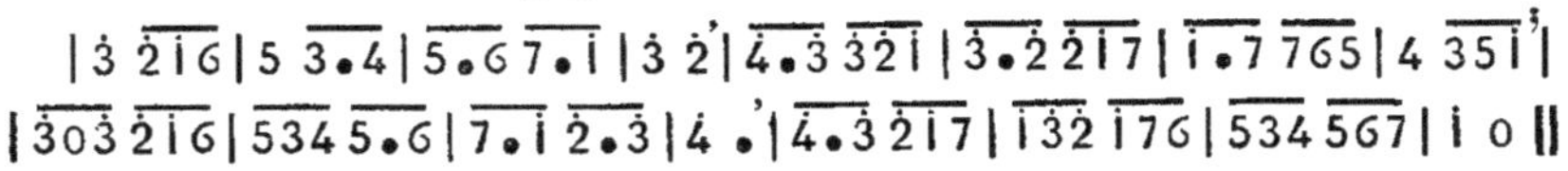

| 3 216 | 5 3.4 | 5.6 7.1 | 3 2 | 4.3 321 | 3.2 217 | 1.7 765 | 4 351 |
| 303 216 | 534 5.6 | 7.1 2.3 | 4 . | 4.3 217 | 132 176 | 534 567 | 1 0 ||

N° 79. — TON DE SI. (1-3) M.M. 84.

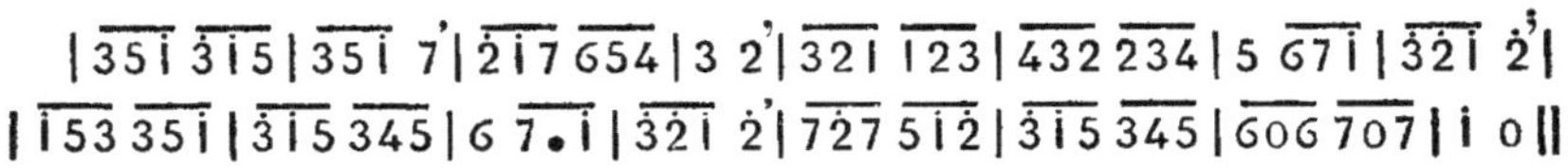

| 351 315 | 351 7 | 217 654 | 3 2 | 321 123 | 432 234 | 5 671 | 321 2 |
| 153 351 | 315 345 | 6 7.1 | 321 2 | 727 512 | 315 345 | 606 707 | 1 0 ||

N° 80. — TON DE SI. (1-3) M.M. 84.

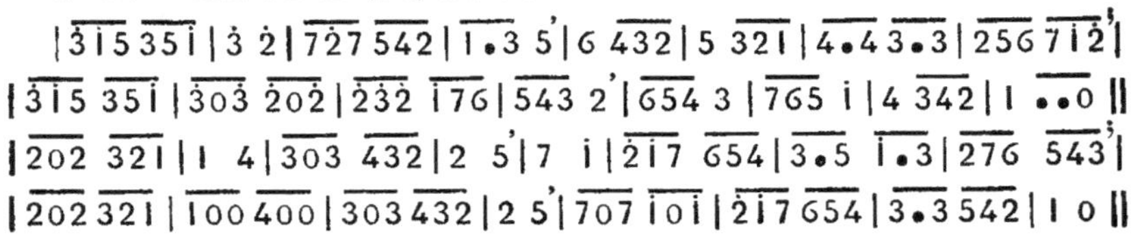

315 351	3 2	727 542	1.3 5	6 432	5 321	4.4 3.3	256 712
315 351	303 202	232 176	543 2	654 3	765 1	4 342	1 ..0	
202 321	1 4	303 432	2 5	7 1	217 654	3.5 1.3	276 543
202 321	100 400	303 432	2 5	707 101	217 654	3.3 542	1 0	

N° 81. — TON DE FA. (5-6) M.M. 84.

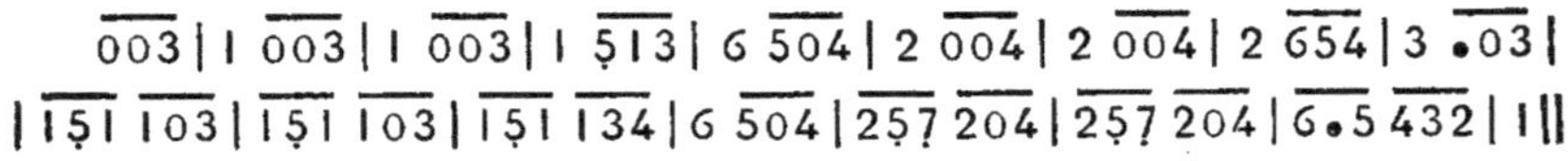

003 | 1 003 | 1 003 | 1 513 | 6 504 | 2 004 | 2 004 | 2 654 | 3 .03 |
| 151 103 | 151 103 | 151 134 | 6 504 | 257 204 | 257 204 | 6.5 432 | 1 ||

N° 82. — TON DE RÉ. (1-2) M.M. 84.

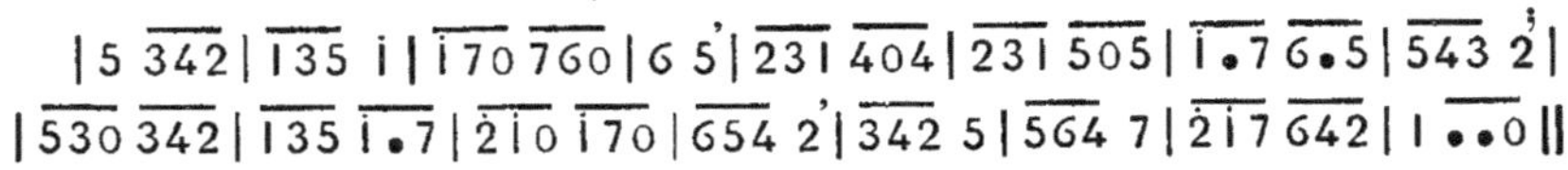

| 5 342 | 135 1 | 170 760 | 6 5 | 231 404 | 231 505 | 1.7 6.5 | 543 2 |
| 530 342 | 135 1.7 | 210 170 | 654 2 | 342 5 | 564 7 | 217 642 | 1 ..0 ||

N° 83. — TON DE SI. (1-3) M.M. 104.

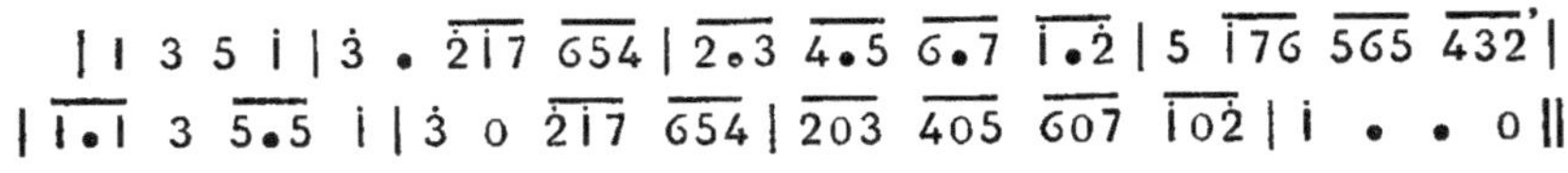

| 1 3 5 1 | 3 . 217 654 | 2.3 4.5 6.7 1.2 | 5 176 565 432 |
| 1.1 3 5.5 1 | 3 0 217 654 | 203 405 607 102 | 1 . . 0 ||

N° 84. — TON DE REU. (1-2) M.M. 80.

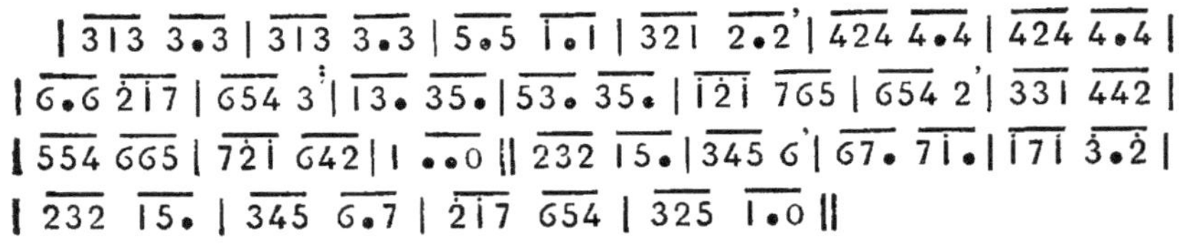

313 3.3	313 3.3	5.5 1.1	321 2.2	424 4.4	424 4.4
6.6 217	654 3	13. 35.	53. 35.	121 765	654 2	331 442
554 665	721 642	1 ..0 || 232 15.	345 6	67. 71.	171 3.2
232 15.	345 6.7	217 654	325 1.0	

N° 85. — TON DE REU. (1-2) M.M. 84.

531 531	2.3 1.3	44. 55.	671 2	1 765	6 543	2.3 1.3	2 5
351 351	2.3 1.3	4.4 5.5	671 2	176 5	654 3	234 567	1 ..0	
200 176	500 432	123 345	5 6	620 176	510 765	4 342	1 ..0	

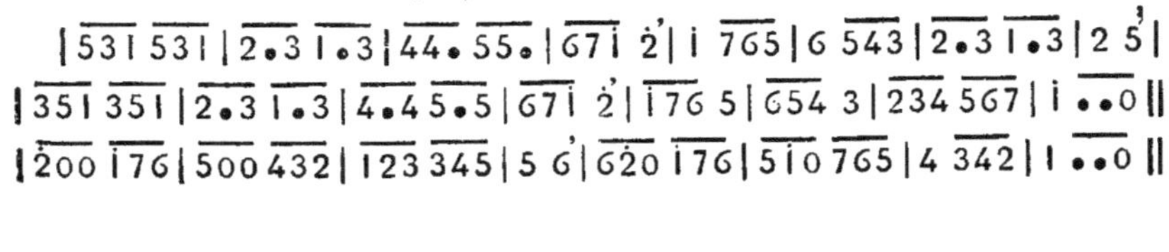

N° 86. — TON DE SEU. (3-4) M.M. 84.

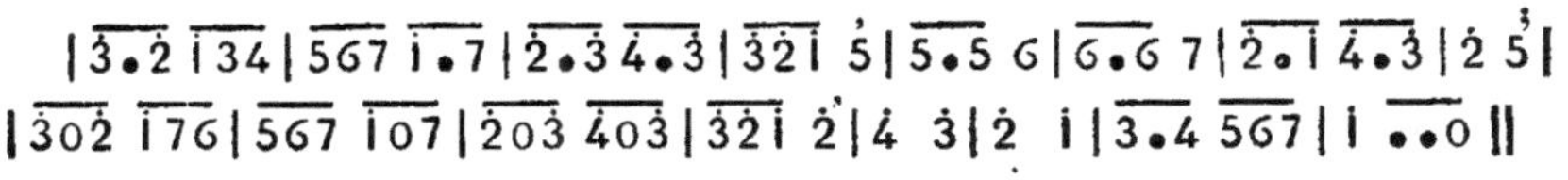

| 3•2 134 | 567 1•7 | 2•3 4•3 | 321 5 | 5•5 6 | 6•6 7 | 2•1 4•3 | 2 5 |
| 302 176 | 567 107 | 203 403 | 321 2 | 4 3 | 2 1 | 3•4 567 | 1 ••0 ||

N° 87. — TON DE SI. (1-4) M.M. 84.

1 351	3 2	432 176	543 2	4 432	5 543	6•6 712	176 5
101 321	5•1 3	234 321	712 5	6•5 432	5•4 321	4 5	1 •00	
202 404	303 505	1•7 217	654 3	323 4	434 5	6 567	1 ••0	

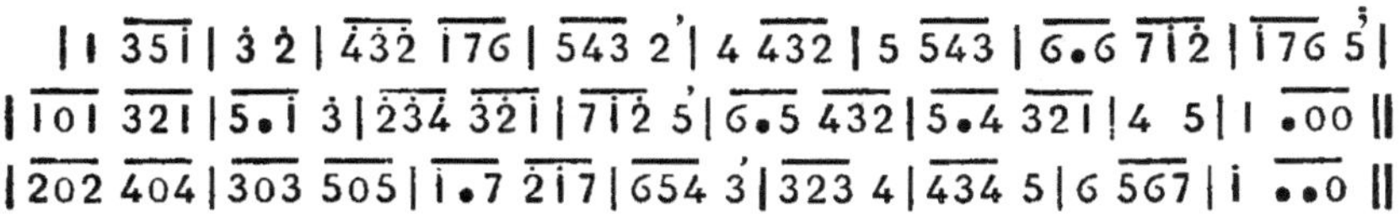

QUATRIÈME GROUPE. — DIVISION BINO-BINAIRE.

N° 88. — TON DE SEU. (5-5) M.M. 108.

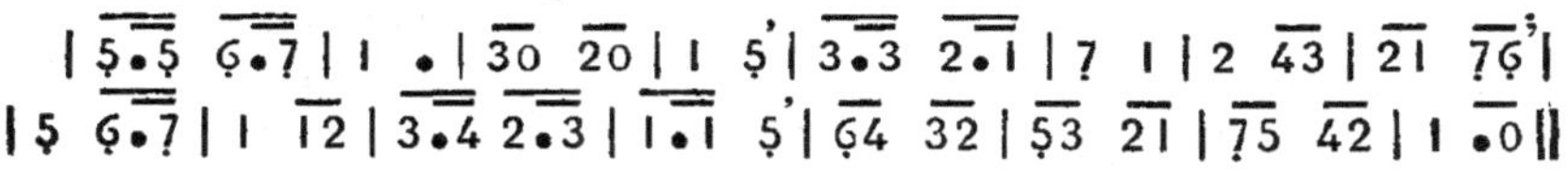

| 5•5 6•7 | 1 • | 30 20 | 1 5 | 3•3 2•1 | 7 1 | 2 43 | 21 76 |
| 5 6•7 | 1 12 | 3•4 2•3 | 1•1 5 | 64 32 | 53 21 | 75 42 | 1 •0 ||

N° 89. — TON DE FA. (5-1) M.M. 104.

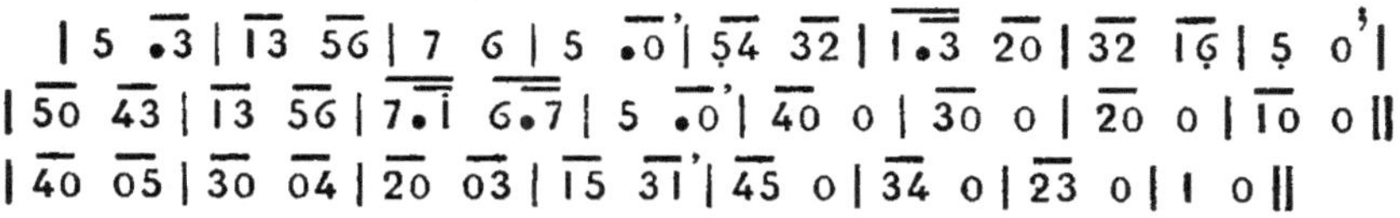

5 •3	13 56	7 6	5 •0	54 32	1•3 20	32 16	5 0
50 43	13 56	7•1 6•7	5 •0	40 0	30 0	20 0	10 0	
40 05	30 04	20 03	15 31	45 0	34 0	23 0	1 0	

N° 90. — TON DE RÉ. (7-1) M.M. 116.

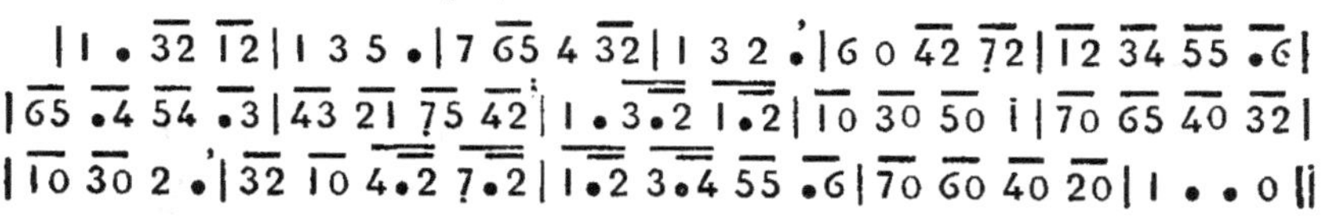

1 • 32 12	1 3 5 •	7 65 4 32	1 3 2 •	6 0 42 72	12 34 55 •6
65 •4 54 •3	43 21 75 42	1 • 3•2 1•2	10 30 50 1	70 65 40 32
10 30 2 •	32 10 4•2 7•2	1•2 3•4 55 •6	70 60 40 20	1 • • 0	

N° 91. — TON DE SI. (1-4) M.M. 108.

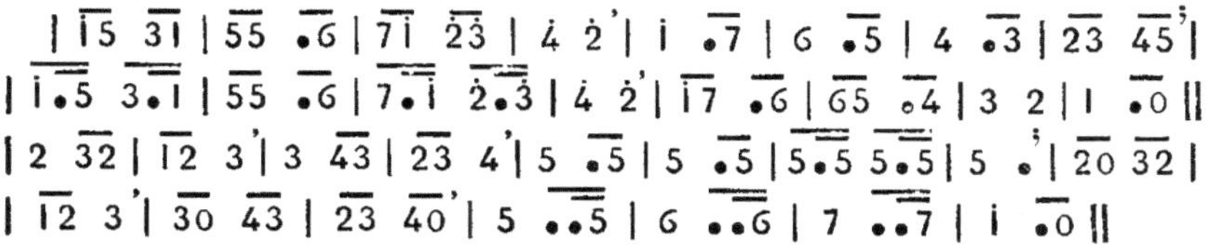

15 31	55 •6	71 23	4 2	1 •7	6 •5	4 •3	23 45
1•5 3•1	55 •6	7•1 2•3	4 2	17 •6	65 •4	3 2	1 •0	
2 32	12 3	3 43	23 4	5 •5	5 •5	5•5 5•5	5 •	20 32
12 3	30 43	23 40	5 ••5	6 ••6	7 ••7	1 •0	

N° 92. — TON DE SEU. (2-4) M.M. 92.

3 5 6	5 • 1•2	3 •4 23	1 ••	6 4 0	2 7 0	5 6•7 1•2	3 2•1 7•6
5 3 6	5 0 12	3 •4 23	1 • 5	6 4 0	5 3 0	2•1 76 42	1 • •0	
2 5 6•5	3 5 6•5	44 •3 21	77 •6 54	3•3 3 6•5	2 5 6•5
4 5 3•2	1 • 0	

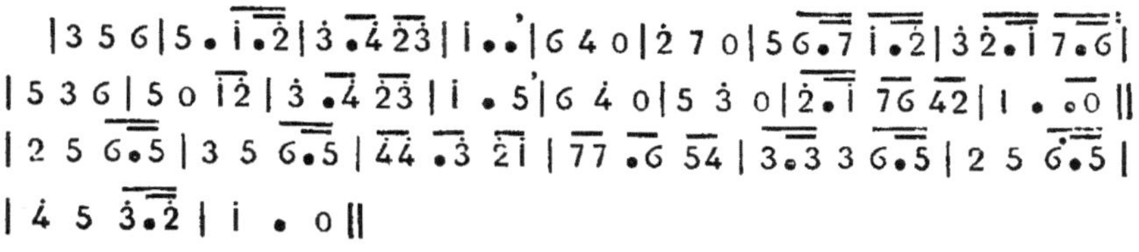

N° 93. — TON DE SI. (1-3) M.M. 100.

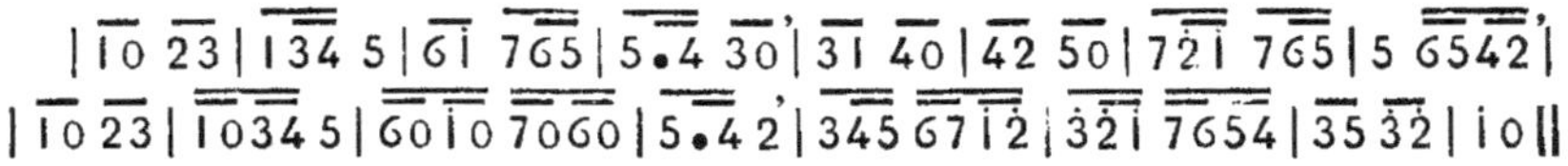

| 10 23 | 134 5 | 61 765 | 5.4 30 | 31 40 | 42 50 | 721 765 | 5 6542 |

| 10 23 | 10345 | 6010 7060 | 5.4 2 | 345 6712 | 321 7654 | 35 32 | 10 ||

N° 94. — TON DE MEU (7-1) M.M. 100.

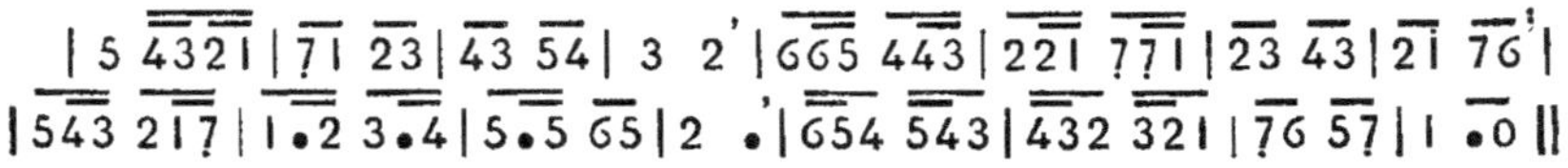

| 5 4321 | 71 23 | 43 54 | 3 2 | 665 443 | 221 771 | 23 43 | 21 76 |

| 543 217 | 1.2 3.4 | 5.5 65 | 2 . | 654 543 | 432 321 | 76 57 | 1 .0 ||

N° 95. — TON DE REU. (1-2) M.M. 100.

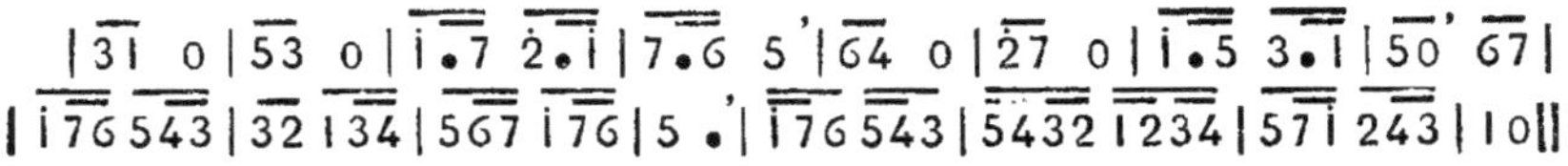

| 31 0 | 53 0 | 1.7 2.1 | 7.6 5 | 64 0 | 27 0 | 1.5 3.1 | 50 67 |

| 176543 | 32 134 | 567 176 | 5 . | 176543 | 5432 1234 | 571 243 | 10 ||

N° 96. — TON DE SI. (1-3) M.M. 116.

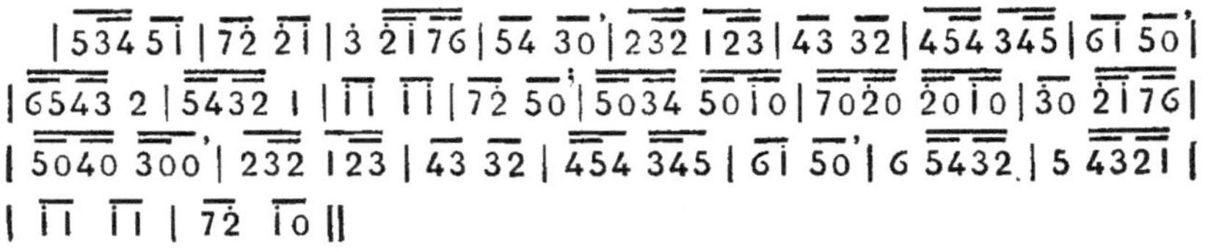

| 534 51 | 72 21 | 3 2176 | 54 30 | 232 123 | 43 32 | 454 345 | 61 50 |

| 6543 2 | 5432 1 | 11 11 | 72 50 | 5034 5010 | 7020 2010 | 30 2176 |

| 5040 300 | 232 123 | 43 32 | 454 345 | 61 50 | 6 5432 | 5 4321 |

| 11 11 | 72 10 ||

N° 97. — TON DE SEU. (2-4) M.M. 108.

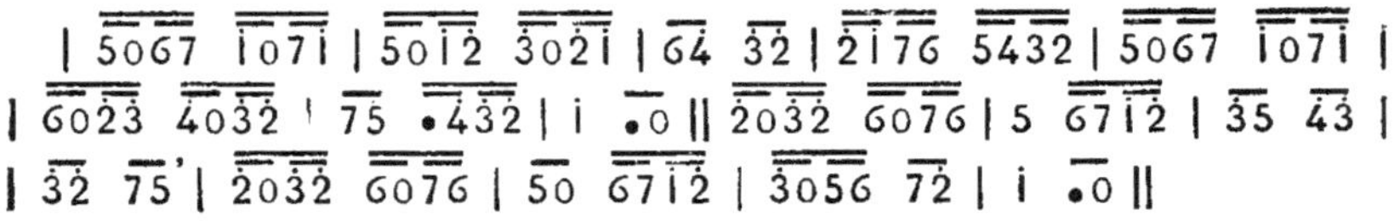

| 5067 1071 | 5012 3021 | 64 32 | 2176 5432 | 5067 1071 |

| 6023 4032 | 75 .432 | 1 .0 || 2032 6076 | 5 6712 | 35 43 |

| 32 75 | 2032 6076 | 50 6712 | 3056 72 | 1 .0 ||

N° 98. — TON DE REU. (1-2) M.M. 96.

| 35 043 | 23 134 | 56 054 | 3 2 | 23 023 | 45 671 | 517 6543 |

| 21 76 | 3050 043 | 2030 1034 | 5060 7010 | 1 2 | 1030 023 |

| 4050 6071 | 5017 6542 | 1 .0 ||

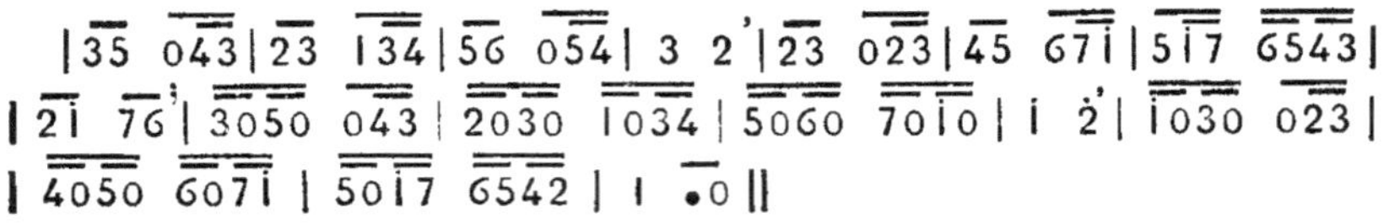

CANONS DU QUATRIÈME GROUPE.

N° 99. — TON DE SI. — (1-4) M.M. 100.

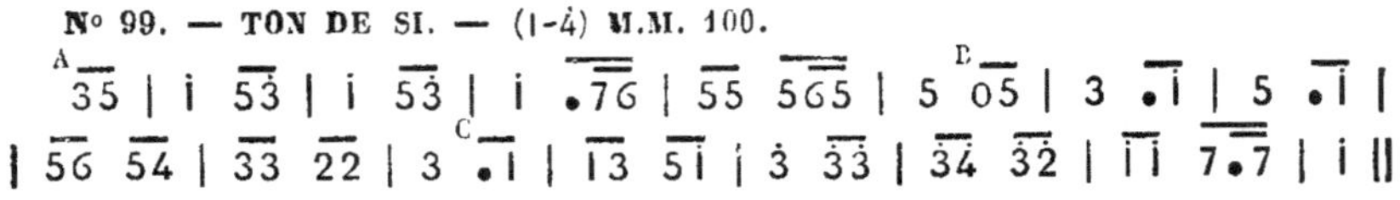

A 35 | 1 53 | 1 53 | 1 .76 | 55 565 | 5 B 05 | 3 .1 | 5 .1 |

| 56 54 | 33 22 | 3 C .1 | 13 51 | 3 33 | 34 32 | 11 7.7 | 1 ||

N° 100. — TON DE LEU. — (5-5) M.M. 100.

| A 3.1 | 7 0 | 4 .7 | 1 0 | 11 13 | 4.2 70 | 2 7 | 1 0 | B 1 5 | 2 5 |

| 2 5 | 3 5 | 3 5 | 2 5 | 4 5 | 3 0 | C 0 5 | . 5 | . 5 | . 5 | . 5 | . 5 | . 5 | . 0 ||

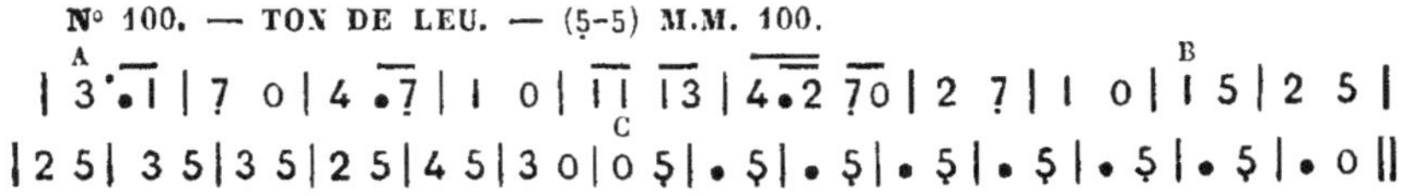

N° 101. — TON DE LA. — (1-5̇) M.M. 108.

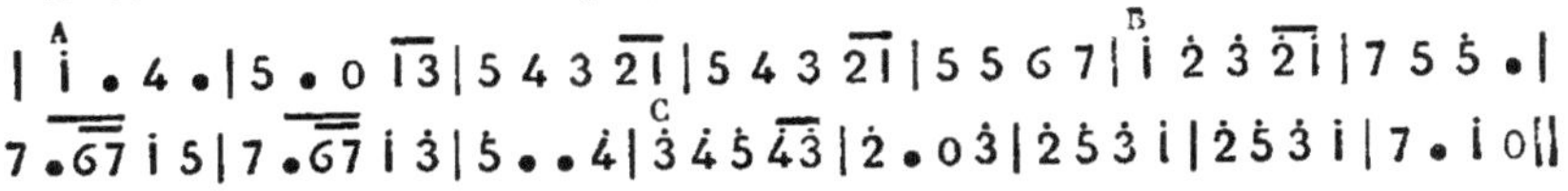

A | 1̇ • 4 • | 5 • 0 13 | 5 4 3 21 | 5 4 3 21 | 5 5 6 7 | B 1̇ 2̇ 3̇ 2̇1̇ | 7 5 5̇ • |
| 7 •67 1̇ 5 | 7 •67 1̇ 3̇ | 5̇ • • 4̇ | C 3̇ 4̇ 5̇ 4̇3̇ | 2̇ • 0 3̇ | 2̇ 5̇ 3̇ 1̇ | 2̇ 5̇ 3̇ 1̇ | 7 • 1̇ 0 ||

N° 102. — TON DE LEU. — (5̣-5) M.M. 112.

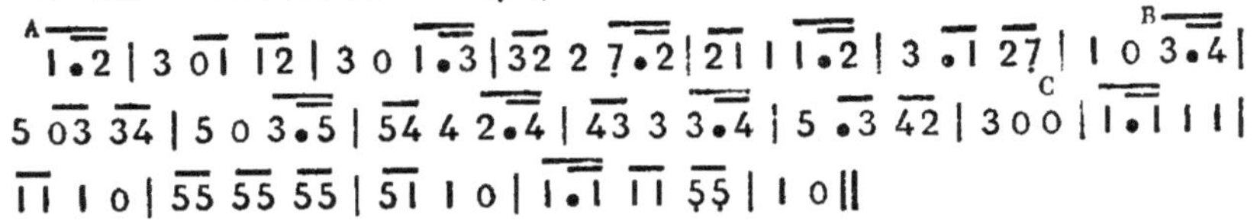

A 1•2 | 3 01 12 | 3 0 1•3 | 32 2 7̣•2 | 21 1 1•2 | 3 •1 27̣ | B 1 0 3•4 |
| 5 03 34 | 5 0 3•5 | 54 4 2•4 | 43 3 3•4 | 5 •3 42 | C 3 0 0 | 1•1 1 1 |
| 11 1 0 | 55 55 55 | 51 1 0 | 1•1 11 5̣5̣ | 1 0 ||

N° 103. — TON DE LA. — (1-6̇) M.M. 112.

A 05 67 | 1̇ 0 05 67 | 1̇ 0 0 13̇ | 2̇ 13̇ 2̇ 1̇ | 1̇ 7 056 771̇ |
2̇2̇1̇ 776 556 771̇	2̇2̇1̇ 776 55 67	B 1̇ 4 5 •	1 • 0 0
05 72̇ 1̇ 0	05 72̇ 1̇ 35	4 35 4 3	3 2 071̇ 2̇2̇3̇	4̇4̇3̇ 2̇2̇1̇ 771̇ 2̇2̇3̇
4̇4̇3̇ 2̇2̇1̇ 77 12̇	3̇3̇ 2̇3̇4̇2̇ 1̇ 7	1̇ • C 0 0	03̇ 2̇4̇ 3̇ 0	03̇ 2̇4̇ 3̇ 0
5̇ 5̇5̇ 5̇ 5̇	5̇ 5̇ 0 0	5̇ 5̇5̇ 5̇5̇ 5̇5̇	5̇ • •5̇ 4̇4̇	3̇5̇ 4̇5̇6̇4̇ 3̇ 2̇	1̇ •	

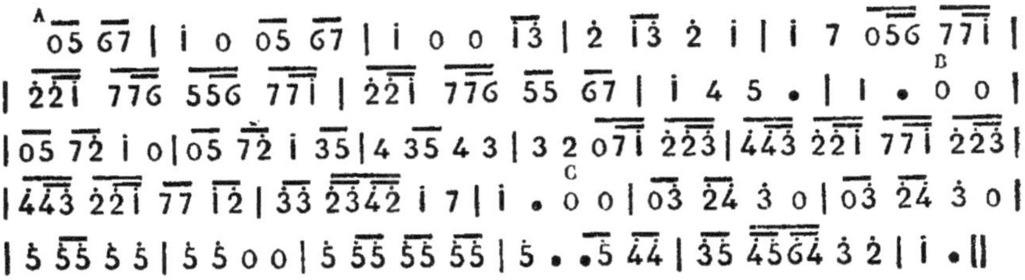

DEUXIÈME SÉRIE. — AIRS MINEURS.

(Sans indication de groupes.)

N° 104. — TON DE MEU MINEUR. (5̣-6) M.M. 92.

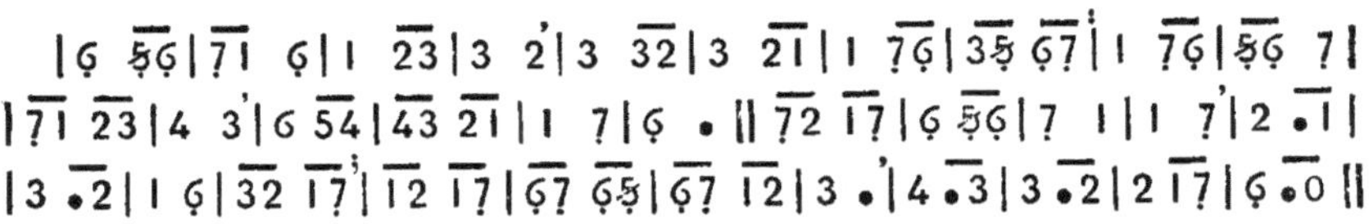

6̣ 5̣6̣	71 6̣	1 23	3 2	3 32	3 21	1 7̣6̣	35̣ 6̣7̣	1 7̣6̣	5̣6̣ 7̣
7̣1 23	4 3	6 54	43 21	1 7̣	6̣ • || 7̣2 17̣	6̣ 5̣6̣	7̣ 1	1 7̣	2 •1
3 •2	1 6̣	32 17̣	12 17̣	6̣7̣ 6̣5̣	6̣7̣ 12	3 •	4 •3	3 •2	2 17̣	6̣ •0	

N° 105. — TON DE LEU MINEUR. (1-4̇) M.M. 112.

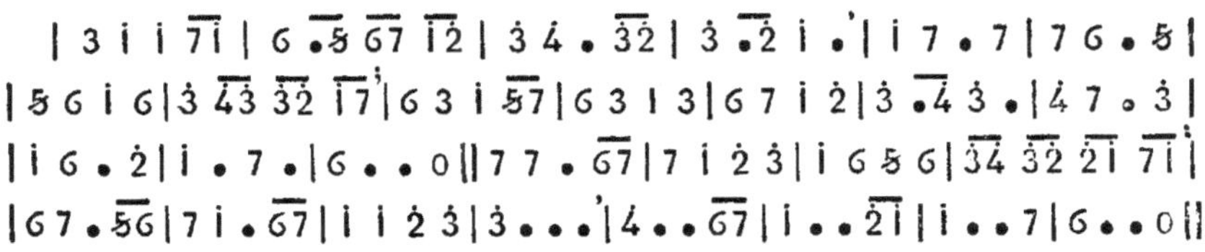

3 1̇ 1̇ 71̇	6 •5̣ 67 12̇	3̇ 4̇ • 3̇2̇	3̇ •2̇ 1̇ •	1̇ 7 • 7	7 6 • 5̣
5̣ 6 1̇ 6	3̇ 4̇3̇ 3̇2̇ 17	6 3 1̇ 5̣7	6 3 1 3	6 7 1̇ 2̇	3̇ •4̇ 3̇ •	4̇ 7 • 3̇
1̇ 6 • 2̇	1̇ • 7 •	6 • • 0 || 7 7 • 67	7 1̇ 2̇ 3̇	1̇ 6 5̣ 6	3̇4̇ 3̇2̇ 2̇1̇ 71̇
6 7 •5̣6	7 1̇ •67	1̇ 1̇ 2̇ 3̇	3̇ • • •	4̇ • • 67	1̇ • • 2̇1̇	1̇ • • 7	6 • • 0	

N° 106. — TON D'UT MINEUR. (6̣-1̇) M.M. 112.

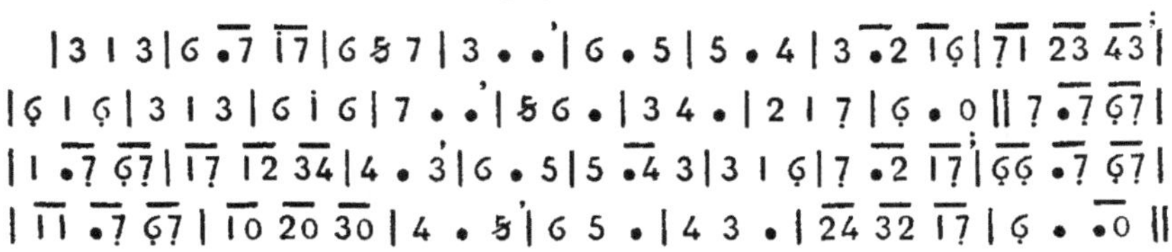

3 1 3	6 •7 17̣	6 5̣ 7	3 • •	6 • 5	5 • 4	3 •2 16̣	7̣1 23 43
6̣ 1 6̣	3 1 3	6 1̇ 6	7 • •	5̣6 •	3 4 •	2 1 7̣	6̣ • 0 || 7̣ •7̣ 6̣7̣
1 •7̣ 6̣7̣	17̣ 12 34	4 • 3	6 • 5	5 •4 3	3 1 6̣	7̣ •2 17̣	6̣6̣ •7̣ 6̣7̣
11 •7̣ 6̣7̣	10 20 30	4 • 5̣	6 5 •	4 3 •	24 32 17̣	6̣ • •0	

N° 107. — TON DE FÈ MINEUR. (5-4) M.M. 76.

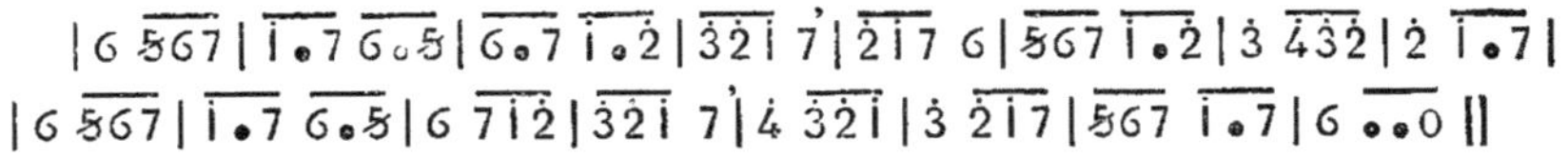

| 6 567 | 1 • 7 6 • 5 | 6 • 7 1 • 2 | 321 7' | 217 6 | 567 1 • 2 | 3 432 | 2 1 • 7 |
| 6 567 | 1 • 7 6 • 5 | 6 712 | 321 7' | 4 321 | 3 217 | 567 1 • 7 | 6 • • 0 ||

N° 108. — TON DE REU MINEUR. (7-1) M.M. 96.

6 • • 66	5 • • 33	7 • • 17	6 • • 0'	6 5 4 3	3 • 3 3 • 3
44 • 4 • 4 • 4	3 2 1 7'	6 6 • 66	5 5 • 33	7 7 • 17	6 • 30 45
60 50 40 30	3 03 3 03	44 • 3 55 • 7	6 • • 0	

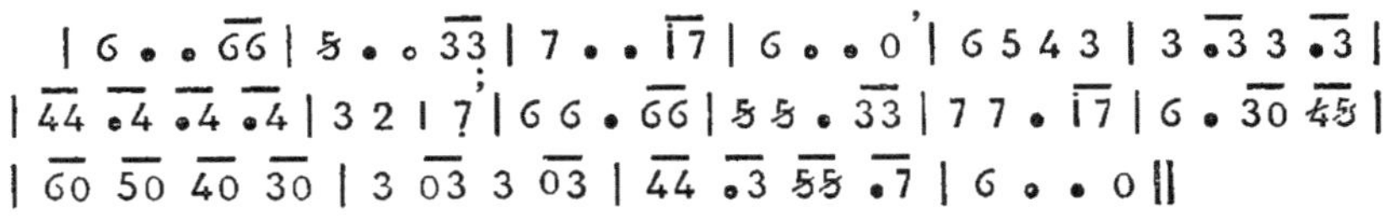

N° 109. — TON DE SOL MINEUR. (3-4) M.M. 100.

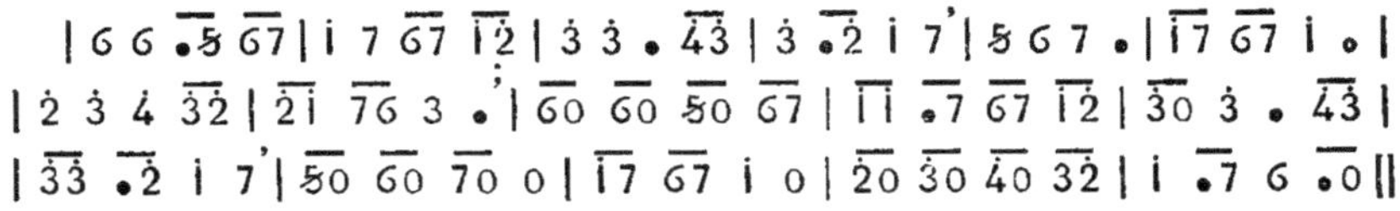

6 6 • 5 67	1 7 67 12	3 3 • 43	3 • 2 1 7'	5 6 7 •	17 67 1 •
2 3 4 32	21 76 3 •'	60 60 50 67	11 • 7 67 12	30 3 • 43
33 • 2 1 7'	50 60 70 0	17 67 1 0	20 30 40 32	1 • 7 6 • 0	

N° 110. — TON DE SOL MINEUR. (3-4) M.M. 96.

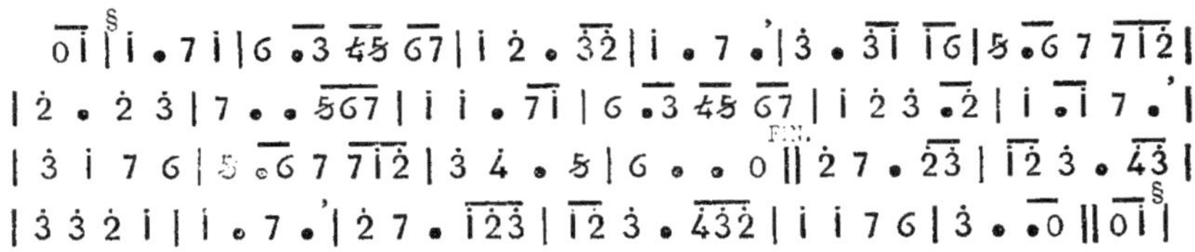

01 | § 1 • 7 1 | 6 • 3 45 67 | 1 2 • 32 | 1 • 7 •' | 3 • 31 16 | 5 • 6 7 712 |
| 2 • 2 3 | 7 • • 567 | 1 1 • 71 | 6 • 3 45 67 | 1 2 3 • 2 | 1 • 1 7 •' |
FIN.
| 3 1 7 6 | 5 • 6 7 712 | 3 4 • 5 | 6 • • 0 || 2 7 • 23 | 12 3 • 43 |
| 3 3 2 1 | 1 • 7 •' | 2 7 • 123 | 12 3 • 432 | 1 1 7 6 | 3 • • 0 || 01 § |

N° 111. — TON DE MEU MINEUR. (5-6) M.M. 76.

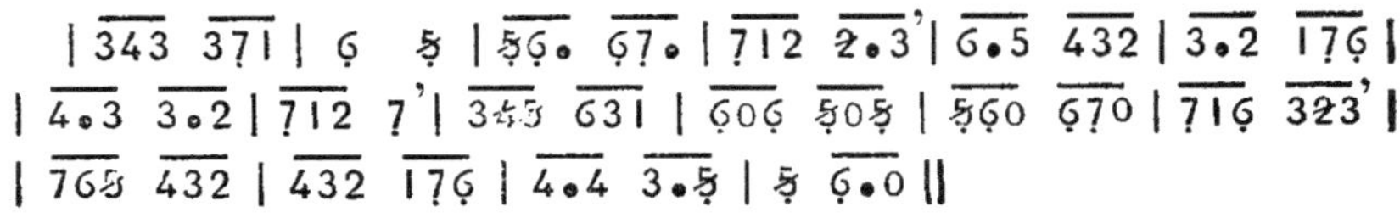

343 371	6 5	56 • 67 •	712 2 • 3'	6 • 5 432	3 • 2 176
4 • 3 3 • 2	712 7'	345 631	606 505	560 670	716 323'
765 432	432 176	4 • 4 3 • 5	5 6 • 0	

N° 112. — TON DE SOL MINEUR. (3-4) M.M. 76.

| 617 6 • 1 | 342 3 | 32 • 21 • | 176 3' | 232 1 | 7 3 | 4 • 5 6 • 7 | 122 3' |
| 317 656 | 712 3 | 4 • 3 • 2 • | 176 5' | 7 • 2 321 | 1 • 7 6 | 4 5 • 7 | 6 • • 0 ||

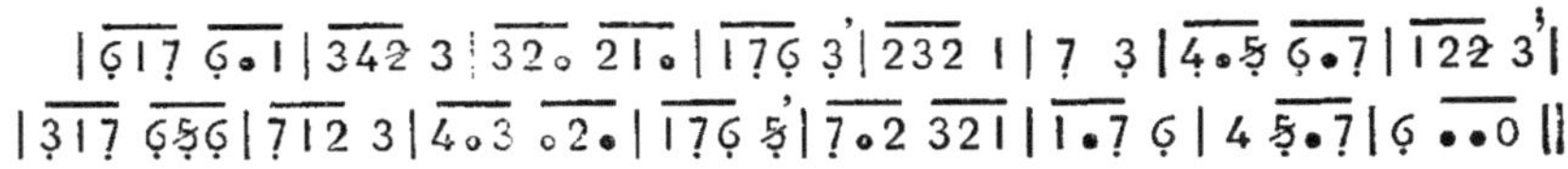

N° 113. — TON DE SOL MINEUR. (3-4) M.M. 76.

036 | 1 • 76 | 3 • 2 156 | 77 • 123 | 340 '043 | 230 032 | 211 176 |
| 567 176 | 303 '036 | 11 • • 76 | 332 156 | 770 122 | 304 '043 |
| 203 032 | 2 • 1 1 • 7 | 6 • 5 343 | 600 ||

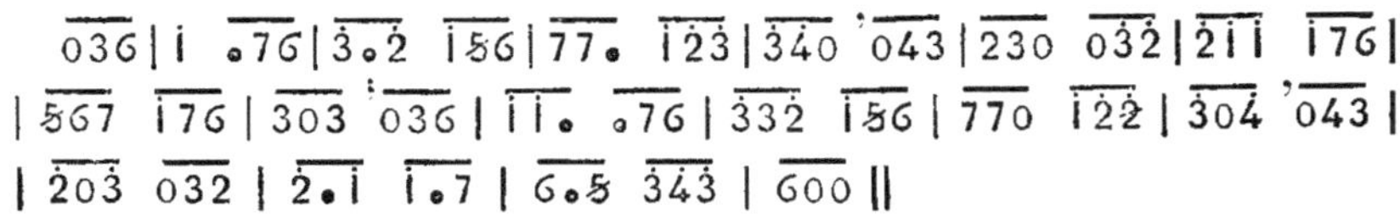

N° 114. — TON DE MEU MINEUR. (6-6) M.M. 80.

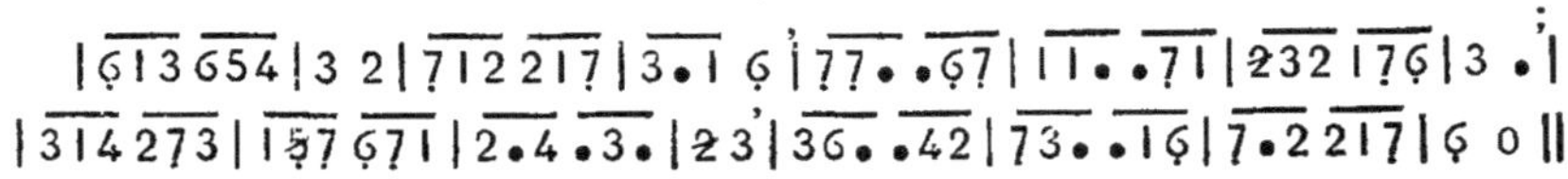

| 613654 | 3 2 | 712217 | 3 • 1 6' | 77 • • 67 | 11 • • 71 | 232 176 | 3 •' |
| 314273 | 157 671 | 2 • 4 • 3 • | 23' | 36 • • 42 | 73 • • 16 | 7 • 2217 | 6 0 ||

N° 115. — TON D'UT MINEUR. (5-1) M.M. 96.

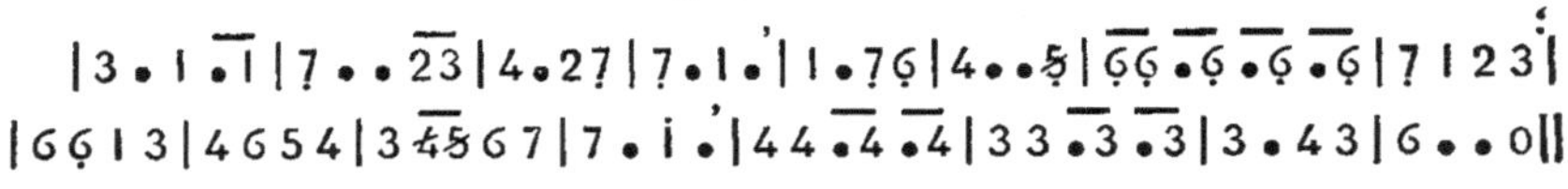

|3 • 1 •1 |7 • • 23|4•27|7•1•|1•76|4••5|66•6•6•6|7 1 2 3|
|66 1 3|4654|34567|7 • 1 •|44•4•4|33•3•3|3•43|6••0||

N° 116. — TON DE LEU MINEUR. (1-4) M.M. 76.

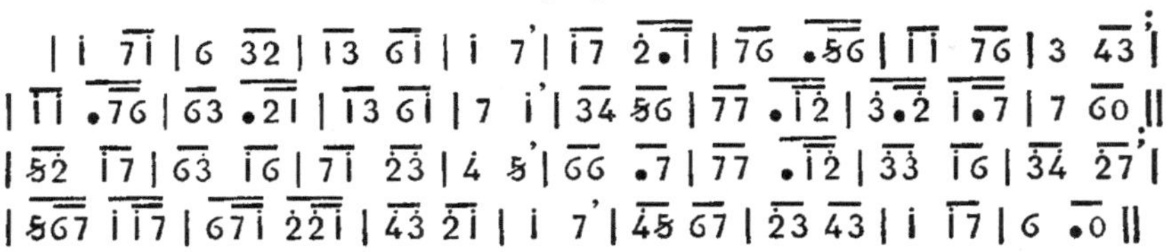

1 71	6 32	13 61	1 7	17 2•1	76 •56	11 76	3 43
11 •76	63 •21	13 61	7 1	34 56	77 •12	3•2 1•7	7 60	
52 17	63 16	71 23	4 5	66 •7	77 •12	33 16	34 27
567 117	671 221	43 21	1 7	45 67	23 43	1 17	6 •0	

N° 117. — TON DE LA MINEUR. (6-3) M.M. 76.

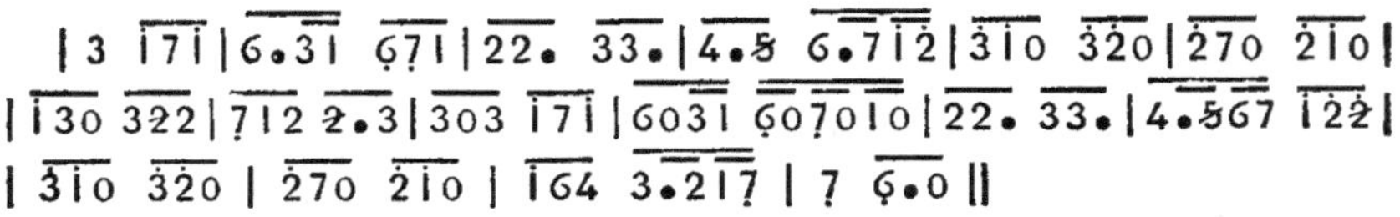

3 171	6•31 671	22• 33•	4•5 6•712	310 320	270 210
130 322	712 2•3	303 171	6031 607010	22• 33•	4•567 122
310 320	270 210	164 3•217	7 6•0	

N° 118. — TON DE TÈ MINEUR. (5-1) M.M. 84.

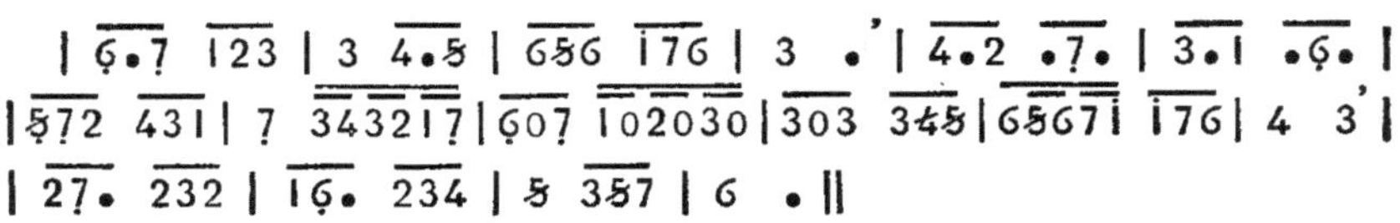

6•7 123	3 4•5	656 176	3 •	4•2 •7•	3•1 •6•
572 431	7 343217	607 102030	303 345	65671 176	4 3
27• 232	16• 234	5 357	6 •	

N° 119. — TON DE SOL MINEUR. (3-4) M.M. 69.

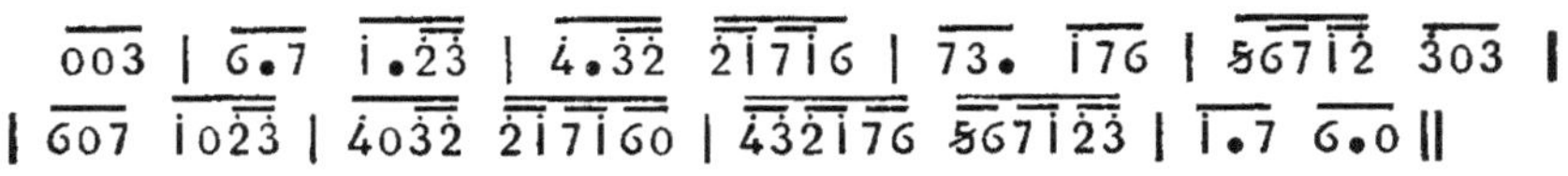

003 | 6•7 1•23 | 4•32 21716 | 73• 176 | 56712 303 |
| 607 1023 | 4032 217160 | 432176 567123 | 1•7 6•0 ||

TROISIÈME SÉRIE. — MODULATIONS.

PREMIER GROUPE. — DIVISION BINAIRE.

N° 120. — TON DE RÉ. (1-2) M.M. 126.

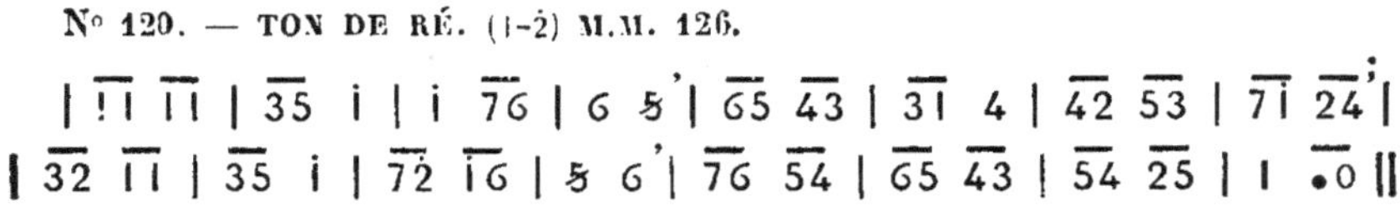

| 11 11 | 35 1 | 1 76 | 6 5 | 65 43 | 31 4 | 42 53 | 71 24 |
| 32 11 | 35 1 | 72 16 | 5 6 | 76 54 | 65 43 | 54 25 | 1 •0 ||

N° 121. — TON D'UT. (1-3) M.M. 144.

10 30	50 10	3 •	21 76	50 40	50 60	4 •	3 2	10 30	50 10
30 10	21 76	50 40	60 50	2 •	1 0 || 20 0	3 4	5 76	5 •	21 76
5 •	7654	3243	10 0	3040	50.67	1 2	3 21	7654	3020	1 0	

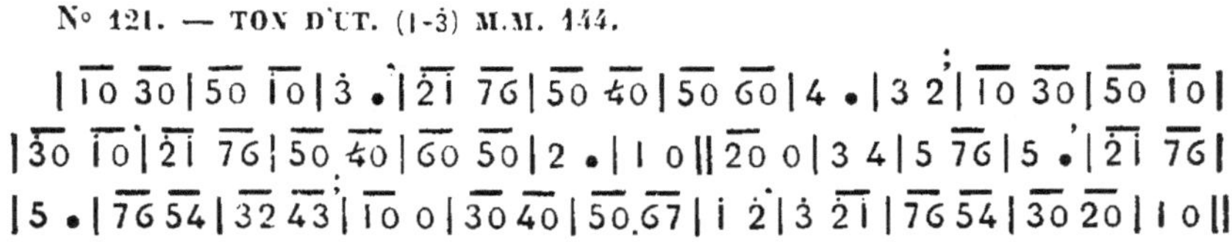

N° 122. — TON DE SI. (1-3) M.M. 120.

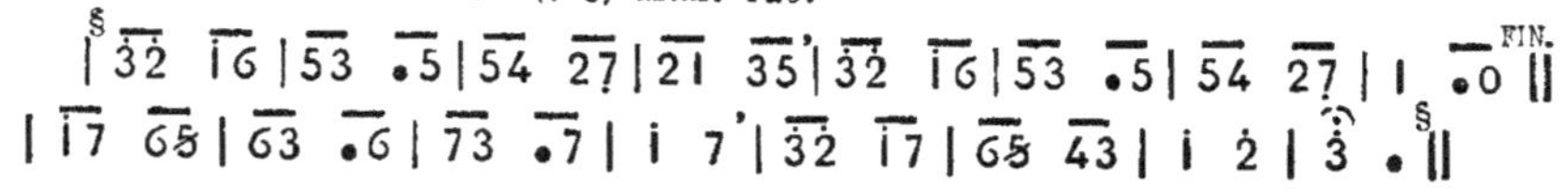

§ | 32 16 | 53 •5 | 54 27 | 21 35 | 32 16 | 53 •5 | 54 27 | 1 •0 || FIN.
| 17 65 | 63 •6 | 73 •7 | 1 7 | 32 17 | 65 43 | 1 2 | 3 • || §

N° 123. — TON D'UT. (1-3) M.M. 132.

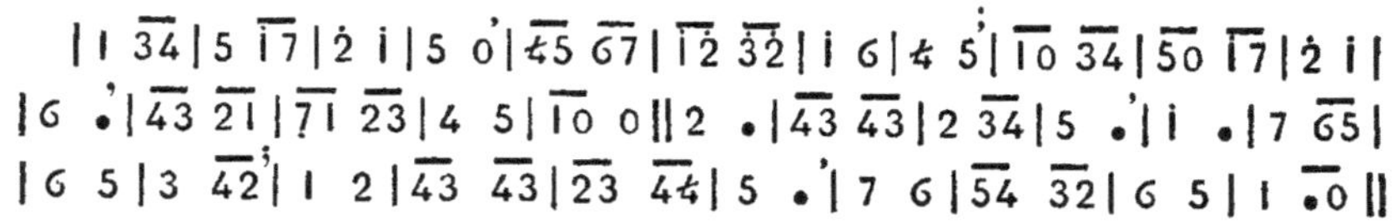

1 34	5 17	2 1	5 0	45 67	12 32	1 6	4 5	10 34	50 17	2 1
6 •	43 21	71 23	4 5	10 0 || 2 •	43 43	2 34	5 •	1 •	7 65
6 5	3 42	1 2	43 43	23 44	5 •	7 6	54 32	6 5	1 •0	

N° 124. — TON D'UT. (1-3) M.M. 132.

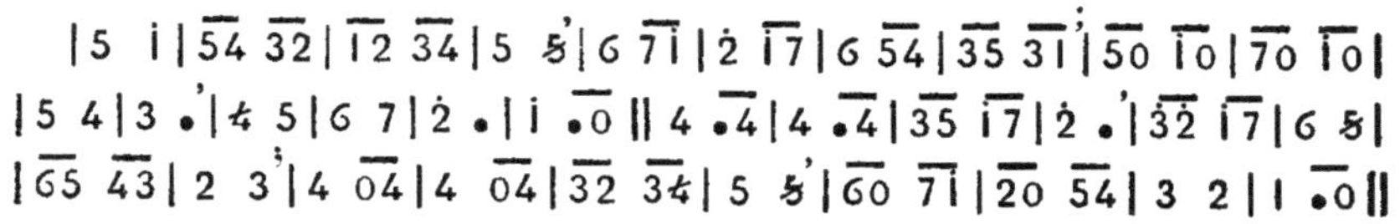

5 1	54 32	12 34	5 5	6 71	2 17	6 54	35 31	50 10	70 10
5 4	3 •	4 5	6 7	2 •	1 •0 || 4 •4	4 •4	35 17	2 •	32 17	6 5
65 43	2 3	4 04	4 04	32 34	5 5	60 71	20 54	3 2	1 •0	

N° 125. — TON DE RÉ. (5-2) M.M. 126.

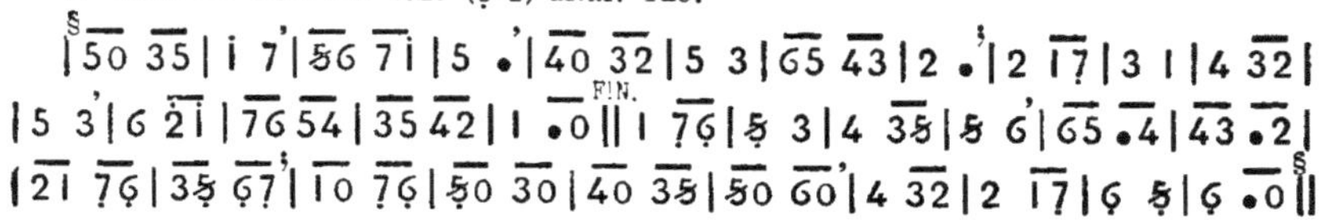

§ | 50 35 | 1 7 | 56 71 | 5 • | 40 32 | 5 3 | 65 43 | 2 • | 2 17 | 3 1 | 4 32 |
| 5 3 | 6 21 | 7654 | 3542 | 1 •0 || FIN. 1 76 | 5 3 | 4 35 | 5 6 | 65 •4 | 43 •2 |
| 21 76 | 35 67 | 10 76 | 50 30 | 40 35 | 50 60 | 4 32 | 2 17 | 6 5 | 6 •0 || §

N° 126. — TON DE LEU. (5-6) M.M. 132.

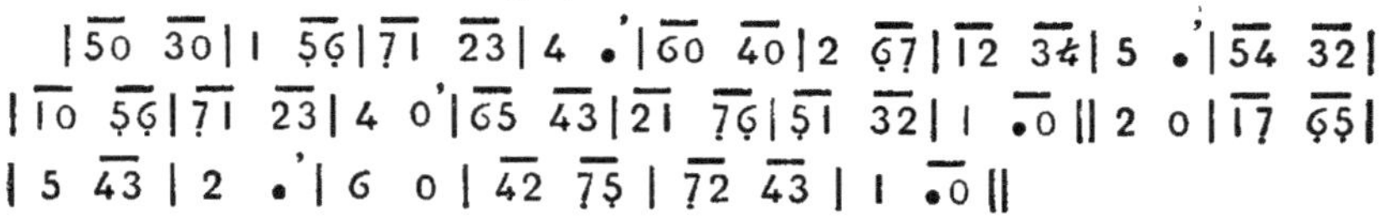

50 30	1 56	71 23	4 •	60 40	2 67	12 34	5 •	54 32
10 56	71 23	4 0	65 43	21 76	51 32	1 •0 || 2 0	17 65
5 43	2 •	6 0	42 75	72 43	1 •0	

N° 127. — TON DE LEU. (4-6) M.M. 132.

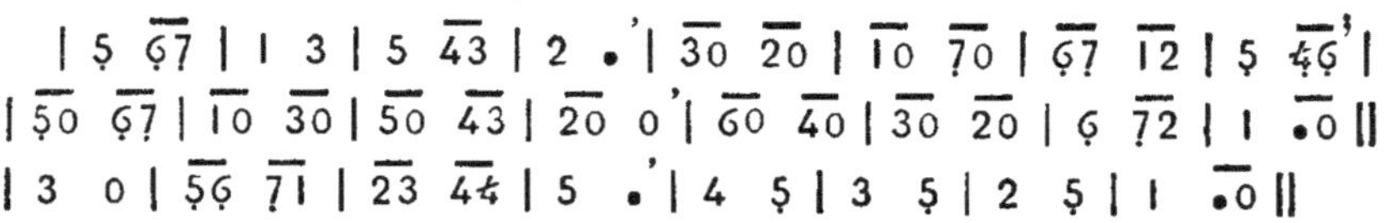

5 67	1 3	5 43	2 •	30 20	10 70	67 12	5 46
50 67	10 30	50 43	20 0	60 40	30 20	6 72	1 •0	
3 0	56 71	23 44	5 •	4 5	3 5	2 5	1 •0	

N° 128. — TON DE SEU. (1-2) M.M. 120.

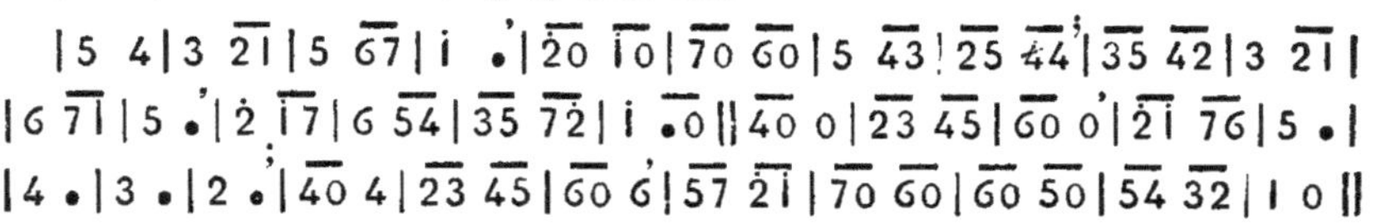

5 4	3 21	5 67	1 •	20 10	70 60	5 43	25 44	35 42	3 21
6 71	5 •	2 17	6 54	35 72	1 •0 || 40 0	23 45	60 0	21 76	5 •
4 •	3 •	2 •	40 4	23 45	60 6	57 21	70 60	60 50	54 32	1 0	

N° 129. — TON D'UT. (5-2) M.M. 126.

3 23	1 51	35 17	21 7	66 •5	44 •3	3 21	54 43
30 23	10 51	30 51	7 2	16 •5	64 •2	7 65	1 •0 || 32 2
2 34	43 3	3 44	51 76	76 54	32 43	1 •0	

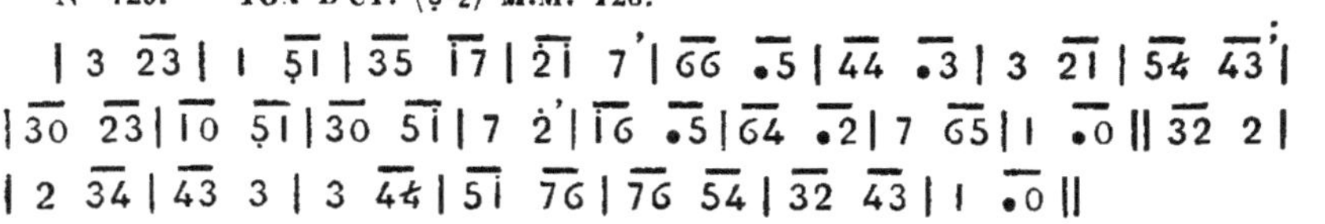

N° 130. — TON DE SEU. (1-3) M.M. 126.

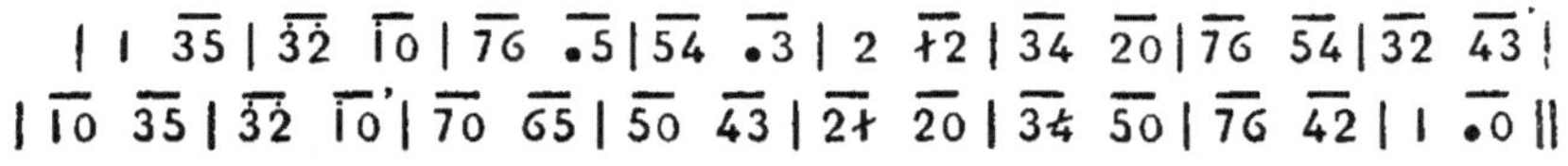

| 1 35 | 32 10 | 76 •5 | 54 •3 | 2 42 | 34 20 | 76 54 | 32 43 |
| 10 35 | 32 10 | 70 65 | 50 43 | 24 20 | 34 50 | 76 42 | 1 •0 ||

N° 131. — TON DE SEU. (3-4) M.M. 126.

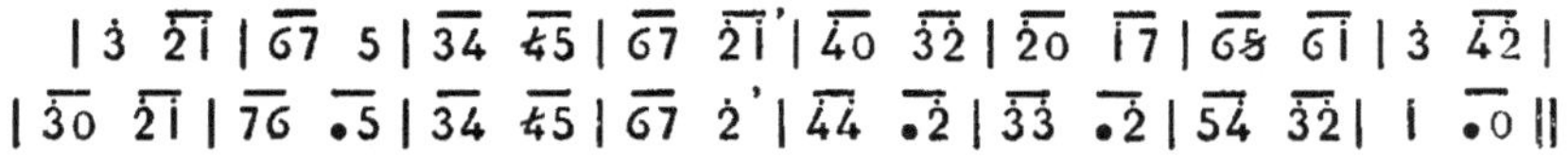

| 3 21 | 67 5 | 34 45 | 67 21 | 40 32 | 20 17 | 65 61 | 3 42 |
| 30 21 | 76 •5 | 34 45 | 67 2 | 44 •2 | 33 •2 | 54 32 | 1 •0 ||

N° 132. — TON DE REU. (7-2) M.M. 126.

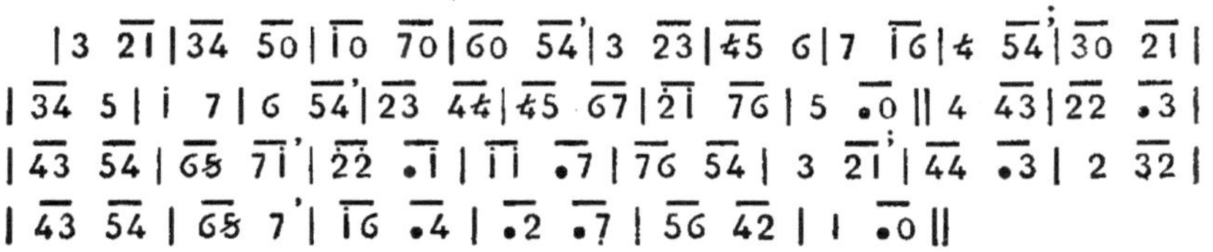

3 21	34 50	10 70	60 54	3 23	45 6	7 16	4 54	30 21
34 5	1 7	6 54	23 44	45 67	21 76	5 •0 || 4 43	22 •3
43 54	65 71	22 •1	11 •7	76 54	3 21	44 •3	2 32
43 54	65 7	16 •4	•2 •7	56 42	1 •0	

N° 133. — TON DE SEU. (1-3) M.M. 84.

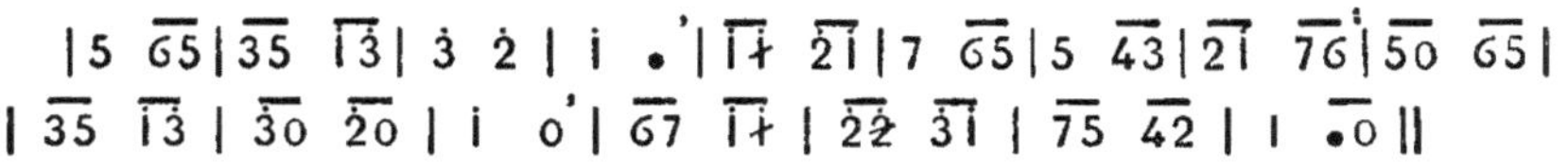

| 5 65 | 35 13 | 3 2 | 1 • | 14 21 | 7 65 | 5 43 | 21 76 | 50 65 |
| 35 13 | 30 20 | 1 0 | 67 14 | 22 31 | 75 42 | 1 •0 ||

N° 134. — TON D'UT. (6-4) M.M. 88.

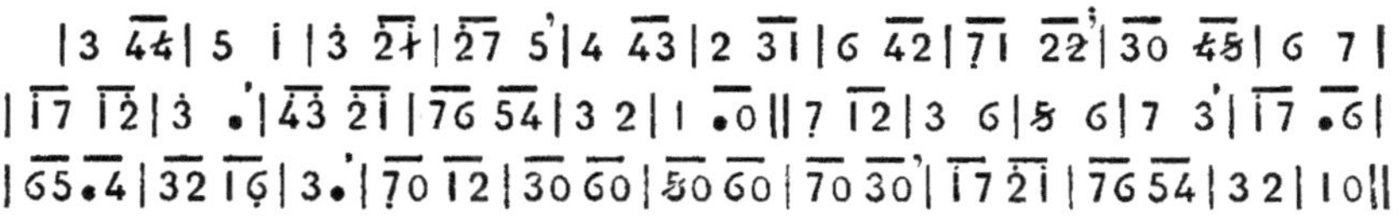

3 44	5 1	3 24	27 5	4 43	2 31	6 42	71 22	30 45	6 7
17 12	3 •	43 21	76 54	3 2	1 •0 || 7 12	3 6	5 6	7 3	17 •6
65•4	32 16	3•	70 12	30 60	50 60	70 30	17 21	76 54	3 2	10	

N° 135. — TON DE FÈ. (5-6) M.M. 126.

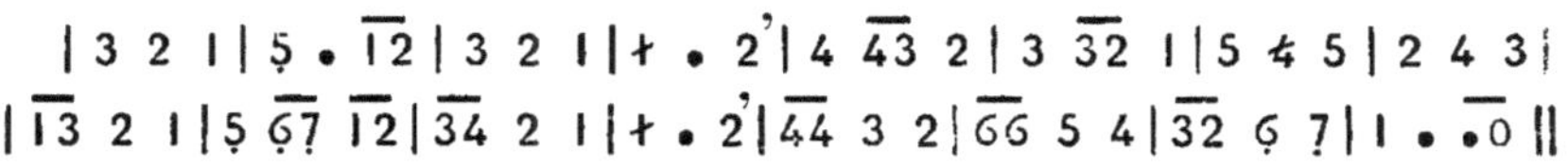

| 3 2 1 | 5 • 12 | 3 2 1 | 4 • 2 | 4 43 2 | 3 32 1 | 5 4 5 | 2 4 3 |
| 13 2 1 | 5 67 12 | 34 2 1 | 4 • 2 | 44 3 2 | 66 5 4 | 32 6 7 | 1 • •0 ||

N° 136. — TON DE LA. (4-4) M.M. 126.

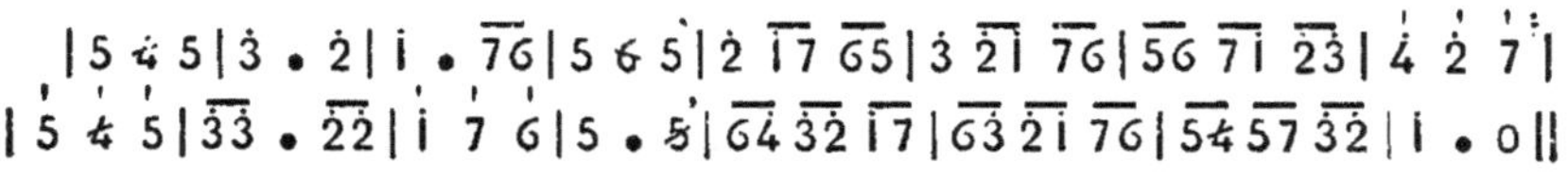

| 5 4 5 | 3 • 2 | 1 • 76 | 5 6 5 | 2 17 65 | 3 21 76 | 56 71 23 | 4 2 7 |
| 5 4 5 | 33 • 22 | 1 7 6 | 5 • 5 | 64 32 17 | 63 21 76 | 54 57 32 | 1 • 0 ||

N° 137. — TON DE MI. (7-7) M.M. 138.

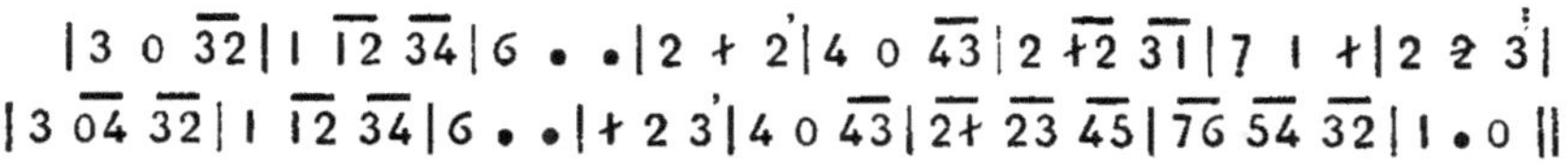

| 3 0 32 | 1 12 34 | 6 • • | 2 4 2 | 4 0 43 | 2 42 31 | 7 1 4 | 2 2 3 |
| 3 04 32 | 1 12 34 | 6 • • | 4 2 3 | 4 0 43 | 24 23 45 | 76 54 32 | 1 • 0 ||

N° 138. — TON DE SEU. (2-4) M.M. 108.

5 12	3 2	43 21	5 65	2 42	6 76	65 43	2 34	50 12	30 20
43 21	56 5	67 14	2 2	34 67	1 •0 || 1 76	5 7	2 17	6 3	4 •
3 •	2 1	7 •	12 17	6 5	67 12	3 •	44 •2	7 5	45 67	1 •0	

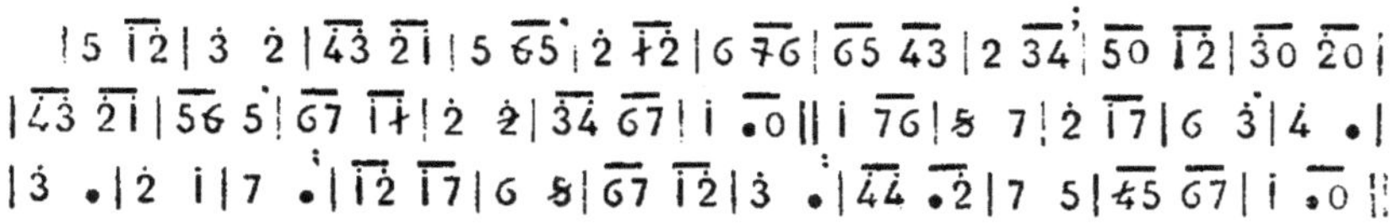

N° 139. — TON DE REU. (7-2) M.M. 126.

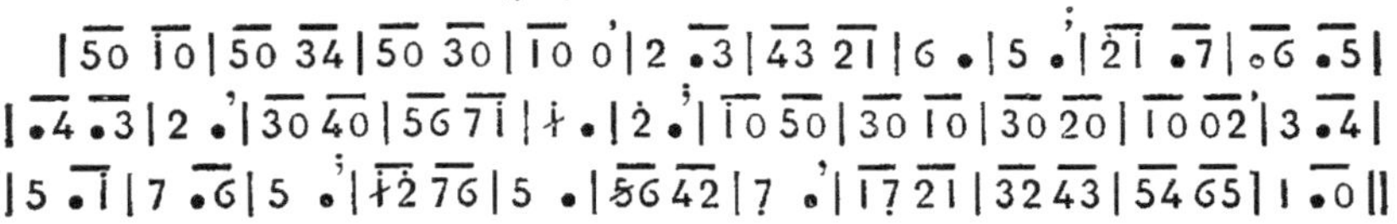

50 10	50 34	50 30	10 0	2 •3	43 21	6 •	5 •	21 •7	6 •5
•4 •3	2 •	30 40	56 71	4 •	2 •	10 50	30 10	30 20	10 02	3 •4
5 •1	7 •6	5 •	42 76	5 •	5642	7 •	1721	3243	5465	1 •0	

N° 140. — TON DE FA. (1-6) M.M. 126.

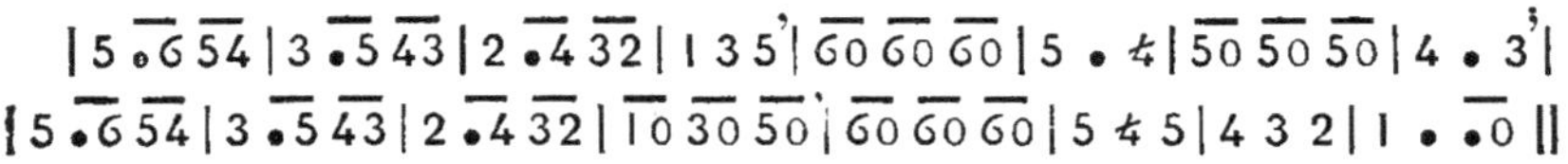

|5 •654|3 •543|2 •432|1 35|60 60 60|5 • 4|50 50 50|4 • 3|
|5 •654|3 •543|2 •432|10 30 50|60 60 60|5 4 5|4 3 2|1 • •0||

N° 141. — TON DE SEU. (1-4) M.M. 126.

1 2 3 4	5 12 3 •	2 4 • 32	1 4 2 7	1 • 7 7	6 56 6 71
2 54 5 43	21 76 54 32	10 20 30 40	50 12 3 71	2 4 • 32
3 4 2 •	1 • 7 7	6 7 1 2	4 5 42 67	2 • 1 0	

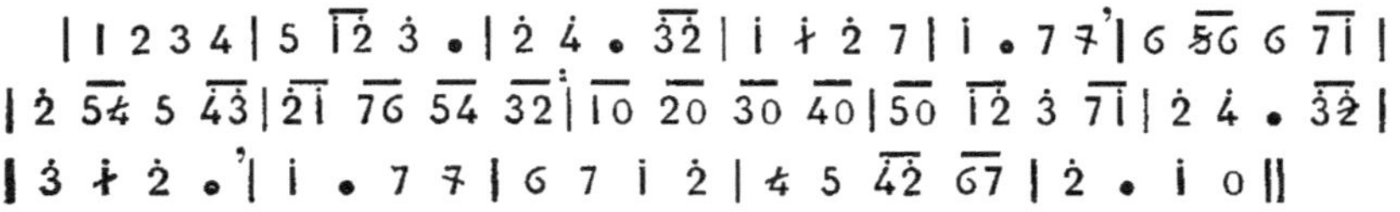

DEUXIÈME GROUPE. — DIVISION TERNAIRE.

N° 142. — TON DE REU. (1-2) M.M. 104.

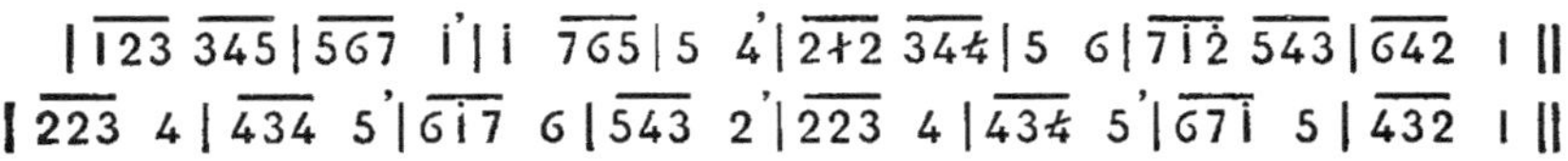

|123 345|567 1|1 765|5 4|242 344|5 6|712 543|642 1||
|223 4|434 5|617 6|543 2|223 4|434 5|671 5|432 1||

N° 143. — TON DE SI. (1-4) M.M. 104.

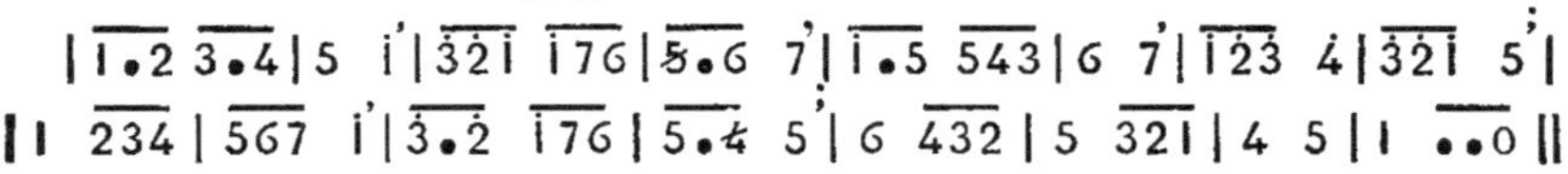

|1•2 3•4|5 1|321 176|5•6 7|1•5 543|6 7|123 4|321 5|
|1 234|567 1|3•2 176|5•4 5|6 432|5 321|4 5|1 ••0||

N° 144. — TON DE MEU. (5-1) M.M. 104.

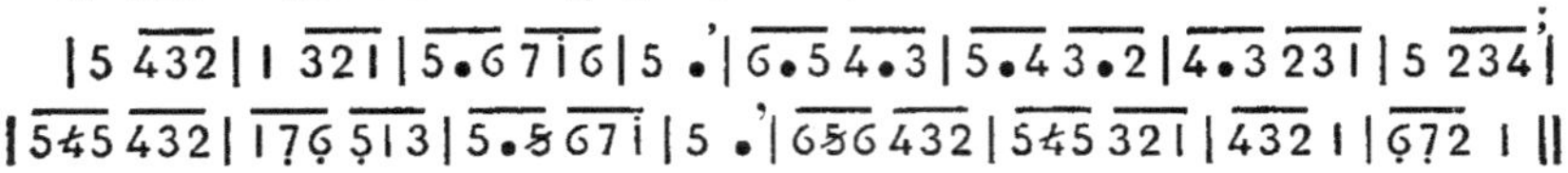

|5 432|1 321|5•6 716|5 •|6•5 4•3|5•4 3•2|4•3 231|5 234|
|545 432|176 513|5•5 671|5 •|656 432|545 321|432 1|672 1||

N° 145. — TON DE MI. (5-7) M.M. 100.

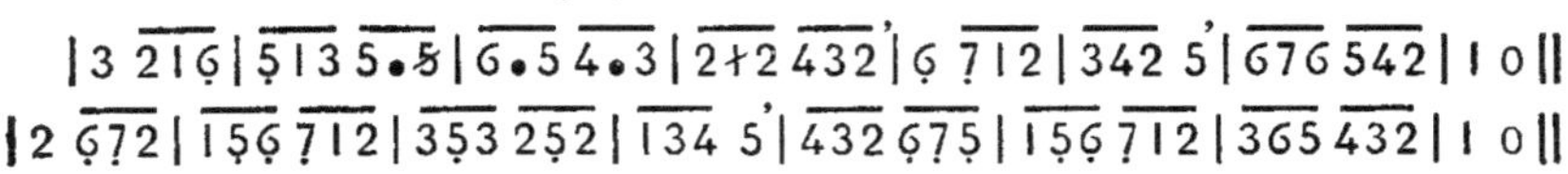

|3 216|513 5•5|6•5 4•3|242 432|6 712|342 5|676 542|1 0||
|2 672|156 712|353 252|134 5|432 675|156 712|365 432|1 0||

N° 146. — TON DE SI. (1-3) M.M. 104.

|5 321|5•6 7|2 176|5 4|565 432|354 321|2•3 4•3|2•5 432|
|135 321|5 6•7|2•1 176|5•5 4•4|5 671|2 321|7•6 542|1 ••0||

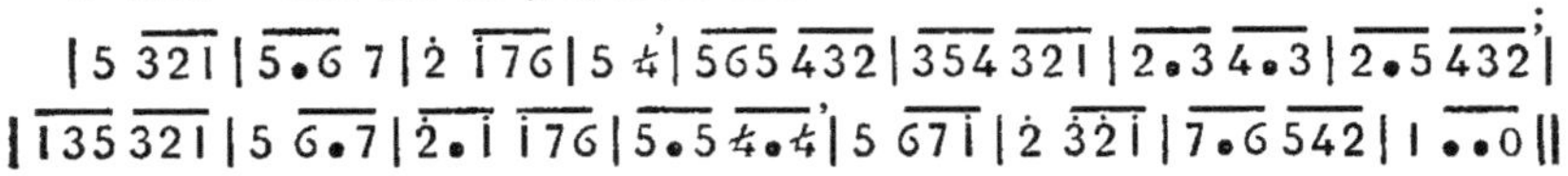

N° 147. — TON DE REU. (1-2) M.M. 104.

|1 351|1 7|656 543|242 432|1 351|2 1|764 3•2|1 ••0||
|2 423|4 3•2|3 234|6 5|1•7 656|4•4 321|5 2|1 ••0||

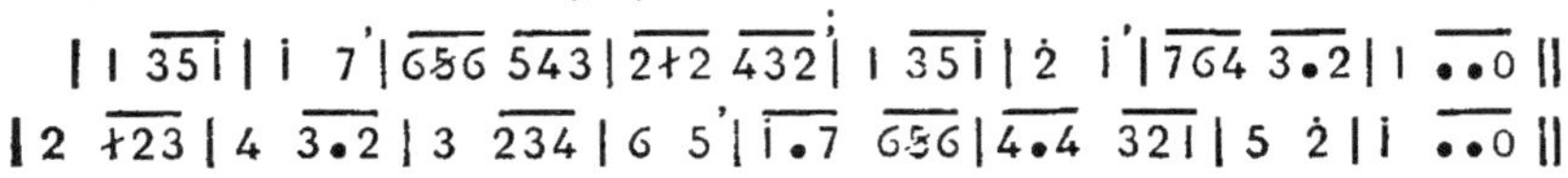

N° 148. — TON DE LA. (1-4) M.M. 104.

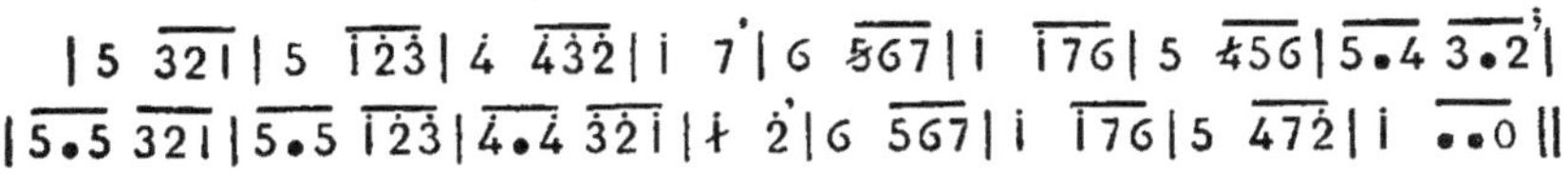

| 5 321 | 5 123 | 4 432 | 1 7 | 6 567 | 1 176 | 5 456 | 5.4 3.2 |
| 5.5 321 | 5.5 123 | 4.4 321 | 4 2 | 6 567 | 1 176 | 5 472 | 1 ..0 ||

N° 149. — TON DE SI. (1-3) M.M. 104.

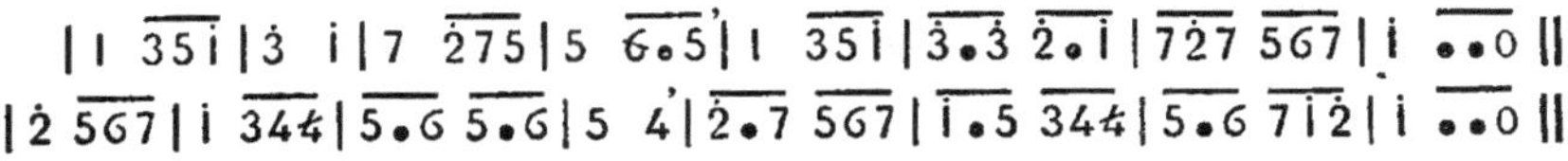

| 1 351 | 3 1 | 7 275 | 5 6.5 | 1 351 | 3.3 2.1 | 727 567 | 1 ..0 ||
| 2 567 | 1 344 | 5.6 5.6 | 5 4 | 2.7 567 | 1.5 344 | 5.6 712 | 1 ..0 ||

N° 150. — TON DE SI. (7 3) M.M. 100.

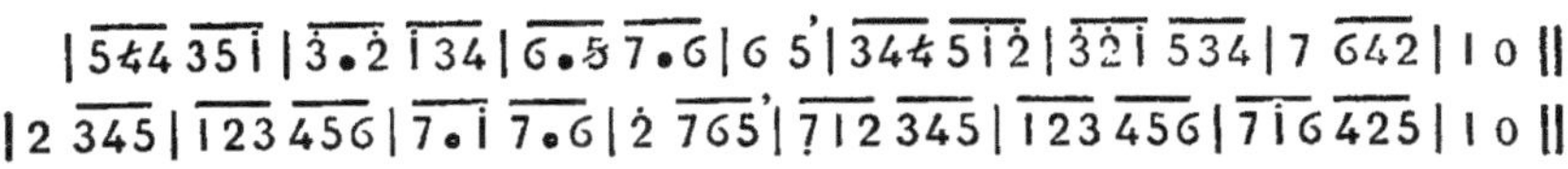

| 544 351 | 3.2 134 | 6.5 7.6 | 6 5 | 344 512 | 321 534 | 7 642 | 1 0 ||
| 2 345 | 123 456 | 7.1 7.6 | 2 765 | 712 345 | 123 456 | 716 425 | 1 0 ||

N° 151. — TON DE REU. (1-2) M.M. 100.

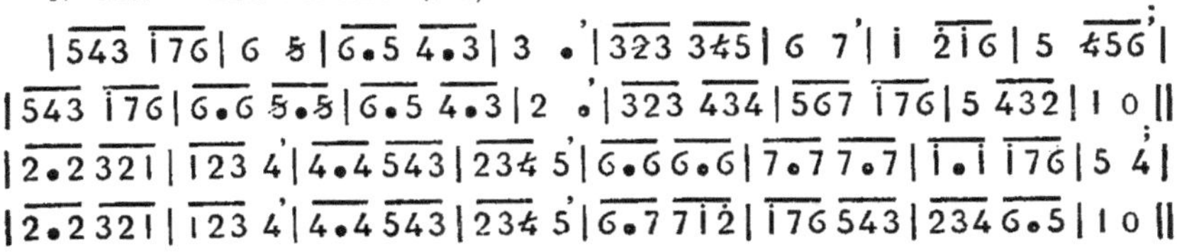

543 176	6 5	6.5 4.3	3 .	323 345	6 7	1 216	5 456
543 176	6.6 5.5	6.5 4.3	2 .	323 434	567 176	5 432	1 0	
2.2 321	123 4	4.4 543	234 5	6.6 6.6	7.7 7.7	1.1 176	5 4
2.2 321	123 4	4.4 543	234 5	6.7 712	176 543	234 6.5	1 0	

N° 152. — TON DE REU. (1-2) M.M. 96.

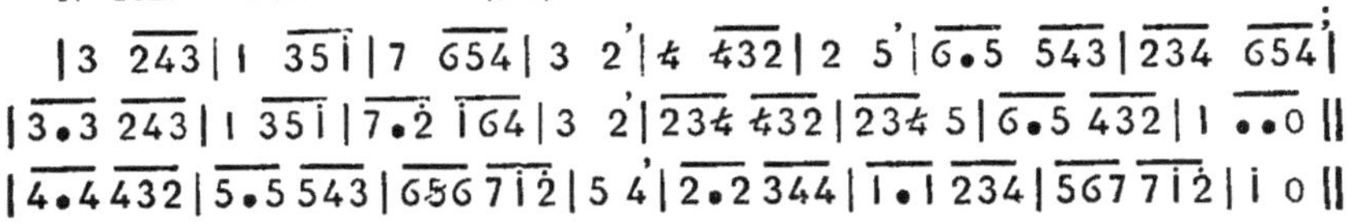

3 243	1 351	7 654	3 2	4 432	2 5	6.5 543	234 654
3.3 243	1 351	7.2 164	3 2	234 432	234 5	6.5 432	1 ..0	
4.4 432	5.5 543	656 712	5 4	2.2 344	1.1 234	567 712	1 0	

N° 153. — TON DE SI. (1-4) M.M. 104.

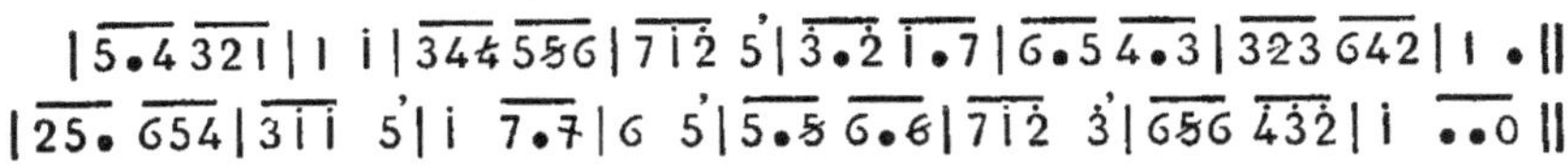

| 5.4 321 | 1 1 | 344 556 | 712 5 | 3.2 1.7 | 6.5 4.3 | 323 642 | 1 . ||
| 25. 654 | 311 5 | 1 7.7 | 6 5 | 5.5 6.6 | 712 3 | 656 432 | 1 ..0 ||

N° 154. — TON DE SI. (1-3) M.M. 92.

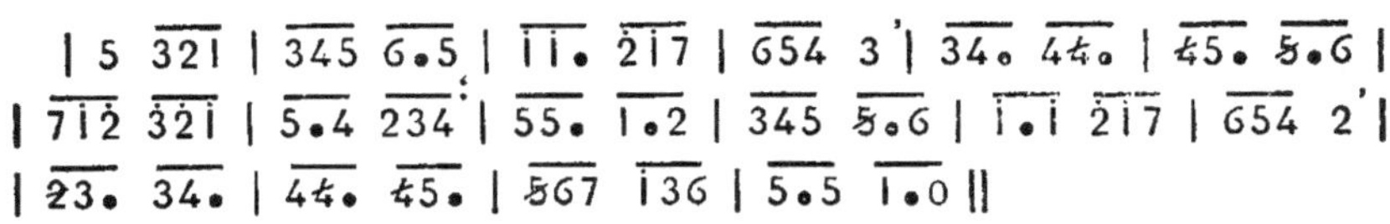

5 321	345 6.5	11. 217	654 3	34. 44.	45. 5.6
712 321	5.4 234	55. 1.2	345 5.6	1.1 217	654 2
23. 34.	44. 45.	567 136	5.5 1.0	

N° 155. — TON DE SI. (1-3) M.M. 100.

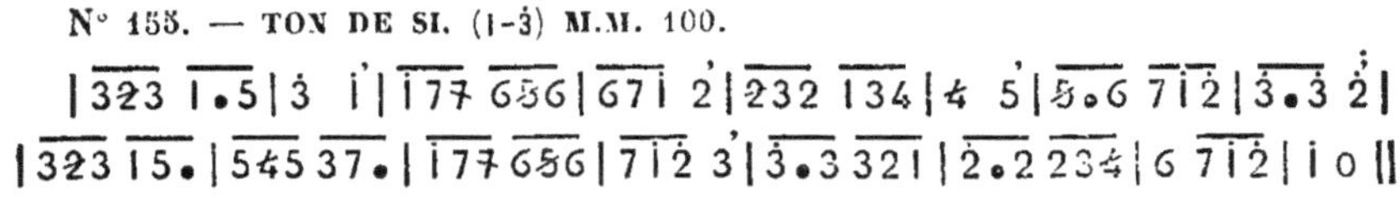

| 323 1.5 | 3 1 | 177 656 | 671 2 | 232 134 | 4 5 | 5.6 712 | 3.3 2 |
| 323 15. | 545 37. | 177 656 | 712 3 | 3.3 321 | 2.2 234 | 6 712 | 1 0 ||

N° 156. — TON DE REU. (7-2) M.M. 100.

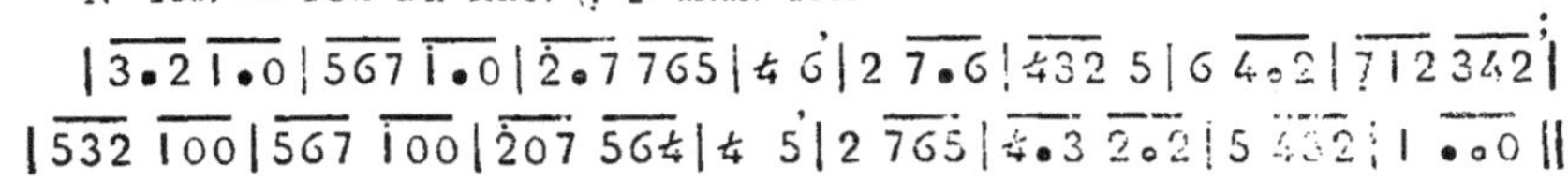

| 3.2 1.0 | 567 1.0 | 2.7 765 | 4 6 | 2 7.6 | 432 5 | 6 4.2 | 712 342 |
| 532 100 | 567 100 | 207 564 | 4 5 | 2 765 | 4.3 2.2 | 5 432 | 1 ..0 ||

N° 157. — TON DE SOL. (5-5) M.M. 100.

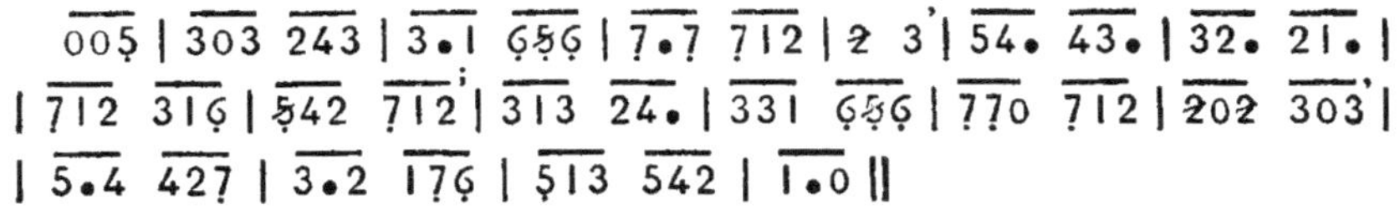

005 | 303 243 | 3•1 656 | 7•7 712 | 2 3' | 54• 43• | 32• 21• |
| 712 316 | 542 712 | 313 24• | 331 656 | 770 712 | 202 303' |
| 5•4 427 | 3•2 176 | 513 542 | 1•0 ||

N° 158. — TON DE FEU. (2-3) M.M. 100.

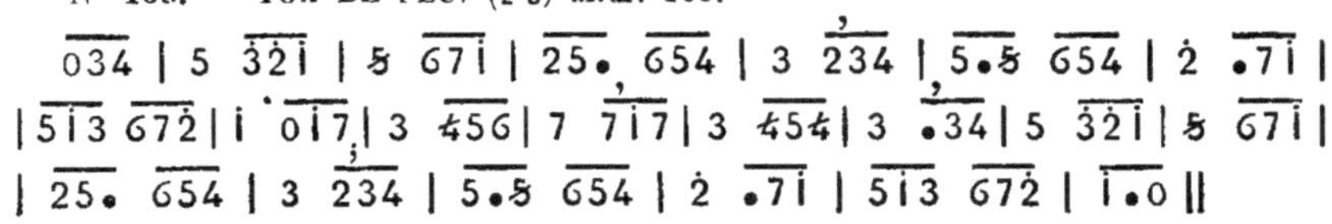

034 | 5 321 | 5 671 | 25• 654 | 3 234 | 5•5 654 | 2 •71 |
| 513 672 | 1 017 | 3 456 | 7 717 | 3 454 | 3 •34 | 5 321 | 5 671 |
| 25• 654 | 3 234 | 5•5 654 | 2 •71 | 513 672 | 1•0 ||

N° 159. — TON DE JEU. (5-6) M.M. 100.

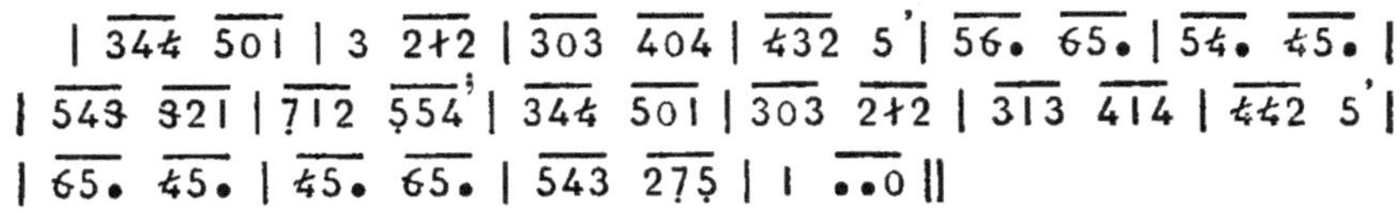

344 501	3 212	303 404	432 5'	56• 65•	54• 45•
543 321	712 554'	344 501	303 212	313 414	442 5'
65• 45•	45• 65•	543 275	1 ••0	

N° 160. — TON DE LEU. (5-5) M.M. 96.

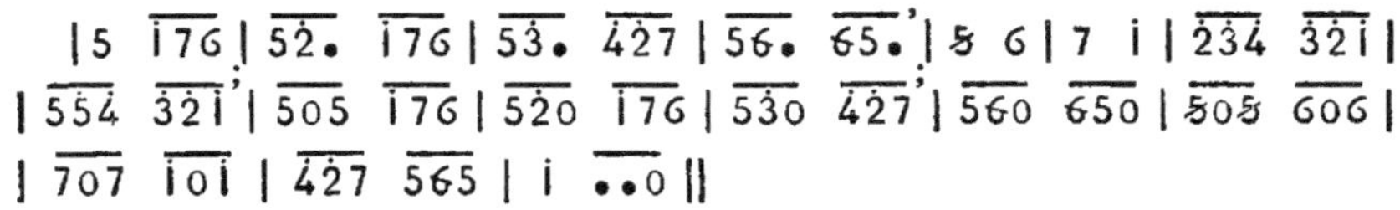

5 176	52• 176	53• 427	56• 65•'	5 6	7 1	234 321
554 321'	505 176	520 176	530 427'	560 650	505 606
707 101	427 565	1 ••0	

N° 161. — TON DE MEU. (5-1) M.M. 96.

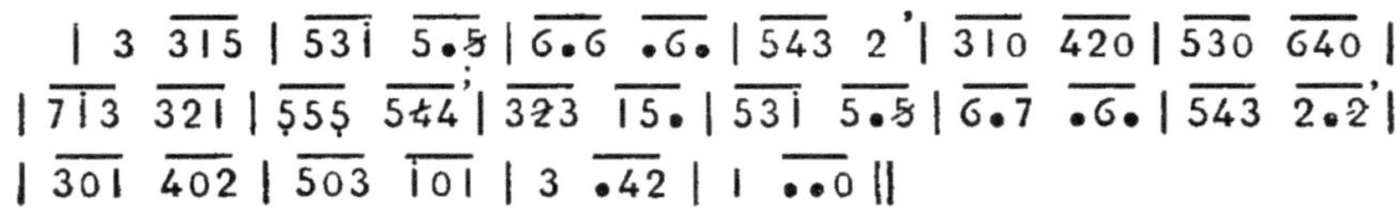

3 315	531 5•5	6•6 •6•	543 2'	310 420	530 640
713 321	555 544'	323 15•	531 5•5	6•7 •6•	543 2•2'
301 402	503 101	3 •42	1 ••0	

N° 162. — TON DE REU. (1-2) M.M. 92.

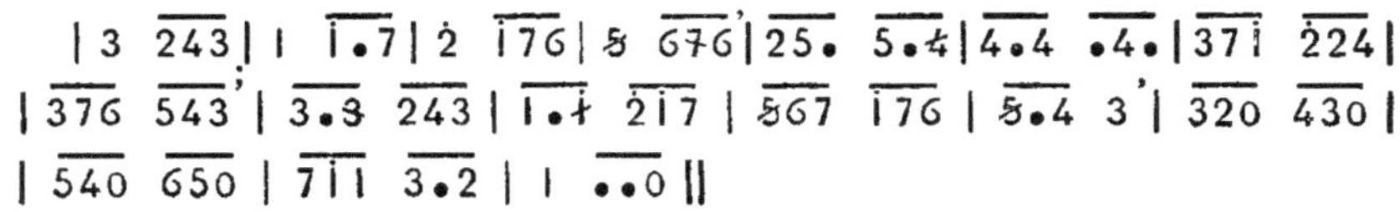

3 243	1 1•7	2 176	5 676'	25• 5•4	4•4 •4•	371 224
376 543'	3•3 243	1•1 217	567 176	5•4 3'	320 430
540 650	711 3•2	1 ••0	

N° 163. — TON DE SEU. (7-4) M.M. 92.

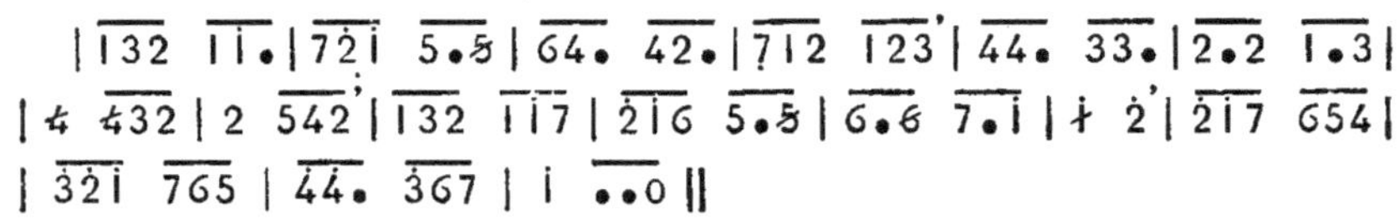

132 11•	721 5•5	64• 42•	712 123'	44• 33•	2•2 1•3
4 432	2 542'	132 117	216 5•5	6•6 7•1	1 2'	217 654
321 765	44• 367	1 ••0	

N° 164. — TON DE SEU. (3-4) M.M. 104.

53• 15•	342 7•1	1•2 7•1	567 3'	44• 44•	55• 55•
671 216	4 •65'	35• 51•	712 3•4	1•2 7•1	567 3'
404 404	505 505	671 432	1 ••0	

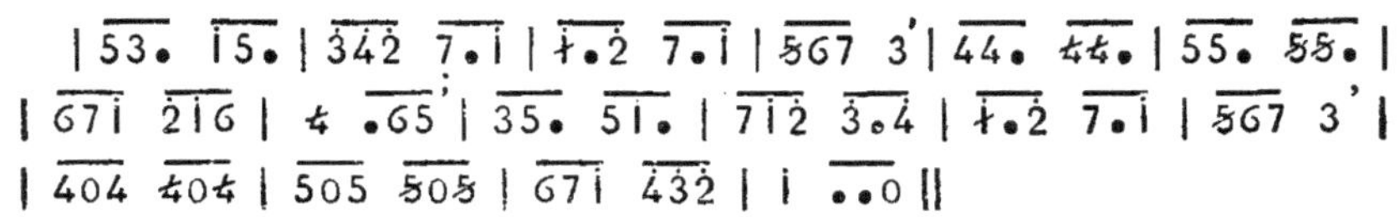

N° 165. — TON DE LA. (2-4) M.M. 104.

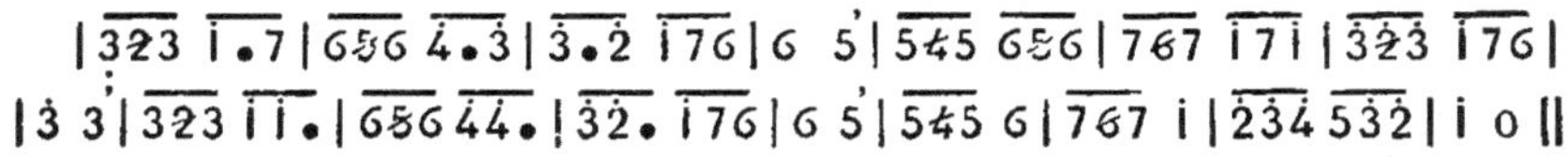

| 323 1•7 | 656 4•3 | 3•2 176 | 6 5 | 545 656 | 767 171 | 323 176 |
| 3 3 | 323 11• | 656 44• | 32• 176 | 6 5 | 545 6 | 767 1 | 234 532 | 1 0 ||

N° 166. — TON DE REU. (1-2) M.M. 96.

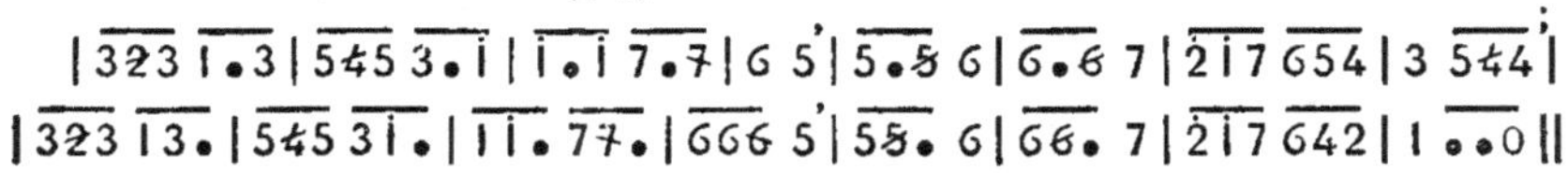

| 323 1•3 | 545 3•1 | 1•1 7•7 | 6 5 | 5•5 6 | 6•6 7 | 217 654 | 3 544 |
| 323 13• | 545 31• | 11• 77• | 666 5 | 55• 6 | 66• 7 | 217 642 | 1 ••0 ||

N° 167. — TON DE SEU. (3 4) M.M. 100.

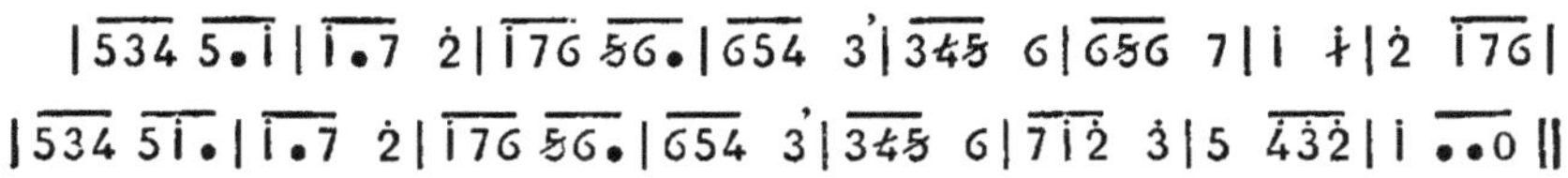

| 534 5•1 | 1•7 2 | 176 56• | 654 3 | 345 6 | 656 7 | 1 7 | 2 176 |
| 534 51• | 1•7 2 | 176 56• | 654 3 | 345 6 | 712 3 | 5 432 | 1 ••0 ||

N° 168. — TON DE SI (1-3) M.M. 100.

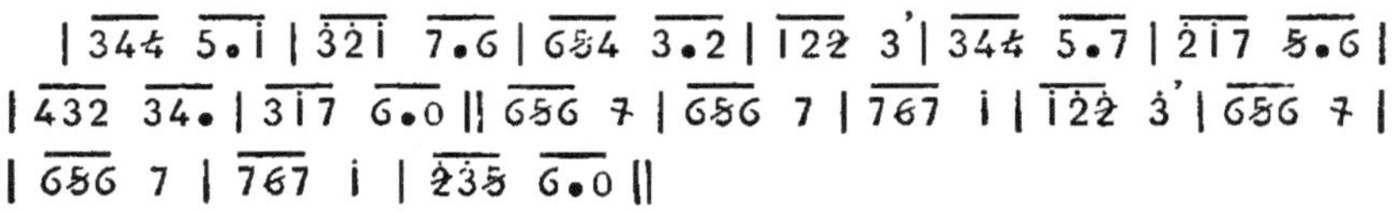

344 5•1	321 7•6	654 3•2	122 3	344 5•7	217 5•6
432 34•	317 6•0 || 656 7	656 7	767 1	122 3	656 7
656 7	767 1	235 6•0	

N° 169. — TON DE MEU. (1-1) M.M. 100.

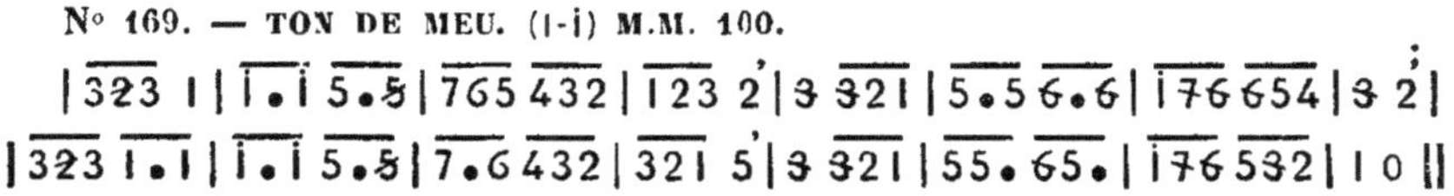

| 323 1 | 1•1 5•5 | 765 432 | 123 2 | 3 321 | 5•5 6•6 | 176 654 | 3 2 |
| 323 1•1 | 1•1 5•5 | 7•6 432 | 321 5 | 3 321 | 55• 65• | 176 532 | 1 0 ||

N° 170. — TON DE SI. (1-3) M.M. 84.

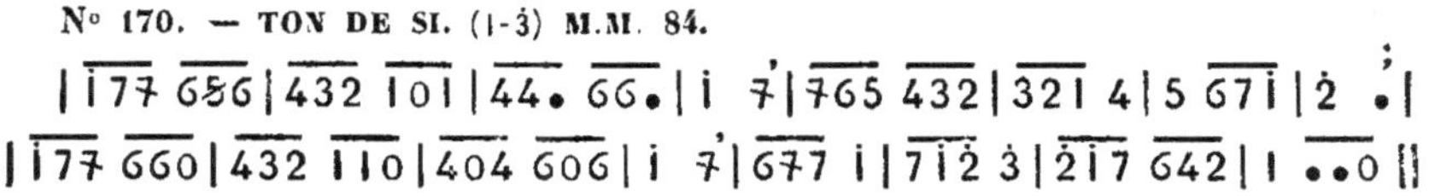

| 177 656 | 432 101 | 44• 66• | 1 7 | 765 432 | 321 4 | 5 671 | 2 • |
| 177 660 | 432 110 | 404 606 | 1 7 | 677 1 | 712 3 | 217 642 | 1 ••0 ||

N° 171. — TON DE SI. (7-3) M.M. 100.

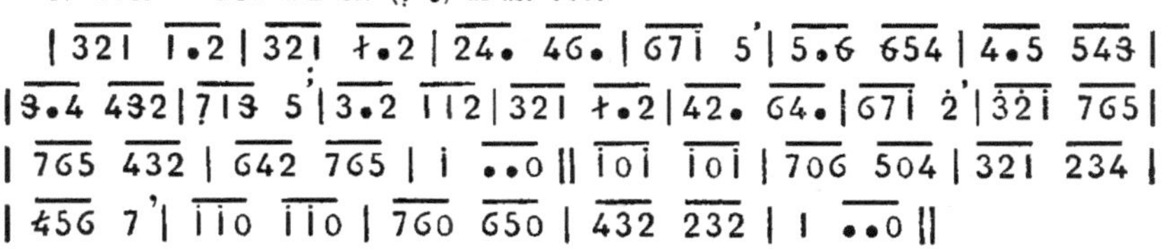

321 1•2	321 4•2	24• 46•	671 5	5•6 654	4•5 543
3•4 432	713 5	3•2 112	321 4•2	42• 64•	671 2	321 765
765 432	642 765	1 ••0		101 101	706 504	321 234
456 7	110 110	760 650	432 232	1 ••0	

N° 172. — TON DE MEU. (1-1) M.M. 80.

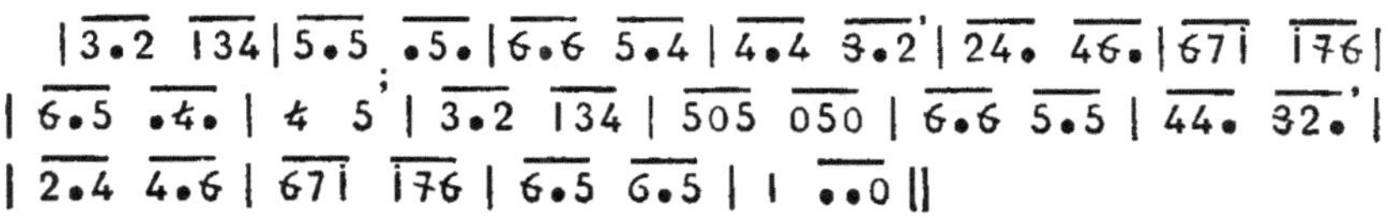

3•2 134	5•5 •5•	6•6 5•4	4•4 3•2	24• 46•	671 176
6•5 •4•	4 5	3•2 134	505 050	6•6 5•5	44• 32•
2•4 4•6	671 176	6•5 6•5	1 ••0	

N° 173. — TON DE FÈ. (6-6) M.M. 69.

003 | 3 354 | 3•2 1 | 26• 712 | 232 1•4 | 2 423 | 4 3 | 3•2 •1• |
| 756 712 | 303 164 | 3432 17 647 | 21• 17• | 561 3•4 | 72• 231 |
| 64• 367 | 1 5•7 | 6•0 ||

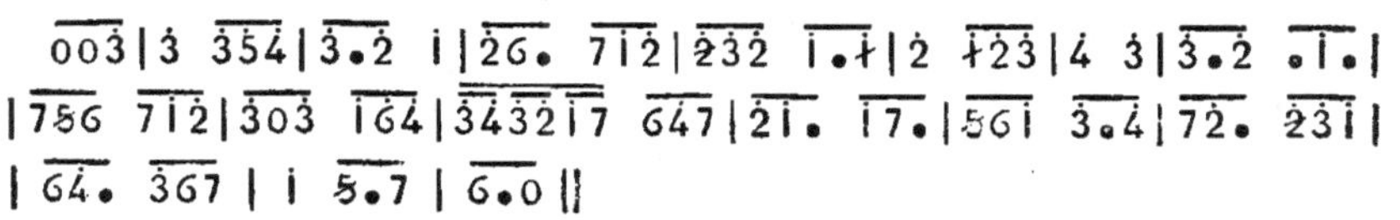

N° 174. — TON DE SEU. (1-4) M.M. 80.

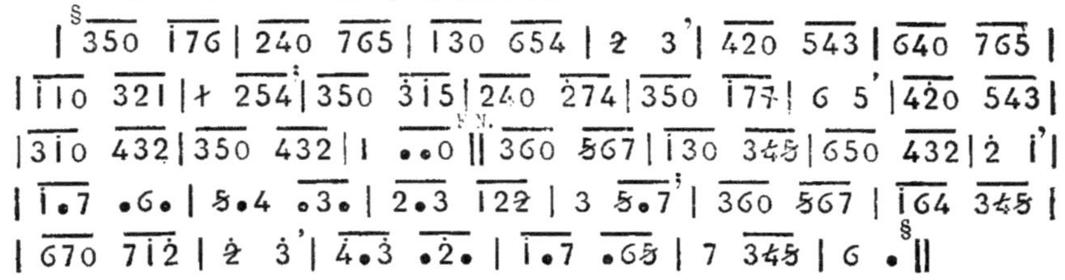

§| 350 176 | 240 765 | 130 654 | 2 3' | 420 543 | 640 765 |
110 321	4 254	350 315	240 274	350 177	6 5'	420 543
310 432	350 432	1 ••0 || FIN. 360 567	130 345	650 432	2 i'
1•7 •6•	5•4 •3•	2•3 122	3 5•7'	360 567	164 345
670 712	2 3'	4•3 •2•	1•7 •65	7 345	6 •§	

N° 175. — TON DE LEU. — (4-5) M.M. 84.

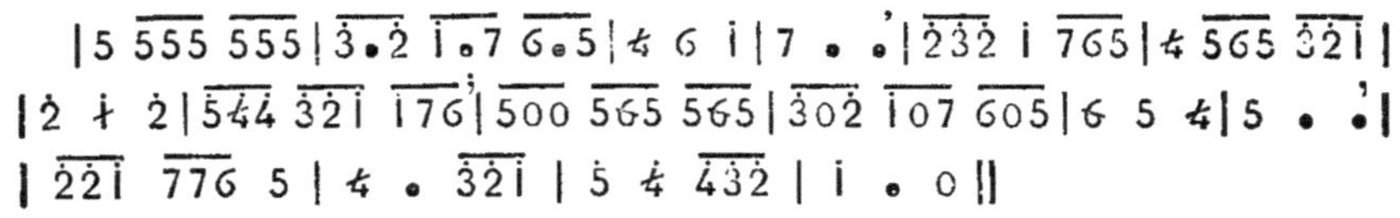

5 555 555	3•2 1•7 6•5	4 6 i	7 • •'	232 i 765	4 565 321
2 4 2	544 321 176	500 565 565	302 107 605	6 5 4	5 • •'
221 776 5	4 • 321	5 4 432	i • 0	

N° 176. — TON DE SI. (1-4) M.M. 120.

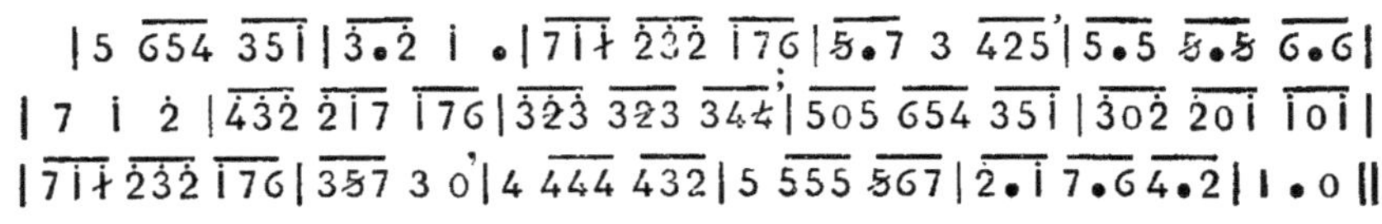

5 654 351	3•2 i •	714 232 176	5•7 3 425'	5•5 5•5 6•6
7 i 2	432 217 176	323 323 344'	505 654 351	302 201 101
714 232 176	357 3 0'	4 444 432	5 555 567	2•1 7•6 4•2	1 • 0	

N° 177. — TON DE SI. (1-3) M.M. 100.

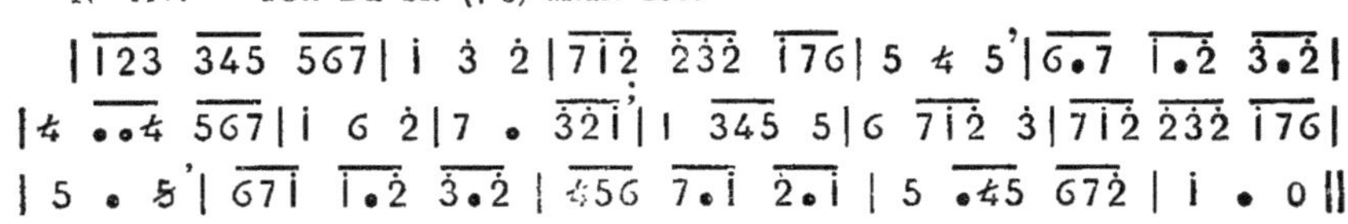

123 345 567	i 3 2	712 232 176	5 4 5'	6•7 1•2 3•2
4 ••4 567	i 6 2	7 • 321'	1 345 5	6 712 3	712 232 176
5 • 5'	671 1•2 3•2	456 7•1 2•1	5 •45 672	i • 0	

N° 178. — TON DE SI. (7-3) M.M. 100.

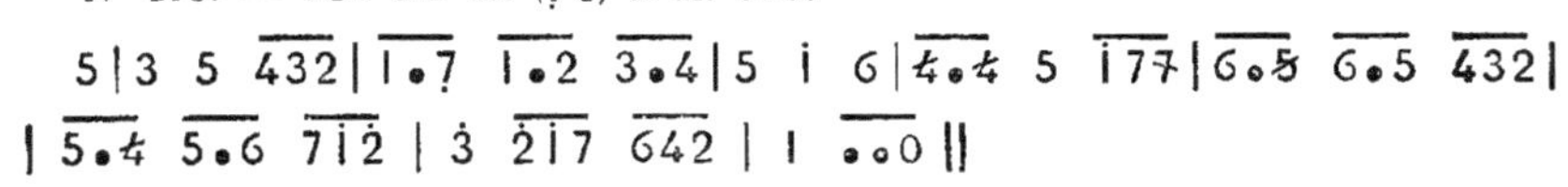

5 | 3 5 432 | 1•7 1•2 3•4 | 5 i 6 | 4•4 5 177 | 6•5 6•5 432 |
| 5•4 5•6 712 | 3 217 642 | 1 ••0 ||

N° 179. — TON DE SEU. (3-4) M.M. 100.

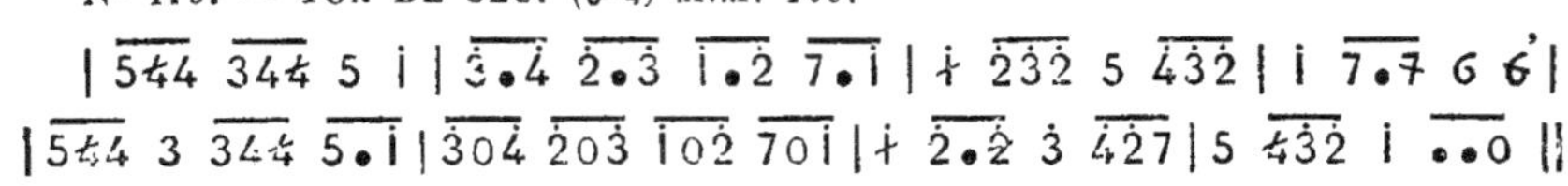

| 544 344 5 i | 3•4 2•3 1•2 7•1 | 4 232 5 432 | i 7•7 6 6' |
| 544 3 344 5•1 | 304 203 102 701 | 4 2•2 3 427 | 5 432 i ••0 ||

TROISIÈME GROUPE. — DIVISION BINO-BINAIRE.

N° 180. — TON DE SI. (1-4) M.M. 126.

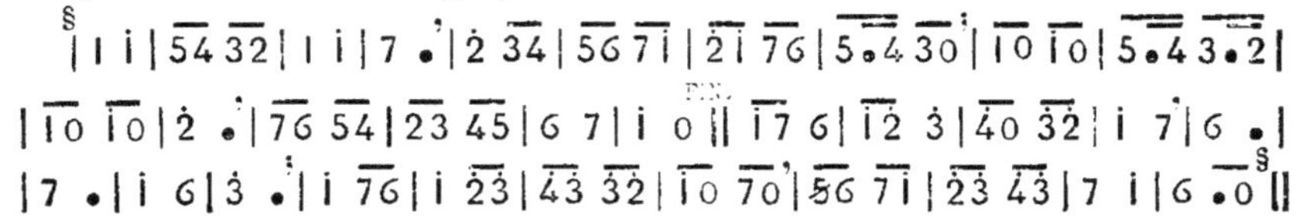

§| 1 i | 54 32 | 1 i | 7 •' | 2 34 | 56 71 | 21 76 | 5•4 30' | 10 10 | 5•4 3•2 |
| 10 10 | 2 •' | 76 54 | 23 45 | 6 7 | i 0 || FIN. 17 6 | 12 3 | 40 32 | i 7 | 6 • |
| 7 • | i 6 | 3 •' | i 76 | i 23 | 43 32 | 10 70' | 56 71 | 23 43 | 7 i | 6 •0§ ||

N° 181. — TON DE SEU. (7-5) M.M. 126.

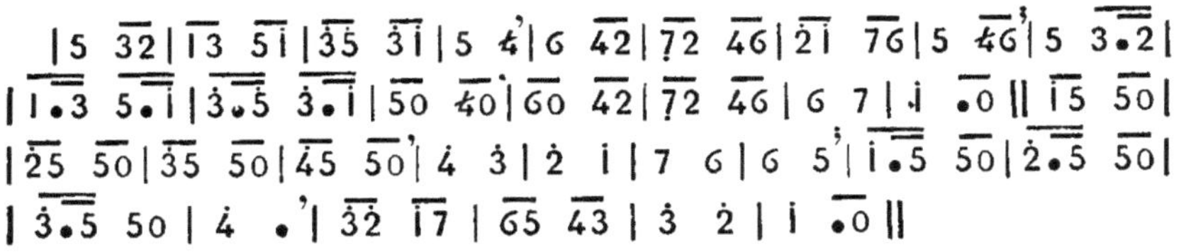

5 32	13 51	35 31	5 4	6 42	72 46	21 76	5 46	5 3•2
1•3 5•1	3•5 3•1	50 40	60 42	72 46	6 7	1 •0		15 50
25 50	35 50	45 50	4 3	2 1	7 6	6 5	1•5 50	2•5 50
3•5 50	4 •	32 17	65 43	3 2	1 •0	

N° 182. — TON DE LEU. (5-6) M.M. 100.

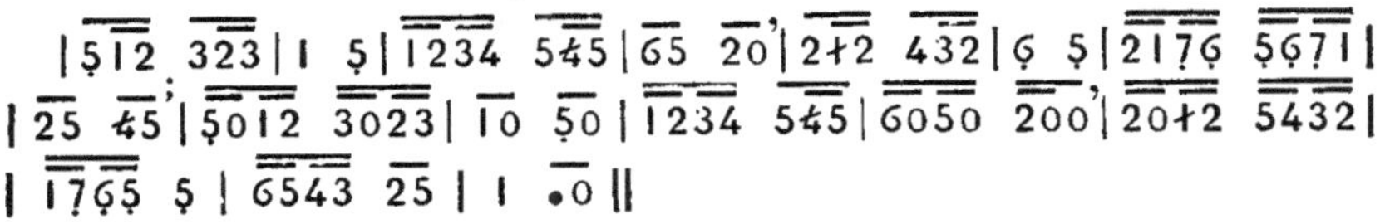

512 323	1 5	1234 545	65 20	2+2 432	6 5	2176 5671
25 45	5012 3023	10 50	1234 545	6050 200	20+2 5432
1765 5	6543 25	1 •0	

N° 183. — TON DE LEU. (5-6) M.M. 100.

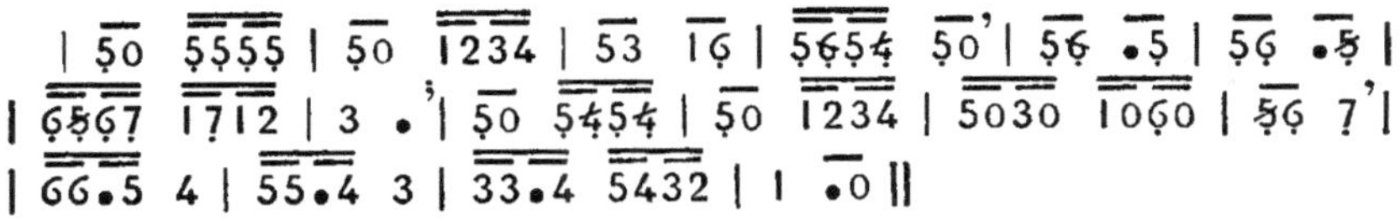

50 5555	50 1234	53 16	5654 50	56 •5	56 •5
6567 1712	3 •	50 5454	50 1234	5030 1060	56 7
66•5 4	55•4 3	33•4 5432	1 •0	

N° 184. — TON DE LA. (1-5) M.M. 126.

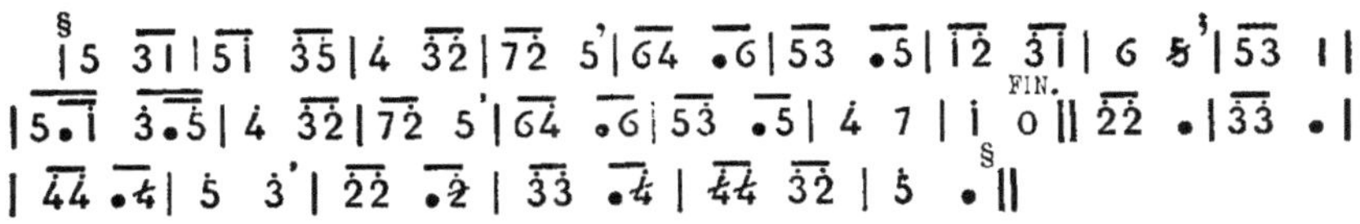

§|5 31|51 35|4 32|72 5|64 •6|53 •5|12 31|6 5|53 1|
|5•1 3•5|4 32|72 5|64 •6|53 •5|4 7|1 0|| 22 •|33 •|
FIN. §
|44 •4|5 3|22 •2|33 •4|44 32|5 •||

N° 185. — TON DE REU. (1-2) M.M. 126.

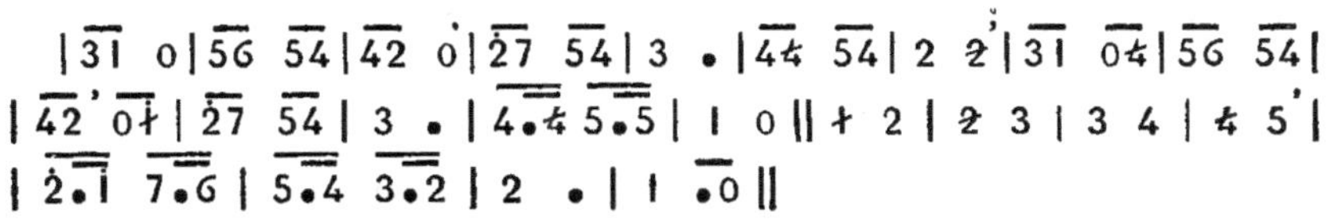

31 0	56 54	42 0	27 54	3 •	44 54	2 2	31 04	56 54
42 04	27 54	3 •	4•4 5•5	1 0		4 2	2 3	3 4	4 5
2•1 7•6	5•4 3•2	2 •	1 •0	

N° 186. — TON DE SI. (1-3) M.M. 126.

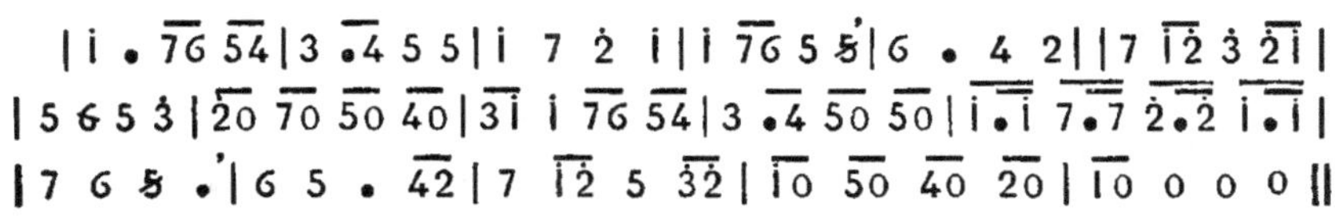

1 • 76 54	3 •4 5 5	1 7 2 1	1 76 5 5	6 • 4 2	7 12 3 21
5 6 5 3	20 70 50 40	31 1 76 54	3 •4 50 50	1•1 7•7 2•2 1•1
7 6 5 •	6 5 • 42	7 12 5 32	10 50 40 20	10 0 0 0	

N° 187. — TON DE SI. (1-3) M.M. 126.

3 45	3 54	35 12	3•2 10	72 •1	76 •5	15 31	2 2
3 4•5	3 5•4	3•5 1•2	32 10	76 •5	65 •4	3 2	1 •0		72 42
13 53	24 61	7 •	27 54	35 17	65 43	23 44	57 24	32 13
51 71	21 7	15 31	64 27	5 2	1 •0	

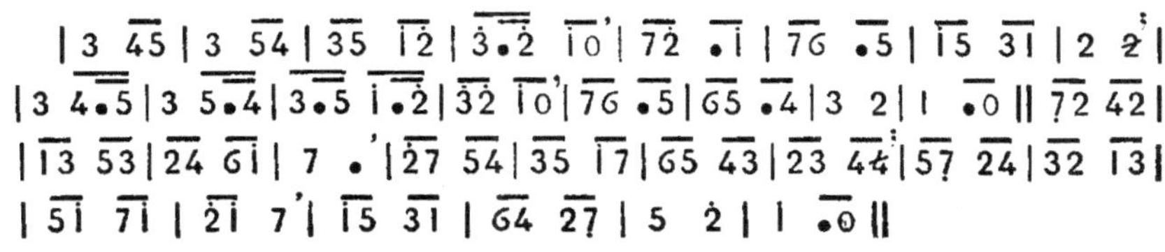

N° 188. — TON DE SI. — (1-3) M.M. 92.

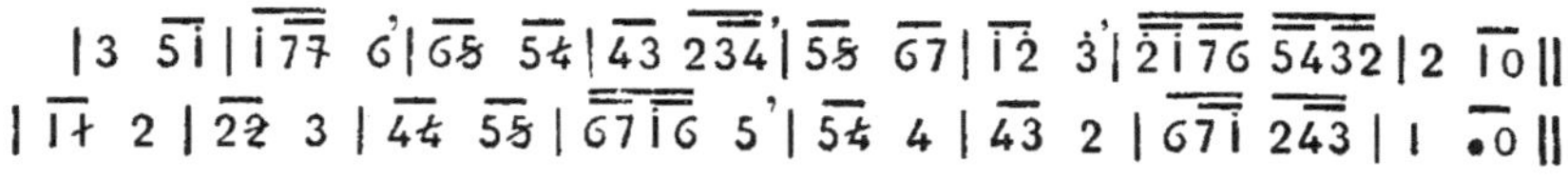

|3 5i | i77 6 | 65 54 | 43 234 | 55 67 | i2 3 | 2i76 5432 | 2 i0 ||
| i7 2 | 22 3 | 44 55 | 67i6 5 | 54 4 | 43 2 | 67i 243 | i •0 ||

N° 189. — TON DE SI. (1-3) M.M. 100.

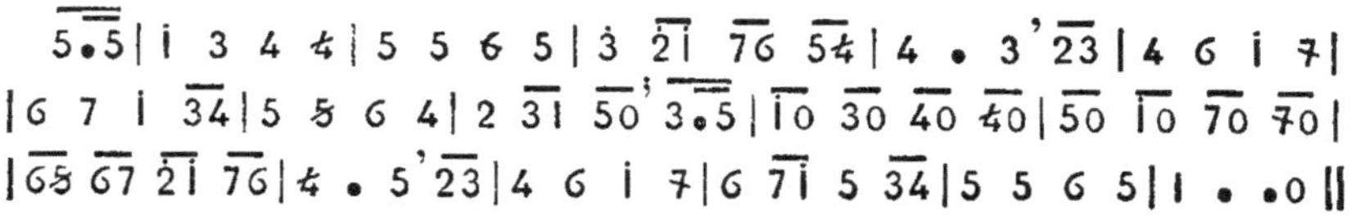

5•5 | i 3 4 4 | 5 5 6 5 | 3 2i 76 54 | 4 • 3 23 | 4 6 i 7 |
| 6 7 i 34 | 5 5 6 4 | 2 3i 50 3•5 | i0 30 40 40 | 50 i0 70 70 |
| 65 67 2i 76 | 4 • 5 23 | 4 6 i 7 | 6 7i 5 34 | 5 5 6 5 | i • •0 ||

N° 190. — TON DE RÉ. (1-2) M.M. 100.

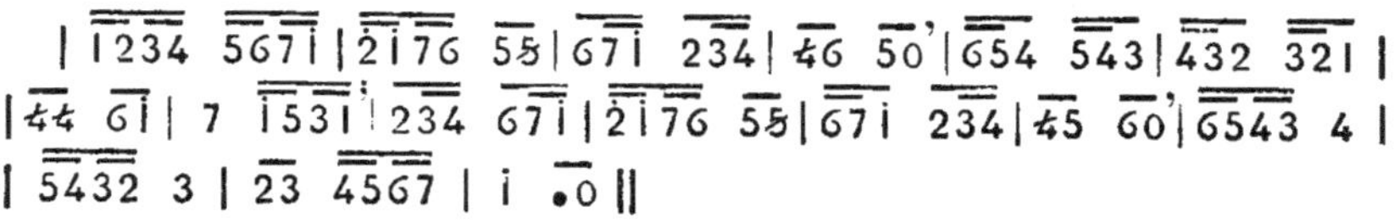

i234 567i	2i76 55	67i 234	46 50	654 543	432 32i
44 6i	7 i53i	234 67i	2i76 55	67i 234	45 60	6543 4
5432 3	23 4567	i •0	

N° 191. — TON DE SEU. (1-4) M.M. 84.

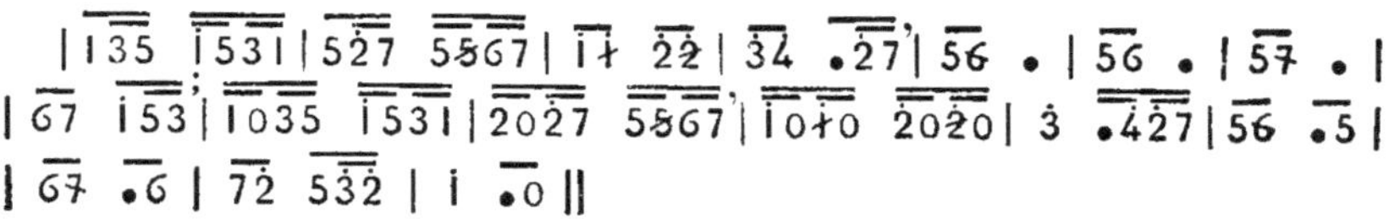

i35 i53i	527 5567	i7 22	34 •27	56 •	56 •	57 •
67 i53	i035 i53i	2027 5567	i070 2020	3 •427	56 •5
67 •6	72 532	i •0	

N° 192. — TON DE SI. (1-3) M M. 92.

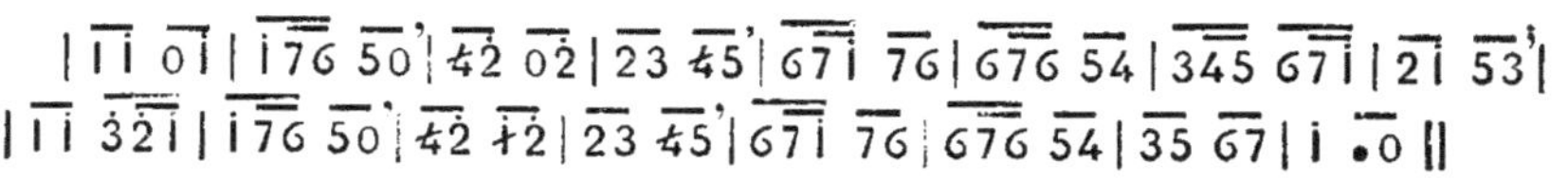

| ii 0i | i76 50 | 42 02 | 23 45 | 67i 76 | 676 54 | 345 67i | 2i 53 |
| ii 32i | i76 50 | 42 72 | 23 45 | 67i 76 | 676 54 | 35 67 | i •0 ||

N° 193. — TON DE RÉ. (1-2) M.M. 96.

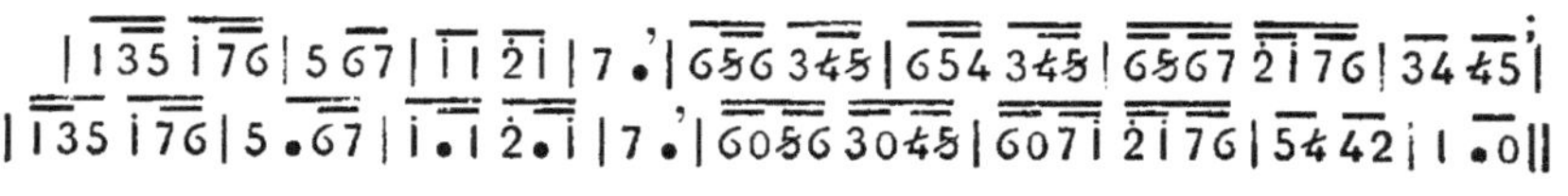

| i35 i76 | 567 | ii 2i | 7 • | 656 345 | 654 345 | 6567 2i76 | 34 45 |
| i35 i76 | 5 •67 | i•i 2•i | 7 • | 6056 3045 | 607i 2i76 | 54 42 | i •0 ||

N° 194. — TON DE REU. (1-2) M.M. 100.

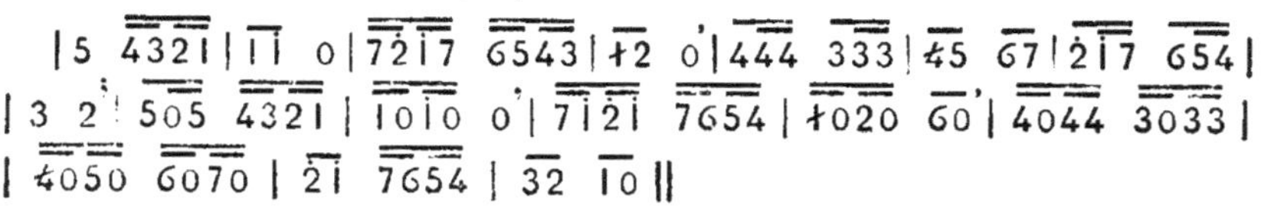

5 432i	ii 0	72i7 6543	72 0	444 333	45 67	2i7 654
3 2	505 432i	i0i0 0	7i2i 7654	7020 60	4044 3033
4050 6070	2i 7654	32 i0	

N° 195. — TON DE SI. (1-3) M.M. 100.

i 76	5432 ii	72i 545	67i2 33	443 234	554 345
6567 2i76	54 42	i02i 76	5432 i0i0	702i 5045	67i2 3030
4043 2034	5054 3045	6576 5432	i00 0	

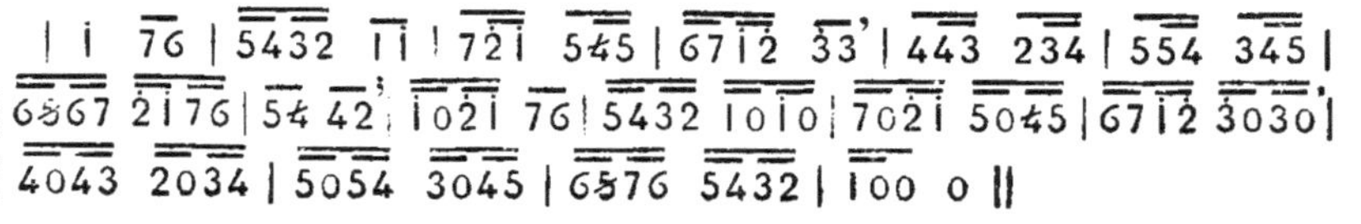

N° 196. — TON DE SI. (1-4) M.M. 100.

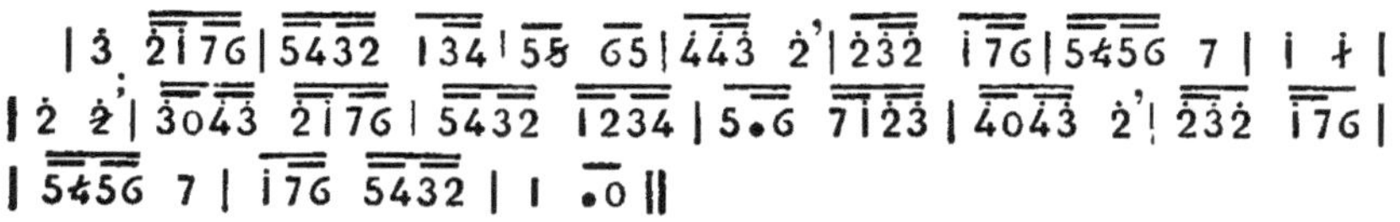

3 2176	5432 134	55 65	443 2'	232 176	5456 7	1 4
2 2'	3043 2176	5432 1234	5•6 7123	4043 2'	232 176
5456 7	176 5432	1 •0	

N° 197. — TON DE MI. (5-7) M.M. 100.

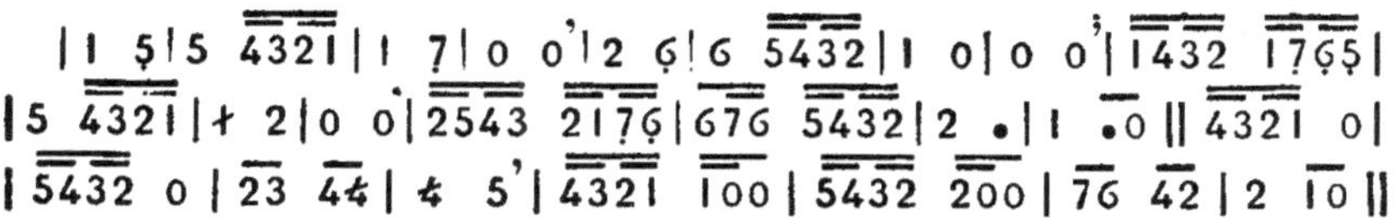

1 5	5 4321	1 7	0 0'	2 6	6 5432	1 0	0 0'	1432 1765
5 4321	4 2	0 0	2543 2176	676 5432	2 •	1 •0		4321 0
5432 0	23 44	4 5'	4321 100	5432 200	76 42	2 10	

N° 198. — TON DE SEU. (3-4) M.M. 100.

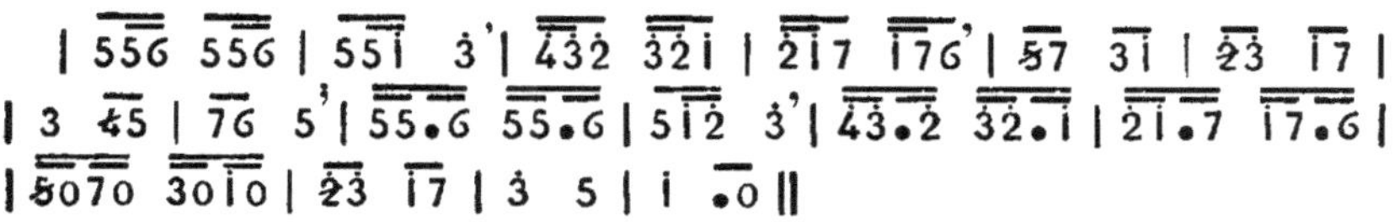

556 556	551 3'	432 321	217 176'	57 31	23 17
3 45	76 5'	55•6 55•6	512 3'	43•2 32•1	21•7 17•6
5070 3010	23 17	3 5	1 •0	

N° 199. — TON DE SEU. (1-4) M.M. 100.

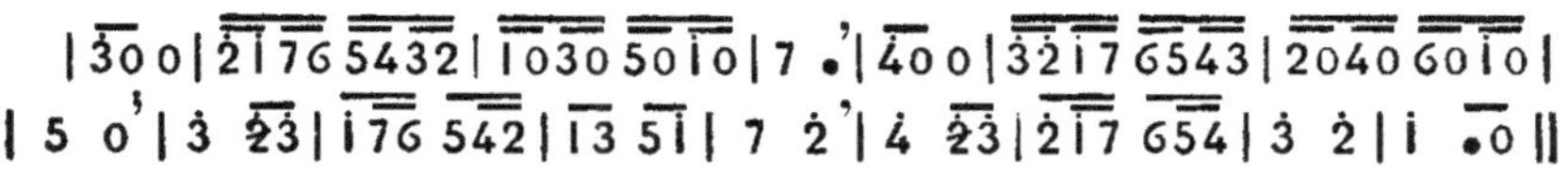

| 30 0 | 2176 5432 | 1030 5010 | 7 •' | 40 0 | 3217 6543 | 2040 6010 |
| 5 0' | 3 23 | 176 542 | 13 51 | 7 2' | 4 23 | 217 654 | 3 2 | 1 •0 ||

N° 200. — TON DE MI. (5-1) M.M. 96.

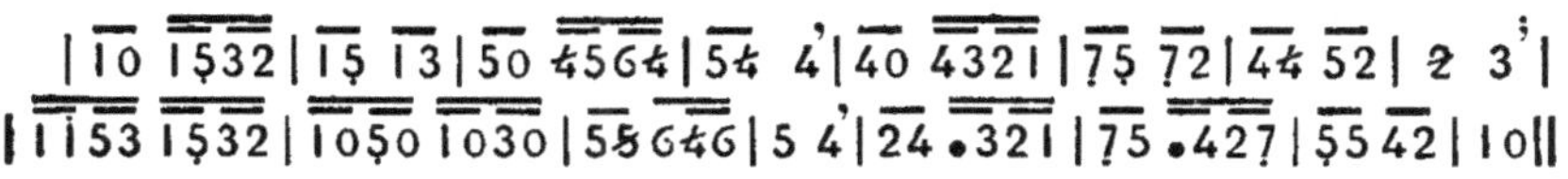

| 10 1532 | 15 13 | 50 4564 | 54 4' | 40 4321 | 75 72 | 44 52 | 2 3' |
| 1153 1532 | 1050 1030 | 55646 | 5 4' | 24 •321 | 75 •427 | 5542 | 10 ||

N° 201. — TON DE MEU (5-1) M.M. 116.

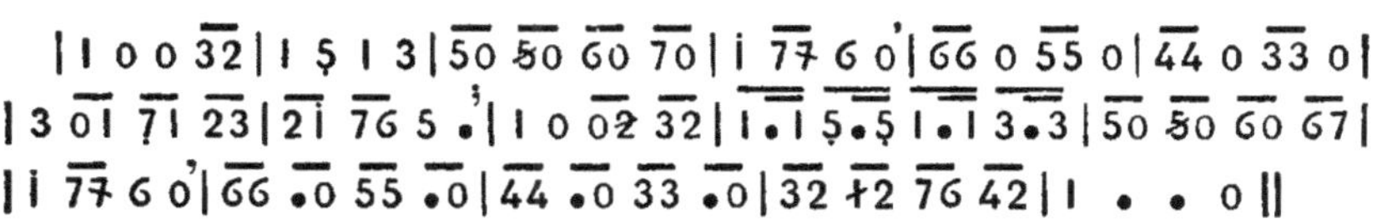

1 0 0 32	1 5 1 3	50 50 60 70	1 77 6 0'	66 0 55 0	44 0 33 0
3 01 71 23	21 76 5 •'	1 0 02 32	1•1 5•5 1•1 3•3	50 50 60 67
1 77 6 0'	66 •0 55 •0	44 •0 33 •0	32 42 76 42	1 • • 0	

N° 202. — TON DE SEU. (1-4) M.M. 100.

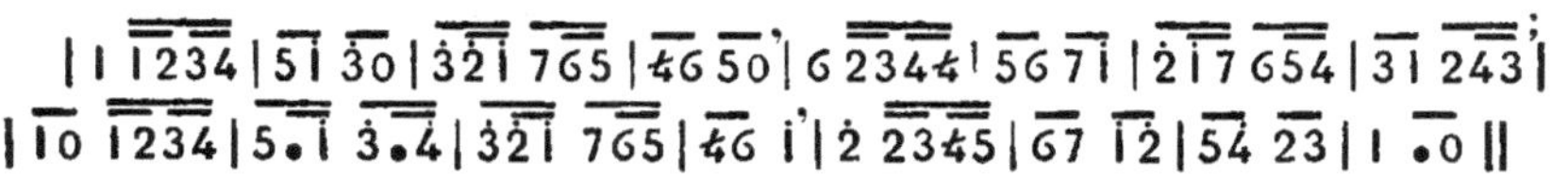

| 1 1234 | 51 30 | 321 765 | 46 50' | 6 2344 | 5671 | 217 654 | 31 243' |
| 10 1234 | 5•1 3•4 | 321 765 | 46 1' | 2 2345 | 67 12 | 54 23 | 1 •0 ||

N° 203. — TON D'UT. (7-3) M.M. 100.

50 0'	5432 1234	56 •5	13 •2	1 7'	20 0	1765 4321
76 •5	43 21	7 •'	54 0'	532 134	56 05	13 02	10 70'
24 20	765 432	16 •5	3 2	1 •0	

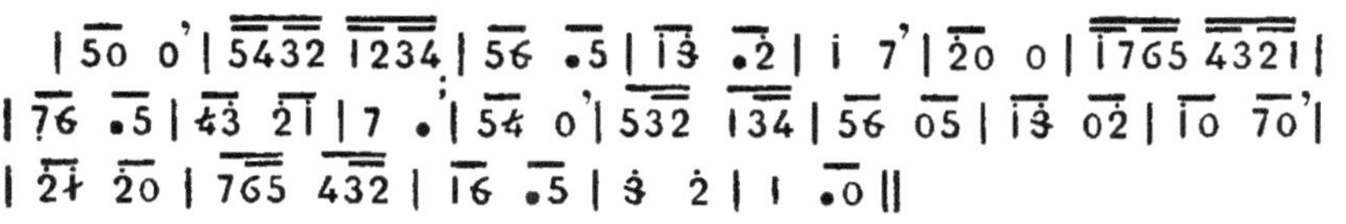

N° 204. — TON DE SI. (1-3) M.M. 108.

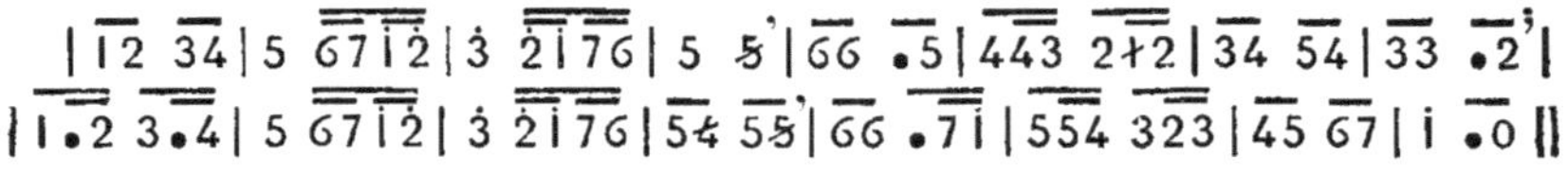

| 12 34 | 5 6712 | 3 2176 | 5 5' | 66 •5 | 443 2+2 | 34 54 | 33 •2' |
| 1•2 3•4 | 5 6712 | 3 2176 | 54 55' | 66 •71 | 554 323 | 45 67 | 1 •0 ||

N° 205. — TON DE FA. (5-6) M.M. 100.

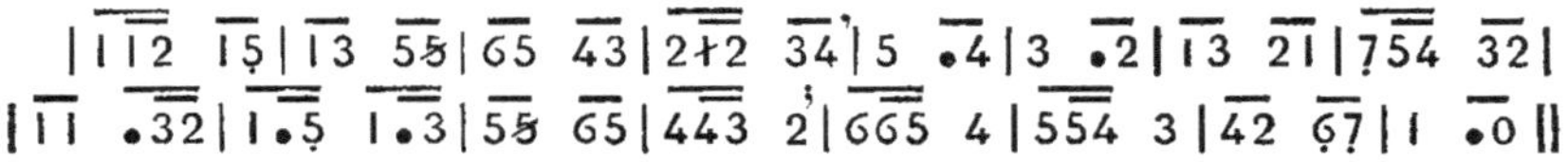

| 112 15 | 13 55 | 65 43 | 2+2 34' | 5 •4 | 3 •2 | 13 21 | 754 32 |
| 11 •32 | 1•5 1•3 | 55 65 | 443 2' | 665 4 | 554 3 | 42 67 | 1 •0 ||

N° 206. — TON D'UT. (1-2) M.M. 104.

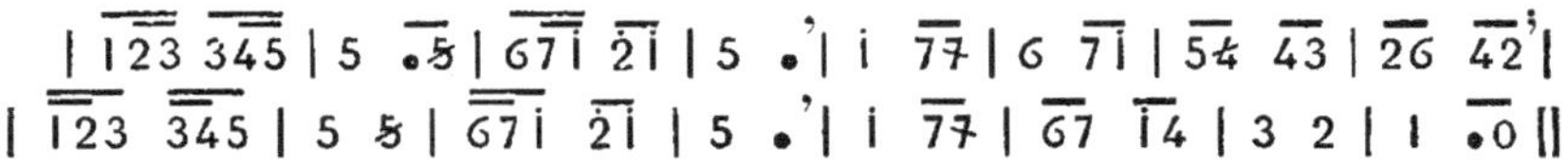

| 123 345 | 5 •5 | 671 21 | 5 •' | 1 77 | 6 71 | 54 43 | 26 42' |
| 123 345 | 5 5 | 671 21 | 5 •' | 1 77 | 67 14 | 3 2 | 1 •0 ||

N° 207. — TON D'UT. (1-3) M.M. 132.

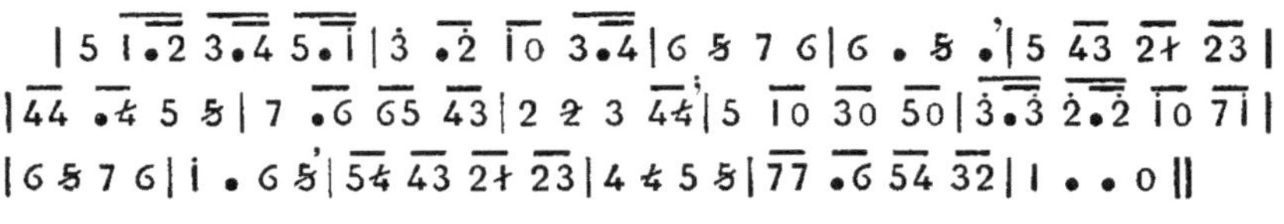

5 1•2 3•4 5•1	3 •2 10 3•4	6 5 7 6	6 • 5 •'	5 43 2+ 23
44 •4 5 5	7 •6 65 43	2 2 3 44'	5 10 30 50	3•3 2•2 10 71
6 5 7 6	1 • 6 5'	54 43 2+ 23	4 4 5 5	77 •6 54 32	1 • • 0	

N° 208. — TON DE SEU. (7-4) M.M. 132.

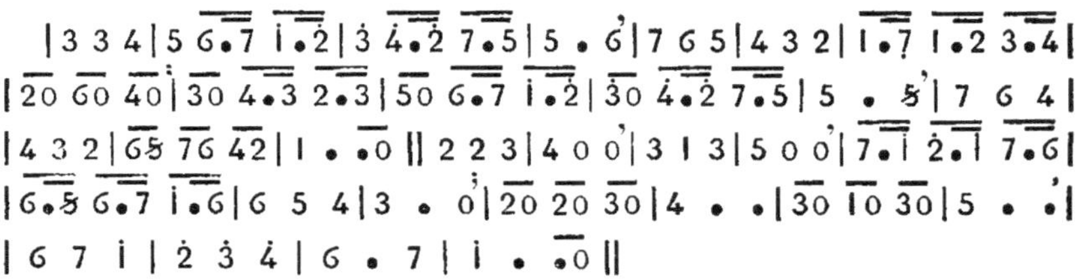

3 3 4	5 6•7 1•2	3 4•2 7•5	5 • 6'	7 6 5	4 3 2	1•7 1•2 3•4
20 60 40	30 4•3 2•3	50 6•7 1•2	30 4•2 7•5	5 • 5'	7 6 4
4 3 2	65 76 42	1 • •0 || 2 2 3	4 0 0'	3 1 3	5 0 0'	7•1 2•1 7•6
6•5 6•7 1•6	6 5 4	3 • 0'	20 20 30	4 • •	30 10 30	5 • •'
6 7 1	2 3 4	6 • 7	1 • •0	

N° 209. — TON DE REU. (1-2) M.M. 126.

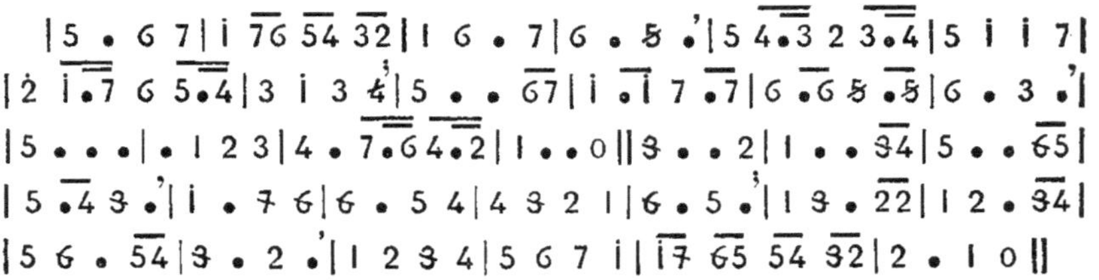

5 • 6 7	1 76 54 32	1 6 • 7	6 • 5 •'	5 4•3 2 3•4	5 1 1 7
2 1•7 6 5•4	3 1 3 4'	5 • • 67	1 •1 7 •7	6 •6 5 •5	6 • 3 •'
5 • • •	• 1 2 3	4 • 7•64•2	1 • • 0 || 3 • • 2	1 • • 34	5 • • 65
5 •4 3 •'	1 • 7 6	6 • 5 4	4 3 2 1	6 • 5 •'	1 3 • 22	1 2 • 34
5 6 • 54	3 • 2 •'	1 2 3 4	5 6 7 1	17 65 54 32	2 • 1 0	

N° 210. — TON DE SEU. (2-5) M.M. 100.

55 0	31 0	34 0	27 0'	11 •7	6 56	2+ 21	7 •'	55 05
31 05	43 03	27 05'	11 •7	67 14	3 2	1 •0		321 765
5 6712	32 3+	27 5'	54 •3	•2 •1	•7 •6	5 3	321 765
55 67	17 1+	3 2'	46 71	35 67	24 32	1 •0	

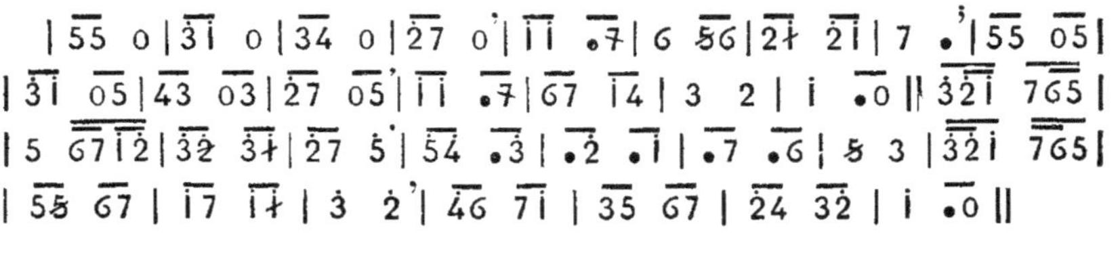

N° 211. — TON DE SI. (1-4) M.M. 92.

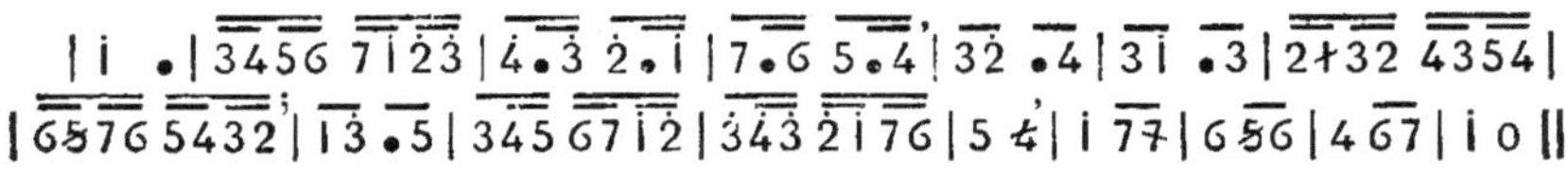

| 1 • | 3456 7123 | 4•3 2•1 | 7•6 5•4 | 32 •4 | 31 •3 | 2432 4354 |
| 6576 5432 | 13 •5 | 345 6712 | 343 2176 | 5 4 | 1 77 | 656 | 467 | 1 0 ||

N° 212. — TON DE SI. (1-3) M.M. 100.

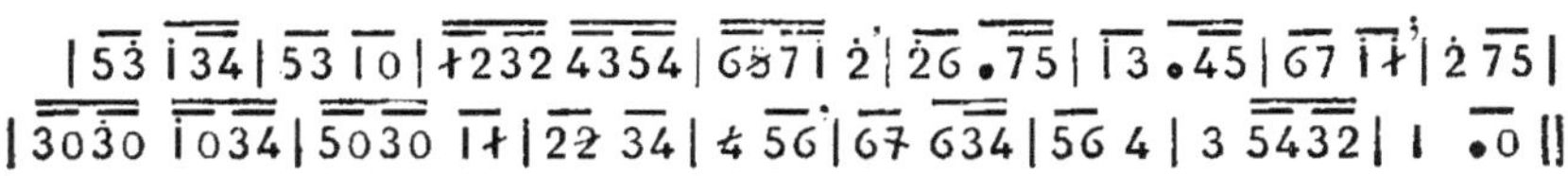

| 53 134 | 53 10 | 4232 4354 | 6571 2 | 26 •75 | 13 •45 | 67 14 | 275 |
| 3030 1034 | 5030 14 | 22 34 | 4 56 | 67 634 | 56 4 | 3 5432 | 1 •0 ||

N° 213. — TON DE SI. (1-3) M.M. 100.

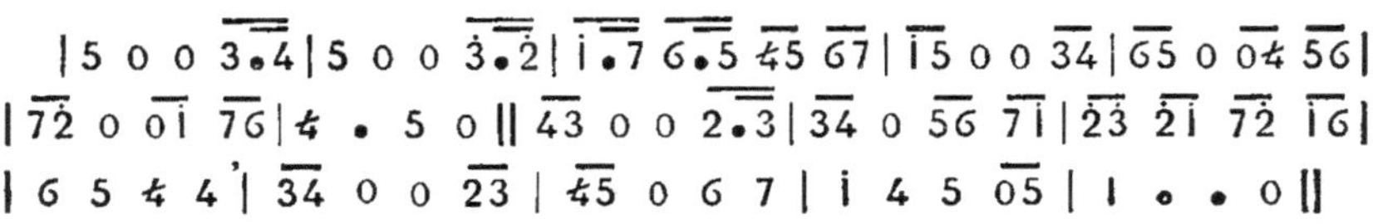

5 0 0 3•4	5 0 0 3•2	1•7 6•5 45 67	15 0 0 34	65 0 04 56
72 0 01 76	4 • 5 0		43 0 0 2•3	34 0 56 71	23 21 72 16
6 5 4 4	34 0 0 23	45 0 6 7	1 4 5 05	1 • • 0	

N° 214. — TON DE SOL. (3-5) M.M. 100.

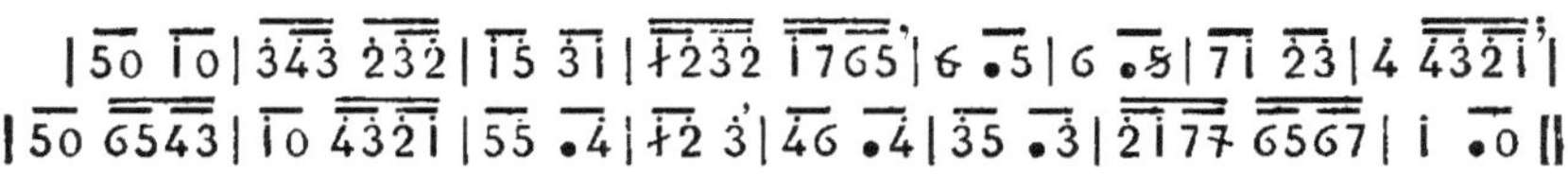

| 50 10 | 343 232 | 15 31 | 4232 1765 | 6 •5 | 6 •5 | 71 23 | 4 4321 |
| 50 6543 | 10 4321 | 55 •4 | 42 3 | 46 •4 | 35 •3 | 2177 6567 | 1 •0 ||

N° 215. — TON DE FÈ. (4-6) M.M. 92.

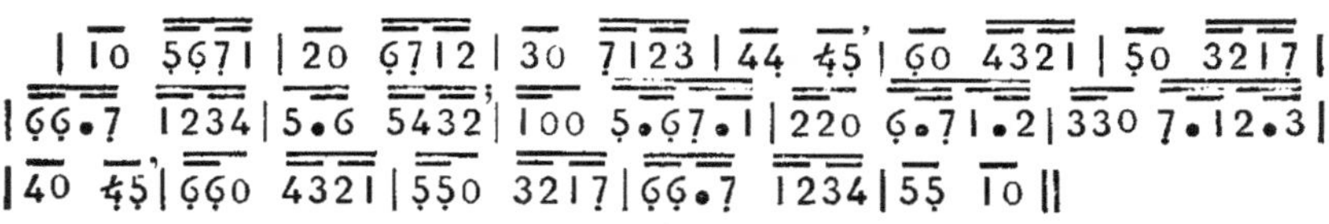

10 5671	20 6712	30 7123	44 45	60 4321	50 3217
66•7 1234	5•6 5432	100 5•67•1	220 6•71•2	330 7•12•3
40 45	660 4321	550 3217	66•7 1234	55 10	

N° 216. — TON DE RÉ. (5-2) M.M. 92.

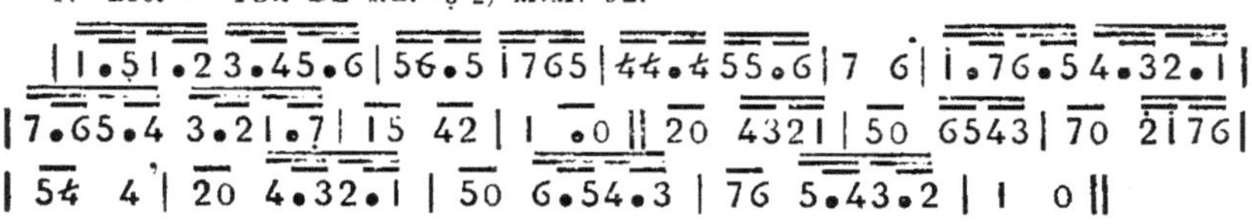

1•51•23•45•6	56•5 1765	44•455•6	7 6	1•76•54•32•1
7•65•4 3•21•7	15 42	1 •0 || 20 4321	50 6543	70 2176
54 4	20 4•32•1	50 6•54•3	76 5•43•2	1 0	

N° 217. — TON DE MEU. (5-2) M.M. 80.

§ | 12•3 •4•5 | 112 321 | 76 42 | 5432 1765 | 56• 66 | 51• 11 |
42 43	65•4 •3•2	12•3 •4•5	1012 3021	7060 4020
5•43•2 1•76•5	560 66	510 11	4232 4542	2•2 10 || FIN. 22 •22
3344 5566	71 21	7 6	22 •22	3•34•4 5•56•6	76 54	24 32 §	

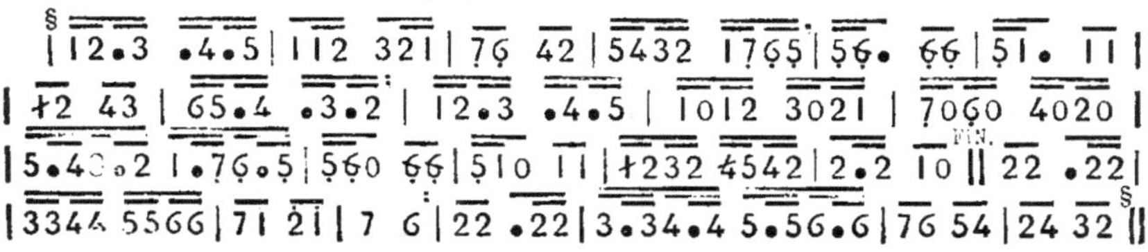

QUATRIÈME GROUPE. — DIVISION MIXTE.

N° 218. — TON DE SI. (1-3̇) M.M. 100.

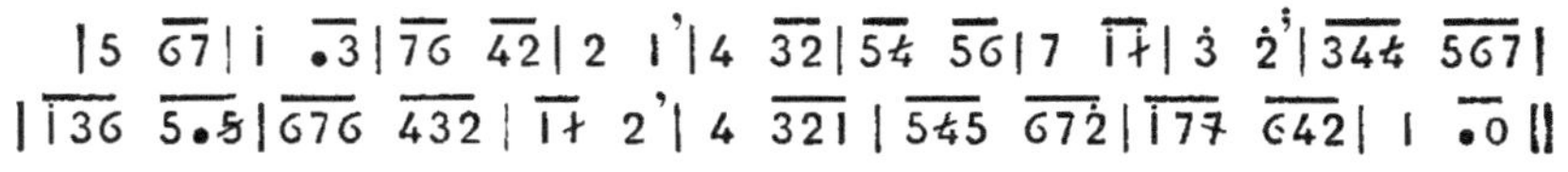

|5 67|i .3|76 42|2 1'|4 32|54 56|7 i7|3̇ 2̇'|344 567|
|i36 5.5|676 432|i7 2'|4 321|545 672̇|i77 642|1 .0||

N° 219. — TON DE RÉ. (1-2̇) M.M. 100.

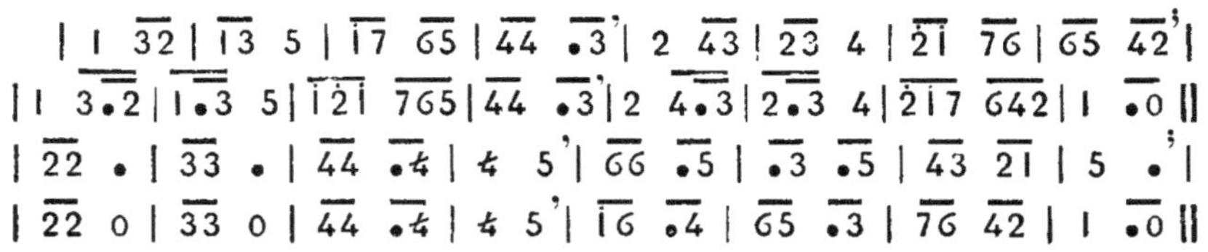

1 32	13 5	i7 65	44 .3'	2 43	23 4	2i 76	65 42'
1 3.2	1.3 5	i2i 765	44 .3	2 4.3	2.3 4	2̇i7 642	1 .0	
22 .	33 .	44 .4	4 5'	66 .5	.3 .5	43 21	5 .'
22 0	33 0	44 .4	4 5'	i6 .4	65 .3	76 42	1 .0	

N° 220. — TON DE MEU. (7 i) M.M. 96.

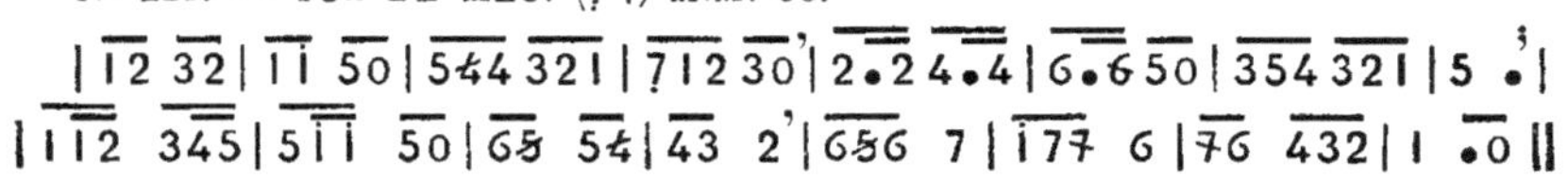

|12 32|11 50|544 321|7123 0'|2.2 4.4|6.6 50|354 321|5 .'|
|112 345|511 50|65 54|43 2'|656 7|i77 6|76 432|1 .0||

N° 221. — TON DE MEU. (7-i) M.M. 100.

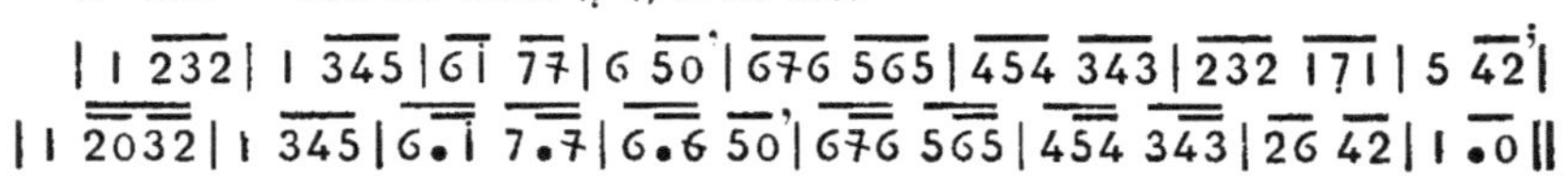

|1 232|1 345|6i 77|6 50'|676 565|454 343|232 171|5 42'|
|1 2032|1 345|6.i 7.7|6.6 50'|676 565|454 343|26 42|1 .0||

N° 222. — TON DE RÉ. (1-2̇) M.M. 120.

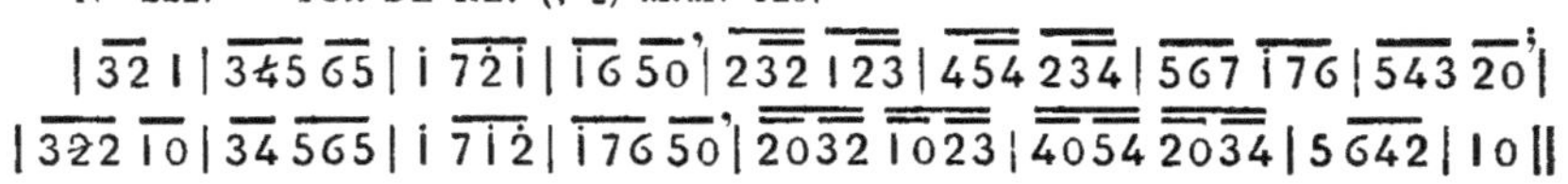

|32 1|345 65|i 72̇i|i6 50'|232 123|454 234|567 i76|543 20'|
|322 10|34 565|i 7i2̇|i76 50'|2032 1023|4054 2034|5 642|10||

N° 223. — TON D'UT. (1-3̇) M.M. 104

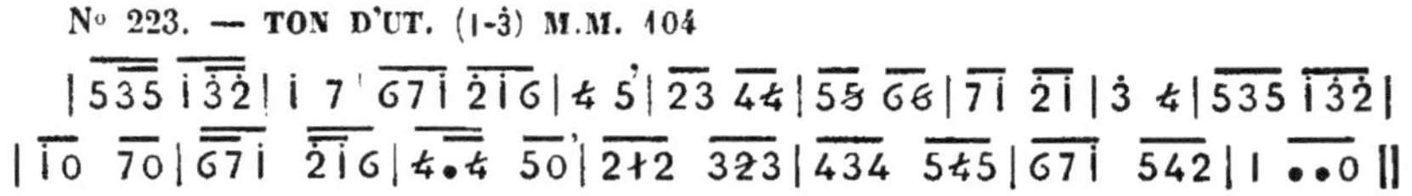

|535 i3̇2̇|i 7'67i 2̇i6|4 5'|23 44|55 66|7i 2̇i|3̇ 4|535 i3̇2̇|
|i0 70|67i 2̇i6|4.4 50'|272 323|434 545|67i 542|1 ..0||

N° 224. — TON DE LA. (3̣-5) M.M. 88.

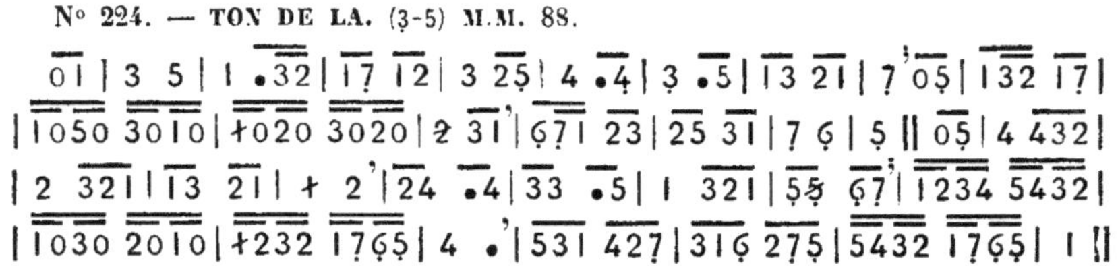

01|3 5|1 .32|17 12|3 25̣|4 .4|3̣ .5|13 21|7̣'05̣|132 17|
1050 3010	7020 3020	2 31'	6̣71 23	25 31	7̣ 6̣	5̣		05̣	4 432
2 321	13 21	7 2'	24 .4	33 .5	1 321	5̣5̣ 6̣7̣'	1234 5432
1030 2010	7232 176̣5̣	4 .'	531 427̣	316̣ 275̣	5432 176̣5̣	1	

N° 225 — TON D'UT. (1-3̇) M.M. 88.

|5.3 3̇.2̇|i 565|65 67|2̇i 77'|6 4|5 3̇2̇3̇|4 4|6 546'|
|5 122|344 556|7 i7|2 .'|43 21|5 67i|2 7|i .0||

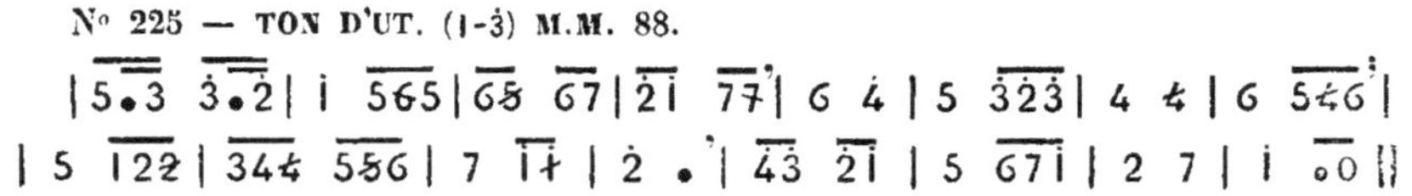

N° 226. — TON DE SI. (1-3̇) M.M. 100.

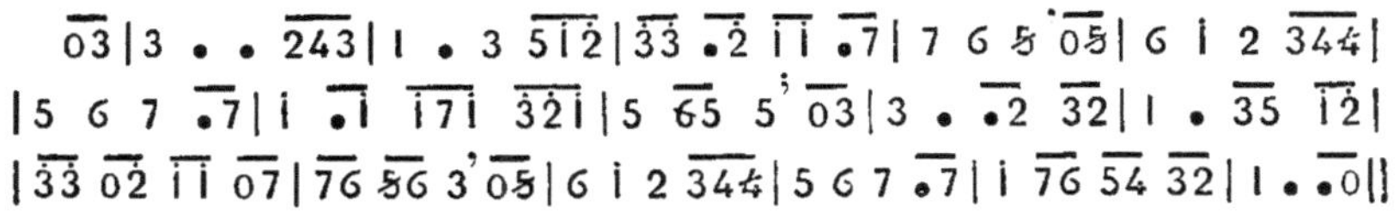

03 | 3 • • 243 | 1 • 3 51̇2̇ | 33 •2̇ 1̇1̇ •7 | 7 6 5 05 | 6 1̇ 2 344 |
| 5 6 7 •7 | 1̇ •1̇ 1̇71̇ 3̇2̇1̇ | 5 65 5 03 | 3 • •2 32 | 1 • 35 1̇2̇ |
| 33 02 1̇1̇ 07 | 76 56 3 05 | 6 1̇ 2 344 | 5 6 7 •7 | 1̇ 76 54 32 | 1 • •0 ||

N° 227. — TON DE REU. (7-2̇) M.M. 126.

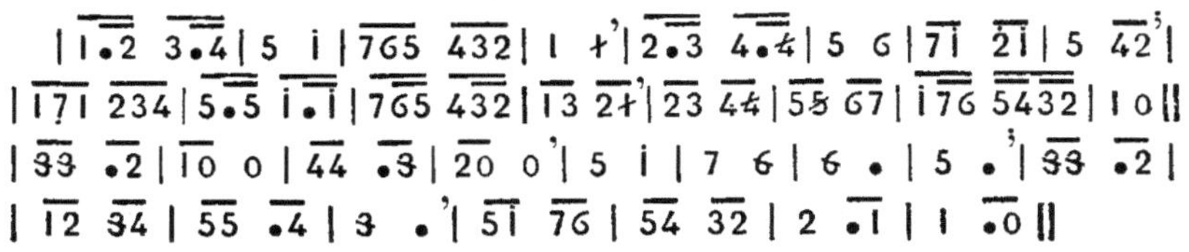

1•2 3•4	5 1̇	765 432	1 4	2•3 4•4	5 6	71̇ 21̇	5 42
171 234	5•5 1̇•1̇	765 432	13 24	23 44	55 67	1̇76 5432	1 0	
33 •2	10 0	44 •3	20 0	5 1̇	7 6	6 •	5 •	33 •2
12 34	55 •4	3 •	51̇ 76	54 32	2 •1	1 •0	

N° 228. — TON DE LEU. — (2-5̇) M.M. 84.

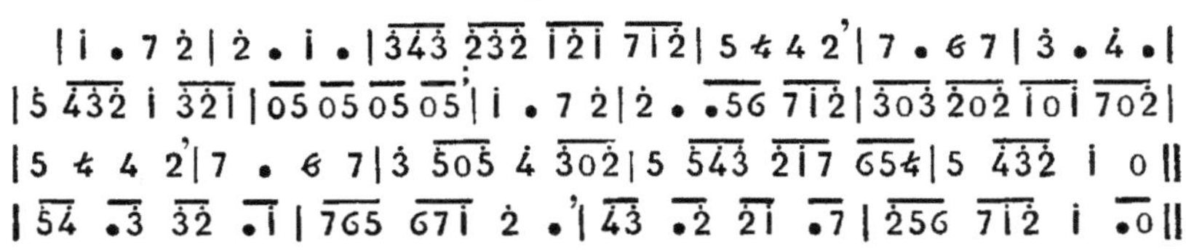

1̇ • 7 2̇	2̇ • 1̇ •	3̇43̇ 2̇32̇ 1̇21̇ 71̇2̇	5 4 4 2	7 • 6 7	3̇ • 4̇ •
5̇ 4̇3̇2̇ 1̇ 3̇2̇1̇	05 05 05 05	1̇ • 7 2̇	2̇ • •56 71̇2̇	3̇03̇ 2̇02̇ 1̇01̇ 702̇
5 4 4 2	7 • 6 7	3̇ 505 4̇ 3̇02̇	5 543̇ 2̇17 654	5 4̇3̇2̇ 1̇ 0	
54 •3 32 •1	765 671̇ 2̇ •	4̇3̇ •2̇ 2̇1̇ •7	2̇56 71̇2̇ 1̇ •0	

N° 229. — TON DE REU. (1-2̇) M.M. 92.

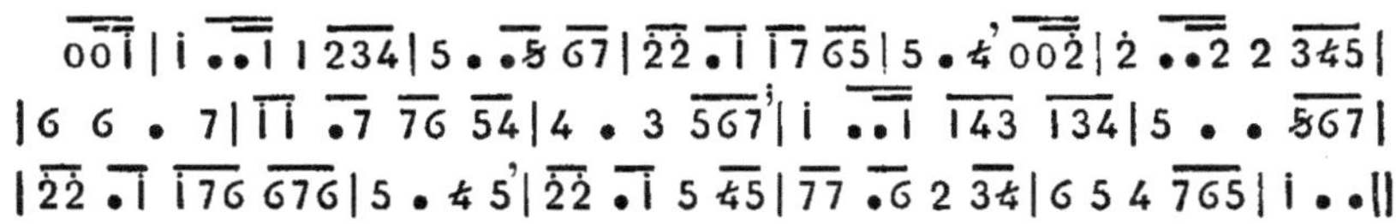

001̇ | 1̇ ••1̇ 1 234 | 5 • •5 67 | 2̇2̇ •1̇ 1̇7 65 | 5 • 4 002̇ | 2̇ ••2 2 345 |
| 6 6 • 7 | 1̇1̇ •7 76 54 | 4 • 3 567 | 1̇ ••1̇ 1̇43 1̇34 | 5 • • 567 |
| 2̇2̇ •1̇ 1̇76 676 | 5 • 4 5 | 2̇2̇ •1̇ 5 45 | 77 •6 2 34 | 6 5 4 765 | 1̇ • • ||

N° 230. — TON DE MI. (5̣-1̇) M.M. 100.

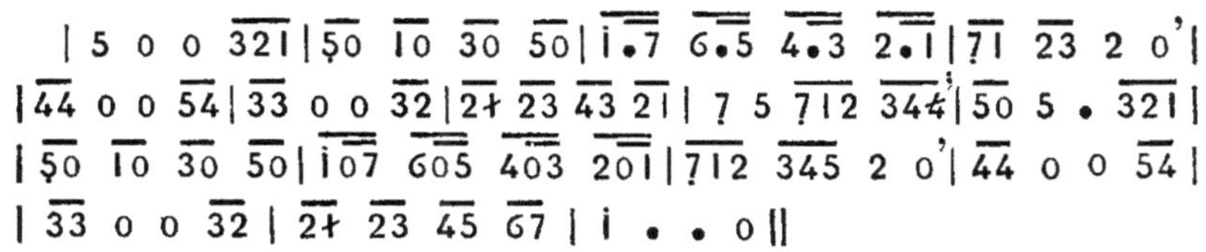

5 0 0 321	5̣0 10 30 50	1̇•7 6•5 4•3 2•1	7̣1 23 2 0
44 0 0 54	33 0 0 32	24 23 43 21	7̣ 5 7̣12 344	50 5 • 321
5̣0 10 30 50	1̇07 605 403 201	7̣12 345 2 0	44 0 0 54
33 0 0 32	24 23 45 67	1̇ • • 0	

N° 231. — TON DE MEU. (5̣-2̇) M.M. 104.

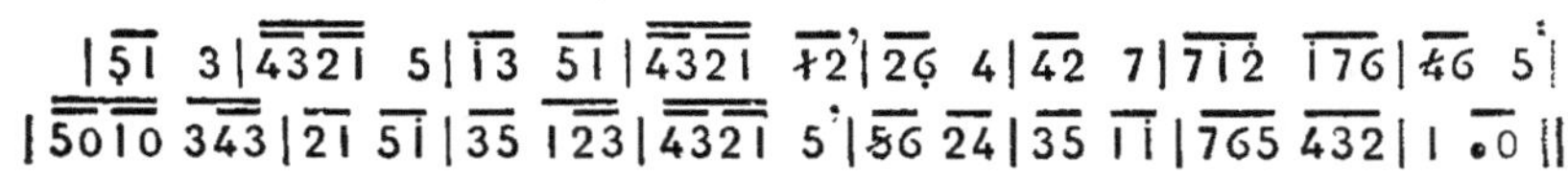

| 5̣1 3 | 4321 5 | 13 51 | 4321 42 | 26̣ 4 | 42 7 | 712 176 | 46 5 |
| 5010 343 | 21 51 | 35 123 | 4321 5 | 56 24 | 35 11 | 765 432 | 1 •0 ||

N° 232. — TON DE RÉ. (1-2̇) M.M. 92.

3 • 1̇03 543	1̇ • 70 2̇17	60 60 60 543	4 2 507 654	3 • 13 543
1̇ 1̇ 70 2̇17	6 6 6 7̣	1 • •0 || 7̣12	3 0 1 234	4 0 2 567
1̇1̇ •7 2̇1̇ 76	5 • 5 543	4 2 • 654	5 3 • 2̇16	4 5 6 7	1̇ • • 0	

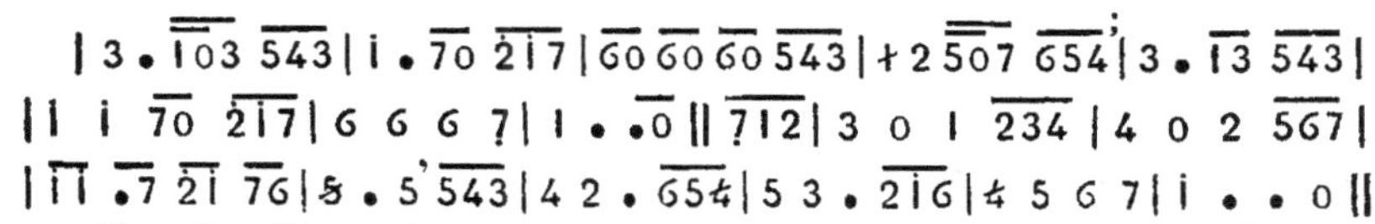

Nº 233. — TON D'UT. (1-3̇) M.M. 104.

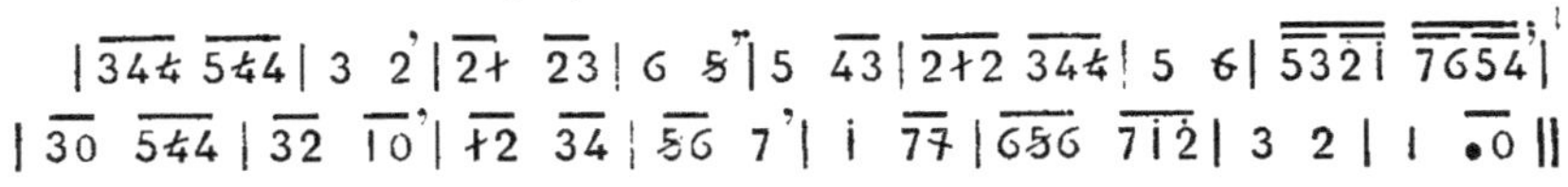

|344 544| 3 2'|24 23| 6 5'|5 43|242 344| 5 6| 5321 7654|
|30 544 | 32 10'| 42 34| 56 7'| 1 77 |656 712| 3 2 | 1 •0 ||

Nº 234. — TON DE JEU. (5̣-6) M.M. 126.

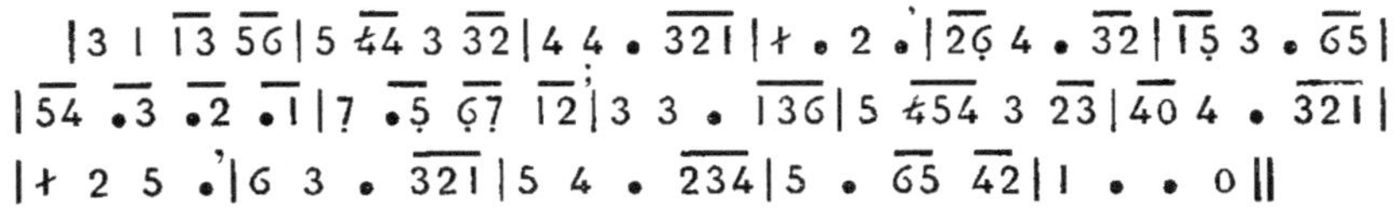

3 1 13 56	5 44 3 32	4 4 • 321	4 • 2 •	26 4 • 32	15 3 • 65
54 •3 •2 •1	7 •5 67 12	3 3 • 136	5 454 3 23	40 4 • 321
4 2 5 •	6 3 • 321	5 4 • 234	5 • 65 42	1 • • 0	

Nº 235. — TON DE SI. (1-3̇) M.M. 100.

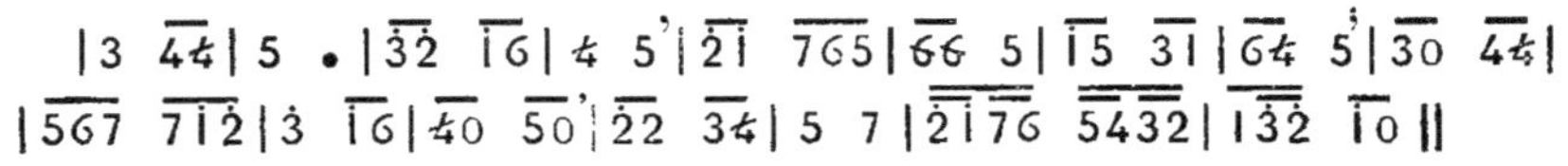

|3 44|5 •|32 16|4 5'|21 765|66 5|15 31|64 5|30 44|
|567 712|3 16|40 50|22 34|5 7|2176 5432|132 10||

Nº 236. — TON DE LEU (4-5̇) M.M. 76.

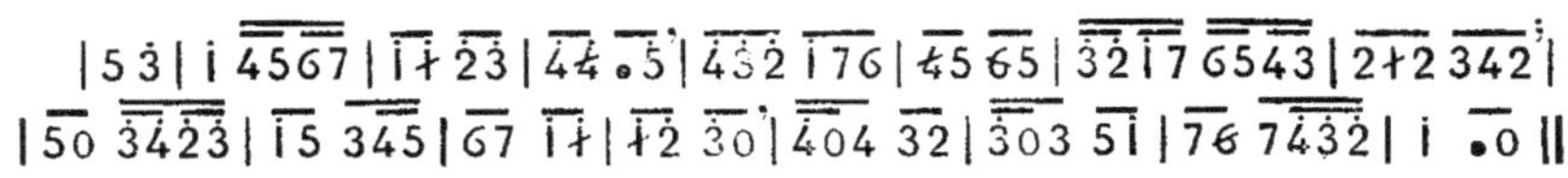

|53|1 4567|14 23|44 •5|432 176|45 65|3217 6543|242 342|
|50 3423|15 345|67 14|42 30|404 32|303 51|76 7432|1 •0||

Nº 237. — TON DE LEU. (5̣-6) M.M. 100.

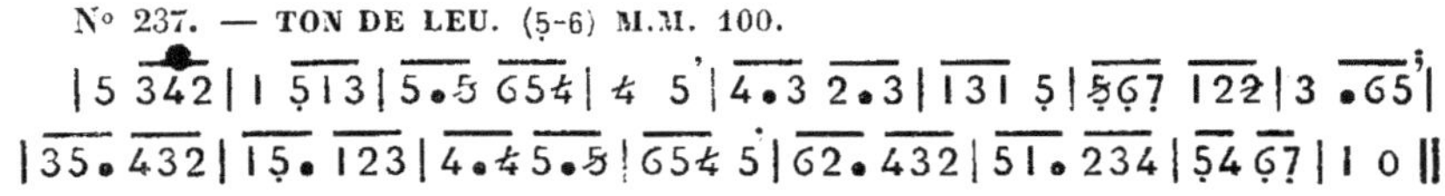

|5 342|1 513|5•5 654|4 5|4•3 2•3|131 5|567 122|3 •65|
|35•432|15• 123|4•45•5|654 5|62•432|51•234|5467|1 0||

Nº 238. — TON DE SEU. (1-5̇) M.M. 100.

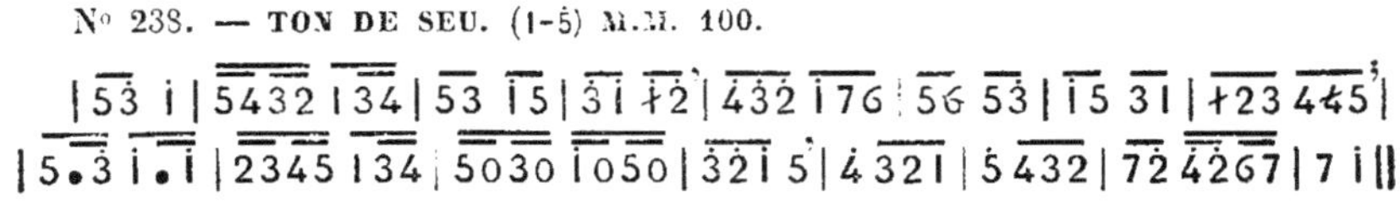

|53 1|5432 134|53 15|31 42|432 176|56 53|15 31|423 445|
|5•3 1•1|2345 134|5030 1050|321 5|4 321|5432|72 4267|7 1||

Nº 239. — TON DE MEU. (5̣-1̇) M.M. 80.

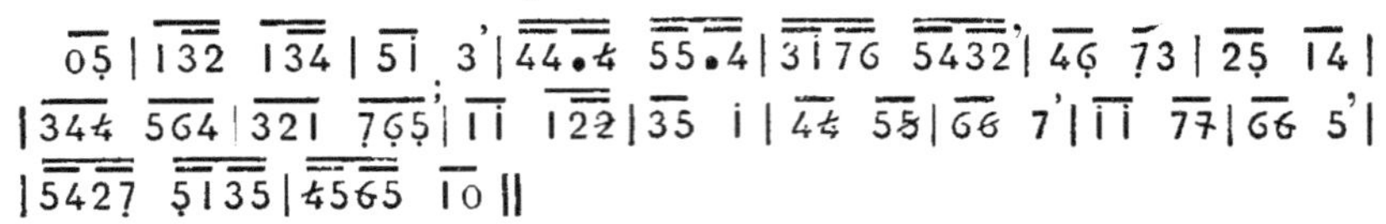

05|132 134|51 3|44•4 55•4|3176 5432|46 73|25 14|
|344 564|321 765|11 122|35 1|44 55|66 7|11 77|66 5|
|5427 5135|4565 10||

Nº 240. — TON DE SI. (1-3̇) M.M. 100.

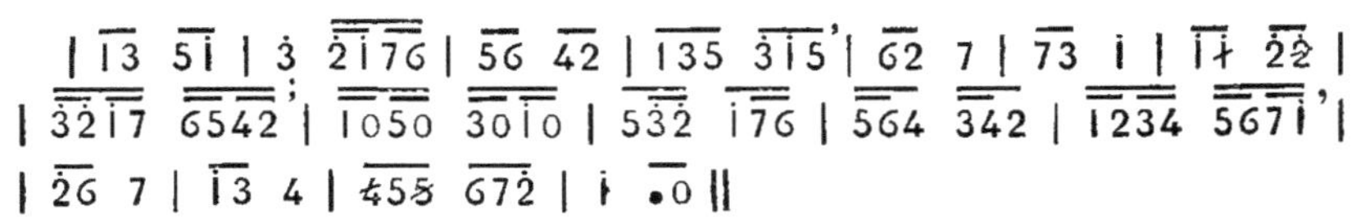

13 51	3 2176	56 42	135 315	62 7	73 1	14 22
3217 6542	1050 3010	532 176	564 342	1234 5671
26 7	13 4	455 672	1 •0	

Nº 241. — TON DE SI. (1-3̇) M.M. 100.

| 1 34| 5 17|2176 5432|1231 5|56 •5|176 543|23 44|46 5|
|31 34|567 17|2070 5040|321 5|56 71 | 17 65| 1132 1542| 1 0 ||

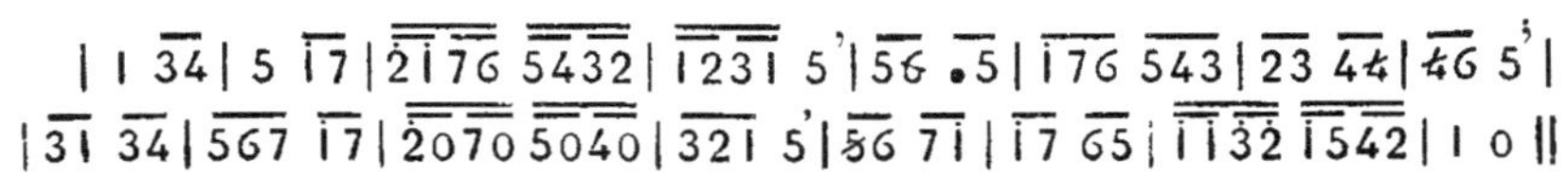

N° 242. — TON DE SI. (1-3) M M. 92.

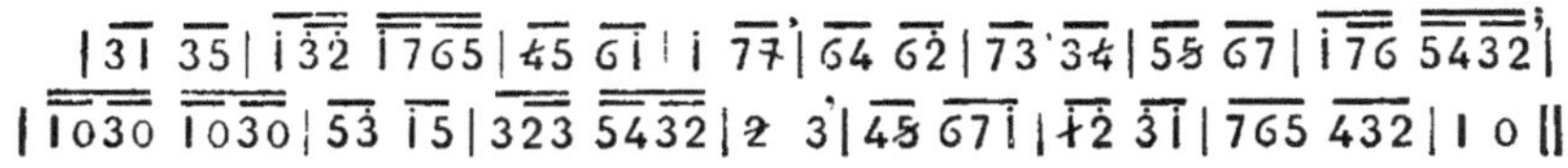

|31 35| i32 1765|45 61 | i 77|64 62|73 34|55 67|176 5432|

|1030 1030|53 15|323 5432|2 3|45 671|12 31|765 432|1 0||

N° 243. — TON DE FÈ. (4 6) M.M. 100.

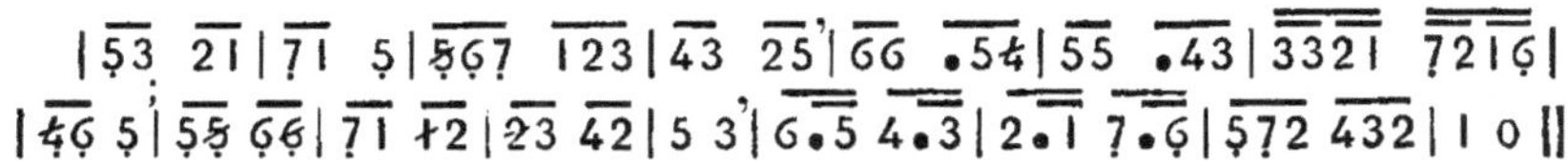

|53 21|71 5|567 123|43 25|66 •54|55 •43|3321 7216|

|46 5|55 66|71 12|23 42|5 3|6•5 4•3|2•1 7•6|572 432|1 0||

N° 244. — TON D'UT. (1-3) M.M. 132.

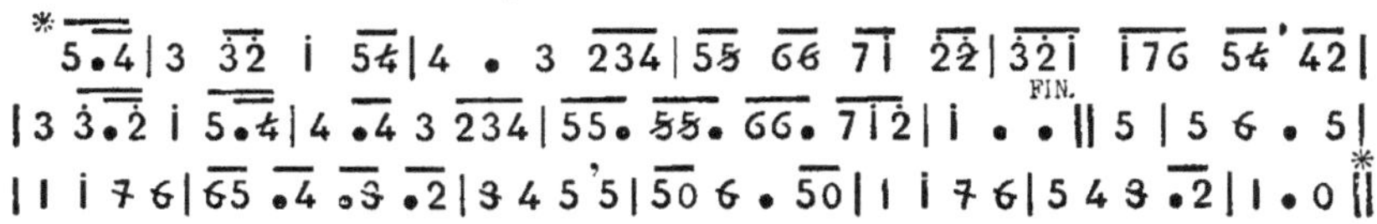

*5•4|3 32 i 54|4 • 3 234|55 66 71 22|321 176 54 42|

FIN.

|3 3•2 i 5•4|4 •4 3 234|55• 55• 66• 712|i • •||5 |5 6 • 5|

|1 i 7 6|65 •4 •3 •2|3 4 5 5|50 6 • 50|1 i 7 6|5 4 3 •2|1 • 0 *||

N° 245. — TON DE SEU. (3-4) M.M. 100.

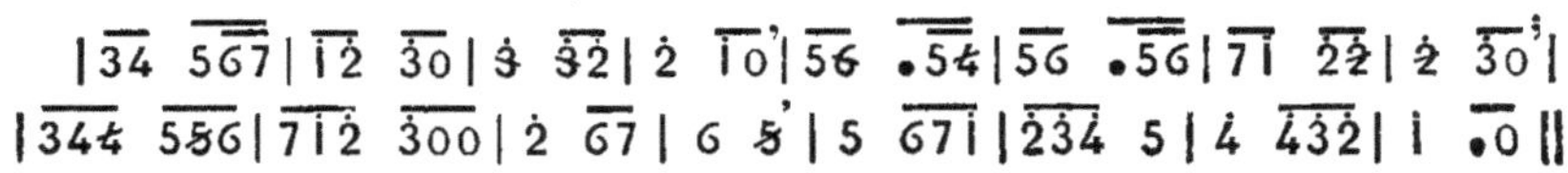

|34 567|12 30|3 32|2 10|56 •54|56 •56|71 22|2 30|

|344 556|712 300|2 67|6 5|5 671|234 5|4 432|i •0||

N° 246. — TON DE RÉ. (1-2) M.M. 96.

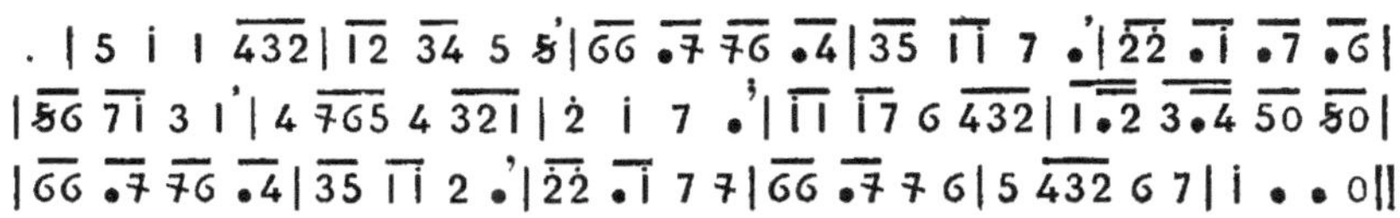

|5 i 1 432|12 34 5 5|66 •7 76 •4|35 11 7 •|22 •1 •7 •6|

|56 71 3 1|4 765 4 321|2 i 7 •|11 17 6 432|1•2 3•4 50 50|

|66 •7 76 •4|35 11 2 •|22 •1 7 7|66 •7 7 6|5 432 6 7|i • • 0||

N° 247. — TON DE RÉ. (1-2) M.M. 104.

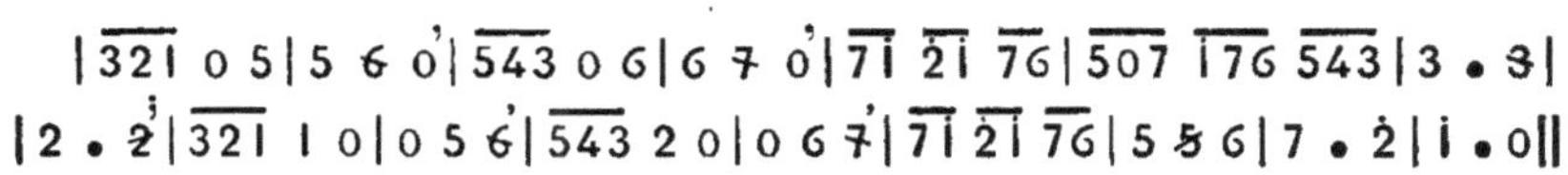

|321 0 5|5 6 0|543 0 6|6 7 0|71 21 76|507 176 543|3 • 3|

|2 • 2|321 1 0|0 5 6|543 2 0|0 6 7|71 21 76|5 5 6|7 • 2|i • 0||

N° 248. — TON DE SEU. (2-4) M.M. 80.

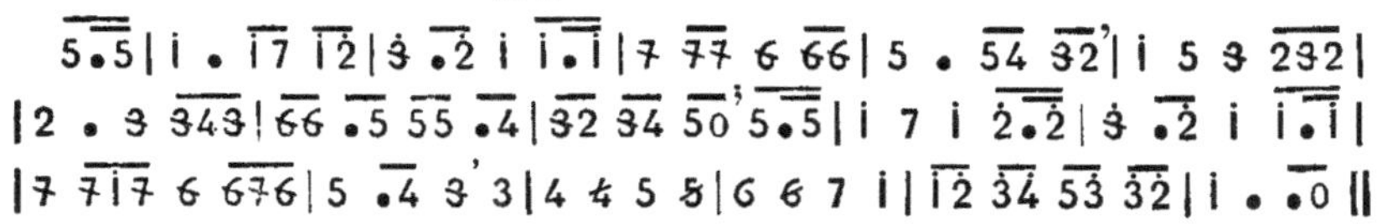

5•5|i • 17 12|3 •2 i 1•1|7 77 6 66|5 • 54 32|i 5 3 232|

|2 • 3 343|66 •5 55 •4|32 34 50 5•5|i 7 i 2•2|3 •2 i 1•1|

|7 717 6 676|5 •4 3 3|4 4 5 5|6 6 7 i|12 34 53 32|i • •0||

N° 249. — TON DE REU. (1-2) M.M. 100.

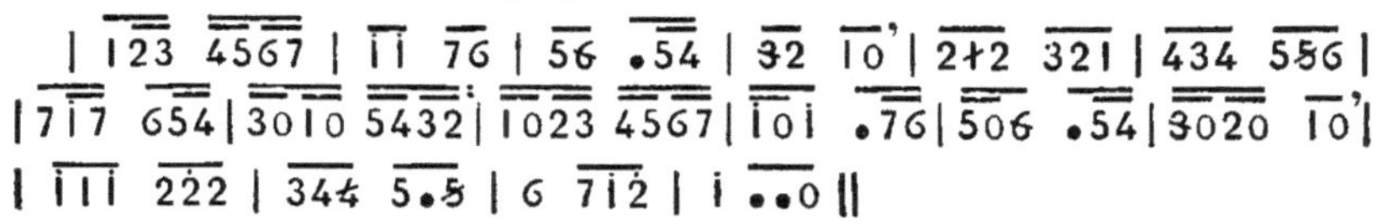

|123 4567|11 76|56 •54|32 10|212 321|434 556|

|717 654|3010 5432|1023 4567|101 •76|506 •54|3020 10|

|111 222|344 5•5|6 712|i ••0||

N° 250. — TON DE SI. (1-4) M.M. 92.

|31 50|53 10|32 16|4 5|55 67|11 23|40 20|70 50|

|321 50|543 10|432 176|4 5|55 67|i•1 2•3|4 2|i •0||

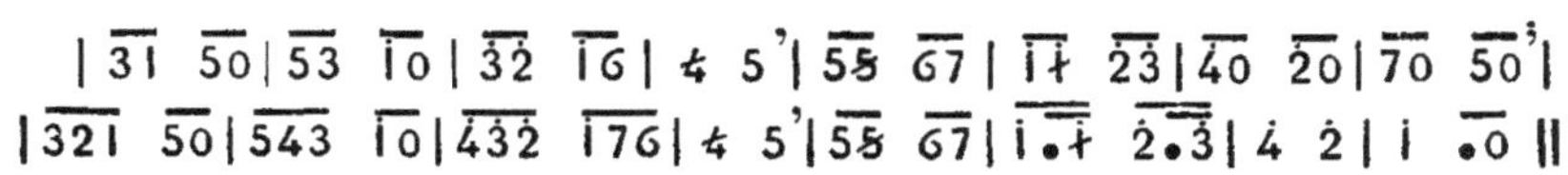

N° 251. — TON D'UT. (1-3) M.M. 144.

3•4 | 5 3•4 5 3•2 | 20 10 10 234 | 4 •4 •4 •4 | 6 • 50' 212 |
4 • • 323	5 • • 432	7 •7 76 54	35 44 32' 34	50 3•4 50 3•2
202 101 101 234	44 •4 •4 •4	4 • 50' 671	2 2 • 345
6 7 1 316	4 5 •4 32	1 • •0	

N° 252. — TON D'UT. (1-3) M.M. 96.

03 | 3 • • 5•5 | 1 • 7' 02 | 2 4 6 •5 | 5 •4 3' 03 | 3 3 1 6 |
| 4 • 5 56 | 7 7 • 17 | 3 5 4 22' | 3 3 • 545 | 1 • 7 12 |
| 30 40 6 •5 | 4 •2 3' 03 | 3 11 1 66 | 4 2 5 76 | 5 4 3 2 | 1 • •0 ||

N° 253. — TON DE SI. (1-3) M.M. 104.

11 232	134 45	60 5432	70 2176'	56 •45	67 •56
7121 7654	3124 35'	1010 2032	1034 4050	56 7642	13 2'
5 645	6 756	7131 5432	1 •0	

N° 254. — TON DE LA. (5-4) M.M. 104.

| 30 10 50 | 3 432 176 | 567 1 23 | 4 • 2' | 1 0 3 | 6 7 1 | 2 • 2 | 3 • •' |
| 430 210 765 | 3 432 176 | 506 701 203 | 4 • 2' | 1 2 3 | 6 7 1 | 3•2 | 1•0 ||

N° 255. — TON DE SI. (1-4) M.M. 120.

13 21	5 67	11 21	1232 1765'	567 123	345 671	22 •1
46 5'	5030 2010	56 5	112 321	132 1765'	567 123
3045 6071	2030 4070	1 •0	

N° 256. — TON DE SI. (1-3) M.M. 108.

| 34 45 | 3 •2 | 11 176 | 4 5' | 56 •5 | 56 71 | 12 31 | 46 5' |
| 3040 4050 | 33 •2 | 11 176 | 40 50' | 65 45 | 13 21 | 45 32 | 1 •0 ||

N° 257. — TON DE RÉ. (5-2) M.M. 100.

| 5 671 | 2345 | 13•51• | 3211•2' | 1122 | 3445 | 567 176 | 3•3•3•' |
| 315 671 | 234 5 | 1•3 •5• | 321 1•2' | 111 2 | 222 3 | 152 164 | 3•2 1 ||

N° 258. — TON DE SI. (1-3) M.M. 126.

31 0	530	1531	1 2'	40 04	40 04	77 •1	2231'	321 0	5430
321 531	10 20	44 04	44 04	7 2	1 0 || 17 0	650	430	21 0'	450
650	450	31 0'	1760	6540	5430	321 0'	21 13	65 45	32	1 0	

QUATRIÈME SÉRIE. — AIRS A SOUDURES (1).

Syllabes de mutation.

Tous les airs de cette série, présentant des modulations bien déterminées, on a dû avoir recours aux *syllabes de mutation* de M. Aimé Paris, pour rentrer dans les langues typiques d'*ut* ou de *la*, selon le mode; c'est-à-dire que, en langage d'école, ce sont des airs à *soudures.*

Au changement de ton ou de mode, la soudure est indiquée par *deux chiffres entre parenthèses,* placés au-dessous du chiffre sur lequel se fait la mutation. La parenthèse est précédée de la *syllabe de mutation,* et suivie d'une *flèche horizontale* ou *oblique.* Voici comment doit s'effectuer le changement de langue indiqué par l'écriture. Prenons pour exemple les deux soudures du premier air.

Première soudure. — Le *mi* de la huitième mesure surmonte ainsi les signes suivants : { 3. / *mol* (3-5)↘ } Cela veut dire : faites le son qui convient au *mi, dominante mineure* du ton que l'on quitte, et nommez-le, très-vigoureusement, *mol,* pour le considérer comme un *sol, dominante majeure* du mode nouveau. La flèche *descendante* indique de prendre l'*ut* suivant en *descendant,* c'est-à-dire à la quinte majeure au-dessous de la *dominante* sur laquelle s'est effectuée la mutation : la soudure.

Deuxième soudure. — L'*ut* final de la seizième mesure surmonte ainsi les signes suivants : { i. / *ua* (i-6)↘ } Cela veut dire : faites le son qui convient à l'*ut,* tonique majeure que l'on quitte, et nommez-le, très-vigoureusement, *ua,* pour le considérer comme un *la,* tonique du mineur que vous allez prendre. La flèche *descendante* indique de prendre le *la* suivant (au commencement de l'air) en *descendant,* c'est-à-dire à l'octave grave de la tonique sur laquelle s'est effectuée la soudure.

Et ainsi de toutes les autres soudures : prononcez fortement la syllabe de mutation sur le son appartenant au premier chiffre de la parenthèse, son qui va remplir dans la gamme nouvelle la fonction indiquée par le deuxième chiffre de la parenthèse. La flèche qui suit indique que la voix doit monter ↗, rester à l'unisson →, ou descendre ↘, pour aller vers le son qui suit immédiatement la soudure.

Dans cette série, surtout, il est utile de relire le même air plusieurs fois de suite, en effectuant, chaque fois, les *soudures* indiquées, jusqu'à ce que l'élève les chante avec facilité.

N° 259. — TON DE SEU MINEUR. (6-2) M.M. 66.

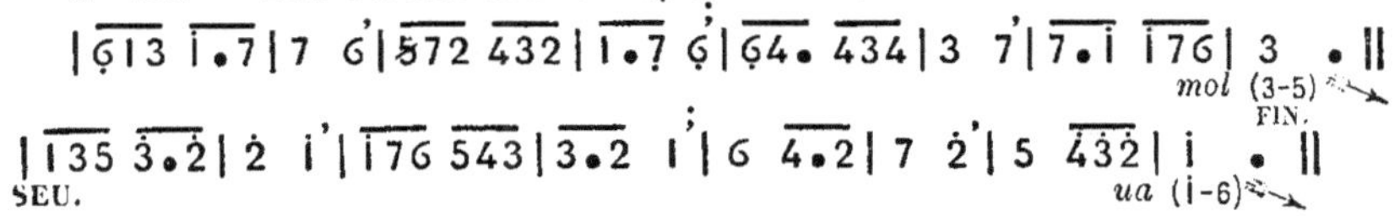

| 613 1.7 | 7 6 | 572 432 | 1.7 6 | 64. 434 | 3 7 | 7.1 176 | 3 . ||
mol (3-5)↘
FIN.
| 135 3.2 | 2 1 | 176 543 | 3.2 1 | 6 4.2 | 7 2 | 5 432 | 1 . ||
SEU. *ua* (1-6)↘

N° 260. — TON DE SI. (1-3) M.M. 100.

5 | 3 . 21 53 | 3 .2 2 344 | 5 5 . 456 | 2 . . 2.2 | 7 . 1 4 |
| 2 6 . 642 | 3 1 4 2 | 5 . . || 3 | 1 . 76 56 | 3 . . 343 | 6 5 7 6 |
smi (5-3)→ SI MINEUR.
FIN.
| 1 . 7 343 | 5 6 7 1 | 2 . 1 7 | 6 . 4 3 | 6 . . || 5 |
lut (6-1)↘

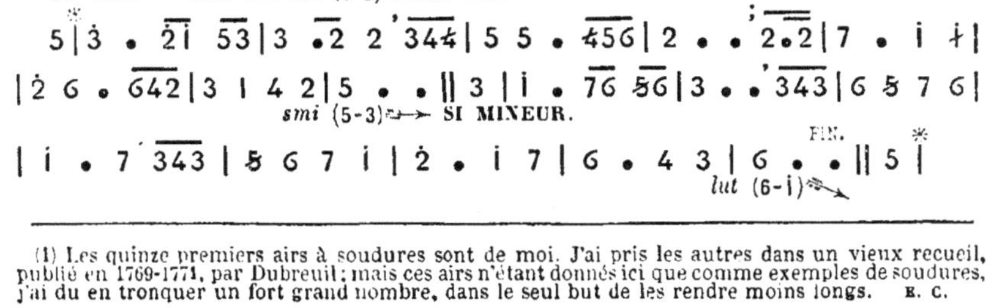

(1) Les quinze premiers airs à soudures sont de moi. J'ai pris les autres dans un vieux recueil, publié en 1769-1771, par Dubreuil; mais ces airs n'étant donnés ici que comme exemples de soudures, j'ai dû en tronquer un fort grand nombre, dans le seul but de les rendre moins longs. E. C.

N° 261. — TON DE REU. (2-3) M.M. 100.

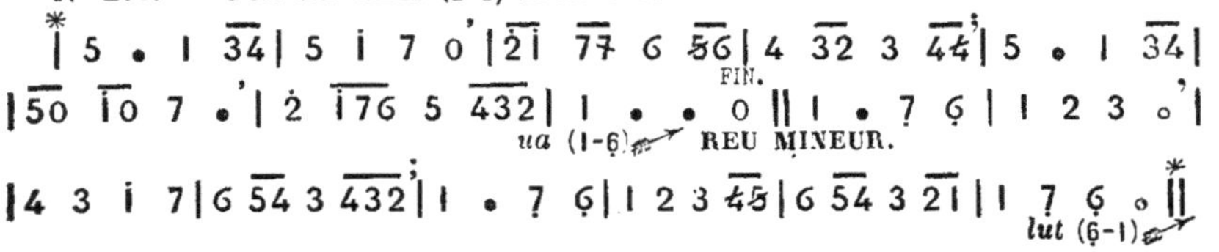

| 5 • 1 34 | 5 1 7 0' | 21 77 6 56 | 4 32 3 44 | 5 • 1 34 |

FIN.
| 50 10 7 •' | 2 176 5 432 | 1 • • 0 || 1 • 7 6 | 1 2 3 ○' |

ua (1-6) REU MINEUR.

| 4 3 1 7 | 6 54 3 432 | 1 • 7 6 | 1 2 3 45 | 6 54 3 21 | 1 7 6 ○ ||

lut (6-1)

N° 262. — TON DE LEU MINEUR. (3-3) M.M. 72.

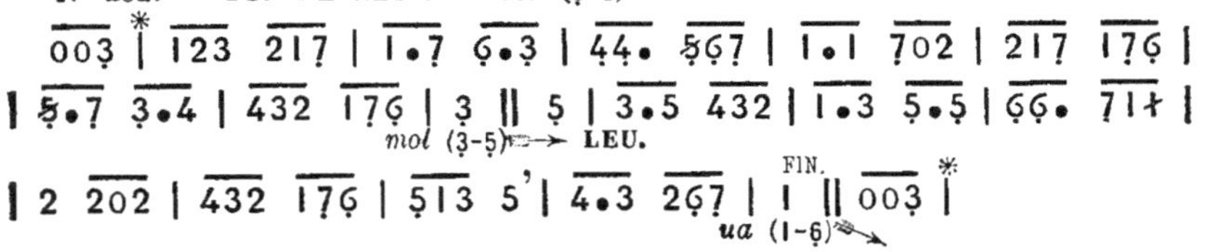

003 | 123 217 | 1•7 6•3 | 44• 567 | 1•1 702 | 217 176 |

| 5•7 3•4 | 432 176 | 3 || 5 | 3•5 432 | 1•3 5•5 | 66• 714 |

mol (3-5) LEU.

FIN.
| 2 202 | 432 176 | 513 5' | 4•3 267 | 1 || 003 |

ua (1-6)

N° 263. — TON DE SI. (1-3) M.M. 80.

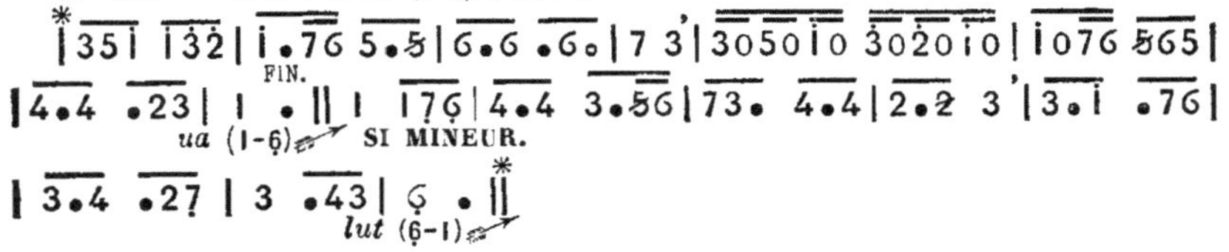

| 351 132 | 1•76 5•5 | 6•6 •6○ | 7 3' | 305010 302010 | 1076 565 |

FIN.
| 4•4 •23 | 1 • || 1 176 | 4•4 3•56 | 73• 4•4 | 2•2 3' | 3•1 •76 |

ua (1-6) SI MINEUR.

| 3•4 •27 | 3 •43 | 6 • ||

lut (6-1)

N° 264. — TON DE REU MINEUR. (7-2) M.M. 104.

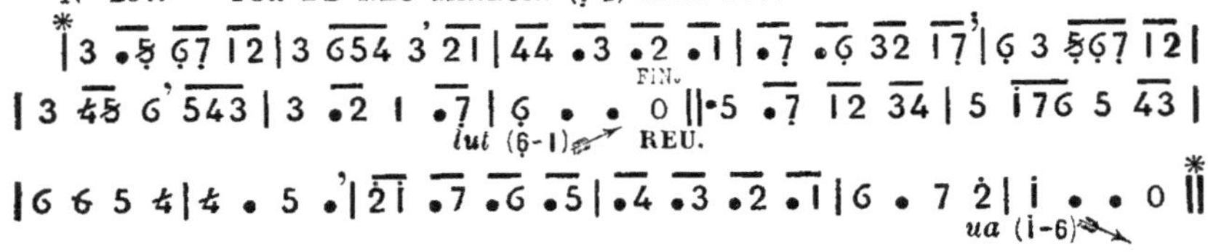

| 3 •5 67 12 | 3 654 3' 21 | 44 •3 •2 •1 | •7 •6 32 17 | 6 3 567 12 |

FIN.
| 3 45 6' 543 | 3 •2 1 •7 | 6 • • 0 || •5 •7 12 34 | 5 176 5 43 |

lut (6-1) REU.

| 6 6 5 4 | 4 • 5 •' | 21 •7 •6 •5 | •4 •3 •2 •1 | 6 • 7 2 | 1 • • 0 ||

ua (1-6)

N° 265. — TON DE LA. (3-5) M.M. 100.

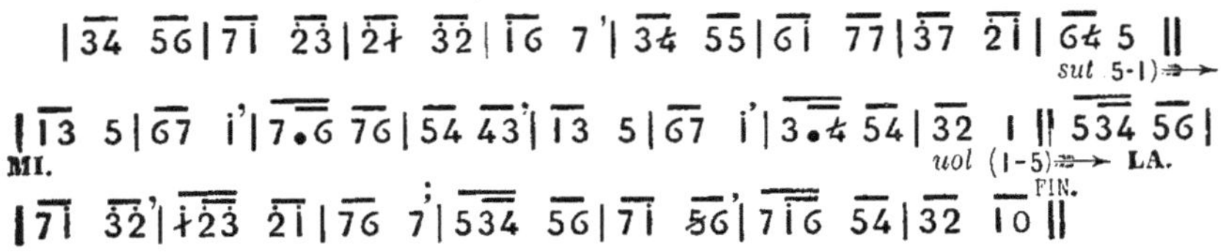

| 34 56 | 71 23 | 24 32 | 16 7' | 34 55 | 61 77 | 37 21 | 64 5 ||

sut 5-1)

| 13 5 | 67 1' | 7•6 76 | 54 43' | 13 5 | 67 1' | 3•4 54 | 32 1 || 534 56 |

MI. *uol* (1-5) LA.

FIN.
| 71 32' | 423 21 | 76 7 | 534 56 | 71 56' | 716 54 | 32 10 ||

N° 266. — TON DE MI. (6-7) M.M. 100.

| 3 • | •23 543 | 242 674 | 2 ••2' | 1 ••1 | 354 321 | 4 2 | 765 432 |

| 1•3 •4• | 5•6 •4• | 2 423 | 234 5' | 4•5 654 | 3•5 432 | 2 432 |

FIN.
| 1 0 || 7 717 | 712 3' | 3•4 •3• | 2•3 •2• | 1•2 •1• | 7•1 •76 |

ua (1-6) MI MINEUR.

| 323 232 | 323 232 | 3 717 | 712 3' | 3•4 •3• | 2•3 •2• | 1•2 •1• |

| 7•1 217 | 3 217 | 6 ••0 ||

lut (6-1)

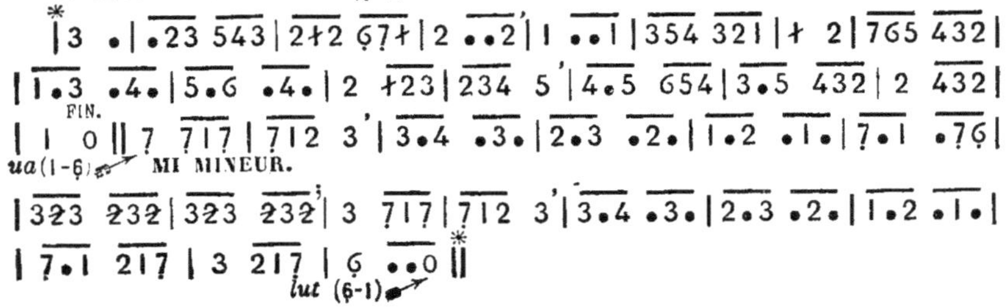

N° 267. — TON DE SI MINEUR. (7-4) M.M. 104.

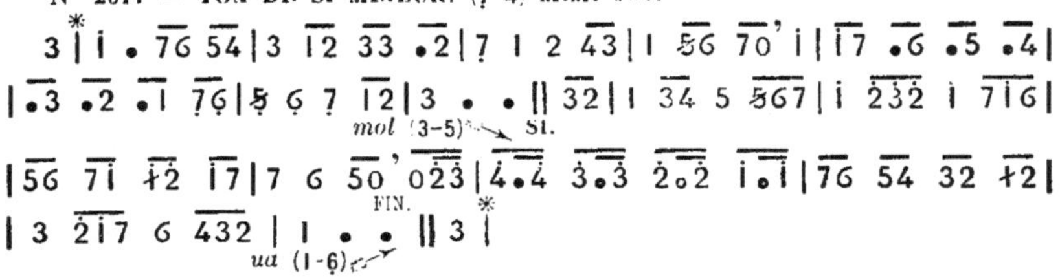

3 | 1 • 76 54 | 3 12 33 •2 | 7 1 2 43 | 1 56 70' 1 | 17 •6 •5 •4 |
| •3 •2 •1 76 | 5 6 7 12 | 3 • • || 32 | 1 34 5 567 | 1 232 1 716 |
mol (3-5) SI.
| 56 71 +2 17 | 7 6 50' 023 | 4•4 3•3 2•2 1•1 | 76 54 32 +2 |
FIN.
| 3 217 6 432 | 1 • • || 3 |
ua (1-6)

N° 268. — TON DE SEU MINEUR. (7-4) M.M. 72.

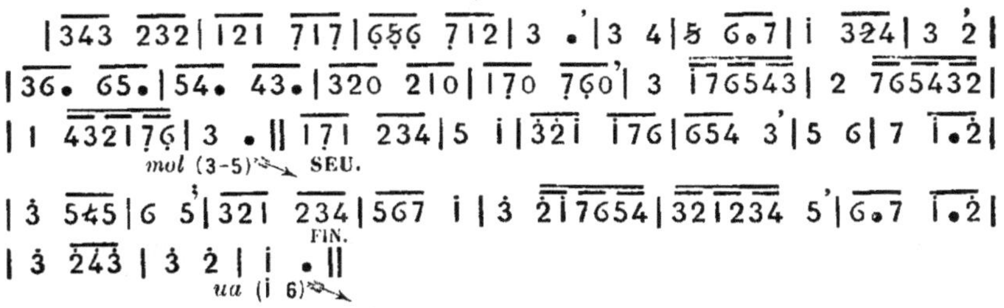

343 232	121 717	656 712	3 •'	3 4	5 6•7	1 324	3 2
36• 65•	54• 43•	320 210	170 760'	3 176543	2 765432
1 432176	3 • || 171 234	5 1	321 176	654 3'	5 6	7 1•2
mol (3-5) SEU.
| 3 545 | 6 5' | 321 234 | 567 1 | 3 217654 | 321234 5' | 6•7 1•2 |
FIN.
| 3 243 | 3 2 | 1 • ||
ua (1 6)

N° 269. — TON DE SEU. (1-4) M.M. 72.

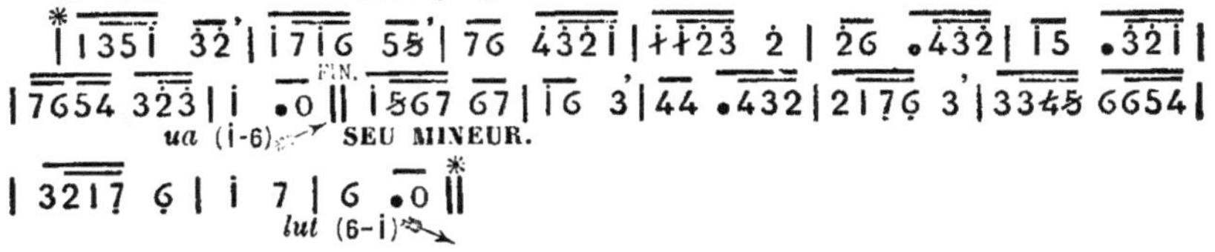

| 1351 32' | 1716 55' | 76 4321 | +123 2 | 26 •432 | 15 •321 |
FIN.
| 7654 323 | 1 •0 || 1567 67 | 16 3' | 44 •432 | 2176 3' | 3345 6654 |
ua (1-6) SEU MINEUR.
| 3217 6 | 1 7 | 6 •0 ||
lut (6-1)

N° 270. — TON DE REU. (1-2) M.M. 72.

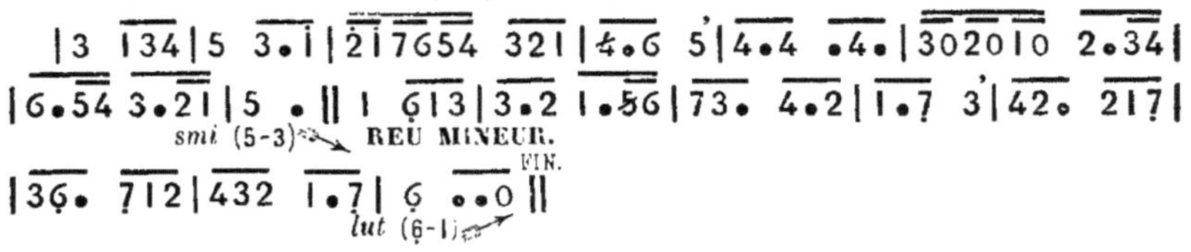

| 3 134 | 5 3•1 | 217654 321 | 4•6 5' | 4•4 •4• | 302010 2•34 |
| 6•54 3•21 | 5 • || 1 613 | 3•2 1•56 | 73• 4•2 | 1•7 3' | 42• 217 |
smi (5-3) REU MINEUR.
FIN.
| 36• 712 | 432 1•7 | 6 ••0 ||
lut (6-1)

N° 271. — TON DE MEU. (6-1) M.M. 100.

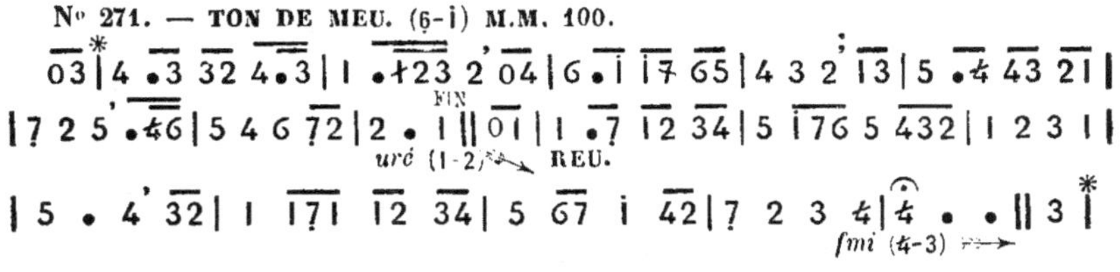

03 | 4 •3 32 4•3 | 1 •+23 2' 04 | 6•1 17 65 | 4 3 2' 13 | 5 •4 43 21 |
FIN
| 7 2 5' •46 | 5 4 6 72 | 2 • 1 || 01 | 1 •7 12 34 | 5 176 5 432 | 1 2 3 1 |
uré (1-2) REU.
| 5 • 4' 32 | 1 171 12 34 | 5 67 1 42 | 7 2 3 4 | 4 • • || 3 |
fmi (4-3)

N° 272. — TON DE REU. (1-2) M.M 80.

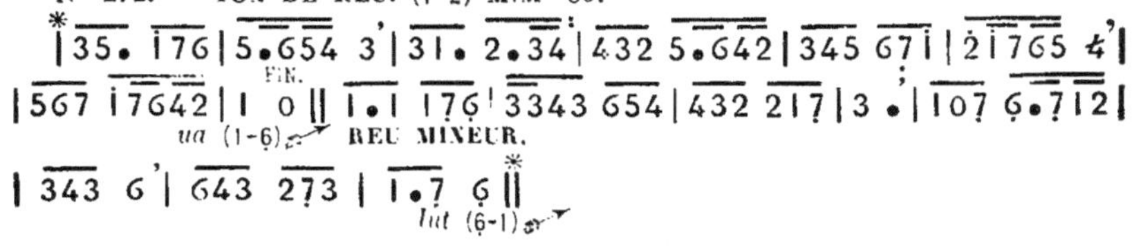

| 35• 176 | 5•654 3' | 31• 2•34 | 432 5•642 | 345 671 | 21765 4' |
FIN.
| 567 17642 | 1 0 || 1•1 176' 3343 654 | 432 217 | 3 • | 107 6•712 |
ua (1-6) REU MINEUR.
| 343 6' | 643 273 | 1•7 6 ||
lut (6-1)

N° 273. — **TON DE SI MINEUR.** (5-3) **M.M. 80.**

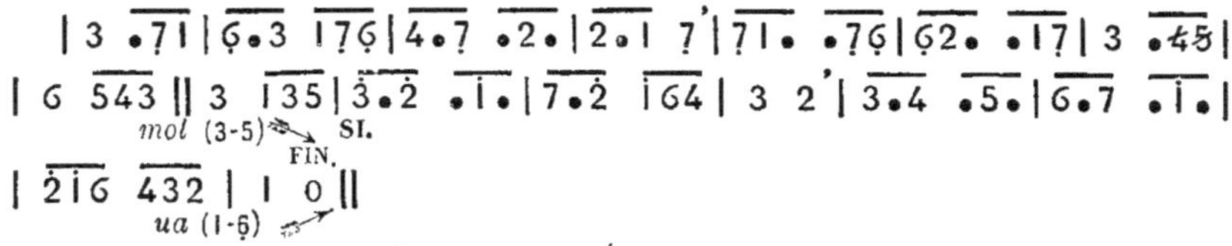

| 3 •71 | 6•3 176 | 4•7 •2• | 2•1 7' | 71• •76 | 62• •17 | 3 •45 |
| 6 543 || 3 135 | 3•2 •1• | 7•2 164 | 3 2' | 3•4 •5• | 6•7 •1• |
mol (3-5) → SI.
FIN.
| 216 432 | 1 0 ||
ua (1-6) →

N° 274. — **TON DE RÉ.** (7-1) **M.M. 72.** *Tronqué.*

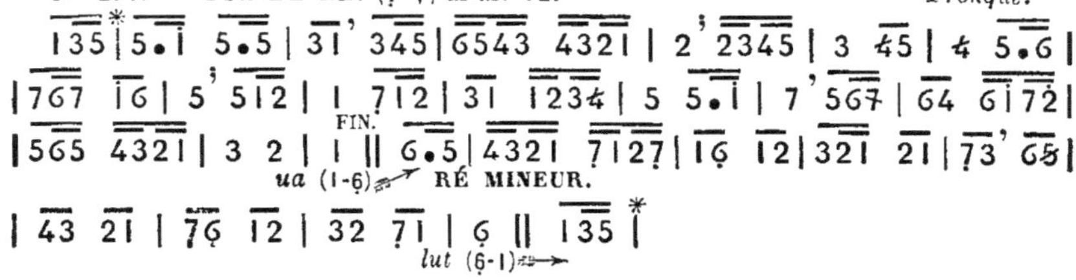

135 | 5•1 5•5 | 31' 345 | 6543 4321 | 2' 2345 | 3 45 | 4 5•6 |
| 767 16 | 5' 512 | 1 712 | 31 1234 | 5 5•1 | 7' 567 | 64 6172 |
FIN.
| 565 4321 | 3 2 | 1 || 6•5 | 4321 7127 | 16 12 | 321 21 | 73' 65 |
ua (1-6) → **RÉ MINEUR.**
| 43 21 | 76 12 | 32 71 | 6 || 135 |
lut (6-1) →

N° 275. — **TON DE SI.** (2-3) **M.M. 72.**

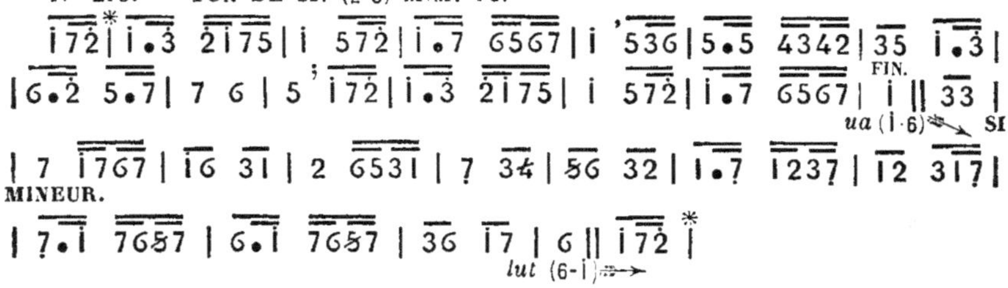

172 | 1•3 2175 | 1 572 | 1•7 6567 | 1 '536 | 5•5 4342 | 35 1•3 |
FIN.
| 6•2 5•7 | 7 6 | 5' 172 | 1•3 2175 | 1 572 | 1•7 6567 | 1 || 33 |
ua (1-6) → **SI MINEUR.**
| 7 1767 | 16 31 | 2 6531 | 7 34 | 56 32 | 1•7 1237 | 12 317 |
| 7•1 7657 | 6•1 7657 | 36 17 | 6 || 172 |
lut (6-1) →

N° 276. — **TON DE SOL.** (6-5) **M.M. 138.** *Tronqué.*

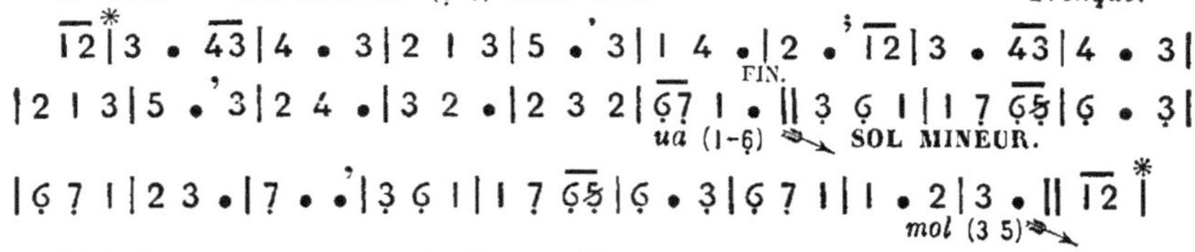

12 | 3 • 43 | 4 • 3 | 2 1 3 | 5 •'3 | 1 4 • | 2 •' 12 | 3 • 43 | 4 • 3 |
FIN.
| 2 1 3 | 5 •'3 | 2 4 • | 3 2 • | 2 3 2 | 67 1 • || 3 6 1 | 1 7 65 | 6 • 3 |
ua (1-6) → **SOL MINEUR.**
| 6 7 1 | 2 3 • | 7 • •' | 3 6 1 | 1 7 65 | 6 • 3 | 6 7 1 | 1 • 2 | 3 • || 12 |
mol (3 5) →

N° 277. — **TON DE MI.** (5-1) **M.M. 92.** *Tronqué.*

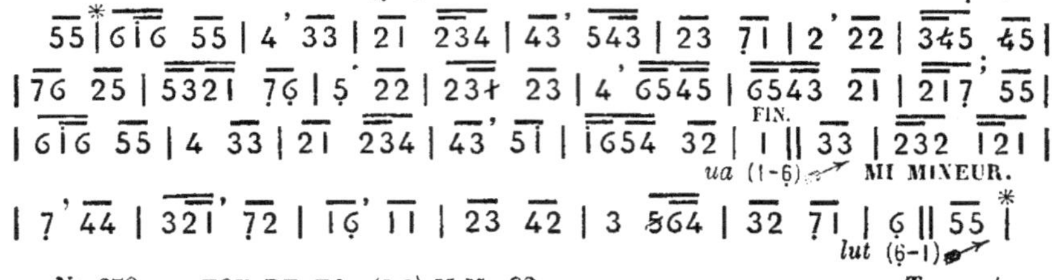

55 | 616 55 | 4' 33 | 21 234 | 43' 543 | 23 71 | 2' 22 | 345 45 |
| 76 25 | 5321 76 | 5' 22 | 234 23 | 4' 6545 | 6543 21 | 217' 55 |
FIN.
| 616 55 | 4 33 | 21 234 | 43' 51 | 1654 32 | 1 || 33 | 232 121 |
ua (1-6) → **MI MINEUR.**
| 7' 44 | 321' 72 | 16' 11 | 23 42 | 3 564 | 32 71 | 6 || 55 |
lut (6-1) →

N° 278. — **TON DE FA.** (5-6) **M.M. 92.** *Tronqué.*

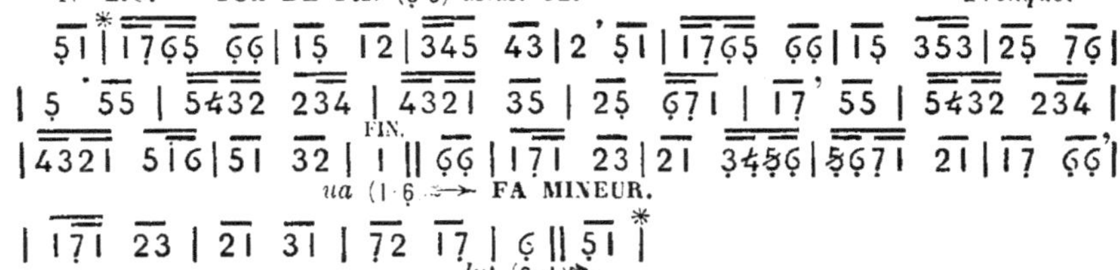

51 | 1765 66 | 15 12 | 345 43 | 2' 51 | 1765 66 | 15 353 | 25 76 |
| 5' 55 | 5432 234 | 4321 35 | 25 671 | 17' 55 | 5432 234 |
FIN.
| 4321 516 | 51 32 | 1 || 66 | 171 23 | 21 3456 | 5671 21 | 17 66' |
ua (1-6) → **FA MINEUR.**
| 171 23 | 21 31 | 72 17 | 6 || 51 |
lut (6-1) →

N° 279. — TON DE SEU MINEUR. (2-4) M.M. 88.

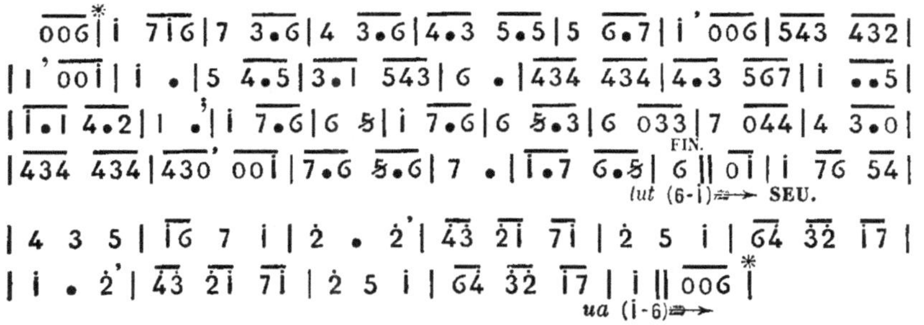

006 | i 7i6 | 7 3.6 | 4 3.6 | 4.3 5.5 | 5 6.7 | i' 006 | 543 432 |
1' 00i	i .	5 4.5	3.1 543	6 .	434 434	4.3 567	i ..5
i.1 4.2	1 .'	i 7.6	6 5	i 7.6	6 5.3	6 033	7 044	4 3.0
434 434	430' 00i	7.6 5.6	7 .	i.7 6.5	6		0i	i 76 54

FIN. lut (6-i) → SEU.

| 4 3 5 | i6 7 i | 2 . 2' | 43 2i 7i | 2 5 i | 64 32 i7 |
| i . 2' | 43 2i 7i | 2 5 i | 64 32 i7 | i || 006 |

ua (i-6) →

N° 280. — TON DE REU. (7-2) M.M. 100.

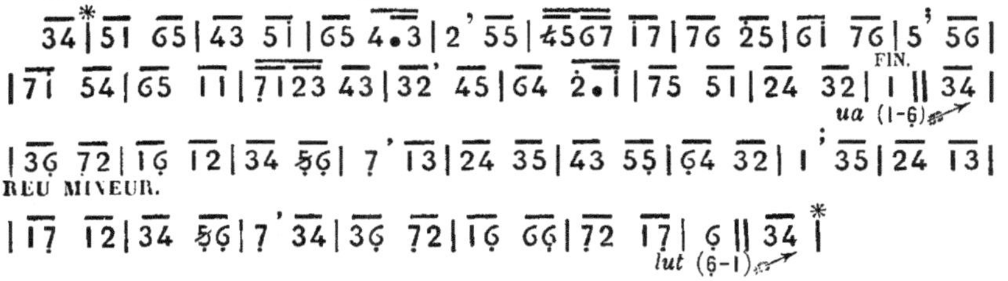

34 | 5i 65 | 43 5i | 65 4.3 | 2' 55 | 4567 i7 | 76 25 | 6i 76 | 5' 56 |
| 7i 54 | 65 ii | 7123 43 | 32' 45 | 64 2.i | 75 5i | 24 32 | i || 34 |

FIN. ua (1-6) →

| 36 72 | 16 12 | 34 56 | 7' 13 | 24 35 | 43 55 | 64 32 | 1' 35 | 24 13 |

REU MINEUR.

| 17 12 | 34 56 | 7' 34 | 36 72 | 16 66 | 72 17 | 6 || 34 |

lut (6-1) →

N° 281. — TON DE SOL. (5-5) M.M. 100. *Tronqué.*

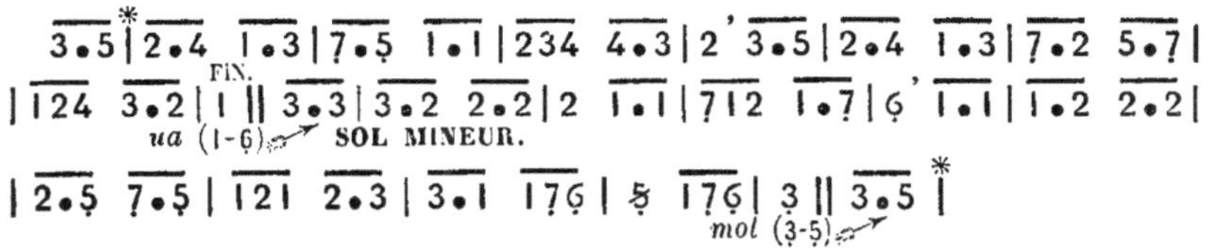

3.5 | 2.4 1.3 | 7.5 1.1 | 234 4.3 | 2' 3.5 | 2.4 1.3 | 7.2 5.7 |
| 124 3.2 | 1 || 3.3 | 3.2 2.2 | 2 1.1 | 712 1.7 | 6' 1.1 | 1.2 2.2 |

FIN. ua (1-6) → SOL MINEUR.

| 2.5 7.5 | 121 2.3 | 3.1 176 | 5 176 | 3 || 3.5 |

mol (3-5) →

N° 282. — TON DE MEU. (7-i) M.M. 100. *Tronqué.*

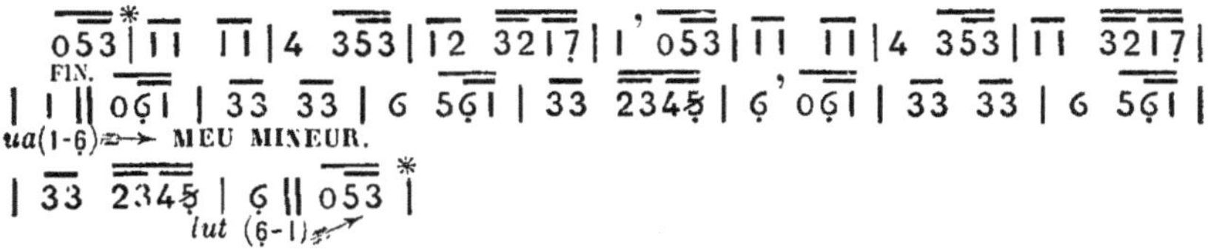

053 | 11 11 | 4 353 | 12 3217 | 1' 053 | 11 11 | 4 353 | 11 3217 |
| 1 || 061 | 33 33 | 6 561 | 33 2345 | 6' 061 | 33 33 | 6 561 |

FIN. ua(1-6) → MEU MINEUR.

| 33 2345 | 6 || 053 |

lut (6-1) →

N° 283. — TON DE MEU. (1-i) M.M. 100. *Tronqué.*

5.4 | 33 6.4 | 65 6.7 | i7 6.5 | 3' 5.4 | 33 6.6 | 65 67 | i76 5432 |
| 1 || 37 | 176 44 | 43 4.5 | 62 1.7 | 6' 37 | 1.6 44 | 43 45 |

FIN. ua(1-6) → MEU MINEUR.

| 62 1.7 | 6 || 5.4 |

lut (6-1) →

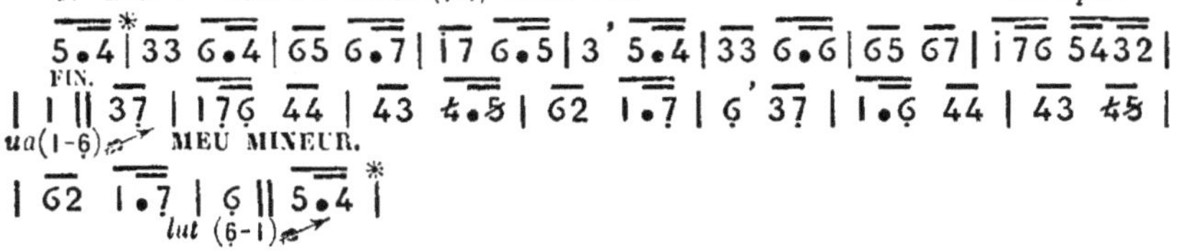

N° 284. — TON DE FÈ. (1-6) M.M. 100. *Tronqué.*

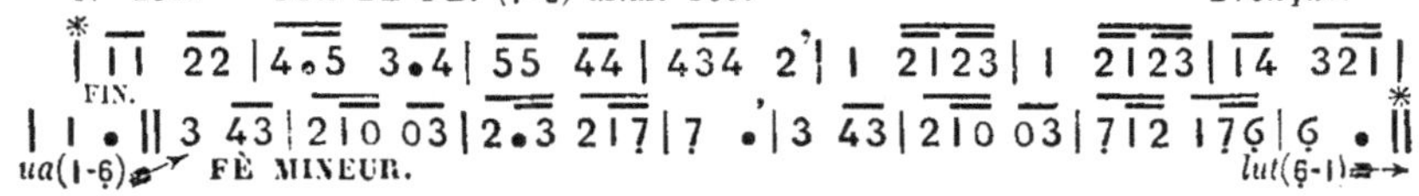

| 11 22 | 4.5 3.4 | 55 44 | 434 2' | 1 2123 | 1 2123 | 14 321 |
| 1 . || 3 43 | 210 03 | 2.3 217 | 7 .' | 3 43 | 210 03 | 712 176 | 6 . ||

FIN. ua(1-6) → FÈ MINEUR. lut(6-1) →

N° 285. — TON DE MEU. (5-1) M.M. 92.

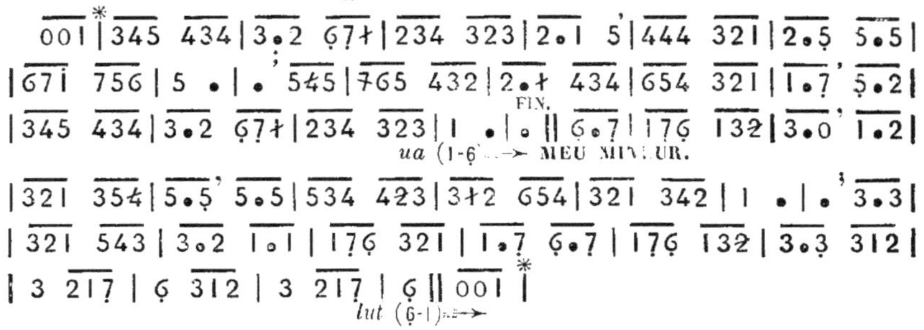

001 | 345 434 | 3.2 67+ | 234 323 | 2.1 5 | 444 321 | 2.5 5.5 |
| 671 756 | 5 . | . 545 | 765 432 | 2.+ 434 | 654 321 | 1.7 5.2 |
| 345 434 | 3.2 67+ | 234 323 | 1 . | . ‖ 6.7 | 176 132 | 3.0 1.2 |
FIN. *ua* (1-6) MEU MINEUR.
321 354	5.5 5.5	534 423	3+2 654	321 342	1 .	. 3.3
321 543	3.2 1.1	176 321	1.7 6.7	176 132	3.3 312
3 217	6 312	3 217	6 ‖ 001
lut (6-1)

N° 286. — TON DE MEU. (7-1) M.M. 96. *Tronqué.*

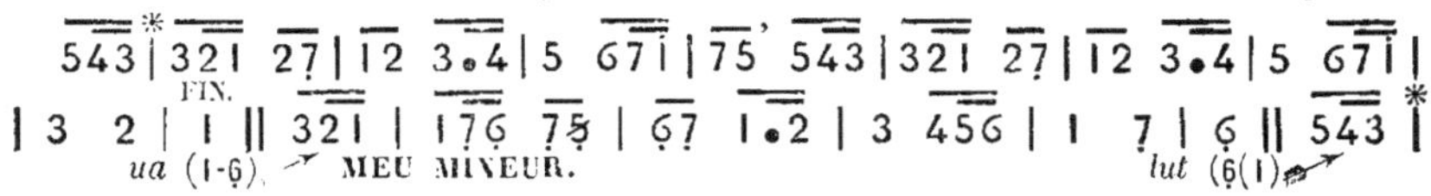

543 | 321 27 | 12 3.4 | 5 671 | 75 543 | 321 27 | 12 3.4 | 5 671 |
| 3 2 | 1 ‖ 321 | 176 75 | 67 1.2 | 3 456 | 1 7 | 6 ‖ 543 |
FIN. *ua* (1-6) MEU MINEUR. *lut* (6(1)

N° 287. — TON DE FA. (5-7) M.M. 84. *Tronqué.*

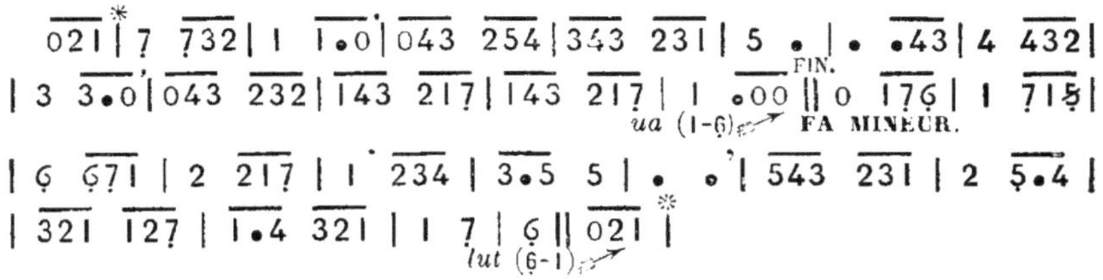

021 | 7 732 | 1 1.0 | 043 254 | 343 231 | 5 . | . .43 | 4 432 |
| 3 3.0 | 043 232 | 143 217 | 143 217 | 1 .00 ‖ 0 176 | 1 715 |
FIN. *ua* (1-6) FA MINEUR.
| 6 671 | 2 217 | 1 234 | 3.5 5 | . . | 543 231 | 2 5.4 |
| 321 127 | 1.4 321 | 1 7 | 6 ‖ 021 |
lut (6-1)

N° 288. — TON DE SOL. (5-6) M.M. 132. *Tronqué.* Première fois.

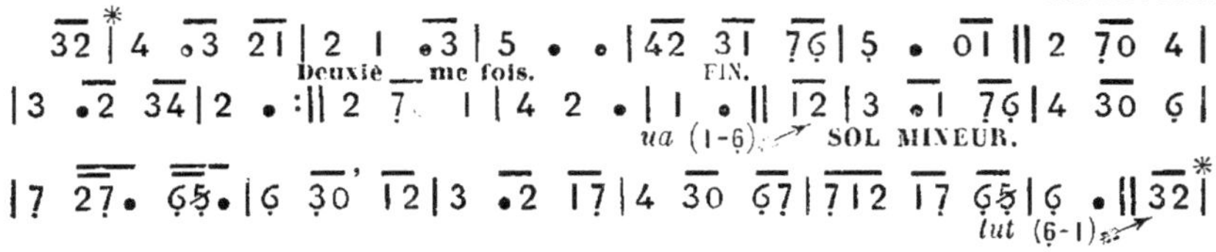

32 | 4 .3 21 | 2 1 .3 | 5 . . | 42 31 76 | 5 . 01 ‖ 2 70 4 |
Deuxième fois. FIN.
| 3 .2 34 | 2 . :‖ 2 7 1 | 4 2 . | 1 . ‖ 12 | 3 .1 76 | 4 30 6 |
ua (1-6) SOL MINEUR.
| 7 27. 65. | 6 30 12 | 3 .2 17 | 4 30 67 | 712 17 65 | 6 . ‖ 32 |
lut (6-1)

N° 289. — TON DE FÈ. (7-6) M.M. 84.

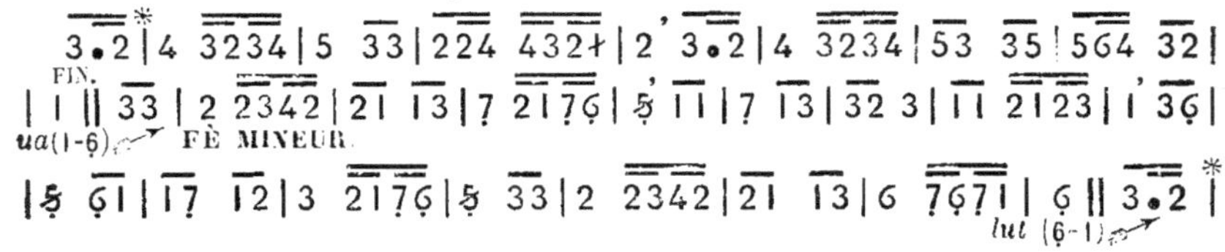

3.2 | 4 3234 | 5 33 | 224 432+ | 2 3.2 | 4 3234 | 53 35 | 564 32 |
FIN.
| 1 ‖ 33 | 2 2342 | 21 13 | 7 2176 | 5 11 | 7 13 | 32 3 | 11 2123 | 1 36 |
ua(1-6) FÈ MINEUR.
| 5 61 | 17 12 | 3 2176 | 5 33 | 2 2342 | 21 13 | 6 7671 | 6 ‖ 3.2 |
lut (6-1)

N° 290. — TON DE MEU MINEUR. (7-1) M.M. 80.

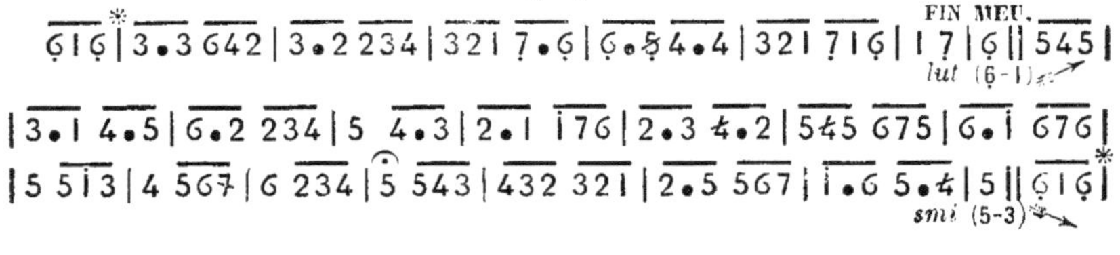

616 | 3.3 642 | 3.2 234 | 321 7.6 | 6.5 4.4 | 321 716 | 1 7 | 6 ‖ 545 |
FIN MEU. *lut* (6-1)
| 3.1 4.5 | 6.2 234 | 5 4.3 | 2.1 176 | 2.3 4.2 | 545 675 | 6.1 676 |
| 5 513 | 4 567 | 6 234 | 5 543 | 432 321 | 2.5 567 | 1.6 5.4 | 5 ‖ 616 |
smi (5-3)

N° 291. — TON DE JEU. (5-6) M.M. 108.

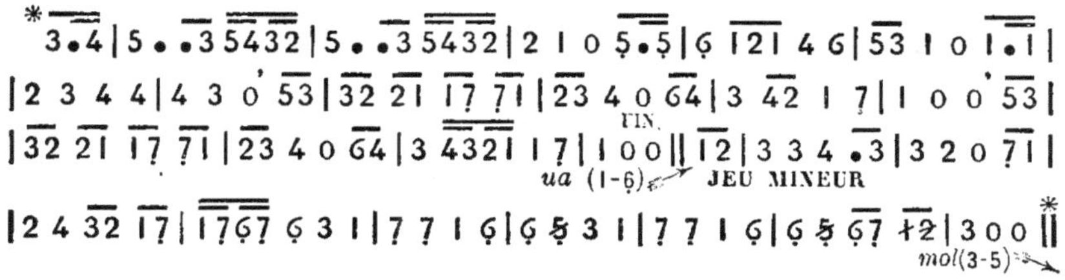

3 4 | 5 . 3 5432 | 5 . 3 5432 | 2 1 0 5 5 | 6 121 4 6 | 53 1 0 1 1 |
| 2 3 4 4 | 4 3 0 53 | 32 21 17 71 | 23 4 0 64 | 3 42 1 7 | 1 0 0 53 |
| 32 21 17 71 | 23 4 0 64 | 3 4321 1 7 | 1 0 0 || 12 | 3 3 4 3 | 3 2 0 71 |
FIN.
ua (1-6) JEU MINEUR
| 2 4 32 17 | 1767 6 3 1 | 7 7 1 6 | 6 5 3 1 | 7 7 1 6 | 6 5 67 12 | 3 0 0 ||
mol (3-5)

N° 292. — TON DE REU. (1-2) M.M. 100. *Tronqué.*

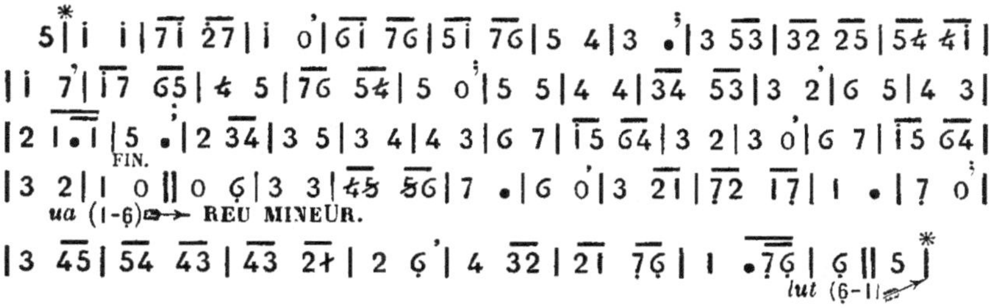

5 | 1 1 | 71 27 | 1 0 | 61 76 | 51 76 | 5 4 | 3 . | 3 53 | 32 25 | 54 41 |
| 1 7 | 17 65 | 4 5 | 76 54 | 5 0 | 5 5 | 4 4 | 34 53 | 3 2 | 6 5 | 4 3 |
| 2 1 1 | 5 . | 2 34 | 3 5 | 3 4 | 4 3 | 6 7 | 15 64 | 3 2 | 3 0 | 6 7 | 15 64 |
FIN.
| 3 2 | 1 0 || 0 6 | 3 3 | 45 56 | 7 . | 6 0 | 3 21 | 72 17 | 1 . | 7 0 |
ua (1-6) REU MINEUR.
| 3 45 | 54 43 | 43 24 | 2 6 | 4 32 | 21 76 | 1 .76 | 6 || 5 |
lut (6-1)

N° 293. — TON DE MEU MINEUR. (7-1) M.M. 80. *Tronqué.*

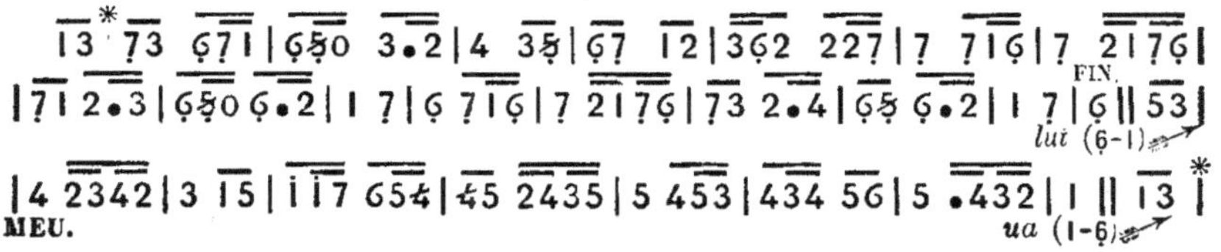

13 73 671 | 650 3 2 | 4 35 | 67 12 | 362 227 | 7 716 | 7 2176 |
FIN.
| 71 2 3 | 650 6 2 | 1 7 | 6 716 | 7 2176 | 73 2 4 | 65 6 2 | 1 7 | 6 || 53 |
lut (6-1)
| 4 2342 | 3 15 | 1 17 654 | 45 2435 | 5 453 | 434 56 | 5 .432 | 1 || 13 |
MEU. *ua* (1-6)

N° 294. — TON DE MEU. (5-1) M.M. 76.

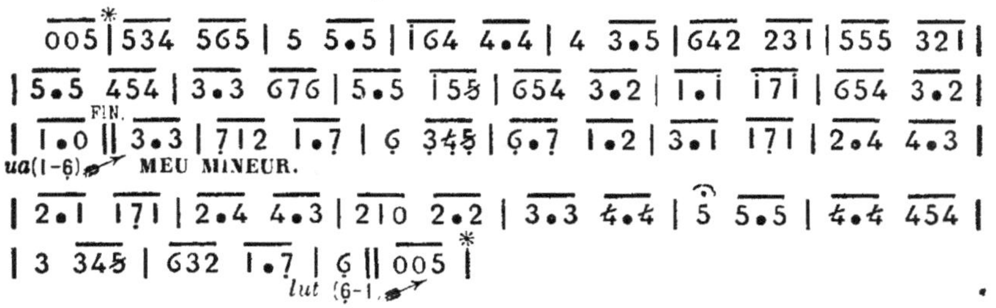

005 | 534 565 | 5 5 5 | 164 4 4 | 4 3 5 | 642 231 | 555 321 |
| 5 5 454 | 3 3 676 | 5 5 155 | 654 3 2 | 1 1 171 | 654 3 2 |
FIN.
| 1 0 || 3 3 | 712 1 7 | 6 345 | 6 7 1 2 | 3 1 171 | 2 4 4 3 |
ua (1-6) MEU MINEUR.
| 2 1 171 | 2 4 4 3 | 210 2 2 | 3 3 4 4 | 5 5 5 | 4 4 454 |
| 3 345 | 632 1 7 | 6 || 005 |
lut (6-1)

N° 295. — TON DE MI. (5-1) M.M. 112.

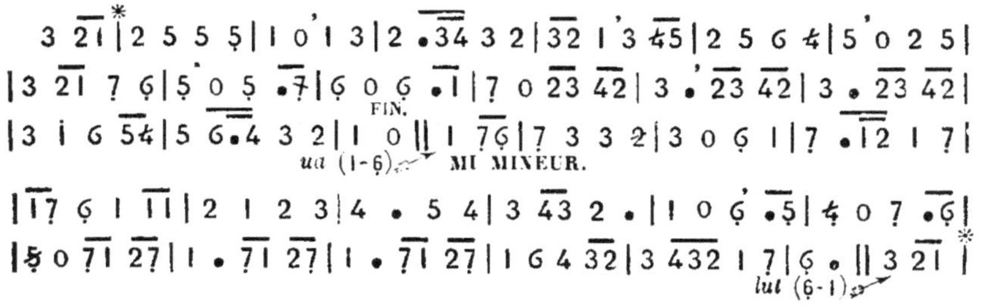

3 21 | 2 5 5 5 | 1 0 1 3 | 2 .34 3 2 | 32 1 3 45 | 2 5 6 4 | 5 0 2 5 |
| 3 21 7 6 | 5 0 5 .7 | 6 0 6 .1 | 7 0 23 42 | 3 . 23 42 | 3 . 23 42 |
FIN.
| 3 1 6 54 | 5 6 4 3 2 | 1 0 || 1 76 | 7 3 3 2 | 3 0 6 1 | 7 .12 1 7 |
ua (1-6) MI MINEUR.
| 17 6 1 11 | 2 1 2 3 | 4 . 5 4 | 3 43 2 . | 1 0 6 .5 | 4 0 7 .6 |
| 5 0 71 27 | 1 . 71 27 | 1 . 71 27 | 1 6 4 32 | 3 432 1 7 | 6 . || 3 21 |
lut (6-1)

N° 296. — TON DE SOL. (5-5) M.M. 88.

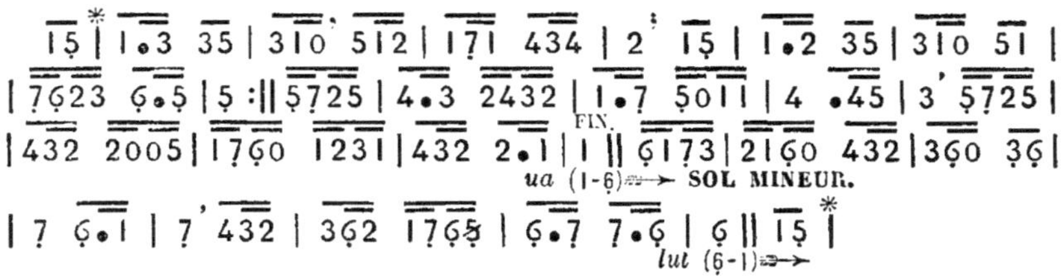

15 | 1•3 35 | 310 512 | 171 434 | 2 15 | 1•2 35 | 310 51 |
| 7623 6•5 | 5 :|| 5725 | 4•3 2432 | 1•7 5011 | 4 •45 | 3 5725 |
| 432 2005 | 1760 1231 | 432 2•1 | 1 || 6173 | 2160 432 | 360 36 |

FIN. *ua* (1-6) SOL MINEUR.

| 7 6•1 | 7 432 | 362 1765 | 6•7 7•6 | 6 || 15 |

lut (6-1)

N° 297. — TON DE REU. (1-2) M.M. 88.

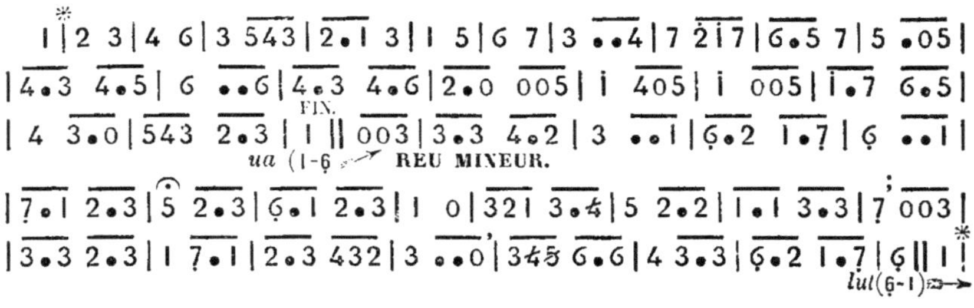

1 | 2 3 | 4 6 | 3 543 | 2•1 3 | 1 5 | 6 7 | 3 ••4 | 7 217 | 6•5 7 | 5 •05 |
| 4•3 4•5 | 6 ••6 | 4•3 4•6 | 2•0 005 | 1 405 | 1 005 | 1•7 6•5 |
| 4 3•0 | 543 2•3 | 1 || 003 | 3•3 4•2 | 3 ••1 | 6•2 1•7 | 6 ••1 |

FIN. *ua* (1-6) REU MINEUR.

| 7•1 2•3 | 5 2•3 | 6•1 2•3 | 1 0 | 321 3•4 | 5 2•2 | 1•1 3•3 | 7 003 |
| 3•3 2•3 | 1 7•1 | 2•3 432 | 3 ••0 | 345 6•6 | 4 3•3 | 6•2 1•7 | 6 || 1 |

lut (6-1)

N° 298. — TON DE MI MINEUR. (5-1) M.M. 120.

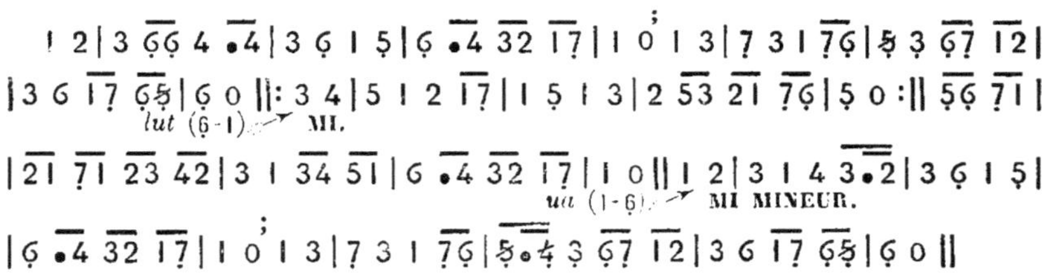

1 2 | 3 66 4 •4 | 3 6 1 5 | 6 •4 32 17 | 1 0 1 3 | 7 3 1 76 | 5 3 67 12 |
| 3 6 17 65 | 6 0 ||: 3 4 | 5 1 2 17 | 1 5 1 3 | 2 53 21 76 | 5 0 :|| 56 71 |

lut (6-1) MI.

| 21 71 23 42 | 3 1 34 51 | 6 •4 32 17 | 1 0 || 1 2 | 3 1 4 3•2 | 3 6 1 5 |

ua (1-6) MI MINEUR.

| 6 •4 32 17 | 1 0 1 3 | 7 3 1 76 | 5•4 3 67 12 | 3 6 17 65 | 6 0 ||

N° 299. — TON DE REU. (7-2) M.M. 120. *Tronqué.*

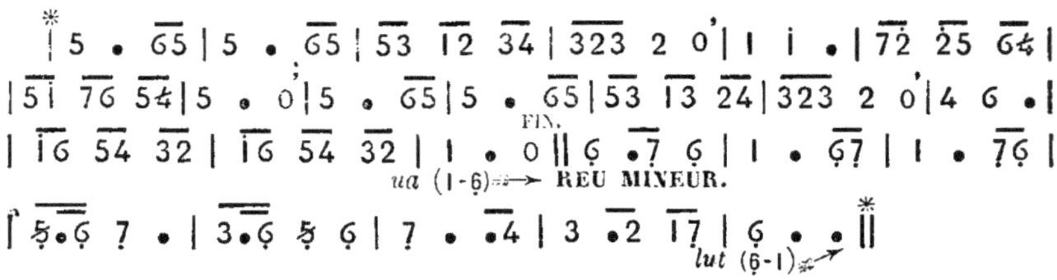

5 • 65	5 • 65	53 12 34	323 2 0	1 1 •	72 25 64
51 76 54	5 • 0	5 • 65	5 • 65	53 13 24	323 2 0	4 6 •
16 54 32	16 54 32	1 • 0		6 •7 6	1 • 67	1 • 76

FIN. *ua* (1-6) REU MINEUR.

| 5•6 7 • | 3•6 5 6 | 7 • •4 | 3 •2 17 | 6 • • ||

lut (6-1)

N° 300. — TON DE SOL. (4-5) M.M. 80.

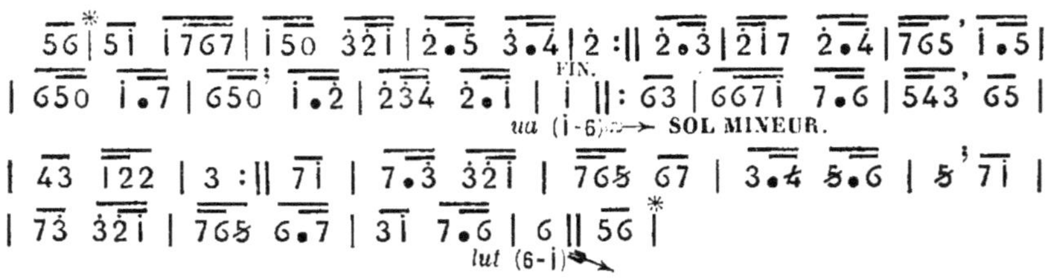

56 | 51 1767 | 150 321 | 2•5 3•4 | 2 :|| 2•3 | 217 2•4 | 765 1•5 |
| 650 1•7 | 650 1•2 | 234 2•1 | 1 ||: 63 | 6671 7•6 | 543 65 |

FIN. *ua* (1-6) SOL MINEUR.

| 43 122 | 3 :|| 71 | 7•3 321 | 765 67 | 3•4 5•6 | 5 71 |
| 73 321 | 765 6•7 | 31 7•6 | 6 || 56 |

lut (6-1)

N° 301. — TON DE MI. (6-1) M.M. 100.

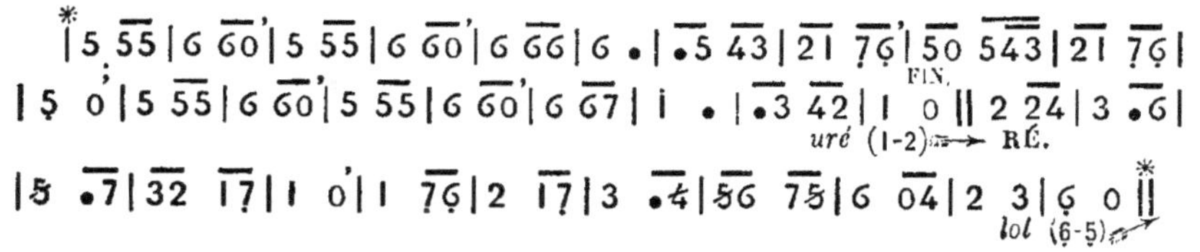

|5 55|6 60|5 55|6 60|6 66|6 •|•5 43|21 76|50 543|21 76|
|5 0|5 55|6 60|5 55|6 60|6 67|1 •|•3 42|1 0||2 24|3 •6|
FIN. uré (1-2) RÉ.
|5 •7|32 17|1 0|1 76|2 17|3 •4|56 75|6 04|2 3|6 0||
lol (6-5)

N° 302. — TON DE FÈ. (5-6) M.M. 88. *Tronqué.*

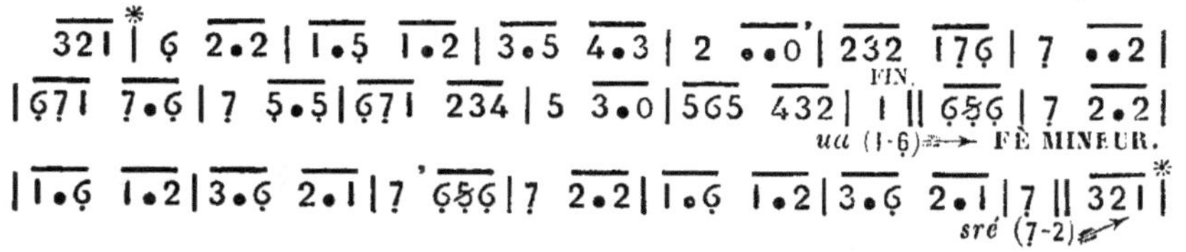

321|6 2•2|1•5 1•2|3•5 4•3|2 ••0|232 176|7 ••2|
|671 7•6|7 5•5|671 234|5 3•0|565 432|1||656|7 2•2|
FIN. ua (1-6) FÈ MINEUR.
|1•6 1•2|3•6 2•1|7 656|7 2•2|1•6 1•2|3•6 2•1|7||321|
sré (7-2)

N° 303. — TON DE MI. — (5-7) M.M. 88. *Tronqué.*

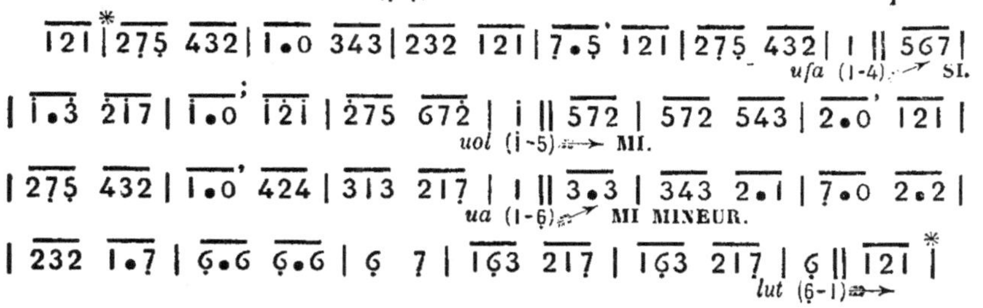

121|275 432|1•0 343|232 121|7•5 121|275 432|1||567|
ufa (1-4) SI.
|1•3 217|1•0 121|275 672|1||572|572 543|2•0 121|
uol (1-5) MI.
|275 432|1•0 424|313 217|1||3•3|343 2•1|7•0 2•2|
ua (1-6) MI MINEUR.
|232 1•7|6•6 6•6|6 7|163 217|163 217|6||121|
lut (6-1)

N° 304. — TON DE REU. (1-2) M.M. 88.

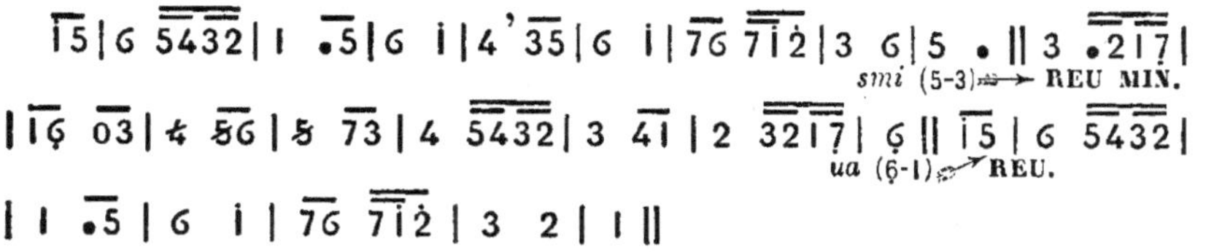

15|6 5432|1 •5|6 1|4 35|6 1|76 712|3 6|5 •||3 •217|
smi (5-3) REU MIN.
|16 03|4 56|5 73|4 5432|3 41|2 3217|6||15|6 5432|
ua (6-1) REU.
|1 •5|6 1|76 712|3 2|1||

N° 305. — TON DE SOL. (5-5) M.M. 100.

01 11|1 • 33|3 • 5|5 43 21|2 5 14|3 •2 17|1 • 35|
|4 • 55|1 • 34|5 22 32|21 7 34|5 • 02|1 7 6|5 •1 11|
FIN.
|1 •||66|1 •1 16|3 3 7|2 •7 77|1 • 16|3 • 33|3 •||11|
ua(1-6) SOL MINEUR. mol (3-5)

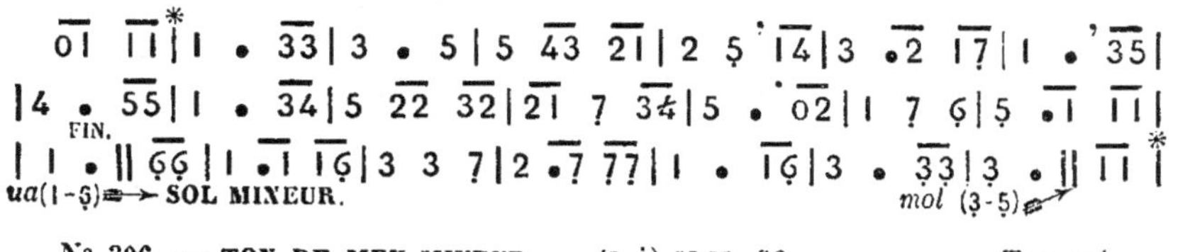

N° 306. — TON DE MEU MINEUR. — (5-1) M.M. 96. *Tronqué.*

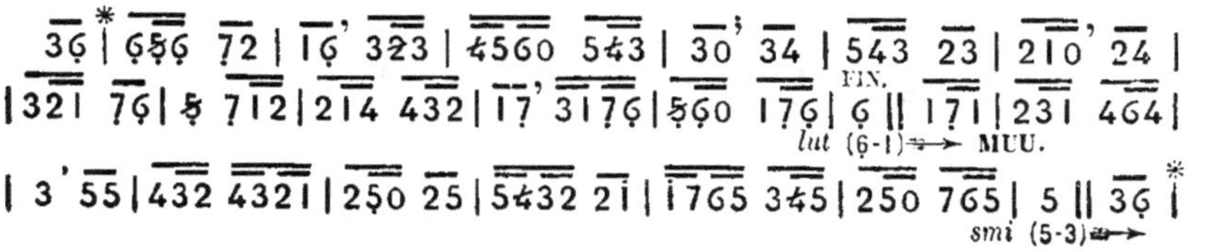

36|656 72|16 323|4560 543|30 34|543 23|210 24|
|321 76|5 712|214 432|17 3176|560 176|6||171|231 464|
FIN. lut (6-1) MUU.
|3 55|432 4321|250 25|5432 21|1765 345|250 765|5||36|
smi (5-3)

N° 307. — TON DE REU. (1-2) M.M. 104. *Tronqué.*

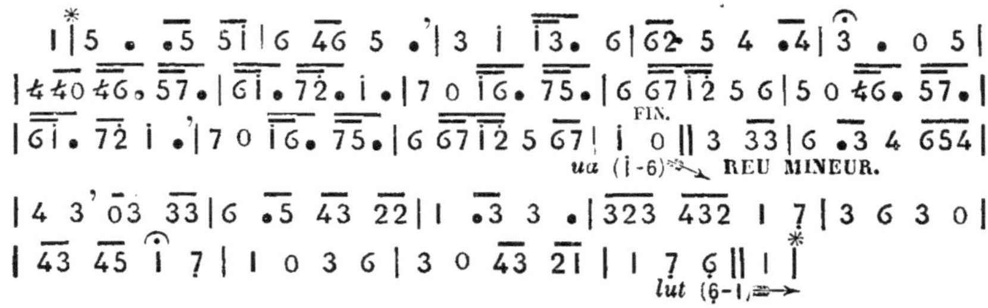

5 • •5 51	6 46 5 •	3 1 13• 6	62 5 4 •4	3 • 0 5
440 46• 57•	61• 72• 1 •	7 0 16• 75•	6 6712 5 6	5 0 46• 57•
61• 72 1 •	7 0 16• 75•	6 6712 5 67	1 0 || 3 33	6 •3 4 654
FIN. *ua* (1-6) REU MINEUR.
4 3 03 33	6 •5 43 22	1 •3 3 •	323 432 1 7	3 6 3 0
43 45 1 7	1 0 3 6	3 0 43 21	1 7 6		1
lut (6-1)

N° 308. — TON DE MI. (5-1) M.M. 96.

55 | 11 4•3 | 21 46 | 35 543 | 2 22 | 55 2•1 | 76 25 | 4321 76 |
| 5 22 | 44 6•7 | 15 16 | 27 4•3 | 2 55 | 11 4•3 | 21 5•1 | 7654 32 |
FIN.
| 1 ||: 61 | 1765 63 | 21 67 | 12 34 | 5 1•3 | 2176 54 | 32 5•4 |
ua (1-6) MI MINEUR.
| 4321 32 | 1 :|| 31 | 5671 23 | 42 43 | 3217 36 | 5 67 | 12 3•6 |
| 43 7•2 | 2176 17 | 6 || 55 |
lut (6-1)

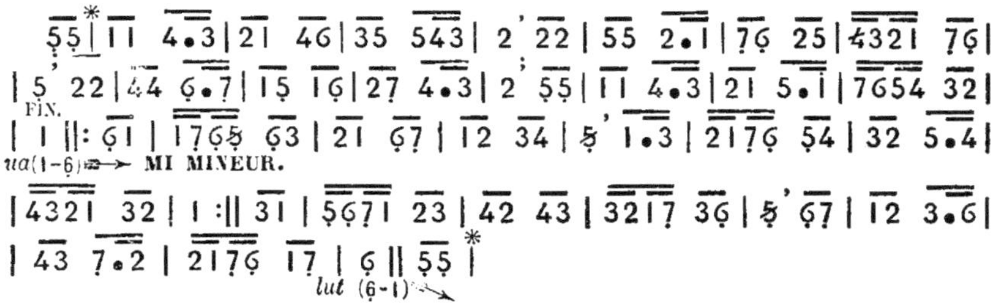

N° 309. — TON DE RÉ. (7-2) M.M. 96. *Tronqué.*

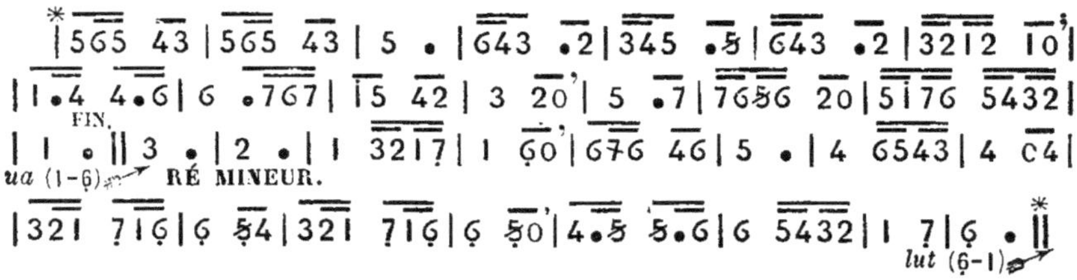

| 565 43 | 565 43 | 5 • | 643 •2 | 345 •5 | 643 •2 | 3212 10 |
| 1•4 4•6 | 6 •767 | 15 42 | 3 20 | 5 •7 | 7656 20 | 5176 5432 |
FIN.
| 1 • || 3 • | 2 • | 1 3217 | 1 60 | 676 46 | 5 • | 4 6543 | 4 04 |
ua (1-6) RÉ MINEUR.
| 321 716 | 6 54 | 321 716 | 6 50 | 4•5 5•6 | 6 5432 | 1 7 | 6 • ||
lut (6-1)

N° 310. — TON DE REU. (1-2) M.M. 100.

| 5 46 | 5 •67 | 1 217 | 1 50 | 1•7 6•7 | 54 •5 | 61 765 | 5 0 |
| 7•7 6•5 | 56 •6 | 26 7•1 | 176 50 | 3 5434 | 545 7654 | 3 2 |
FIN.
| 1 0 || 03 24 | 36 5•7 | 3•2 217 | 7•1 3•4 | 5 •1 | 17654 32 |
ua (1-6) REU MINEUR.
| 1 123 | 373 423 | 3432 667 | 65 •43 | 1 •76 | 3 • ||
mol (3-5)

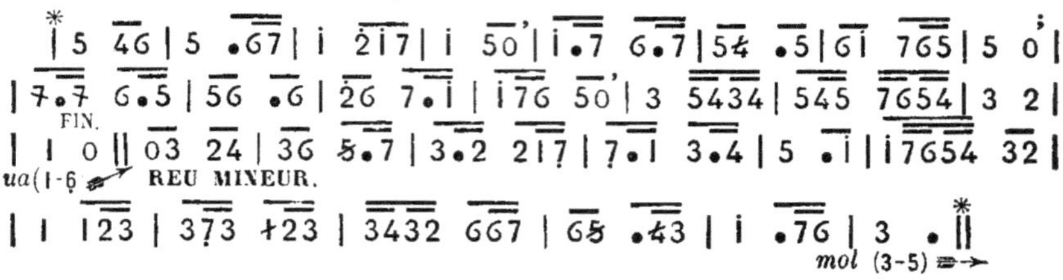

N° 311. — TON DE SI. (1-4) M.M. 72. *Tronqué.*

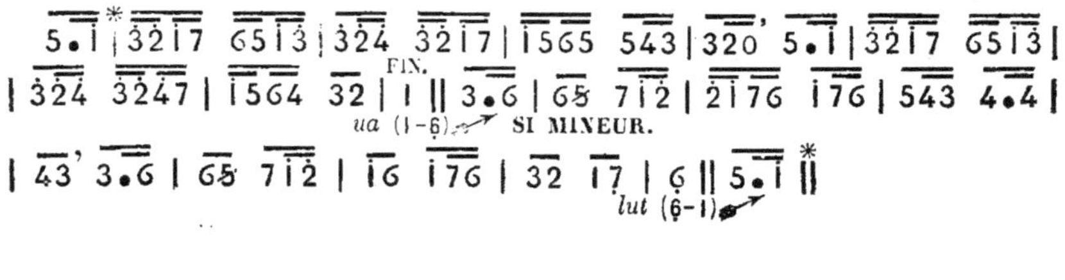

5•1 | 3217 6513 | 324 3217 | 1565 543 | 320 5•1 | 3217 6513 |
| 324 3247 | 1564 32 | 1 || 3•6 | 65 712 | 2176 176 | 543 4•4 |
FIN. *ua* (1-6) SI MINEUR.
| 43 3•6 | 65 712 | 16 176 | 32 17 | 6 || 5•1 ||
lut (6-1)

N° 312. — TON DE REU. (7-3) M.M. 100. *Tronqué.*

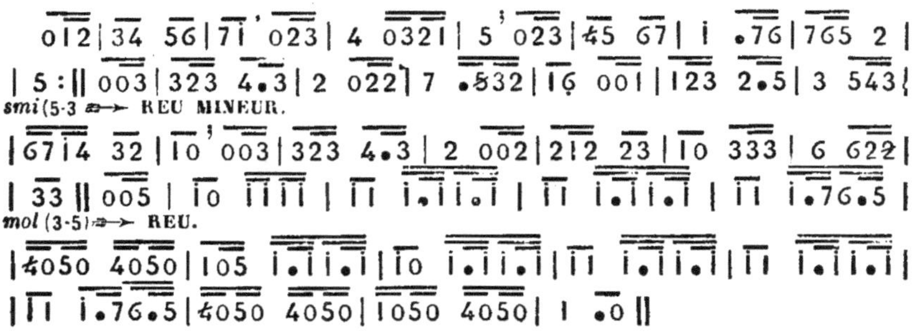

012 | 34 56 | 71 023 | 4 0321 | 5 023 | 45 67 | 1 .76 | 765 2 |
| 5 :|| 003 | 323 4.3 | 2 022 | 7 .532 | 16 001 | 123 2.5 | 3 543 |
smi (5-3 → REU MINEUR.
| 6714 32 | 10 003 | 323 4.3 | 2 002 | 212 23 | 10 333 | 6 622 |
| 33 || 005 | 10 1111 | 11 1.11.1 | 11 1.11.1 | 11 1.76.5 |
mol (3-5) → REU.
| 4050 4050 | 105 1.11.1 | 10 1.11.1 | 11 1.11.1 | 11 1.11.1 |
| 11 1.76.5 | 4050 4050 | 1050 4050 | 1 .0 ||

N° 313. — TON DE MI. (5-1) M.M. 84.

17 | 15 32 | 31 5.1 | 234 32 | 1 5.1 | 234 32 | 1 || FIN. 67 | 176 12 |
ua (1-6) → MI MINEUR.
| 3 33 | 27 16 | 73 33 | 27 16 | 73 || 3153 | 640 6416 | 50 5315 |
mol (3-5) → MI.
| 6124 3572 | 1 3153 | 640 6416 | 50 5315 | 6124 3572 | 1 || 67 |
ua (1-6) MI MIN.
| 12 34 | 36 36 | 712 17 | 6 11 | 234 32 | 3 5.1 | 71 43 | 32 5.1 |
| 71 43 | 3.2 32 | 432 22 | 432 22 | 432 2117 | 6 || 1 7 |
lut (6-1) →

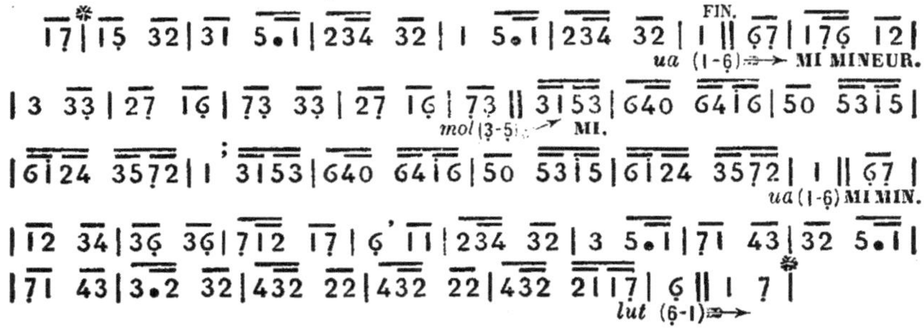

N° 314. — TON DE LEU MINEUR. (5-5) M.M. 80. *Tronqué.*

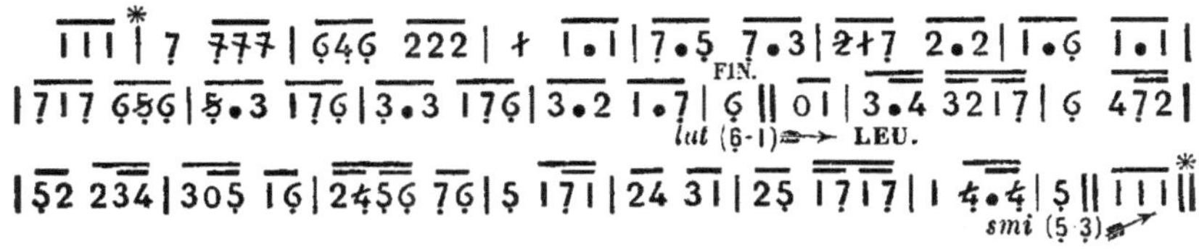

111 | 7 777 | 646 222 | 4 1.1 | 7.5 7.3 | 247 2.2 | 1.6 1.1 |
| 717 656 | 5.3 176 | 3.3 176 | 3.2 1.7 | 6 || FIN. 01 | 3.4 3217 | 6 472 |
lut (6-1) → LEU.
| 52 234 | 305 16 | 2456 76 | 5 171 | 24 31 | 25 1717 | 1 4.4 | 5 || 111 ||
smi (5-3) →

N° 315. — TON DE SEU MINEUR. (3-4) M.M. 126.

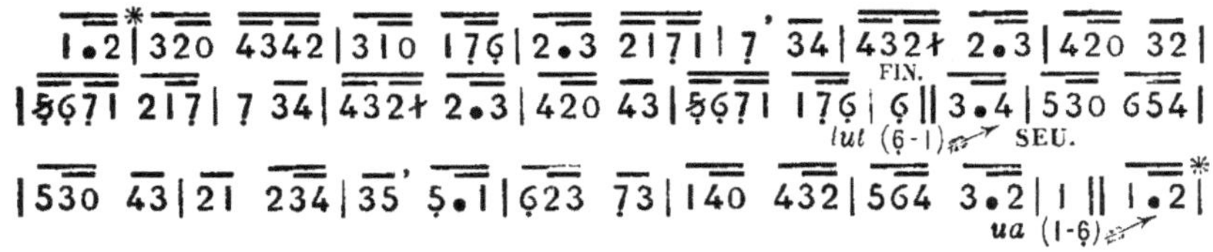

1.2 | 320 4342 | 310 176 | 2.3 2171 | 7 34 | 4324 2.3 | 420 32 |
| 5671 217 | 7 34 | 4324 2.3 | 420 43 | 5671 176 | 6 || FIN. 3.4 | 530 654 |
lut (6-1) → SEU.
| 530 43 | 21 234 | 35 5.1 | 623 73 | 140 432 | 564 3.2 | 1 || 1.2 |
ua (1-6) →

N° 316. — TON DE LEU. (5-5) M.M. 108.

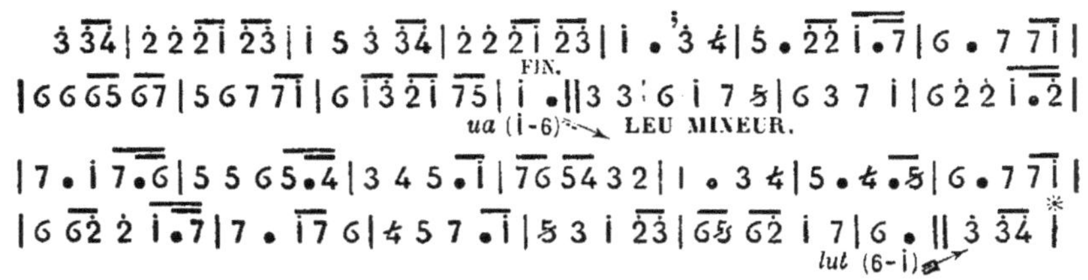

3 34 | 2 2 21 23 | 1 5 3 34 | 2 2 21 23 | 1 . 3 4 | 5 . 22 1.7 | 6 . 7 71 |
| 6 6 65 67 | 5 6 7 71 | 6 13 21 75 | 1 . || FIN. 3 3 6 1 7 5 | 6 3 7 1 | 6 2 2 1.2 |
ua (1-6) → LEU MINEUR.
| 7 . 1 7.6 | 5 5 65.4 | 3 4 5 .1 | 76 54 3 2 | 1 . 3 4 | 5 . 4 .5 | 6 . 7 71 |
| 6 62 2 1.7 | 7 . 17 6 | 4 5 7 .1 | 5 3 1 23 | 65 62 1 7 | 6 . || 3 34 |
lut (6-1) →

N° 317. — TON D'UT. (1-3) M.M. 116. *Tronqué.*

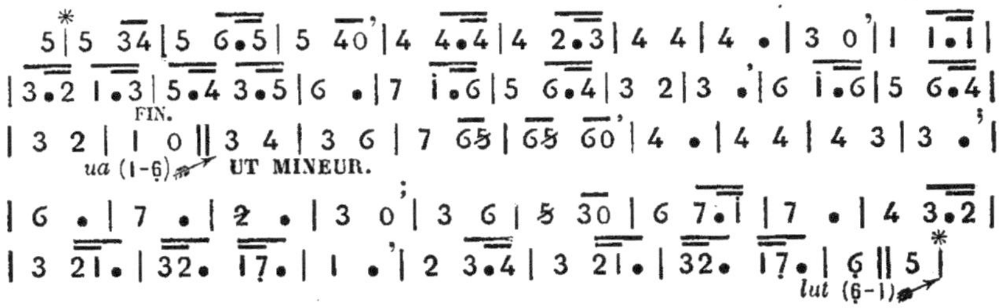

5 | 5 34 | 5 6•5 | 5 40' | 4 4•4 | 4 2•3 | 4 4 | 4 • | 3 0' | 1 1•1 |
| 3•2 1•3 | 5•4 3•5 | 6 • | 7 1•6 | 5 6•4 | 3 2 | 3 •' | 6 1•6 | 5 6•4 |
| 3 2 | 1 0 || 3 4 | 3 6 | 7 65 | 65 60' | 4 • | 4 4 | 4 3 | 3 • |

FIN. *ua* (1-6) UT MINEUR.

| 6 • | 7 • | 2 • | 3 0 | 3 6 | 5 30 | 6 7•1 | 7 • | 4 3•2 |
| 3 21• | 32• 17• | 1 •' | 2 3•4 | 3 21• | 32• 17• | 6 || 5 |

lut (6-1)

N° 318. — TON DE REU. (7-2) M.M. 88.

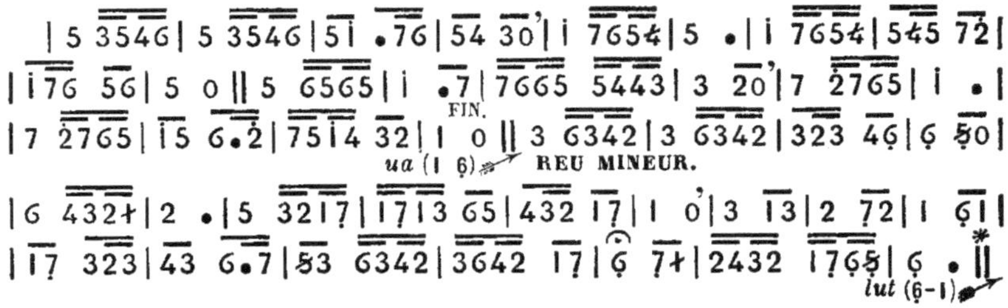

5 3546	5 3546	51 •76	54 30'	1 7654	5 •	1 7654	545 72
176 56	5 0 || 5 6565	1 •7	7665 5443	3 20'	7 2765	1 •
7 2765	15 6•2	7514 32	1 0 || 3 6342	3 6342	323 46	6 50

FIN. *ua* (1 6) REU MINEUR.

| 6 4321 | 2 • | 5 3217 | 1713 65 | 432 17 | 1 0' | 3 13 | 2 72 | 1 61 |
| 17 323 | 43 6•7 | 53 6342 | 3642 17 | 6 71 | 2432 1765 | 6 • ||

lut (6-1)

N° 319. — TON DE SEU. (7-3) M M. 96. *Tronqué.*

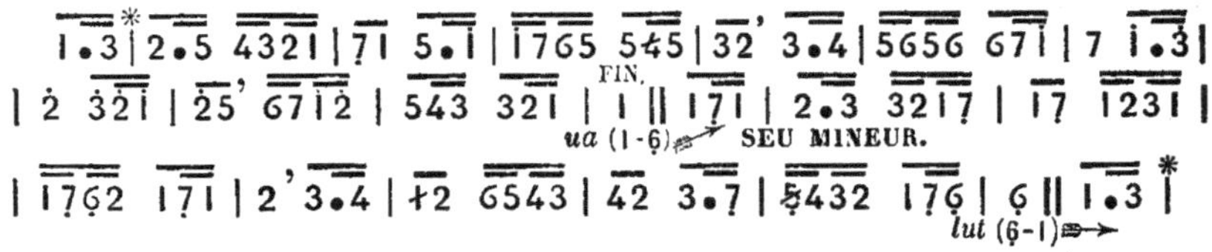

1•3 | 2•5 4321 | 71 5•1 | 1765 545 | 32' 3•4 | 5656 671 | 7 1•3 |
| 2 321 | 25' 6712 | 543 321 | 1 || 171 | 2•3 3217 | 17 1231 |

FIN. *ua* (1-6) SEU MINEUR.

| 1762 171 | 2' 3•4 | 42 6543 | 42 3•7 | 5432 176 | 6 || 1•3 |

lut (6-1)

N° 320. — TON DE FÈ. — (5-6) M.M. 84.

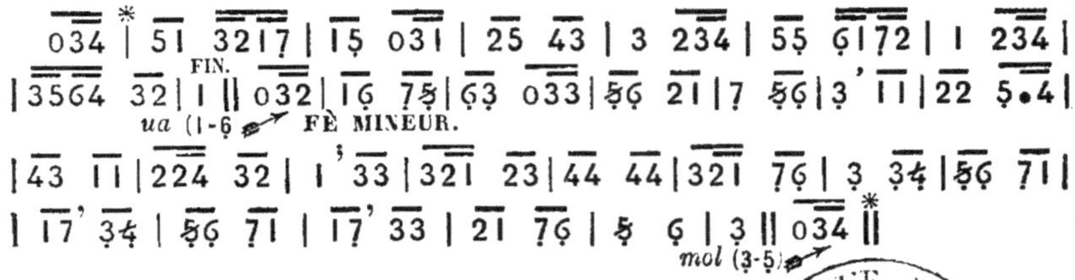

034 | 51 3217 | 15 031 | 25 43 | 3 234 | 55 6172 | 1 234 |
| 3564 32 | 1 || 032 | 16 75 | 63 033 | 56 21 | 7 56 | 3' 11 | 22 5•4 |

FIN. *ua* (1-6) FÈ MINEUR.

| 43 11 | 224 32 | 1' 33 | 321 23 | 44 44 | 321 76 | 3 34 | 56 71 |
| 17' 34 | 56 71 | 17' 33 | 21 76 | 5 6 | 3 || 034 ||

mol (3-5)

FIN DES EXERCICES DE LECTURE.

PUBLICATIONS

DE L'ÉCOLE GALIN-PARIS-CHEVÉ

OUVRAGES D'ÉTUDE

OUVRAGES DE M. ET Mme ÉMILE CHEVÉ

Méthode élémentaire complète de musique vocale, 1 volume. . . . . Net. 9 fr. »
— pratique seule (chiffre sans la portée) . . . . Net. 8 »
— portée seule (sans le chiffre) . . . . Net. 8 »
— théorie seule (chiffre et portée) . . . . Net. 8 50
Exercices élémentaires de lecture musicale (cartonné) . . . . Net. 2 25
Nouveaux **exercices** de mesure . . . . Net. 1 50
Méthode élémentaire d'harmonie et de composition, 2 volumes . . . . Net. 15 »
500 Duos gradués, faisant suite à la méthode . . . . Net 8 »
— par recueils de 8 feuilles, broché . . . . Net. 1 25
Méthode élémentaire de Piano, les 12 premières livraisons, broché . . . . . . Net. 9 »
Tableaux généraux d'intonation, pour les Cours. . . . . Net. 25 ».
La Routine et le Bon Sens, ou les Conservatoires et la méthode Galin-Paris-Chevé . . . . Net. 2 »

OUVRAGES DE M. AIMÉ PARIS

Manuel progressif de musique vocale, ou recueil d'airs en chiffres, rassemblés et classés par Aimé Paris, 1 vol de 732 pages, 1847-48. — Caen, Poisson, éditeur . . . Net. 12 »
Œdipe musical, appareil servant à opérer, sans peine et sûrement, les transpositions les plus compliquées, et à vérifier tous les points de la théorie . . . . . Net. 6 »
L'instruction détaillée, seule . . . . Net. » 60

OUVRAGES DE LA SOCIÉTÉ CHORALE DE L'ÉCOLE GALIN-PARIS-CHEVÉ

(DE PARIS)

Répertoire de la Société chorale de l'École Galin-Paris Chevé, ou Recueil de morceaux d'ensemble des grands maîtres, paraissant par livraison de 16 pages grand in-octavo. — Prix de la livraison . . . . Net. » 40
Les 4 premiers volumes ont paru. — Prix du volume . . . . Net. 5 25
Recueil de Messes, Chants religieux, etc., chaque recueil de 3 feuilles, broché . . Net. 1 25
Le premier volume a paru. . . . . Net. 5 25
Recueil de Morceaux faciles pour les Écoles, les Pensionnats, etc., chaque recueil Net. 1 25
Le premier volume a paru . . . . : Net. 5 25
Morceaux de Concert, par les élèves de l'École, chaque recueil de 3 feuilles . . . Net. 1 25
Le premier volume a paru. . . . . Net. 5 25
Ruth et Booz, grande symphonie chorale en trois parties (sans instruments). — Poëme d'Eugène Villemin, musique d'Elwart . . . . Net. 1 50
Romances, premier recueil. . . . . Net. 1 25

PARIS. — Imp. de L. TINTERLIN, et Cie, rue Neuve-des-Bons-Enfants, 3.

www.ingramcontent.com/pod-product-compliance
Lightning Source LLC
LaVergne TN
LVHW020029170826
845678LV00001B/180

9782329616223